黨政關係與國會運作

黃秀端、盛杏湲、蔡韻竹、陳宏銘
徐永明、林瓊珠、吳文程、李鳳玉 ◆著
吳志中、劉書彬

序言

經過多年的籌畫，很高興《黨政關係與國會運作》一書終於要出版了。這是東吳大學政治系國會研究中心的第一本專書，未來我們計畫將每年至少出一本專書。東吳大學政治系國會研究中心於2006年經系務會議通過而成立，此也是國內學界第一個國會研究中心之設立。此國會研究中心的設立，希望透過本系過去經驗資料的累積，以科學化的方式分析我國國會的運作與表現、透過資料庫的建立分析政黨、委員會、程序委員會對於立法產出的影響、藉由理論性的觀點及與不同國家立法機構的比較，提供學術上的成果，以及對我國的立法院提出批評與建議。因此研究中心並設立網站，提供本系所蒐集的各種資料與學界分享，網址為http://classi.ppo.scu.edu.tw/congress/。

這樣的國會研究中心，不僅在學術上深具意義，還兼具有教育訓練與監督的功能，除提供學界、民眾各種與國會相關的資料，也提供專業課程，培育具有專業素養的國會助理，目前中心已經舉辦了三屆「國會助理工作坊」，正準備籌劃第四屆。

為鼓勵與提升對國會的研究，我們先於2006年7月舉行〈政治的中心或邊陲：廿一世紀的立法機關與國會〉國際學術研討會，獲得好評。接著，於2009年舉辦〈黨政關係與國會運作〉學術研討會。2010年舉辦〈轉型中的行政與立法關係〉學術研討會，並於2011年舉辦〈民主、國會與決策〉學術研討會。為使研討會的論文能夠有機會讓更多的人閱讀，因此我們決定將研討會論文修正並經由匿名外審後，加以出版。所以一系列的國會叢書將是我們的目標。《黨政關係與國會運作》即是國會研究中心的第一本著作。在審查過程中，總是會有審查者希望作者修改的部分，在往返之間耗費了不少時間，不過為提升論文品質，這一切都是值得的。

本書共有十篇文章，兩大部分，要感謝這十位作者的參與，沒有他們的寫稿，自然就沒有這本書。另外，也要感謝所有審查者的用心審查，讓我們有機會更進一步改善內容品質。再來，系上同仁對國會研究中心以及研討會的支持與共同努力亦是本書出版之動力。當然也要感謝我的助理陳中寧與洪煒婷的協助以及鄭恩慈同學的校對。

最後，要特別感謝東吳政治系66級學長，也是富蘭克林證券投票顧問公司總裁劉吉人先生的慷慨解囊，提供本書的論文審查費用、校對之工讀費及其他相關費用，讓本書得以順利出版。若沒有劉學長的支持，我們很多構想可能都無法實現。

黃秀端
於外雙溪
2011/10/12

目錄

第一篇　台灣政治中的黨、政、國會

第二篇　跨國比較下的國會研究

第一篇

台灣政治中的黨、政、國會

第一章
憲政體制、政黨與國會運作

黃秀端

內閣制、總統制和半總統制乃是民主國家中主要的政府體制。不同憲政體制乃基於不同之憲政原理，行政與立法關係的互動方式當然不同，國會之運作也會有相當之差異，而政黨所扮演之角色亦有所不同。本書除了討論台灣的部分外，我們還比較美國、德國、法國三個不同的國家。此三個國家正好代表不同的政府類型，美國為總統制國家、德國為內閣制國家，而法國則為半總統制國家。

壹、內閣制的運作

內閣制國家一般被認為並非基於權力分立之原則，而是基於權力的融合（fusion of powers），行政與立法基本上是一體的。先由人民選出國會議員，再由國會的多數黨組閣，人民並不直接選舉閣揆。內閣制的起源為英國。英國西敏寺模式被認為負責任政府（responsible government）的典型。政府必須向國會負責，而國會議員是由人民選舉的。

內閣制國家運作的關鍵在於政黨。一般慣例為由國會議員選舉獲得最多席次的政黨的黨魁來負責組閣。若有單一政黨獲得過半席次，就由單一政黨組閣。英國在2010年大選之前都是由單一政黨組閣。若無任何政黨獲得過半席次，則由兩個或者更多政黨組成聯合內閣。在英國、德國、日本、荷蘭，首相或總理在被選為閣揆之前，必須像其他國會議員一樣參加競選進入國會。內閣成員通常也是國會議員。內閣制國家的內閣必須向國會負責，向國會提出施政報告，接受國會質詢，亦可為政策辯護。國會可以行使倒閣權，倒閣後內閣必須總辭，並得解散國會，交由人民選擇。無論是一黨或多黨組閣，必須要有多數支持，否則就容易倒閣。執政黨的議員必須支持該黨的政策，否則政府便可能垮台。在內閣制國家議員受到其黨鞭嚴密的監督，黨員大都會順從其政黨領袖的意見投票，國會的投票結果幾乎都可預測（Roskin et al., 2010: 240）。因此，在內閣制國家不僅是行政與立法一體，黨政關係也是一體的。執政黨控制國會等於控制一切，政府控制大部分議程。內閣制國家主要的法案來自於政府提案，個別議員或反對黨的提案很少。另外，個別議員的權力與資源皆遠不如總統制國家的議員。

在英國，女王為虛位元首，德國則以總統為虛位元首，因為該國王室於一次大戰戰敗後被廢，因此不像其他內閣制歐洲國家如英國、瑞典、比利時有王室存在，以世襲之女王或國王為國家元首。德國總統採取間接選舉方式，由聯邦大會（Bundesversammlung）祕密投票產生。聯邦大會由聯邦議會議員以及同樣數目的各州代表組成，共1,244名成員。

德國國會有兩院：德國聯邦眾議院與聯邦參議院。聯邦眾議院法定成員598人，其中一半採單一選區相對多數制，另外一半採取政黨比例代表制，不過政黨所獲席次決定於政黨比例票。政黨獲得5%以上之選票才有資格分配席位。目前有五個政黨在國會有席次。

二次大戰前，德國的威瑪憲法具有半總統制的特質，但是戰後基本法總統成為虛位，由直選改為間接選舉，且原先具有主動解散國會之權力，成為被動解散。政府的組成不再由總統建議，而是由國會（聯邦眾議院）的多數黨組成。為了維持政權的穩定，德國在倒閣權的設計採取所謂的建設性不信任投票（沈有忠，2009）。根據基本法第67條之規定，國會的倒閣必須在國會已經可以選出過半支持的新總理之條件下，使得倒閣門檻提高，同時也保證新政府可以獲得國會之支持。

貳、總統制的運作

總統制基於權力分立（separation of powers）的原則，總統與國會分別由人民直接選舉，具有雙重權力正當性。總統制國家以美國為代表。總統與國會分別由人民直接選舉，不管國會的多數是那一黨，總統既然是由人民直接選舉，就由總統組織政府，其政府成員可以來自社會各界，包括：學界、商界、黨務部門、民間團體，甚至國會議員。但是若國會議員擔任政府官員，必須辭去國會議員職務，以符合三權分立之原理。

總統制國家的總統並不直接向國會負責，其內閣或部會首長來自於國會之外，不過，高階政府官員須要得到參院的批准。總統不能出席國會報告施政方針，也不能接受質詢，國會不能倒閣，但是總統也無法解散國會。總統的任期是固定的，除非總統被彈劾，否則在美國行政與立法兩院相互之間並無法像內閣制一樣，控制、解散和驅逐對方，此給予總統制國家穩定的基礎。總統也許不受歡迎或面臨不友善的國會，他仍能依據憲法和法律給予他的權力來統治（Roskin et al., 2010）。但是此種優點在Linz（1994）看來反而是缺點，因為它過於僵化，碰到政府無法應付各種不同的社會、經濟與政治危機，以致失去人民的信心與支持時，卻無法像內閣制一樣讓總統下台。

美國國會分為兩院：參議院與眾議院。參議院由每州選出兩名代表，共100名。眾議院則依各州人口數多寡決定該州席次，但總額定為435名。美國憲法規定國會負責立法，總統負責執行法律。在早期，主要法案皆由國會提出，但是隨著政府事務越來越複雜、政府角色改變，國會已無法擔負主導立法角色。從羅斯福總統開始，重要提案皆由總統主導，雖然形式上還是由議員提出。國會對於總統的監督包括法律案與預算案都須經國會兩院三讀通過（提案權在國會）、對總統有彈劾權、對於行政部門有調查權，同時參院對總統提名之政府官員、駐外大使、法官有同意權、對條約有批准權。總統對國會通過的法案若無法接受時，可以行使否決權。

為監督與制衡政府，國會必須要專業，因此委員會的設置有其必要。

眾議院有20個常設委員會，參議院有16個委員會。[1] 委員會之下還設有次級委員會（subcommittee），眾議院共有101個次級委員會，參議院有73個次級委員會。與其他國家相比，美國國會擁有最專業的委員會。在過去，委員會主席和黨團的任命基本上是基於資深制。在1970年代的改革，則打破參眾兩院政黨任命資深領袖的情況。現在，在會期開始時，各黨黨團成員以祕密投票方式選舉委員會主席，有效的打破了資深制。在各院的政黨委員會負責分配其成員至各委員會，分配時通常會考量其興趣和專長。

由於美國眾議員兩位連署就可以提案、參議員一人就可以提案，因此每年都有數以萬計送到國會待審的草案，這麼多的議案在如此多人的院會來討論幾乎是不可能的事。因此，提案在一讀後便送交委員會審查，委員會扮演相當重要與專業的角色。通常平均每年一萬多件法案，經過委員會的討論與把關，大約僅剩一千多件會送到院會討論。即使是政府法案也不能保證通過。在本書第九章〈美國總統對國會立法的影響〉發現，在分立政府時期，總統法案的成功率有時候很低，如柯林頓總統在1995年民主黨淪為參、眾兩院少數時，竟然只有36%之成功率。而小布希總統法案成功率在2007年降至38.3%，2008年也只有47.8%。政府法案在議會內閣制國家很自然的就是重要法案，而且一定會通過；個人法案很快的就會在委員會中被排除。

國會為與總統相抗衡必須有足夠的資源，因此，美國國會議員皆有相當多的助理協助，每位眾議員可以有18位專任公費助理及4位兼任助理、參議院則依選區大小而有差異，平均每位參議員聘用34位助理，人口最多的加州參議員可以聘用71位助理，如此龐大的助理群是內閣制議員無法想像的。內閣制的國會與總統制的國會運作有相當大的差別，內閣制基本上是由內閣主導，各別國會議員很少有發揮的機會，每位議員所擁有的資源

---

1 委員會與次及委員會的數目經常改變，以上為2011年最新的數據，請參看眾議院網站：http://www.house.gov/committees/以及參議院網站：http://www.senate.gov/pagelayout/committees/d_three_sections_with_teasers/committees_home.htm。

較少、個人助理少。英國每位議員最多有2位助理。

另外，美國國會也有相當多的幕僚單位來協助國會議員。這些單位包括國會預算辦公室（Congressional Budget Office）、國會責任辦公室（Congressional Accountability Office）、國會調查研究機構（Congressional Research Service）。他們提供獨立的評估和資料以降低議員對行政部門的依賴。世界上沒有其他的立法機構有如此之研究能力，然仍無法完全對抗行政部門有大量資訊之優勢。

在內閣制國家，由於閣揆也是議員，因此他們在政府與國會皆有辦公室。但是總統制國家的總統，每年唯一進國會山莊的時機就是向國會提出國情咨文，並藉此訴諸於民眾（going for public）。

參、半總統制的運作

半總統制的運作是建立在權力分享的基礎上。總統必須與內閣總理分享權力，同時總理也必須獲得議會支持。半總統制和總統制一樣具有雙重正當性的基礎，一方面有民選的總統，另一方面又有民選的議會。Maurice Duverger（1980）認為半總統制有三個要件：(1)普選產生的總統；(2)總統擁有相當的權力；(3)內閣掌握行政權並向國會負責。半總統制的起源來自於Duverger對法國第五共和的研究。

法國第四共和時期因阿爾及利亞危機，政府無法解決危機，倒閣不斷，最後於1958年將戴高樂找回當總統，法國自此進入所謂的第五共和。戴高樂上台後便開始修改憲法，並於1962年將總統由間接選舉改為直接民選，形成總統與國會分別由人民直接選舉的雙重正當性。總理由總統直接任命，無須國會行使同意權。然而由於總理須向國會負責，國會對總理有倒閣權，因此總統任命總理時會考慮國會的生態。1986年時，密特朗總統所屬的左派政黨在國會選舉中挫敗，因此只好任命右派的席哈克為總理，形成了法國第一次的左右共治（cohabitation）；1993～1995年，密特朗總統與右派的巴拉度總理形成第二次共治；1997～2002年，則是右派的席哈克總統與左派喬斯潘總理共治（陳瑞樺，2001：25）。

總理與國會的關係就像內閣制國家一樣，國會對內閣有不信任投票權。政府得向國民議會提信任案決定政府去留。政府閣員得列席國會兩院，並得要求發言。總理有提出法律案之權。事實上，法國通過的法案仍以政府法案為主。

法國第五共和憲法為避免第四共和時期不斷倒閣的情況，對立法權做了相當多的限制，而給予行政權相當的優勢。總統具有主動解散國會權。密特朗總統在1988年當選連任之後，第一件事就是解散國會，重新改選國會，以解決當時國會多數與總統不同黨之情況。憲法第48條第1項特別規定：國會兩院之議程，優先審議政府所提草案；同時，審議時依照政府所定次序。國會立法權乃用列舉方式，並在憲法第37條規定：凡法律範疇以外之一切其他事項均屬行政法規性質。換言之，不在列舉範圍內的皆屬行政法性質。法案具有行政法規性質者，得於徵詢中央行政法院意見後，以命令修改之。在立法過程中，如有法律提案或修正案不屬於法律範疇或與憲法第38條所賦予之授權內容牴觸者，政府得作無法受理之宣告。政府為執行其施政計劃，得要求國會授權在一定期限內，以條例方式採取原屬法律範疇之措施。條例於徵詢中央行政法院之意見後，由部長會議頒布之。條例自公布之日起生效，但如在授權期限內未將條例草案送請國會追認者，該條例即行失效。

另外一項對國會權力的限制為憲法第44條第3項之規定：「政府得請求議院就正在進行審議程序中，僅列政府提出或接受修正之草案之全部或部分條文，以一次表決之方式通過」。這項規定讓政府掌控通過法案的內容以及讓政府法案可以用包裹表決的方式快速通過。

除此之外，國會不僅會期短只有六個月，且限制常設委員會之數目不得超過六個，不過其委員會數目雖然少，仍然相當專業化。一個會期越短的國會，通常監督行政部門的力道越弱。另外，常設委員會的數目通常由國會內規來決定，很少國家像法國一樣，在憲法中就明文限制常設委員會的數目。

國民議會得依不信任案之表決以決定政府之去留。然而，此項不信任案的設計亦是在保障行政權。首先，不信任案之提出須經國民議會至少十分之一議員之連署，始得提出。動議提出後並不立刻表決，四十八小時之後，始得舉行表決，其目的在給予政府說服與疏通的機會。同時，不信任案僅就贊成票核計，並須獲全體議員絕對多數始能通過。不信任案如被否決，原提案人，在同一會期中，不得再提不信任案。

總理得就通過某項法案為由，經部長會議討論審議後，向國民議會提出信任案以決定政府之去留。在此情形下，除非在二十四小時內，有不信任案之動議提出，並依不信任案之規定進行表決，否則政府所提法案即視同通過。

此種行政與立法不平衡狀態，在2008年修憲後稍有改善。薩科吉在2007年法國總統大選期間，曾提出希望修憲讓法國的憲政體制更符合人民期待、權力平衡以及時代潮流。在薩科吉當選為總統之後，便啟動修憲程序，並於2008年進行兩次修憲。其中一部分為強化國會的權力，包括增加常設委員會數量以及強化其專業分工及審查權，所有法律草案或提案應送交國會各院常設委員會審議。國會兩院之常設委員會由原來之各6個增為各8個。另外，原先「國會兩院應優先審議政府所提草案及為其所接受之提案」，改為「國會兩院之議程由各院自行排定」，法國國會終於有其議程安排決定權。每四週的院會應保留一週作為監督政府行動以及評估公共政策，並且增加保障在野黨黨團以及少數政團監督與質詢的權利。不過，每四週的院會仍保留兩週討論或審議政府所提之議程。且有關財政法草案、社會福利財政法草案、危機處理或重大授權法案之草案等視為優先審議之案件。

另外，前面所提到的政府信任案提出，在新憲第49條明確規範政府所提之施政信任案須就「財政法草案以及社會福利財政法草案」向國民議會提出信任案以決定政府之去留，以強化政治責任與立法監督。而不再只是籠統的以總理得就「通過某項法案為由」，就向國民議會提出信任案以決定政府之去留。

一般而言，總統與總理的分工方式為總統掌理國防與外交，總理負責內政與經濟，總統親自主持部長會議與國防最高會議。修憲後，總統在國防議題享有決定權，總理為指揮與執行之角色更形確定（鍾國允，2011）。不過，總統的影響力大小仍視其政黨是否擁有國會之多數而定。當總統所屬政黨與國會多數黨一致時，由於總理為總統所任命，政黨完全聽命於總統，因此有「總統化的政黨」之稱（Elgie and Griggs, 2000; Samuels and Shugart, 2010）。此時總統的權力很大，儘管已經修憲，然而各種行政權優越之設計並未完全消除，因此國會難以監督總統與行政部門；然而在左右共治時，除了國防與外交之外，總統權力很可能被架空。

同樣為半總統制的我國，其運作與法國有相當的差別。不過，我國憲政體制既然被歸為半總統制，當然具有一般半總統制之特色，如：有由人民直接選舉的總統、副總統具有某些權力，並非虛位元首，另外，總統任命行政院院長，行政院長向立法院負責。

行政院向立法院負責的方式為：行政院有向立法院提出施政方針及施政報告之責。所有的法律案、預算案、條約案都必須送交立院審議。立法委員在開會時，有向行政院院長及行政院各部會首長質詢之權。行政院對於立法院決議之法律案、預算案、條約案，如認為有窒礙難行時，得經總統之核可，移請立法院覆議。立法院對於行政院移請覆議案。覆議時，如經全體立法委員二分之一以上決議維持原案，行政院院長應即接受該決議。立法院得經全體立法委員三分之一以上連署，對行政院院長提出不信任案。不信任案提出七十二小時後，應於四十八小時內以記名投票表決之。如經全體立法委員二分之一以上贊成，行政院院長應於十日內提出辭職，並得同時呈請總統解散立法院；不信任案如未獲通過，一年內不得對同一行政院院長再提不信任案。總統必須在立法院倒閣成功後，方能解散國會，因此，我國總統的解散國會權為被動解散權，與法國的總統可以主動解散國會不同。

行政院可以提案，司法、考試與監察三院皆可以提案，立委經連署以及黨團皆可以提案。不過，政府部門提案與立委提案一樣，在議程上並沒有任何優先性。此點與法國對行政部門之保護大不相同。

另外，近年來我國立法院的趨勢是立法委員的資源不斷的增加，由原來沒有任何助理增加到今天可以聘任十至十四位由政府支付的助理，[2] 各委員會議配置專職幕僚人員。另外，1999年國會改革之後，立法院更成立預算中心、國會圖書館、法制局以提升和加強立法委員在預算與法案方面的能力。但是過去幾次的改革，並未達到委員會專業化之目標。由於過去複數選區單記投票制之設計，議員並無心於國會立法。加上召委可由新進立委擔任、召委每會期改選、立委員遊走各委員會[3] 之情況嚴重，因此難以建立委員會的專業。

在行政與立法關係方面，在早期立法院曾被視為行政院的「立法局」，然而在解嚴之後，立法院扮演的角色越來越重要。2000年民進黨執政時，由於政府無法掌握國會的多數，引發了行政與立法之間的互動是否因為執政黨有掌握國會多數席次而有所差異。此方面的文獻可以參考黃秀端（2003）、盛杏湲（2003）、邱訪義（2010）等。

肆、本書章節安排

前面提到，不同憲政體制乃基於不同之憲政原理，政黨、行政與立法關係的互動方式當然不同，國會之運作也會有相當之差異。內閣制國家的內閣必須向國會負責，向國會提出施政報告，接受國會質詢，亦可為政策辯護。國會可以行使倒閣權，倒閣後內閣必須總辭，並得解散國會，交由人民選擇。總統制國家基於權力分立原則，總統直接向選民負責，而非國

2　參看立法院組織法第32條。

3　第七屆立院規定委員一年，也就是兩個會期，才重新登記委員會，與過去每個會期皆重新登記之情況，本屆遊走情況將會改善。

會。總統負責執行法律，國會負責立法。總統不能出席國會為政策辯護，也不能接受質詢，國會不能倒閣，但總統也無法解散國會。半總統制一方面有民選的總統，另一方面又有民選的國會。總統與國會分別由人民直接選舉。總理由總統直接任命，然而總理卻須向國會負責，國會對總理有倒閣權，因此，總統任命總理時會考慮國會的生態。本書前半部「台灣政治中的黨、政、國會」焦點放在台灣，後半部「跨國比較下的國會研究」主要進行台灣、美國、法國與德國四國之間的跨國研究，其中美國為總統制國家、法國與台灣為半總統制國家、德國為內閣制國家。

政黨是立法機關的主導力量，若無政黨運作則立法過程將陷於混亂，而無法完成代議民主下的立法使命與功能。英國前首相狄斯累利（Disraeli）曾說：「沒有政黨議會政治是不可能的」。盛杏湲與蔡韻竹的〈政黨在國會的動員策略：集體性與選擇性誘因的運用〉一文，探討在我國立法院中政黨究竟如何提供集體性與選擇性誘因來動員黨籍立委，以及什麼因素會影響政黨對這些誘因的行使。該文作者經由長時期深入訪談56位立委與黨鞭，以及助理，得到政黨如何以集體性誘因與選擇性誘因來動員立委。

集體性誘因是每一位同黨國會議員都可以享受到，其中最重要為內化政黨的目標與理念成為國會議員的目標，使國會議員感受到自己與政黨是生命共同體，共同擔負集體行動成敗之命運。選擇性誘因則是針對各別國會議員提供的，譬如勸導說服、特殊利益、職位的授與。因為不同時期之外在與內在因素有所差異，政黨採取誘因的方式亦有差異。她們二人發現：當政黨席次愈接近、黨際競爭愈強而黨內競爭愈弱、政黨的決策中心在立法院內以及政黨領袖的聲勢愈強，則集體性誘因的重要性大於選擇性誘因，因為此時同黨立委感受生命共同體的重要性。若政黨的決策中心不在立院黨團、政黨的相對實力懸殊，則較大政黨立委有搭便車的動機，此時政黨若要動員立委，必須要以選擇性誘因方能有效動員。至於較小政黨面對較大政黨時，比較容易產生共同負擔政黨集體成敗的情況，集體性誘因的作用便大於選擇性誘因。

陳宏銘的〈台灣半總統制下的黨政關係：以民進黨執政時期為焦點〉一文，探討我國政黨輪替後民進黨執政時期的黨政關係。該文認為半總統制有民選的實權總統，而總統與所屬政黨的關係，特別是其是否同時為執政黨的黨魁，位居黨政關係金字塔體系中的頂端，具有牽引次級政治體系的作用。作者發現，傾向總統優勢的半總統制國家，確實比較會出現總統兼黨魁的情況，而台灣的情況正好屬於此類型。

由於我國憲法設計中缺乏總統與行政部門的直接聯繫機制，以致必須尋求憲政制度外的協調機制。同時，以實權總統為核心，但又並存行政院、立法院黨團及黨中央之多重政治行動者，民進黨在「黨政同步」時期，黨政關係較為順暢。由總統兼黨主席，總統是黨在名義上和實質上的領袖，可以名正而言順的領導政黨，並較有效掌控黨和立法院黨團。實權總統在任期內會逐漸朝向兼任黨魁或者朝有效掌控政黨的方向使力，這樣的黨政關係態樣將會再牽引對總統所屬政黨的影響，而帶來「總統化政黨」現象。陳總統執政時期，從人事、政策、組織以及選舉等面向探討，作者發現皆有「總統化政黨」現象。不過，政黨的「總統化」的現象也視總統個人的聲望之起伏而定。

探討黨政關係的方式很多，如黨團的組成、與黨中央的關係，以及政策產出上的決策過程等，徐永明的〈國民黨黨政關係演變之探討：以立委政職與黨職的流動為測量對象之方法應用〉一文，則從菁英流動行為的角度，來測量黨、政兩種領導間的互動。該文以國民黨立法委員的流動作為分析對象，探討其在2000年政黨輪替前後、2008年選制改革以及之後的政黨再次輪替之前後，政黨領導（party leadership）與立院領導（legislative leadership）間的相互流通與作用，來了解國民黨黨政關係的變化。

為了回答上述黨政關係變化的問題意識，該文嘗試發展一個黨政關係測量的策略，從政治人物在黨（中常會、中央委員會）與政（立法院黨團、委員會召委職）兩個範疇的職位取得，以及兩種職位之間的相互影響關係來觀察。作者先建立兩個領導模型（leadership models）來分別測量立院領導與政黨領導的來源。然後再測量兩個領導權之間的相互作用，其間的因果結構為何，據此可以從行為的層次來測量黨政關係的互動。

第五章林瓊珠的〈初探台灣政黨網站之功能：以2008年立委選舉為例〉一文，從政黨功能的角度切入，探討國內政黨對於網路的應用情形，試圖回答在網際網路的蓬勃發展下，政黨運用網站來達成什麼樣的功能，各政黨網站所扮演的功能是否有所差異，以及網路對政黨競爭的影響。作者從資訊提供、網路連結、政治參與、競選活動和資源募集等五面向，分析國內政黨網站之功能。研究結果發現：網路的應用有助小黨增加「曝光」率與展現政黨的存在性，但是國內政黨網站的功能仍舊著重在資訊提供上，運用網站促進民眾參與和民眾互動的功能較為欠缺。不過，網路提供政黨競爭新的可能性，此可能會影響政黨內部組織結構之改變。

在跨國研究部分，吳文程的〈總統作為政黨領袖〉一文，探討美國總統作為政黨領袖的角色，並同時討論英國首相，法國總統作為政黨實際領袖，比較其決策模式和黨政關係，以作為解決我國當前對於總統是否兼任黨主席的爭論的借鏡和參考。

李鳳玉的文章比較法國與台灣兩個半總統制國家，特別探討兩國總統與其政黨之間關係的差異。法國自1958年成立第五共和迄今的非共治時期，總統從未兼任黨主席，而台灣自1997年採取半總統制迄今，國民黨執政的時期，卻經常為總統是否擔任黨主席而爭論，最後總統都決定擔任黨主席。總統是否擔任黨主席，是否會影響執政黨在國會的法案通過率呢？

該論文研究的主要論點為：總統兼任黨主席與否並非影響黨政關係的決定性因素。影響政府法案的通過率主要取決於同黨籍國會議員是否有支持的意願，以及政府有沒有權力上的優勢，或者制度上的設計是否能有效促成政府法案的通過。李鳳玉發現法國有些制度上的設計有助於政府法案的通過，如：單一選區兩輪多數決制、2000年修憲通過的蜜月期選舉時程的設計、曾經存在多年的委託投票制、總統主動解散國會的權力以及不易被否決的信任投票制度、包裹表決權以及由政府安排國會議程。反之，台灣在第七屆立法委員選舉之前採取單記不可讓渡投票制（Single Non-Transferable Vote System）的選舉制度，在此制度之下，議員勝選主要靠的是個人選票，而非政黨支持，不利於政黨有效領導黨籍議員，此情況更因兩大政黨先後將民意調查納入立法委員提名人選的考量後，更進一步惡化，而且選制改革後，由於分區立委的選區規模縮小，更難以拒絕選區選民的請託與要求。非同時與非蜜月期的選舉時程安排下，政府的同黨立委比較沒有支持政府法案的動機。另外，台灣總統並無主動解散國會權，政府沒有主動提出信任投票的權力以及缺席立委不可請人代為投票等。

法國第五共和給予行政權相當強勢的權力，國會因此受到相當的限制，但是隨著時間的發展，以及國際局勢越來越複雜，國與國之間的交流越來越多元化，國會開始在外交扮演越來越重要之角色。吳志中的〈國會在國家外交之角色扮演：以法國為例〉一文，探討法國國會如何在歷史上一向專屬於國王（或行政部門）的外交權力，來強化國會的外交權，建立國會外交的傳統。

美國為三權分立的總統制國家，與內閣制國家之行政與立法一體不同，也與台灣和法國不同。內閣制國家由國會多數黨組閣，黨紀嚴明，因此執政黨可以仰賴政黨的支持。美國總統與國會議員雖然都由人民選出，相互獨立，總統任期固定，國會無法倒閣，總統也無法解散國會。總統雖為名義上之政黨領袖，但是與總統同黨之國會政黨成員對於總統人選之選擇以及總統的政策立場並沒有發言之機會。同樣的，總統對於誰代表其政黨來參選國會議員與他們的政策立場，也是毫無置喙之餘地。在制度的設計上，國會議員是獨立於總統的。

雖然美國總統的權力很大，但是在推動法案時，有相當多制度上的限制，黃秀端的〈美國總統對國會立法的影響〉一文，探討美國總統在立法的角色以及分析影響總統法案成功率的因素。有些學者認為總統所擁有的只是說服的能力，也有學者認為總統應善用其資源，利用機會，扮演國家政策改變的主導者。作者發現政黨還是總統法案成功與否很重要的因素，在一致政府時期以及在參院擁有多數席次時，總統法案之成功率較高；另外，總統的聲望高以及蜜月期時，通過率都會較高。就整體而言，總統還是扮演國家政策改變的主導者，在必要時則需要其說服與溝通。

德國為內閣制，但是在二次大戰後，從來沒有單一政黨執政。2005年國會選舉結果沒有任何一個黨派聯盟獲得過半數席次來組成內閣，議會席位中，基督教民主聯盟以226席超過社民黨的222席。最後於10月10日，梅克爾所領導的基民盟與施洛德所領導的社民黨達成協議，兩大政黨共組聯合執政聯盟，由梅克爾擔任總理，成為德國史上第二次大聯合政府，兩大黨於聯邦議會的席次率將近73%。由兩個意識形態南轅北轍的政黨組成聯合政府，衝突在所難免。

劉書彬的〈梅克爾大聯合政府立法決策體系中黨政關係之研究〉一文，探討梅克爾大聯合政府的立法決策模式，包括兩大黨為維持執政地位，於正式執政前與執政期間，推動各項立法草案，在政黨合作決策機制、人事組成、乃至於政黨策略等方面，面對衝突與合作時，黨政關係如何因應的實況。該文並藉由「否決者理論」，依據否決者數量，否決者意識形態或立場的差距，與內部的融合度，來探討此一大聯合政府決策體系中的黨政關係、政策改變情形，和該時期政治體系的穩定度，以及該大聯合政府對德國政治之影響。該運作模式可作為具有類似黨政發展背景（如溫和多黨體系的內閣制）、且意識形態差異較大的兩大政黨，進行政黨或執政合作的參考。

政黨與國會為民主國家不可或缺之元素。黨政關係與國會運作相當複雜，因不同政治體制而有所差異。即使是同樣被歸為半總統制的台灣與法國也因為憲政慣例、選舉制度、以及憲法中是否強調行政權的優越性而有不同之運作。希望本書能帶給大家多元之思考。

參考書目

英文部分

Duverger, Maurice. 1980. "A New Political System Model: Semi-Presidential Government." *European Journal of Political Research* 8: 165-87.

Elgie, Robert and Steven Griggs. 2000. *French Politics: Debates and Controversies.* London and New York: Routledge.

Linz, Juan J. 1994. "Presidential or Parliamentary Democracy: Does it Make a Difference?" in Juan J. Linz and Arturo Valenzuela eds. *The Failure of Presidential Democracy: Comparative Perspectives* I: 3-87. Baltimore: The Johns Hopkins University Press.

Roskin, Michael G. et al. 2010. *Political Science: an Introduction.* 11th edition. New York: Longman.

Samuels, David, and Matthew Shugart. 2010. *Presidents, Prime Ministers and Political Parties.* Cambridge: Cambridge University Press.

中文部分

沈有忠，2009。〈德國議會民主的發展：從威瑪憲法到基本法〉。《思與言》，47，3: 27-65。

邱訪義，2010。〈台灣分立政府與立法僵局〉。《臺灣民主季刊》7，3：87-122。

盛杏湲，2003。〈立法機關與行政機關在立法過程中的影響力〉。《台灣政治學刊》7，2：51-104。

陳瑞樺，2001。〈導讀：法國第五共和的歷史/政治脈絡〉。《法國為何出現左右共治？歷史、政治、憲法的考察》阿爾當等著，陳瑞樺譯。台北：貓頭鷹。

黃秀端，2003。〈少數政府在國會的困境〉。《台灣政治學刊》7，2：

1-46。

鍾國允。2011。〈2008年法國修憲對行政權與立法權之影響〉。《第二屆半總統制與民主學術研討會》。2011年3月26日。台中：東海大學。

第二章
政黨在國會的動員策略：集體性與選擇性誘因的運用

盛杏湲、蔡韻竹

壹、前言

政黨在民主政治中扮演集結利益、提出政策方案與落實政策方案的角色，為了扮演好此一角色，政黨必須在國會內組織立法，使來自各自選區的國會議員有一同遵循政黨領導，推動政策方案的動機。然而，若由代議政治的制度邏輯來看，國會是個別成員的集合體，每一位國會議員都被賦予相等的權力，在審議過程中實踐選民所託付的代議職責。政黨為了實踐其政策目標，必須提供足夠的誘因，使來自各自選區的國會議員有一致的行動。政黨使用的誘因包括兩大類，一類是集體性誘因，一類是選擇性誘因（Panebianco, 1988）：前者是每一個同黨國會議員都可以享受到，此中最重要的莫過於內化政黨的目標與理念成為國會議員的目標，使國會議員感受到自己與政黨共同擔負著集體行動成敗的命運；另一類是選擇性的誘因：只針對各自國會議員提供的，譬如勸導說服、特殊利益、職位的授與。這兩項誘因是任何政黨都必須採用的，但是會因政黨間的相對實力（包括各黨掌握的席次多寡與政黨競爭形式與程度），以及政黨內部的領導模式（包含政黨的決策模式、與政黨領袖的風格與策略運用）而有異。

近幾年來，政黨在立法院運作過程中的角色、地位以及對所屬成員的影響力增強，同黨國會議員的凝聚力大幅提升（黃秀端，2004；盛杏湲，2008a），從過去的文獻中得知，政黨輪替、選制變革促使黨際之間的競爭愈激烈，而使同黨立委成為生命共同體，致使凝聚力愈強。然而，僅僅是因為黨際競爭強烈，或同黨立委是生命共同體，無法說明政黨為了使立委採取集體一致行動所作的努力，也無法解釋不同政黨與不同立委之間的歧異，那麼，究竟政黨採用哪些策略來使立委採取集體一致的行動？跨不同政黨有何異同？在不同的時空環境下怎樣調整其策略？本研究即以上述研究問題為出發點，主要分析焦點在於民主轉型之後，當國民黨失去掌控立法院的能力，朝野政黨在立法院為達到政黨目標而採用的動員策略，這段期間歷經了日益激烈的政黨競爭、二次政權輪替、選制變遷以及國會政黨勢力的重組，因此方便我們去檢視外在環境的變化以及內在政黨決策模式的轉變，對政黨動員策略的影響。

以下將首先就相關的文獻加以檢視，接著就深入訪談的資料，說明我國主要政黨是如何使用各種集體性與選擇性誘因來動員其立委；緊接著說明影響政黨使用策略的外在因素與內在因素，外在因素包含政黨的席次多寡與政黨競爭的形式與強度；內在因素包含政黨的決策模式以及政黨領袖所採用的動員策略，而在分析中也會說明政黨的領導模式相當取決於政黨的席次多寡與政黨所面臨的競爭形式，最後提供研究的結論並加以討論。

貳、文獻檢閱

政黨政治一向是政治學者與政治觀察家高度關注的課題，而在責任政治的架構中，政黨在議會中應該扮演的主導角色也為相當多政治學者所主張。但是，問題是以尋求當選連任為基本目的的國會議員，也可能會自求多福，追求個人表現以獲得個人選票（personal vote），亦即國會議員憑藉著他個人的特質、資歷、表現等而獲得選票，而非憑藉政黨或其他非個人因素而獲得選票（Cain, Ferejohn and Fiorina, 1987; Carey and Shugart, 1995）。由於國會議員是由選區選出，因此當他追求個人選票時，會將對黨的忠誠，轉換成對選區的忠誠，以換取選區選民的支持。

政黨要使來自各個不同選區的國會議員願意遵循政黨的領導，端賴政黨是否能提供足夠的誘因而定，政黨所使用的誘因可以是集體性的與選擇性的，前者是每一個同黨國會議員都可以享受到或感受到的，同黨國會議員同樣受到集體性誘因所帶來的正面或負面影響；另一類是選擇性的誘因：只有針對各自國會議員提供的（Panebianco, 1988）。如果我們將相關文獻加以耙梳，將政黨使用的誘因加以歸類，在集體性誘因方面，有下列幾類：第一，內化政黨理念成為國會議員的價值觀，使國會議員體認到政黨團結的重要性，體認到之所以當選是為了實踐政黨的理念，感受到忠於政黨領袖乃理所當然，英國國會議員之所以相當團結，Crowe（1986）指出最主要就是因為內化政黨的理念。第二，同黨國會議員是政治生命共同體，負擔法案成敗的責任和選舉的共同命運，在內閣制國家甚至擔負內閣存亡的共同責任，因此願意將權力委託政黨領導團隊，政黨領導團隊經由結構與立法的規則等策略去組織立法，以利於政黨的集體利益（Cox and McCubbins, 1993; 2005; Sinclair, 1995; 1999；何思因，1993）。第三，政黨提供立法聯合的基礎，由於議會中多數決的決議方式，各個國會議員無法單獨推動某個法案的進行，必須組成一個立法聯合來推動法案的通過（如投票聯合、程序推動聯合）或相反地去阻擋法案的通過（Cox and McCubbins, 1993; 2005; Smith, 2007），而政黨恰巧提供了如此的基礎，因此若國會議員要推動或阻擋法案，必須仰賴政黨的力量。第四，政黨提供議員立法的必要資訊，國會議員在立法時需要多方面的資訊，尤其是當他面臨不熟悉的法案領域時，會尋求同黨同僚給予法案的線索，因此無形中同黨國會議員傾向相同的立場（Kingdon, 1989; Smith, 2007）。

在選擇性誘因方面，包括以下幾種：第一，政黨掌控著重要資源，可依國會議員的表現予以獎懲，如可協助國會議員競選、安排國會議員參與委員會、安排法案議程、決定國會議員政治生涯是否能有更好的晉升機會（譬如擔任內閣閣員）（Cox and McCubbins, 1993; Kiewiet and McCubbins, 1991; Kingdon, 1989; Mayhew, 1974; Olson, 1994; Ramseyer and Rosenbluth, 1993; Smith, 2007）。第二，政黨提供特殊好處收買國會議員，譬如提供特殊的預算到選區、修改法案內容以利於特定選區（Ames, 2002; Arnold, 1990; Evans, 2004; Shugart and Carey, 1992）。第三，政黨透過政黨領袖進行個別說服，而政黨領袖的說服能力端看其政治聲望而定，聲望好的政黨領袖較具說服力（Edwards, 1976; Neustadt, 1990; Smith, 2007）。第四，政黨透過黨鞭作個別說服：黨鞭扮演溝通協調的重要角色，譬如英國黨鞭溝通後排與前排議員的意見，使得後排議員的意見也可能被尊重，且發揮決策的影響力，因此後排議員願意服從政黨的領導，同時，黨鞭也扮演勸導說服並實際議場動員議員去支持政黨政策立場的角色，黨鞭使用的動員方式通常包括了四種：動之以情、喻之以理、誘之以利，以及脅之以勢，而在實際運用上是先情理後勢利（雷飛龍，1992：24-32）。

國內對於國會政黨與立委行為的研究關注是在1980年代中期以後，從這些研究當中，我們得知國民黨的領導立法在1980年代中期前後差異甚大，在1980年代中期以前，國民黨掌握立法院的絕對優勢，多數的國民黨立委都服膺於國民黨以黨領政的決策方式。雷飛龍分析當時多數國民黨資深立委服從政黨的四個主要原因是：第一，來台的資深立委本來就比較忠於國民黨；第二，大陸失敗之痛記憶猶新，大多能接受改造圖強之說，以黨領政較不會受到反彈；第三，對少數份子予以嚴格懲處，收警惕的作用；第四，資深立委不需要改選，因此較少受到民意的壓力（雷飛龍，1991：76）。至於對增額立委而言，國民黨則是運用責任區配票制度，以及透過綿密的基層組織與對地方派系的互利互惠關係，使其提名者有高達95%的機率當選（Chen, 1996; Wu, 1987；盛杏湲，1998），在此時期，增額立委的連任成功與否，取決因素不在於他的勤於議事，而在於他對於政黨的忠誠與否（Ho, 1986），因此，無論資深或增額立委都相當支持國民黨的領導立法，國民黨也就掌控立法院的議事運作。

在1980年代中期以後，當國民黨立委面對黨際與黨內競爭的壓力，要求在決策過程中扮演較重要的角色時，有關黨政運作的討論相當多，這一類研究多半檢視國民黨在決策過程中所扮演的角色以及行政部門與立法部門在決策過程中的互動（李美賢，1989；陳茂誠，1989；許福明，1990；

鄒篤麒，1993；曾濟群，1995）。從這些研究當中，我們得知國民黨的領導立法在1980年代中期前後差異甚大，在1980年代中期以前，國民黨用「以黨領政」的決策架構主導立法，在能夠提供立委足夠特殊利益（Wu, 1987；朱雲漢，1992；陳明通，1995），與決定立委當選連任的情況下（Chen, 1996: 189），多數立委相當遵從國民黨的領導立法，大部分的重要決策是由國民黨的中常會決定，在確定了大政方針之後，委由行政院擬定草案，然後送交立法院通過。此時國民黨所提的大部分法案都能在變動極小的情況下迅速地通過，當時立法院僅扮演合法化行政院（或國民黨）決策的橡皮圖章的角色。

但是在1980年代中期之後，由於反對政黨的崛起，國民黨在選舉中的優勢逐漸衰退，主導立法的地位也因此受到挑戰，尤其在有政黨競爭之後，複數選區單記不可讓渡投票制（single non-transferable vote，以下簡稱SNTV）選制所突顯出的黨內競爭，促使立委必須尋求各自表現以建立個人選票，對舊有的政黨領導立法體制產生反彈，因此國民黨內部決策體系也開始產生變革，使原本僅是橡皮圖章的國民黨立委逐漸扮演較重要的立法角色，不再毫無異議地通過政黨的提案。相反的，某些國民黨立委變得非常積極地介入法案審議過程，並且挑戰國民黨中央的主導立法。當國民黨主導立法的優勢逐漸崩解，國民黨試圖使用各種方式來鞏固政黨立委的團結力量，除了強調「政權保衛戰」，使立委感受同黨立委是生命共同體等集體性誘因，另外也透過選擇性誘因拉攏個別立委，這些選擇性的誘因包括兩大類，一類是各種特殊利益的給予，譬如在各種國家保護的寡頭壟斷中分配特權，在政府管制與政府採購上製造經濟租金，給予在政治上的合作者以酬庸（朱雲漢，1992：60），這些特殊的利益在國民黨掌控立法優勢時就使用，但在國民黨失去掌控優勢時使用的更具有針對性與目的性；另一類選擇性誘因是對立委特殊職務或身分的授予，如不分區立委身分、黨團幹部身分、委員會幹部身分的提供，以使立委對黨有向心力（黃麗香，1999；鄒篤麒，1993）。

當立委的選區與政黨的立場發生衝突時，盛杏湲（2000）對第三屆立委的研究發現指出，有相當高比例（63.7%）的立委偏向選區，相對上僅有26.5%偏向政黨，將若各黨分開統計，國民黨有高達80%的立委偏向選區。若將政黨與選區都有明確立場的法案作深入分析時，發現當政黨與選區面臨衝突時，大多數立委偏向選區，尤其是在那些選區有清楚、明確且利益同質性相當高的法案（如老農津貼）。同時，即使是在那些政黨有明顯立場的法案（譬如兩岸關係類法案），立委如果表現出與政黨不一致的行為，幾乎都與選區的因素有關（Sheng, 2003）。若作長時期的觀察，立委對選區的關注有增無減，即便到第六屆立法院，政黨對峙嚴重，且面臨新選制的情況下，政黨影響力相當突顯，然而當立委面臨政黨與選區立場不一致時，國民黨立委還是有66.7%偏向選區，而民進黨立委也有60%偏向選區（盛杏湲，2008b：244）。

此外，黃秀端（2004）與盛杏湲（2008a）以立委在立法院的記名表決，探討政黨競爭與政黨凝聚力的變化趨勢，研究發現顯示：在政黨輪替前，國民黨的凝聚力相當差，但是從第五屆開始，國民黨的凝聚力明顯提升，主要的理由是國民黨連續面臨失去行政權與立委選舉的大敗，亟欲在失敗之後重新出發，且在藍綠政黨嚴重對峙下，立委本就很難在政黨主流以外的立場尋求表現的空間。在第六屆時，國民黨的凝聚力更大幅上揚，達到0.90（凝聚力最大值為1，最小值為0），幾乎與民進黨達到一樣的水準。至於民進黨的凝聚力一向相當強，尤其是在政黨輪替之後，凝聚力更是大幅上升，展現出少數黨執政所展現的強烈企圖心，在第六屆時，民進黨的凝聚力更是達到0.93，這表示幾乎在所有的投票都達到甲級動員的效果，同黨立委成為生命共同體，立委營造整體政黨形象與氣勢的強烈企圖心。在政黨輪替之後，藍綠陣營在選舉中的激烈競爭衍生成在立法院的嚴重對峙，藍綠陣營的立委不易在敵對陣營的立場上尋求機會。同時，對各黨立委而言，政黨的集體表現攸關著自身的連任與政治生命的持續與晉升，因此，相較於過去，立委有較高的動機去遵循政黨的領導。

從上述文獻中可以發現一個矛盾現象，在一方面，若就政黨整體的凝聚力著眼，愈到晚近，隨著政黨輪替與政黨的對峙愈嚴重，政黨內部的凝聚力愈來愈高，到第六屆時國民黨與民進黨都高達0.90以上（盛杏湲，2008a：25）。然而，在另一方面，若就個別立委著眼，大多數立委相當強調選區的重要性（黃秀端，1994），當詢問區域立委若政黨與選區的立場不一致時，是遵循政黨或選區的立場，大多數立委選擇遵從選區，在第六屆時，國民黨立委有66.7%偏向選區，而民進黨立委也有60%偏向選區（盛杏湲，2008b：244）。對此一政黨凝聚力高但立委有嚴重的選區取向的矛盾現象，可以有幾點解釋：第一，測量誤差：立委明明強調政黨取向，卻說他強調選區取向，然而若從立委極度強調選區服務的情況而言（盛杏湲，2008b），測量誤差絕對不是一個合理的解釋原因。第二，立委不常遇到政黨與選區兩難的局面：多數投票不牽涉到選區利益，僅有的可能遇到兩難的情況，也多半是選擇性的，亦即針對單一記名表決而言，面臨與選區衝突的通常僅是少數立委，因此平均而言，仍有高度凝聚力，這也許提供了一部分的解釋，然而，此一解釋忽略了實際政治中政黨運作的過程。本研究提出第三個解釋：政黨使用各種策略使立委達成集體一致的行動。有關於此，過去的文獻雖有觸及，但通常並非有系統的研究，其中一個難處即在於許多的動員都是在檯面下，一般人很難窺其堂奧，本研究藉由長時期深入訪談數十位立委與黨鞭（及少部分立委助理與黨務工作人員），試圖揭露政黨如何動員立委的面紗。

參、政黨在國會的動員策略

本研究對於政黨在國會動員方式的資料來源，主要係採深入訪談的方式，由於政黨使用的動員策略有些固然是在檯面上，但有更多的是在檯面下，因此本研究採深入訪談的方式，主要的訪問對象是立委（其中有一部分兼任黨鞭），並有少數立委助理，與黨務工作人員。並以報章媒體的報導作為輔助的資料，藉以了解政黨的動員策略，以及立委願意遵循或背離政黨領導的理由。深入訪談陸陸續續進行幾波：第一波段在2004年10月起至2005年初的第五屆立委期間，訪問21位立委；第二波段在2006年3-4月的第六屆立委任內，訪問17位立委；第三波段在2008年年中，二次政黨輪替之初，訪問立委7位、立委助理4位及1位黨務工作人員，總共12人；最後是在2010年1月起至4月第七屆立委任期過半之際，訪問6位立委（訪談立委背景資料見附錄）。

一、集體性誘因

（一）政黨目標和理念的認同與內化

對政黨的政治目標與理念認同，並內化成為立委自己的目標與理念，亦即將立委自己的問政生涯與政黨的命運相連結，使政黨與立委成為生命共同體，這是政黨動員的重要基礎，經由共同政治目標的連結，政黨可以不需要花費很大的力氣即可有效動員它的黨員。而政黨內化的方式，雖然包括動之以情、喻之以理，但最重要的在於社會化，亦即使立委在潛移默化之中，感受到只要身為某某政黨的立委，就有動機去推動政黨的理念與問政目標，一旦將政黨理念內化成為立委個人理念後，則不待政黨任何的動員，立委本身就因對政黨有認同感而把支持黨的政策立場視為理所當然，不需再多加說服或提供誘因。國民黨在遷台之初，對第一屆的資深代表而言，大陸失敗之痛記憶猶新，因此國民黨改造圖強是使立委遵循政黨領導的重要策略。至於在民主轉型之後，其他政黨日漸壯大，「政權保衛戰」是國民黨敦促他的立委支持政黨政策立場的重要方式。至於在2000年國民黨面臨失去執政權之後，政黨面臨的集體困境致使立委感受到彼此是生命共同體，一位國民黨立委表達：

「國民黨的立委當失去執政權之後，才知道執政權之可貴。所以那種孤臣孽子之心，那種贏回執政權之心使大家在風雨中更為團結。」（訪談編號L13）。

而另一位國民黨立委也表達：

「所以在野黨本身為了贏得政權，基本上會更努力，那跟黨的關係、感情會比較有這種命運共同體的關係……所以我覺得……變成在野黨之後，跟黨的關係變得更緊密一點。」（訪談編號L14）。

對民進黨立委來說，在政黨輪替之前立委人數有限，又期望在立法院有所表現的情況下，非常強調黨員對黨的忠誠與責任。多數民進黨的立委深深體會到如果他們不團結，將無法在國民黨掌控下的立法院裡有任何作為，那麼，他們將無以通過（或阻攔）任何法案，無法達成他們的政策理想，當然也就無法達到選民的付託，最終可能遭到被選民淘汰的命運。

此外，許多民進黨立委本身就是創黨元老，對政黨有深厚的感情，對政黨發展有深切的使命感，因此他們較能團結一致為黨的政策立場努力。政黨輪替後的民進黨，由於未能掌握立院多數，又必須推動政務，因此有強烈的生命共同體的意識。即便黨內派系紛爭的干擾甚深，黨籍立委始終對政黨維持高度的向心力。有時即便政黨的政策得不到選民的認同，立委仍必須為政黨辯護：

「……我們執政的時候我們也知道我們有一些政策不當，但是我們也不能罵，我們就要挨罵替他們（行政部門）作一些辯解、作一些說明」（訪談編號L08）。

至於陸續出現的小黨：新黨、親民黨與台聯也是因為人數有限，又期望在立法院有所表現的情況下，非常強調黨員對黨的忠誠與責任。「唯有團結才能成事，不團結則一事無成」的想法，成為深植於每一位小黨立委心中的基本原則，使得幾個國會小黨的黨鞭在多數時候毋須對所屬立委動用太多策略或說服過程，所屬成員就能維持穩定的政黨向心力（訪談編號L05、L06）。

（二）政黨招牌帶來的選舉效益

政黨招牌提供選民認識立委的線索，尤其對許多沒有選區聲望的立委或新人而言，政黨招牌往往是讓選民認識候選人的第一個印象。且根據過去的研究發現，選民的政黨認同是選民投票的重要因素，許多選民會在自己偏好的政黨裡挑選候選人，因此政黨的招牌往往是立委候選人勝敗的重要決定因素之一。

而政黨的領導團隊往往是政黨招牌的代言人，直接影響選民對該黨的認知與評價，政黨領導團隊包括立法院內與立法院外的政黨領導者，立法院內包括政黨內的重要職位與主要黨團幹部，如立法院院長、委員會召委與程委，黨團三長；立法院外的領導者指政黨全國性的領袖，以及掌握政黨決策機制的職位者，無論有或沒有政治職位，都是政黨的標籤（譬如執政黨的總統、行政院長，在野黨的黨主席或相當於黨主席地位的全國性領袖，譬如李登輝雖然不是台聯的黨主席，但是也是台聯的政黨領袖），聲望高的政黨領導者對立委候選人選情有加分的作用。政黨領導團隊往往讓民眾認識該黨的執政能力與操守，有能力與好品格的政黨領袖對政黨有加分的作用，然而若無能或操守被人質疑的政黨領袖也帶來政黨整體形象的虧損，因此當政黨領導團隊被選民認可時，立委特別有動機去配合政黨推動全國性的政策與立法。有幾位民進黨立委提到政黨標籤對他們的重要性：

「你如果說背叛這個民進黨，你去選舉你就是沒有票，民進黨的選民他是不會分裂投票的，他是一致認同於民進黨，就是這樣的一個選民的結構讓民進黨喔更團結，更團結」（訪談編號L04）。

「民進黨畢竟還是使命型政黨的色彩還沒有完全褪去，所以黨的意識形態很清楚……你總是用這個來訴求你的選民，所以在這個框架之下你很難跳脫出去，因為你跳出去了就會被你的選民檢驗」（訪談編號L15）。

（三）資訊的提供

相對於立委每日需面對大大小小的事務與抉擇，立委的時間是相對有限的，因此立委面對法案僅是選擇性的關注，至於對於他不熟悉的領域，他會去尋求是否介入以及該如何介入的線索，根據Kingdon對美國國會議員的研究發現，對國會議員最有用的資訊是經過消化整理、有政治相關性、有立場的資訊（Kingdon, 1989: 231-233），而國會議員去尋求來自同黨或者與他選區立場相同的國會議員的資訊，是最明智且節省精力的作法。我國各政黨國會黨團在提供立法資訊方面的情況大致雷同，各黨團都有聘任專業的法案助理分工負責，提供消化分析、解讀後的重要立法訊息給所屬委員參考，也會代替立委緊盯法案的審查進度隨時報告，並會先就黨內成員的看法意見進行黨內的溝通整合。各黨也都會提供書面的資訊，並且利用各樣的管道，向立委說明目前審議法案的重要內容，並表明黨的立場，期望黨員支持的方向。由於多數立委僅對少部分法案有興趣，會注意，並且有立場，而對大多數的法案並不關心，也沒有立場，因此，對他們並不很關心或無立場的法案，當然寧可服從黨的領導立法，一方面對其選民有交代（勤於問政與表達民意），而另一方面也對政黨有所交代（支持黨的立場），也因此，提供立法資訊是政黨時刻在做、不費力、也相當有效的動員方式。

二、選擇性誘因

（一）溝通說服

政黨要黨籍立委維護黨的立場，說服與協調溝通是重要手段，如果僅是一味的要求黨籍立委聽命，而不說明為何如此的真正理由，則可能會招致立委的反彈，最後導致動員失靈。即使是像英國政黨凝聚力相當高，且前排議員就是政黨領袖的情況下，政黨的政策之所以能獲得黨籍國會議員的支持，黨鞭溝通前後排議員的意見，使後排議員的意見也能發揮作用，是後排議員願意遵循政黨政策立場的重要因素。同樣的，在美國，總統之所以能夠使國會議員支持他的政策立場，溝通協調與勸導說服是不可少的手段（Neustadt, 1990）。

當一般性協調溝通無法達到使黨員一致時，進一步針對個別立委的勸導說服就是必須的了。由於立委通常之所以會與政黨立場發生歧見，除了少部分個人理念或利益因素外，其他如選區的壓力、敵對政黨或陣營的「反動員」，都可能是讓立委不服從政黨指示的可能因素。政黨黨鞭在表決進行以前就要先掌握可能違反政黨立場的危險名單，除了黨團持續的勸導說服外，視情況還需要出動黨內更高層領導人的出面遊說，或者對潛在危險名單發動全面性的人情壓力，讓鬆動立委在表決前能夠回心轉意，與政黨採取一致的表決立場。部分黨鞭把這種動員方式稱作「複式動員」，動用的時機不定，但各黨團對於每一次記名表決的立委意向都要先有了解，預作估票或複式動員的準備。兩位國民黨黨鞭如此表達：

「我們有分小組，比方說十個人一個小組，那我知道『你不穩』，不穩的話我就跟上面報，我跟黨團書記長報告。跟書記長報告之後，他就打電話跟你講。你還是沒辦法（還是堅持反對的話），他就跟執行長、執行長再不行就跟祕書長講，祕書長再不行那他就跟主席親自打電話」（訪談編號L09）。

「每一個黨團啊都會有自己的所謂的鬆動名單，然後會分組，找資深的委員，一個人負責五、六個，那個是複式動員。像蜘蛛網一樣的喔，那每次都會有……所以就盯緊啊，不能讓他出國……以前最多就是那個同意權行使，因為同意權跟（提名者的）面子有很大的關係」（訪談編號L01）。

一位親民黨黨鞭也如此陳述親民黨如何進行遊說立委：

「我們都會知道哪幾個black sheet……我們都會知道。我們幾乎是上窮碧落下黃泉...來跟他們lobby……，如果這個案子是這麼重要的，影響到我們黨的這個所謂形象，不但是主席要出動，我們要遊說他的奶奶，從他的祖母……不但是這個黨紀的立場，同儕的立場，甚至他的家屬都出動了，甚至他的外婆的外婆都出動了……我們動員到一個委員，主席打電話去……我打電話給他，幹事長打電話給他，還動員他的外婆、嫂嫂打電話給他，這個叫複式動員」（訪談編號L06）。

對於所屬立委一般性的勸導說服多由黨團跟中央黨部人員處理，當面臨特別重要的表決競爭，或高難度的棘手狀況時，由政黨領導人直接出面，對特定的鬆動份子進行勸導說服，也是各黨時常採取的方式，原本因各種因素而立場鬆動的立委可能礙於領導人親自出馬勸導的人情壓力或檯面下的其他承諾，最後在表決時回歸配合政黨立場，不過此種策略的效果取決於政黨領導人的聲望，與領導手握的政治資源。有時政黨領導人在某些重要法案上的立場讓步，也是政黨進行立委說服時的必要手段。過去李登輝、連戰就常針對重要法案與重要表決（如人事同意權）進行勸導說服立委的工作，而宋楚瑜也有就人事同意權的投票「坐鎮」立法院的情形。

（二）利益交換

立法委員是政治目的的尋求者，除了想要獲得當選連任或甚至尋求政治生命的更上層樓之外，有相當多的立委有企業或財團的支持，或立委本身就是企業或財團的領導人，他們期望從政治的管道使其所服務的企業或財團得到最佳的利益，因此政黨即可利用滿足立委的目的來交換其對政黨政策與行動的支持。當國民黨所提名的候選人幾乎都能夠保證他的當選時，贏得國民黨的提名對立委非常重要，政黨提名本身即可視為是具有利益分配性質的動員策略。但是當國民黨的提名不再像過去如此幾近百分之百保證當選時，國民黨必須更靈活地交互利用選舉提名、配票及分配執政資源給立委等等的方式，讓立委實質享受到具體的政治或經濟資源，從而順從國民黨的領導。由於慣於依賴實質的利益交換作為政黨的動員策略，使得國民黨在2000年喪失中央執政的資源後，曾經一度面臨政黨動員困難、政黨團結度萎靡不振的窘境，必須尋求其他的動員策略。

「以前國民黨多數的時候，當然在表決、動員都比較方便。而且我們有資源：就是說你欠什麼？你選區有什麼作不通的？我國民黨委員來講，我可以叫部長去給他處理，這委員就會聽黨的決策。現在在野之後，你沒有中央資源了，你地方的重大建設我們沒有辦法；因此呢是比較難以這樣的指揮」（訪談編號L07）。

當黨內民主與提名初選逐漸成為各黨的決策方式，政黨領袖越來越不易以提名分配作為拉攏立委的手段，政黨或領導人需要用其他種實質利益吸引立委、進行利益交換。除了直接給予資金上的利益以外，政治人事的安排、政策方面的利多機會，乃至於在預算分配上特意加惠特定選區等，都是常見且有效的方式。在此狀況下，「執政與否」往往是政黨能否有提供足夠誘因的關鍵因素。雖然在野黨並非就完全提不出實質利益與立委交換，只是方式與資源都不如執政黨充裕，只侷限於少數立委與高層領導人間的個別交易（訪談編號C01）。對於少部分司法纏身的立委，司法上的緊縮或放鬆也是政黨在動員立委的重要法寶，曾有執政經驗的國、民兩黨都曾被外傳利用司法上緊縮或放鬆的控制，在重要投票的動員當中作為動員本黨或反動員他黨立委的利器。

（三）組織性誘因的籠絡

立委如果是全國不分區代表、掌有黨職或立法院的重要職務，將會較遵循黨的領導，對不分區代表而言，他之所以擔任立委，完全靠黨的提名，因此他理所當然會較聽從黨的領導，而掌有黨職或在立法院擔任重要職務都需要靠黨的提拔，因此掌握這些職務的人都會較遵循黨的立場。國民黨自1980年代末期為了掌控逐漸積極自主的立委個人，增設許多黨職，且大量啟用增額立委擔任黨團職務，以為籠絡，根據統計，在晚近，大多數國民黨立委皆有機會擔任國民黨團職務，只是職位高低有所不同。黃麗香（1999）以第二屆立委為研究焦點，探討選擇性誘因（不分區立委身分、黨團幹部身分、委員會幹部身分）對於立委在投票表決上支持政黨立場的影響，研究發現確實顯示不分區立委、政黨幹部較會支持黨的立場，這顯示這些組織性的誘因確實是影響立委是否遵從黨的立場的重要工具。

提供選擇性誘因給予所屬成員，從政黨領導的角度看是一種籠絡的手段，不過從個別立委的角度看，政黨給與他們這些政治職位的同時，其實也是將他們拉入責任的共同體內，讓他們不能置身事外、必須積極參與政黨運作。即使在自己未擔任黨團幹部的時候，也會基於「日後也有擔任幹部的機會、也要同黨立委來配合」的這種想法，因而盡力響應黨團幹部的指示行動，維持與政黨立場的一致性。

相較於國民黨，民進黨的黨職長期以來都是採輪流擔任的方式，此有利於過去派系林立的民進黨維持團結及成員行動的一致性。派系決定了黨內的資源分配：例如黨的中央機構，中執會、中評會、中常會是由派系共治，公職人員的競選提名是派系分配的結果，且立院黨團的職務，諸如總召集人、副召集人、正副幹事長與委員會召集委員，也是由派系立委輪流擔任（王業立，2002；郭正亮，1998：165；鄭明德，2004）。由於立院黨職係由派系之間輪流擔任，因此黨員會選擇支持其他派系黨鞭的動員，以換取日後其他派系成員對自己派系黨鞭的支持，就是責任共同體的典型寫照。民進黨以外的其他政黨：新黨、親民黨與台聯也都採類似的運作模式，平均給予黨內立委擔任黨鞭的機會，授予權力也賦予責任。在訪談台聯立委時，也有幾位談到因為黨鞭是輪流擔任，因此現在的支持可換得日後行事的方便：

「你當總召的時候我當然會尊重你，因為搞不好下會期就是我當總召，大家彼此之間就會想要彼此配合，不然輪到我做的時候人家不理我；所以原則上大家有一個制度、大家會互相支持」（訪談編號L11）。

三、黨紀的懲處

各黨都有如果不服從黨的領導則予以黨紀懲處的規定，然而黨紀的懲處是備而不用的策略，此一策略兼具集體性與選擇性誘因的意義，一方面黨紀是針對所有政黨成員都有約束警惕的作用，所以有集體性的意義；然而真正被施以黨紀懲處的只有少數違反黨紀者，因此具有選擇性的意義。在過去國民黨依規定如果違反黨紀則可能給予四種懲罰之一：警告、留黨查看、停止黨權、開除黨籍，不過在國民黨一黨獨大時期，即使有少數立委不依政黨指示行動，因為還不至於影響整體法案結果，所以真正因不遵守政黨指示而被黨紀處分的情況並不多見。[1] 同樣的民進黨對違反黨紀者，依規定亦可依情節輕重處以警告、嚴重警告、暫停出席黨團會議，以及停權。

當立法院內的政黨競爭日趨激烈，各黨都開始執行嚴格的出勤考核制度，對於所屬委員做更有效的聯繫控制。例如，民進黨與新黨首開對於缺席與不遵從黨團決議投票者會按情節輕重處以（鉅額）罰款，為了避免遭受黨團的處罰，立委多選擇配合政黨指示表決，成為相當有效的政黨動員手段；之後包括國民黨與親民黨、台聯都有引用類似的罰款制度。各黨訂定的處罰額度相近，例如在國民黨、民進黨和台聯黨的規則都是當黨團發布甲級動員令，但立委卻未到場或未按政黨指示投票時，每次（表決）罰款一萬元，每日罰款以五萬元為限；新黨與親民黨則是對未遵守甲級動員令的立委處以三萬元的罰款，也對立委在各種會議中發生缺席、遲到的各種情況都訂有詳細的罰款規則，並以明文或默契的方式讓立委們了解這些行為記錄，將會作為政黨於下次選舉提名時的參考依據，是相當普遍且具嚇阻力的政黨動員策略，但是不同的政黨、不同時期的執行效果仍有些差

---

1 例如在第一屆第九十會期時吳耀寬等五名立委因為調降證交稅的問題與國民黨的政策抵觸而被罰停止黨權，陳哲南立委在質詢時因為主張「一中一台」的政策而被開除黨籍（楊勝春，1994：214）。但是，在第二屆第一會期時某些立委倒戈相向，卻未使用黨紀加以懲處。

異。例如國民黨內運作較強調人情、輩分，包括國民黨黨鞭們多認為黨內對於違反黨紀的立委多半不輕易下手開鍘，會再三考量利弊得失，最後往往是高高舉起，輕輕放下。[2]

民進黨的黨紀執行較為嚴明，違反黨紀者網開一面的機會不大，最有名的就是在第五屆立法院正副院長的選舉中，當時的不分區立委邱彰因違反黨團要求公開亮票的指示，事後被以違反黨紀為由取消不分區立委的資格，並且開除黨籍。新黨、親民黨與台聯，三個小黨的立委對於政黨都有一定的向心力，一旦宣告甲級動員，所屬立委大都會按照政黨的指令行動。不過各黨多少也曾面臨立委違反黨紀的個案，並可窺見不同小黨處理態度的差異，例如新黨立委周荃、謝啟大在第三屆期間，曾針對公共電視法等特定法案與黨團多數不同調，但因這些法案對新黨而言，本來就不是關鍵性的法案且與政黨主要立場不相衝突，所以並未動用黨紀處理。但在2004年，第五屆親民黨立委鄭志龍因未出席行政院的覆議案表決，隨即被親民黨以違反黨紀為由開除黨籍。同屆的台聯也曾因為黨團內部成員間的爭執，黨團決議用違反黨紀規範為由開除區域立委蘇盈貴，突顯這兩個政黨執行黨紀處分的決心，並以此警惕其他成員不應違反政黨指示，強化表決時所屬成員對政黨的向心力。只是，當親民、台聯兩個政黨在第六屆面臨聲望、席次流失的處境時，對於黨紀的執行就有更多的考量，表決記錄[3] 與黨鞭訪談的資料共同應證，當立委整體的向心力下滑，黨紀處分不再是政黨動員的萬靈丹，對於不配合政黨動員的立委，黨團也只能道德勸

2　某位國民黨立委提到：「我們形式上也有這樣的東西，但是我們執行不徹底、沒有落實。我們沒有落實這就是跟我們政黨這個『個性』有關係……大家比較再討論，討論說你如果現在把這兩個開除掉了，那對我們以後整個程序委員會有什麼影響？委員會運作有什麼影響？什麼運作會有什麼影響？就說我們就比較老到、就比較會去想，那無形中黨紀就比較沒有那麼清楚了。那當然他（違紀的委員）有時也會來講『唉呦，不要這樣啦，怎樣怎樣』，就是我們比較人情啦、人情的政黨」（訪談編號L09）。

3　按照表決記錄，第六屆台聯黨不分區立委在部分會期的政黨向心力分數明顯偏低，但在公開的訊息中，台聯黨團不曾動用黨紀處理過類似問題。

說的方式勸導說服。[4]

上述幾種政黨動員的方式彼此並不互斥，且可彼此增強，譬如立委之所以接受黨的協調溝通或勸導說服，可能是因為本身就內化著政黨的問政理念與目標，體會到自己的政治生涯與黨的命運相連結。而也可能立委本身內化著政黨的問政理念與目標，是因為本身選舉命運的考量，或害怕政黨的懲罰。同時，以上幾種方法是各黨多多少少都使用的策略，只是各黨著重的比重有所不同，且因不同的時間點而有差異。就各黨差異而言，國民黨在2000年政黨輪替前，利益交換、勸導說服、組織性誘因的籠絡等選擇性誘因較集體性誘因來得重要，但在失去執政權後，政黨的問政理念與目標內化以及政黨標籤對立委帶來選舉效益的集體性誘因逐漸增強。而對民進黨與其他小黨而言，政黨的問政理念與目標內化、政黨標籤對立委所帶來的選舉效益等集體性誘因是立委團結的是主要誘因，選擇性誘因則是比較次要的。而就時間的變化趨勢來看，愈到晚近，政黨的對立更為突顯，政黨在集體性誘因的使用上更為增強，然而選擇性誘因的使用也不曾減弱，尤其是當立委遭遇到選區的壓力，甚或敵對政黨的強勢拉票時，選擇性誘因仍舊是政黨必須採用的策略。

從上述說明得知，各黨在動員策略上有差異，同時，同一個政黨在不同的時間點也有差異，作者認為這是受到政黨所面臨的外在因素與內在因素的影響：在外在因素方面，包含政黨的相對席次多寡，以及政黨所面臨的政黨競爭形式與強度；在內在因素方面，指政黨內部的領導模式，包含政黨的決策模式與政黨領袖的策略運用。

---

4 某位親民黨立委提到：「那個時候我們兵多將廣，我們人員很多，[對不遵守黨紀的]我們……就把他開除了，他就離開我們黨團，我們第二次就沒有再提名他。但是我們現在，我們人越來越少的時候，我們捨不得，如果我們每次要貫徹黨紀的時候，我們就是自砍一個手腳。所以我們現在是用道德遊說，無力貫徹的時候就用道德遊說、道德感召」（訪談編號L06）。

肆、政黨競爭與政黨動員策略的運用

從集體行動的邏輯來看，Olson（1965）認為在一個團體中，只要有人提供公共財（public goods，指每一個成員都可享有的好處），則團體中的每一個份子都會傾向去搭便車，為了促成集體行動，必須提供選擇性誘因。Olson推論在大團體中，由於人數多，因此集體行動的成功所帶給個別成員的利益往往較小；而在小團體中，成功集體行動所帶給成員的利益往往較大，因此團體愈大，愈不可能採取集體行動。運用此一邏輯在國會系絡中，必須作些修正，此即政黨的絕對大小不是最重要的，政黨的相對大小才是重要的：當政黨的相對大小懸殊，則較大政黨立委有搭便車的動機，政黨若要動員立委，必須要以選擇性誘因以有效動員；反之，對較小政黨立委而言，在同黨立委是生命共同體，共享政黨聲勢所帶來的正面與負面影響，並同負選舉成敗的共同命運的情況下，集體性誘因的作用大於選擇性誘因。至於當政黨的相對大小趨近，則無論任何政黨只要有部分立委不遵循政黨指示，成敗立刻翻轉，同黨立委成為生命共同體，共同負擔政黨集體成敗，因此集體性誘因的作用將大於選擇性誘因。

我國在2005年選制修改之前，採SNTV選舉制度，在此制度下，立委與其政黨有潛在的目標上的衝突，此即立委要多得選票以求順利當選，而政黨為求較多候選人當選，會求平均分配候選人的選票。當政黨足以掌控選舉時，自然得以控制其立委候選人的選舉，有效約制其尋求個人選票的動機。然而一旦有力的反對黨出現，政黨競爭開始激烈化之後，候選人之間的選舉競爭就出現了。此時，立委會積極尋求參與立法過程以突顯自己，同時，有時立委也會表現出不同於同黨立委的行為，以爭取選民的認識與選票（Sheng, 1996）。其結果是，大黨的候選人感受到激烈的黨內競爭，因此有搭便車的動機，立委可能偏離政黨立場，此時政黨若要有效動員立委，必須提供足夠的選擇性誘因。然而，當黨際競爭愈強時，立委愈需要靠政黨協助才能當選，同黨立委成為生命共同體，立委比較有一同努力採取集體行動去促進政黨聲勢的動機，因此集體性誘因的重要性增強，選擇性誘因比較是次要的。至於對較小政黨而言，黨際競爭大於黨內競爭，在同黨立委是生命共同體，共享政黨聲勢所帶來的正面與負面影響，集體性誘因的作用大於選擇性誘因。

國民黨在1986年之前，掌握著九成以上的資深立委與八成以上的增額立委席次（見表2-1），由於當時在野勢力仍未成熟，黨際競爭程度有限。國民黨在SNTV選制下，運用選舉責任區的配票策略，約有九成五的國民黨提名的候選人能夠順利當選，因此獲得國民黨的提名幾乎等同於順利連任（Chen, 1996）。由於選舉配票上的成功，因此黨內競爭也有限，此時國民黨僅需要透過「不十分強而有力」的集體性與選擇性誘因，即可掌控立法院的絕對優勢。

表2-1 立法院各黨各屆平均議席率（1980-2008年）

屆別	選舉年度	選舉議席數	國民黨	民進黨	新黨	親民黨	台聯	無黨籍及其他政黨
一	1980	70	56（80.0）	8（11.4）				6（8.6）
一	1983	71	62（87.2）	6（ 8.5）				3（4.3）
一	1986	73	59（80.8）	12（16.4）				2（2.8）
一	1989	101	72（71.3）	21（20.8）				8（7.9）
二	1992	161	94（58.4）	51（31.7）				16（9.9）
三	1995	164	85（51.8）	54（32.9）	21（12.8）			4（2.5）
四	1998	225	123（54.7）	70（31.1）	11（ 4.9）			21（9.3）
	2000	225	114（50.6）	66（29.3）	9（ 4.0）	18（ 8.0）		18（8.0）
五	2001	225	68（30.2）	87（38.7）	1（ .04）	46（20.4）	13（5.7）	10（4.4）
六	2004	225	79（35.1）	89（39.6）	1（ .04）	34（15.1）	12（5.3）	10（4.4）
	2007	206	90（43.9）	88（42.9）	1（ .04）	11（ 5.4）	7（3.4）	10（4.8）
七	2008	113	81（71.7）	27（23.9）		1（ 0.1）	0（0.0）	4（3.5）

資料來源：整理自中央選舉委員會和立法院資訊系統國會圖書館立法院議事系統。

說明：1. 表中數字為議席數，括弧內數字為議席率，總議席數以當屆改選總席次計算。
2. 雖然1980、1983年民進黨尚未成立，但是其前身黨外中央後援會於選舉時以準政黨的型態提出共同的政見與候選人，因此這兩個年度的統計資料，係以黨外中央後援會的得票率與議席率當作統計標準。
3. 新黨成立於1993年8月，由原是國民黨的七個立委脫離國民黨而組成。因此自新黨成立起，國民黨的立委人數減少七席。
4. 因第四屆、第六屆各黨立委人數變動較大，所以第四屆分列第一會期、親民黨成立後的議席數；第六屆分列各黨在第一會期、第六會期結束前的議席數，且至第六會期結束前立委人數僅剩206人。

從1986年民進黨正式成立競逐於政壇後，國民黨的席次優勢節節衰退。儘管國民黨在第四屆立法院政黨輪替前看似掌握安全的過半多數，不過受到宋楚瑜脫黨參選的影響，黨內面臨二次分裂的危機；外在的政黨形象也因黑金、治安事件迭遭抨擊。儘管國民黨當時在立法院內握有過半的優勢，但整體政黨的氣勢低落，政黨凝聚力極差（盛杏湲，2008a）。隨著民進黨選票的成長與席次的增加，黨際與黨內政黨競爭態勢都與前期有所不同。首先是由於民進黨逐漸形成一股有意義的政治力量，過去占有優勢的國民黨面臨選舉支持票源流失的壓力，已然升高國民黨的黨內競爭程度：在SNTV選制下，國民黨在同一選區提名多位候選人，但其實際所能支配掌握的選票已不足以保障全部的黨籍候選人都能順利當選。再者，由於同黨的候選人間會相互競爭選票，因此提名人數最多的國民黨面臨最大的黨內競爭：候選人在選舉中需不斷標榜自己與同黨候選人的差異，來吸引選民的青睞。這些面臨高度黨內競爭壓力的國民黨立委，在非選舉期間也開始有尋求個別表現、建立個人選票的行動誘因：例如推動特殊授益的立法或是進行選區個案服務等都是常見的手法（Batto, 2005；盛杏湲，2000；2009；黃秀端，1994；羅清俊、謝瑩蒔，2008）。直到2000年總統大選前，由於國民黨立委同時承受黨內競爭與黨際競爭的壓力，致使這段期間的國民黨除了必須加強集體性誘因的使用外，還須配合許多選擇性誘因才可有效動員所屬立委。

相反的，民進黨從第二屆起到2000年總統大選之前，即穩穩地掌握三成多的席次，在相同的黨際競爭脈絡下，民進黨比國民黨立委團結許多，除了因為其面臨的黨內競爭不若國民黨立委激烈之外，主要是因為民進黨在席次規模上仍屬一中型政黨，從未超過四成，必須要以團結一致的行動，才有可能推動立法或阻擋國民黨的立法。因此，民進黨的立委們都有強烈的團結動機：希望藉由在立法院的積極表現建立政黨聲望來拓展選票，爭取更多選民的支持，並且為了降低黨內競爭可能帶來的不利影響，同選區的民進黨立委在選舉期間有時也採取聯合競選、配票的策略，力圖爭取SNTV制度下最大的席次紅利（游清鑫，1999）。至於規模更小的新黨情況與民進黨相似：由於其黨內競爭程度較低，因此可以全心全意地應付外在的黨際競爭，使得這兩個政黨成員有與同黨立委採取集體行動的強烈動機，且由於立委的向心力強，政黨採用集體性誘因更多於選擇性誘因。

民進黨於2000年總統大選獲得勝選，並於翌年年底的立委改選中成為國會第一大黨，但席次僅不到四成。國民黨在立法院的席次大幅滑落，但若與屬性相近的親民黨席次相加後仍可過半，並可經由政黨合作對立法議事發揮影響力，政黨間的黨際競爭程度明顯提升，誠如黃秀端和陳鴻鈞指出的，由於缺乏單一過半的大黨，朝野雙方席次接近，因此第五屆立法院更容易出現朝野對抗的情況（黃秀端、陳鴻鈞，2006：397-398）。由於藍、綠陣營間激烈的黨際競爭，各黨立委們有強烈的動機用團結一致的行動去建立政黨聲望，此促使政黨得以透過集體性誘因來強力動員立委。

另一方面，國、民兩黨的立委也面臨高度的黨內競爭：總統大選後由國民黨分裂而出的親民黨，在立法議事上雖則常與國民黨聯合，但選舉時也分食國民黨的選區票源，泛綠的民進黨同樣遭遇同陣營內更積極主張台灣獨立的台灣團結聯盟挑戰，在選票有限，互相瓜分的情況下，各黨立委面臨高度的黨內競爭壓力，立委們開始轉而尋求提出更多、更細膩、可以為選區帶來特殊利益的立法，用利益授與的方式建立選民與立委之間的專屬連結和個人選票，試圖突破黨內或同陣營內競爭對其連任可能帶來的威脅（Sheng, 2009）。面對如此情況，政黨除了集體性誘因之外，也必須加強使用選擇性誘因來動員受到選舉壓力而屈從選區的立委。

2005年選舉制度改革成為單一選區相對多數與政黨比例代表的混合制，在2008年首次採用新選制，立法院的政黨生態展現極不同於以往的樣貌。一方面小黨幾乎全軍覆沒，[5] 另一方面國民黨的席次又重新爬升到

---

5 獲勝的小黨候選人僅有一位親民黨候選人，小黨全軍覆沒的原因極可能是受到新選制不利小黨的影響。新選制下選民可以投兩票，一票投區域立委候選人，採單一選區比較多數當選制；一票投黨，採政黨比例代表制。首先，在區域選舉的部分，根據

70%以上，反之，民進黨的席次大幅下跌。此顯現在新選制下，立委更易受到當時政黨氣勢的影響，同黨立委是生命共同體的意味更為濃厚，且由於每一區域只有單一立委，立委成為政黨的選區代言人，就國民黨而言，掌握70%以上席次致使政治責任無法推諉，政黨對立委的動員不容稍歇，至於對重新成為小黨的民進黨而言，同黨立委是生命共同體的感受更深，也因此政黨集體性誘因的使用十分重要。

然而在另一方面，由於在單一選區之下，一選區僅選出一席立委，誠如Lancaster（1986）所指出的，選區愈小，國會議員的可辨識性愈高，因此國會議員與選區的可課責性的連結愈容易，這促使國會議員有強烈動機去提供選區利益。更由於主要政黨以初選來決定候選人，因此立委仍然面對強烈的黨內競爭，這使得現任立委有強烈的動機使用立法委員的職務去為下屆選舉鋪路，一方面提出特殊利益的立法，並且勤於服務選區，不僅服務個案數更多，且服務更為多元細膩（Sheng, 2009；盛杏湲，2008b），那麼當立委的選區與政黨的立場有違背時，政黨為了有效動員立委，選擇性誘因的使用也十分重要。

伍、政黨領導模式與動員策略的運用

政黨的內部的領導模式會影響立委的離心或向心趨力，從而也會影響政黨使用的誘因，若政黨的決策模式若比較屬於「內造型政黨」，亦即政黨決策模式是在立院黨團，則立委的個別意見已經被反映在決策中，立委比較有意願採取一致行動，此時集體性誘因的作用就較強。相反的，若政

Duverger法則，單一選區相對多數制會因為機械性（mechanical）的理由以及選民心理上的理由，而不利於小黨（Farrell 2001, 162）。其次，在政黨比例代表制的部分，由於得票超過5%以上的政黨才能獲得分配席次，而對小黨而言，5%的選票支持是個不容易達到的目標，因此原本偏好小黨的選民極可能在政黨票的部分也投給大黨，以免浪費選票。

黨的決策模式比較屬於「外造型政黨」，亦即政黨決策模式是在立院黨團之外，則立委比較有可能對政黨的政策反彈，此時集體性誘因比較不足以號召立委採取集體行動，選擇性誘因的使用就必須更加強調。同時，政黨領袖本身相當程度能決定所採取的動員策略，政黨領袖可以提供集體性誘因與選擇性誘因。就集體性誘因而言，政黨領袖的聲望就是政黨的標誌，有聲望的政黨領袖對同黨立委有加分的作用，反之，則帶來相反的效果。此外，政黨領袖會透過各樣的方式呼籲黨員採行集體的行動。當政黨聲勢強或同黨立委有強烈的生命共同體的感受時，政黨領袖可以透過集體性誘因有效動員立委，但若政黨聲勢不足，或立委有來自選區的壓力，或立委面臨敵對政黨的反動員時，則政黨領袖必須針對個別立委運用選擇性誘因。

一、政黨的決策模式

國民黨與其他政黨相較，決策體系比較具有外造型政黨的特徵，是由外（黨中央）而內（立院黨團），主要的原因與過去國民黨長期執政的運作經驗密切相關。在2000年政黨輪替之前，國民黨的黨內決策通常是在中常會作成，將決策送到行政院作成法案後，然後責成黨籍立委必須支持。甚至在1988年國民黨十三全會之前，國民黨立委的提案還受到相當的限制，如要提案，必須透過立委黨部，然後送到中常會，由其通過後再交由行政院作成法案，當最後送到立法院的法案，可能已與原提議立委的構想差異甚大，且由行政院提案的方式也使立委失去向選民邀功的機會。因此，從1980年代後期開始，國民黨立委對黨中央以黨領政的方式時有反彈，在1988年國民黨十三全會之後，國民黨中央為了安撫增額立委對決策過程的不滿，開始大幅啟用增額立委擔任政黨幹部，[6] 並且改變黨籍立委

6 例如於1989年以黃澤青任黨團書記長，並於1990年以饒穎奇為中央政策會主任委員，在此之前，此二職位均由資深立委擔任，並以洪玉欽、李宗仁、王金平、沈世雄為副主任委員。

的提案流程，使立委提案可以不需經由行政院起草法案，以提高立委對決策的影響力（許介鱗，1989：29-30；李美賢，1989：111-113）。

在1990年初，國民黨提升中央政策會的決策功能，由行政院或立委所提出的各種提案或重大政策，均需先提交中央政策會，政策會再下達給立院黨政協調工作會（陳淞山，1994：141），由黨政協調工作會溝通協調行政與立法之間的歧見，使立法部門知道行政部門立法的用意與考量，也使行政機關了解選區的壓力所在，協調出一個雙方都可以接受的方案，一旦協調完成，黨籍立委與在野黨立委在立法院協商談判時，也比較會護衛黨的立場。

此外，國民黨並設有立院黨團書記長，負責議場的運作與政策的執行，種種政黨之間的攻防戰，都是在書記長領軍之下與其他政黨立委對抗。簡而言之，在政黨輪替以前，國民黨黨團幹部對內溝通協調的作法，主要是化解個別委員對黨中央決策的不滿立場，忠誠地執行黨中央的意志，並且成為與同黨不同立場委員交鋒的前鋒部隊。[7]

國民黨在2000年後，過去由黨中央指導立院黨團的決策模式逐步瓦解：現任立委大量進入中常會，使得黨中央和立院黨團的立場，不至於再出現南轅北轍不同調的情況；第二是由於立院黨團不再需要配合行政政策，黨團決策的自主性大幅提升，黨中央對於立院黨團的意見須給予更多的尊重。另一方面，黨團幹部在使用此類動員策略時，也出現質的轉變：由過去忠誠執行黨中央意志的目標，轉變成用服務、溝通、協調的態度作為動員同黨立委的手段，是國民黨在動員策略上最明顯的變化。一位國民黨黨鞭說：

「（書記長的任務）第一個是服務，第二個溝通、第三個協調，就

7　「政策會就會找找大家來溝通一下，溝通了一下之後，他（政策會）就會把這個案子丟給黨團，這個黨都已經決定的，就一定要通過政策嘛……然後當然有人反對，反對的話就個別、透過個別協調」（訪談編號L09）。

扮演這三個角色。我為什麼定位在這三個角色，因為立委都一般大，你不要以為你書記長你就可以發號司令：『你要聽話，你不聽話就怎麼樣……』，這樣的話你無法去領導他們」（訪談編號L10）。

相較於國民黨的歷經變革調整，民進黨、新黨、親民黨、台聯[8] 等政黨比較接近內造型政黨的特徵，亦即這些政黨的立院黨團都享有較高的自主性，且獲得黨中央的充分尊重，或者黨籍立委本身即是黨中央的決策核心。黨團會議上的協調溝通，是動員所屬立委及決定政黨立場的重要管道。立委的個人提案或者當時討論的重大法案，都先由黨團成員進行公開的討論後，再決定是否採納為政黨法案，當同黨立委存在不同見解時，也會在會議中立即進行協調溝通而後形成決議，一位民進黨立委提到：

「民進黨基本上還沒有決定的時候，是可以百家齊放的，大家都是可以批評、可以提出意見的，但（例如）中常會作成決議的時候……我們就沒有聲音了，這是民進黨的一個傳統……」（訪談編號L04）。

各黨許多立委皆表示，因為是在黨團經過充分協調溝通後所產生的決議，即使自己沒有參與討論過程，或者自己的見解、提案最後沒有被黨團採納，仍然都願意按照黨團的決定，在記名表決或其他的立法行動中與政黨站在一致的立場（訪談編號L03、L12，L16、L17、L18）。

二、政黨領袖的策略運用

政黨領袖的風格影響政黨使用的策略，政黨領袖可以提供集體性誘因與選擇性誘因。就集體性誘因而言，一方面政黨領袖本身的聲望就是政黨

8 親民黨主席宋楚瑜與台聯精神領袖李登輝，雖然被認為相當具有影響力，但是他們通常只「管大不管小」，通常僅對重要決策與人事有意見，但其他則由立院黨團自行決定。

的標誌，對立委有加分或扣分的作用；另一方面政黨領袖常會登高一呼號召黨籍立委支持黨的政策與立場，甚至在野黨領袖會在重要法案審議的時刻，選擇坐鎮立院黨團或議場旁聽席，利用緊迫盯人的壓力，讓所屬立委在關鍵性的表決中能夠全體到位。就選擇性誘因來說，政黨領袖會針對個別立委加以動員，譬如，視情況個別召見立委，聽取建言或提供特定的選擇性誘因。

以黨領政是國民黨在第一次政黨輪替之前的政治慣例，在國民黨一黨獨大、在立法院中占有絕對優勢的期間，黨主席通常只要在黨內中常會或中山會報上宣示政策方向，立法院多能在期限內配合修訂或通過相關政策立法。到了政黨競爭已趨激烈的李登輝時期，儘管國民黨在立法院的席次上仍然占有過半的優勢，不過由於黨外及國民黨內的競爭都更加地激烈，使得國民黨團的動員能力時有不足，黨鞭面臨動員不力、力有未逮，甚至黨團內部意見分歧、無法統合的窘境；因此，在重要的人事、法案乃至於政策上，都開始要由黨主席李登輝親自出面處理、召見委員個別談話，才有辦法擺平黨團的內部歧見。[9]

在李登輝任內，曾經多次公開抱怨黨團幹部動員不力，要求黨團幹部應更努力地協調黨內意見，加強政黨動員能力，配合行政部門的施政立場，解決黨鞭動員不力的問題。此時，個別的選擇性誘因成為黨團加強動員的利器，例如面對黨主席指稱黨鞭動員不力的指責時，當時擔任黨鞭的廖福本就表示，黨團是否有足夠的資源非常重要，黨鞭林志嘉也公開聲明，將隨即針對個別委員的困難、需求、處境一一查訪列表，了解其不願意出席院會的理由，並且對於配合政黨指示出席的立委將給予獎勵（聯

9　例如在第二屆第四會期時林志嘉與曾永權的黨團書記長之爭，由於當時雙方各擁次級團體新政會和玉山會的支持，彼此勢均力敵、僵持不下；最後還是由黨主席李登輝親自出面協調，將林志嘉升任為政策研究會主任後，才化解掉這次的人事紛爭（中國時報，1994）。另外，在第三屆立法院院長選舉時，也因出現國民黨籍立委蔡中涵自行與民進黨聯合角逐副院長一職的失序情況，使得李登輝再次要求檢討並且親自下達動員令，由立法、行政高層組成專案小組，針對即將進行的閣揆同意權投票，隨時向高層報告政黨動員狀況，以便黨主席可以適時親自出手動員（聯合晚報，1996）。

合報，1994）。但從第二屆開始到2000年李登輝卸任國民黨主席的這段期間後，黨主席在政黨動員策略上已成為不可或缺的一部分，包括公開宣示政黨在特定政策法案上的立場，要求黨籍立委務必配合政黨的特定政策，並在順利完成立法審議後，公開地給予集體立委肯定嘉勉；有時也會親自出面協調處理立院黨團內爭執難解的個別問題，利用私下召見的方式了解並協助解決個別立委面臨的難題等等。就像在第二屆立法院審查核四預算前，李登輝即先一步於前一晚舉行全體黨籍立委大會，除宣示政策推動的決心以外，也對黨籍立委提出保證「安全上沒問題，保護大家到底，大家可以安心去投票」，並對於當時面臨選民罷免威脅的北縣立委表達力挺立場：「要罷免怎麼可以，我會站出來幫大家講話」（中國時報，1994）。

轉為在野黨後的國民黨，由於立法院成為其唯一的政治舞台，更需要倚賴黨籍立委的表現累積全國性的政治聲望，政黨動員能力愈顯關鍵，主席牌成為政黨提供全體立委集體性誘因的重要且有效策略，黨主席在重大法案審議期間，曾多次親自主持黨政工作會報、中山會報並且在審議當日直接坐鎮在國民黨立院黨團，指示政黨立場，監督黨籍立委的立法行動；例如在第五屆審議兩岸人民關係條例、修憲審議及319真相調查委員會覆議案，和第六屆罷免陳水扁總統的審議表決過程，當時擔任黨主席的連戰和馬英九都曾以坐鎮立院黨團的方式，展現政黨的立場和動員決心。因為有黨主席出馬監督動員的集體性誘因，國民黨立委在這一些案子上也皆顯現出高度的政黨凝聚力。

重回執政地位的國民黨，除了在每會期開議前會舉行的行政立法工作研討會，是行政與立法部門成員的溝通管道之外，另有每週常態舉行的中山會報，會中討論決定施政重點政策後交由黨團三長帶回立法院，並遊說立委達成集體一致的行動。在經歷「開放美國牛肉（內臟產品）進口」等立法行政不同調的事件後，執政黨主席陸續分批約見立委到總統府進行當面會談溝通、回應，讓黨籍立委感受到自己與選區的利益已經被黨中央知道並且理解。某位國民黨立委談到：

「馬總統就告訴我們未來會多舉辦那種雙向溝通，我認為他是有在調整。總統你召見我們，來這裡對談，二十分鐘、三十分鐘，我們把一些民間的想法、一些意見，每個委員把它綜合起來，你去把它做整理，你要是各個委員綜合起來不同的聲音但都是雷同的看法，那個你就是要去調整，我說你像這種面對面單一的做雙向溝通，這種很重要，馬總統有聽進去」（訪談編號L12）。

除了國民黨以外，用政黨領導的主席牌作為動員策略的，還有親民黨和2008年在野後的民進黨，都曾有黨主席親自出席黨團會議指揮立委行動的經驗。其中，親民黨主席宋楚瑜，在國、親聯合爭取2004年總統大選前，曾經多次在重要法案審議前出席親民黨團，主持黨團工作會報，動員約束黨籍立委必須與政黨採取一致行動（中央社，2003；聯合報，2003；2004）。不過在親民黨及其黨主席個人的政治實力逐漸消退後，特別在2005年經歷第二次扁宋會和同年年底的縣市長選舉後，由於「橘消藍長」的局面更加確立，主席牌的政黨動員效力也開始逐漸失色（中央社，2005）。[10]

民進黨的立院黨團長期以來擁有高度的自主性和凝聚力，在決策的地位上幾乎是與黨中央平起平坐，在取得執政權之前，民進黨主席鮮少公開對於民進黨團下達動員指示，大半原因也是由於民進黨一直有較高的政黨凝聚力，不需要再用外在的力量動員黨籍立委。一位民進黨立委談到：

「以民進黨來說好了，委員是真的很大，黨團在開會的時候，幾乎都是由委員的意見來主導」（訪談編號L15）。

10　某位親民黨的黨務人員表示：「那時人家傳出親民黨有兩三票要跑票了，當然我們心裡也知道他講的是誰，我們也溝通過『他說他應該不會』（指被認為會跑票的那名立委），誘惑確實是在的，主席為了政黨之間的承諾、信用，為了對外觀感跟團結一致的特性，所以就去了（立法院）」（訪談編號C02）。

不過，自從陳水扁擔任總統與兼任民進黨主席之後，立院黨團與黨中央的關係開始有些轉變：陳水扁採取比照李登輝擔任國民黨主席時的運作方式，自兼任黨主席後也開始在立法院會期前或會期後，集中或分批邀請黨籍立委，要求或感謝民進黨立委配合行政部門的需求推動法案審查，使得黨中央和黨主席在民進黨立院黨團的動員與立委行動上，都開始扮演更多的角色。2008年民進黨再次回到在野黨的角色，儘管與其他政黨相比，其立院黨團仍然享有較高的自主性，不過黨主席在重要時刻的動員作用仍然持續，也仿照其他在野黨的作法，由黨主席直接進入立院黨團督軍動員，例如在2010年涉及美國牛肉進口限制的食品衛生管理法、地方制度法到年中立院臨時會的ECFA審查等重要法案政策的審查過程中，民進黨主席蔡英文都曾坐鎮立院黨團，甚至參與與其他黨團的協商過程（中央社，2009；2010）。

由上述說明得知，政黨的決策模式若是由外（黨）而內（立院黨團），黨籍立委比較容易對黨的政策反彈，此時集體性誘因比較不足號召立委採取集體行動，選擇性誘因的使用就必須更加強調。反之，若政黨的決策中心即在立院黨團，則立委的個別意見已經被反映在決策中，立委比較有意願採取一致行動。此外，值得注意的是，政黨領袖本身相當程度決定採取的動員策略，就集體性誘因而言，政黨領袖的聲望就是政黨的標誌，有聲望的政黨領袖對同黨立委有加分的作用，反之，則帶來相反的效果。當政黨聲勢強或政黨立委有強烈生命共同體的感受時，政黨領袖比較容易透過集體性誘因達到動員立委的效果，但若政黨聲勢不足，或立委有來自選區的壓力，則政黨領袖必須選擇性地針對個別立委勸導說服或提供利益。然而，最終政黨領袖的動員是否能達到效果，仍與政黨領袖當時的聲望有關，聲望高的政黨領袖比較能達到好的動員效果。

陸、結論

本文主要在於以探索的角度，以質化的資料蒐集方法來研究政黨究竟如何以集體性誘因與選擇性誘因來動員立委，以及政黨在使用這些誘因時的影響因素。從本文的分析，我們看到政黨為了促成同黨立委採取集體行動，都會使用集體性誘因與選擇性誘因。本研究修正Olson（1965）集體行動邏輯的觀點，認為政黨是否能有效使立委採行集體行動，政黨的絕對大小不是最重要的因素，而是政黨的相對席次多寡，以及政黨所面對的黨內與黨際競爭，如果政黨的相對大小懸殊，或者政黨面對較大的黨內競爭，則較大政黨立委有搭便車的動機，政黨若要動員立委，必須要以選擇性誘因以有效動員；至於對較小政黨，或政黨面對較大的黨際競爭，在同黨立委是生命共同體，共享政黨聲勢所帶來的正面與負面影響，並同負選舉成敗的共同命運的情況下，集體性誘因的作用大於選擇性誘因。當政黨的相對大小趨近，此時通常黨際與黨內競爭同時增強，則無論任何政黨只要有部分立委不遵循政黨指示，則成敗立刻翻轉，同黨立委成為生命共同體，共同負擔政黨集體成敗，因此集體性誘因的作用大於選擇性誘因。然而，此並非意味政黨即可捨選擇性誘因不用，反而因為少數立委跑票即造成翻盤的結果，政黨也必須運用選擇性誘因去針對鬆動份子動員。

國民黨在一黨獨大時，由於只要有一部分立委介入立法過程，同黨立委即可共享立法結果，因此許多立委會搭便車，寧可看其他立委努力而自己將時間資源投注在選區，政黨必須透過提供選擇性誘因來促成立委採取集體行動，所以選擇性誘因對動員立委十分重要。然而一旦國民黨的絕對優勢不再，立委無法搭便車，必須共同負擔集體行動所帶來的正面及負面影響，集體性誘因的作用很大，選擇性誘因的使用就可以少一些。至於對未能獲得過半數以上的政黨，無論是民進黨、或陸續出現的小黨新黨、親民黨與台聯，由於處於席次劣勢，若同黨立委不以集體的努力，將無法通過任何的立法，也無法有效地表達政黨的立場，因此比較沒有搭便車的動機，集體性誘因往往是主要的，而選擇性誘因是次要的。

值得注意的是，政黨的領導模式也會影響政黨所採用的動員策略，以及影響政黨使用策略所帶來的效果。政黨的決策中心若不在立院黨團，黨籍立委比較容易對政黨的政策反彈，此時集體性誘因比較不足號召立委採取集體行動，選擇性誘因的使用就必須更加強調。反之，若政黨的決策中心即在立院黨團，則立委的個別意見已經被反映在決策中，立委比較有意願採取一致行動以護衛黨的立場，此時集體性誘因的作用就較強。同樣值得注意的是，政黨領袖本身相當程度決定所採取的動員策略，政黨領袖可以靈活運用集體性誘因與選擇性誘因以達到動員的效果。就集體性誘因而言，政黨領袖的聲望就是政黨的標誌，有聲望的政黨領袖對同黨立委有加分的作用，反之，則帶來相反的效果。當政黨聲勢強或政黨立委有強烈的生命共同體的感受時，政黨領袖透過集體性誘因即可有效動員立委，但若政黨聲勢不足，立委有來自選區的壓力，或面對敵對政黨的強勢動員，則政黨領袖會針對個別立委運用選擇性誘因。

附錄：深入訪談背景資料

表A-1　本研究全部受訪背景統計

所屬黨籍 與背景	第一波2004.10 至2005.2	第二波2006.3 至2006.4	第三波2008.8 至2008.10	第四波2009.1 至2009.4
國民黨立委	7	8		3
民進黨立委	8	5		3
親民黨立委	3	4	2	
新黨立委	1		3	
台聯立委	1		2	
無黨籍立委	1			
黨務工作人員			1	
立委助理			4	
當次訪談人數	21	17	12	6

說明：第三波訪談對象以小黨立委及小黨相關工作人員為主。

表A-2 受訪者身分背景

訪談編號	背景特徵	
立委部分		
L01	國民黨不分區連任立委，曾任黨鞭	
L02	民進黨南部連任立委，曾任黨鞭	
L03	民進黨北部連任立委，曾任黨鞭	
L04	民進黨中部連任立委	
L05	親民黨連任立委，曾任黨鞭	
L06	親民黨中部連任立委，曾任黨鞭	
L07	國民黨連任立委，曾任黨鞭	
L08	民進黨連任立委，曾任黨鞭	
L09	國民黨北部立委，曾任黨鞭	
L10	國民黨北部選區連任立委，曾任黨鞭	
L11	台聯黨不分區立委，曾兼任中央黨職	
L12	國民黨北部連任立委	
L13	國民黨中部連任立委，曾兼任中央黨職	
L14	國民黨中部連任立委	
L15	民進黨南部連任立委，曾任黨鞭	
L16	民進黨北部連任立委	
L17	親民黨中部連任立委	
L18	台聯黨中部選區立委，曾任黨鞭	
非立委部分		
C01	台聯黨立委助理	
C02	親民黨黨務工作人員	

註：以上名單僅針對受訪者的訪談內容有直接被引用者。

參考書目

中文部分

中央社。2003。〈連宋強勢主導議事攻防 國親立院黨團連枝〉。《中央社》2003/6/7：國內國會。

中央社。2005。〈四橘委未表決宋楚瑜：棄橘後遺症需化解〉。《中央社》2005/12/23：國內國會。

中央社。2009。〈美牛修法朝野初步共識禁絞肉內臟〉。《中央社》2009/12/29：國內國會。

中央社。2010。〈立院會期倒數重要法案擬表決〉。《中央社》2010/1/10：國內國會。

中國時報。1994。〈李登輝促黨籍立委為核四預算護航〉。《中國時報》1994/7/12：6。

王業立。2002。〈國會中政黨角色與黨團運作〉。《月旦法學》86：82-96。

朱雲漢。1992。〈台灣政權轉型期政商關係的再結盟〉。《中山社會科學季刊》7，4：58-79。

何思因。1993。《美英日提名制度與黨紀》。台北：理論與政策雜誌社。

李美賢。1989。〈中華民國增額立法委員政治角色之研究〉，國立政治大學三民主義研究所碩士論文。

徐火炎。1999。〈李登輝情結的政治心理與選民的投票行為〉，《選舉研究》5，2：35-71。

盛杏湲。1998。〈政黨配票與立法委員候選人票源的集中與分散：一九八三至一九九五年立法委員選舉的分析〉。《選舉研究》5，2：73-102。

盛杏湲。1999。《立法委員的代表角色與行為》，（國科會研究計畫編號：NSC88-2414-H-004-023），台北：行政院國家科學委員會補助專題研究計畫。

盛杏湲。2000。〈政黨或選區？立法委員的代表取向與行為〉。《選舉研究》7，2：37-70。

盛杏湲。2008a。〈政黨的國會領導與凝聚力：2000年政黨輪替前後的觀察〉。《台灣民主季刊》5，4：1-46。

盛杏湲。2008b。〈如何評估選制變遷對區域立委的代表角色與行為的影響：研究方法的探討〉。黃紀、游清鑫編《如何評估選制變遷：方法論的探討》：223-250。台北：五南出版社。

盛杏湲。2009。〈選制改革前後立委提案的持續與變遷〉，「2009年台灣政治學會年會暨『動盪年代中的政治學：理論與實踐』學術研討會」論文。新竹：玄奘大學，11月21-22日。

許介鱗。1989。《政黨政治的秩序與倫理》，台北：國家政策研究中心。

許福明。1990。《行憲後我國黨政關係之研究》。台北：中國文化大學三民主義研究所博士論文。

郭正亮。1998。《民進黨轉型之痛》。台北：天下遠見出版有限公司。

陳明通。1995。《派系政治與台灣政治變遷》。台北：月旦出版股份有限公司。

陳茂誠。1989。《中國國民黨在立法過程中黨政關係之研究》。中國文化大學政治學研究所碩士論文。

陳淞山。1994。《國會制度解讀》。台北：月旦出版社股份有限公司。

曾濟群。1995。《中華民國憲政法治與黨政關係》。台北：五南圖書出版有限公司。

黃秀端。1994。《選區服務：立法委員心目中連任的基礎》。台北：唐山出版社。

黃秀端。2003。〈少數政府在國會的困境〉。《台灣政治學刊》7，2:3-49。

黃秀端。2004。〈政黨輪替前後的立法院內投票結盟〉。《選舉研究》11，1：1-32。

黃秀端、陳鴻鈞。2006。〈國會中政黨席次大小對互動之影響——第三屆到第五屆的立法院記名表決探析〉。《人文及社會科學集刊》18，3：

385-415。

黃麗香。1999。《國會政黨的組織誘因與立法團結》。東吳大學政治學系碩士論文。

鄒篤麒。1993。《我國黨政關係之研究：以國民黨為例》。國立政治大學政治研究所博士論文。

雷飛龍。1991。〈我國國會黨鞭制度〉，「政黨政治與民主憲政學術研討會」論文。台北：財團法人民主文教基金會，3月29-30日。

雷飛龍。1992。〈英國國會黨鞭制度〉。雷飛龍編，《英美日三國黨鞭制度的研究》。台北：理論與政策雜誌社。

游清鑫。1999。〈競選策略的個案研究：1998年民進黨台北市南區立法委員選舉的探討〉。《選舉研究》6，2：163-190。

楊勝春。1994。《中國國民黨黨政關係運作的理論與實際》。中國文化大學中山學術研究所碩士論文。

蔡韻竹。2009。《國會小黨的行動策略與運作》。政治大學政治學系博士論文。

鄭明德。2004。《一脈總相承：派系政治在民進黨》。台北：時英出版社。

聯合報。1994。〈李登輝痛心國民黨立委表現〉。《聯合報》1994/3/24：2。

聯合晚報。1996。〈連任告急李登輝痛責黨團動員不力〉。《聯合晚報》1996/2/7：2。

聯合報。2003。〈立院明開議重大法案來勢洶洶七百億擴大就業案首先登場民進黨團甲級動員農漁會總幹事「旁聽」〉。《聯合報》2003/2/24：4。

聯合報。2004。〈連宋分督軍貫徹國會改革 連向民進黨、台聯喊話：好膽嘜投親民黨體會「現在不是講理的時候」宋說國親一定整合〉。《聯合報》2004/8/24:2。

羅清俊、謝瑩蒔。2008。〈選區規模與立法委員分配政策提案的關連性研究：第三、四屆立法院的分析〉。《行政暨公共政策學報》46:1-48。

英文部分

Aldrich, John .1995. *Why Parties? The Origin and Transformation of Party Politics in America. Chicago: University of Chicago Press.*

Aldrich, John H. and David W. Rohde. 2001. "The Logic of Conditional Party Government: Revisiting the Electoral Connection." In Lawrence C. Dodd, and Bruce I. Oppenheimer eds. *Congress Reconsidered.* 7**th**: 269-292. Washington, D. C.: A Division of Congressional Quarterly Inc.

Ames, Barry. 2002. "Party Discipline in the Chamber of Deputies." In by In Scott Morgenstern and Benito Nacif eds. *Legislative Politics in Latin America:* 185-221. Cambridge: Cambridge University Press.

Arnold, R. Douglas. 1990. *The Logic of Congressional Action.* New Haven and London: Yale University Press.

Batto, Nathan F. 2005. "Electoral Strategy, Committee Membership, and Rent Seeking in the Taiwanese Legislature, 1992-2001." *Legislative Studies Quarterly* 30, 1: 43-62.

Cain, Bruce, John Ferejohn, and Morris Fiorina. 1987. *The Personal Vote: Constituency Service and Electoral Independence.* Cambridge: Harvard University Press.

Carey, John, and Mathew S. Shugart. 1995. "Incentives to Cultivate a Personal Vote: A Rank Ordering of Electoral Formulas." *Electoral Studies* 14: 419-439.

Chen, Ming-Tong. 1996. "Local Factions and Elections in Taiwan Democratization." In Hung-Mao Tien eds. *Taiwan Electoral Politics and Democratic Transition：Riding the Third Wave.* Armonk, New York: M. E. Shape.

Cox, Gary W., and Mathew D. McCubbins. 1993. *Legislative Leviathan: Party Government in the House.* Berkeley: University of California Press.

Cox, Gary W., and Mathew D. McCubbins. 2005. *Setting the Agenda: Responsible Party Government in the U.S. House of the Representative.* New

York: Cambridge University Press.

Crowe, Edward. 1986. "The Web of Authority: Party Loyalty and Social Control in the British House of Commons." *Legislative Studies Quarterly* 11: 161-186.

Edwards, George C. III. 1976. "Presidential Influence in the House: Presidential Prestige as a Source of Presidential Power." A*merican Political Science Review* 70, 1: 101-113.

Evans, Diana. 2004. *Greasing the Wheels: Using Pork Barrel Projects to Build Majority Coalition in Congress.* Cambridge: Cambridge University Press.

Farrell, David M. 2000. Electoral Systems: *A Comparative Introduction.* N.Y.: Palgrave.

Ho, Szu-Yin Benjamin. 1986. *Legislative Politics of the Republic of China*: 1970-1984. Unpublished doctoral Dissertation, University of California, Santa Barbara.

Jacobson, Gary C. 1992. *The Politics of Congressional Elections.* 3rd ed., Boston: Little, Brown, and Company.

Kieweit, D. Rodersick, and Mathew McCubbins. 1991. *The Logic of delegation*: *Congressional Parties and the Appropriations Process.* Chicago: University of Chicago Press.

Kingdon, John W. 1989. *Congressmen's Voting Decisions*. 3rd ed., Ann Arbor: The University of Michigan Press.

Lancaster, Thomas D. 1986. "Electoral Structures and Pork Barrel Politics." *International Political Science Review* 7, 1: 67-81.

Mayhew, David. 1974. *Congress: The Electoral Connection.* New Haven and London: Yale University Press.

Neustadt, Richard E. 1990. *Presidential Power and the Modern Presidents.* N. Y.: The Free Press.

Olson, David. 1994. *Democratic Legislative Institutions: A Comparative View.* N.Y.: M. E. Sharpe.

Olson, Mancur. 1965. *The Logic of Collective Action*. Cambridge, MA: Harvard University Press.

Panebianco, Angelo. 1988. Political Parties: *Organization and Power. Cambridge,* MA: Cambridge University Press.

Ramseyer, J. Mark, and France McCall Rosenbluth. 1993. Japan's Political *Marketplace.* Cambridge, Mass.: Harvard University Press.

Rohde, David. W. 1991. *Parties and Leaders in the Postreform House*. Chicago: The University of Chicago Press.

Sheng, Shing-Yuan. 1996. *Electoral Competition and Legislative Participation*: *The Case of Taiwan.* Unpublished doctoral Dissertation of University of Michigan.

Sheng, Shing-Yuan. 2003. "The influence of Party and Constituency :Legislative Behavior under the SNTV Electoral System," Conference on Electoral Politics in Taiwan. 11-13 April 2003. University of South Carolina.

Sheng, Shing-Yuan. 2009. "*The Dynamic Triangles among Constituencies, Parties, and Legislators: A Comparison Before and After the Reform of Electoral System.*" Paper presented at the American Political Science Association Annual Meeting. 3-6 September 2009. American Political Science Association. Toronto, Canada.

Shugart, Matthew S., and John Carey. 1992. *Presidents and Assemblies: Constitutional Design and Electoral Dynamics.* Cambridge, MA: Cambridge University Press.

Sinclair, Barbara. 1995. *Legislators, Leaders, and Lawmaking: The U. S. House of Representatives in the Postreform Era*. Baltimore and London: The Johns Hopkins University Press.

Sinclair, Barbara. 1999. "Transformational Leader or Faithful Agent? Principal-Agent Theory and House Majority Party Leadership." *Legislative Studies Quarterly* 24, 3: 421-449.

Smith, Steven. 2007. *Party Influence in Congress.* Cambridge: Cambridge

University Press.

Wu, Nai-The. 1987. *The Politics of Regime Patronage System: Mobilization and Control within an Authoritarian Regime*. Unpublished doctoral Dissertation of University of Chicago.

第三章
台灣半總統制下的黨政關係：以民進黨執政時期爲焦點*

陳宏銘

壹、前言

西元2000年以迄2008年民進黨執政期間，有關於陳水扁總統是否應該兼任黨主席，以及政府應該與執政黨維持什麼樣的關係，始終是當時執政團隊的難題，也是台灣憲政運作的重要課題。陳水扁總統就任時曾表示「不參與黨務活動，作全民總統」，但二年之後，民進黨進行「黨政同步」，陳總統接下黨主席一職。[1] 為什麼矢言建立「全民政府」的總統，和長期以來對「黨國體制」和「黨政不分」批判最嚴厲的民進黨，會有這樣戲劇性的轉變？相較於學術界對於民進黨執政時期行政和立法關係的眾多研究，關於「黨政關係」的學術性論文，卻非常有限，使得我們對於這段期間憲政運作的掌握留下不少空白。研究政府和政黨關係的學者Cotta（2000: 197）有一項重要的觀察，即政黨在政府的形成和籌組過程中固然位居關鍵的角色，但這畢竟是就特定的時間點來看；相對的，政府組成後

---

* 本文初稿曾刊載於《政治科學論叢》（民國98年9月，第41期，頁1-56，國立臺灣大學政治學系出版），作者感謝該刊兩位匿名審查人精闢的評論意見以及編委會慨允讓本文收錄於此專書。此次專書收錄之文章，係再經若干增刪修訂而成，特別是對原文若干較繁雜的表格在不影響原文意旨下予以精簡。作者對專書論文審查人的寶貴審查意見深表謝忱，惟文責均由作者自負。

[1] 2008年國民黨重新執政後，馬英九總統一開始也同樣未擔任黨主席，希望與政黨保持某種距離，但在一年後的2009年10月間仍走上兼任黨主席一途。

還必須能持續有效的運作，因此將時間拉長來看，政黨和政府的關係（黨政關係）在政府組成之後需要繼續經營，其重要性不亞於前者，因此也可獨立成為一項重要的研究題目。

在某種程度上，一國的黨政關係是在該國憲政體制的結構條件下所展現，由於半總統制（semi-presidentialism）廣為新興民主國家所採行，而我國的憲政體制即具有濃厚的半總統制色彩，那麼關於在半總統制下的黨政關係運作之探討，除了具有現實政治上的重要性外，也同樣具有理論上的價值。在理論層次上，國內外現有文獻比較多是在探討政黨對黨政關係和憲政體制運作的影響，卻極少將焦點放在特定憲政體制下的黨政關係態樣，尤其關於半總統制的經驗更是少見，而近來Samuels and Shugart（2009）的作品可能是其中的例外。半總統制存在著一位實權的總統，而在具有實權總統的政府體制之下，關於總統與所屬政黨的關係，特別是其是否同時為執政黨的黨魁，位居黨政關係金字塔體系中的頂端，具有牽引次級體系的作用：包括政府運作、國會立法、政黨體系以及派系政治與選舉等等；當然，它也受到這些次級體系的影響。而總統是否為政黨名義上的領導人，並不必然決定他是不是黨的實質領袖，例如法國總統歷來不兼任黨魁，但經常是牢牢地控制著執政黨。換言之，實權總統透過其他條件，諸如聲望、黨內代理人或其他因素等，不必憑藉黨職而仍然能領導（掌控）執政黨；甚至，反而因為與政黨保持距離，更易贏得聲望和民意的支持。不過，並非所有案例均如此，所以有些實權總統會選擇兼任黨主席，故無法一概而論。在台灣，以總統是否兼任政黨主席為核心的黨政關係，呈現出何種運作態樣？關於這個問題，從2000年陳水扁當選總統以來，以迄現今馬英九總統執政時期，一直是國內政治實務運作以及政治學研究的重要問題，因此構成本文的研究旨趣。然而，在當代西方文獻中，對於存在著實權總統的憲政體制，探討其中總統與執政黨的關係之研究，多散見在各種關於憲政體制和政府運作的研究文獻中，「半總統制下的黨政關係」未為一獨立而鮮明的研究主題，當然也缺乏明晰有力的概念工具、理論或研究發現。本文則試圖將民進黨執政時期的經驗，放在半總統制政府架構下來探討，希望能補現有文獻之不足。

在我國，無論政治學界或政治實務界所泛稱之「黨政關係」一詞，在當代西方文獻中比較接近的詞彙是「政黨政府」（party government），但兩者並不相等。對於政府和執政黨或支持性政黨（supporting parties）的關係，即是「政黨政府」的內涵（Blondel and Cotta, 1996: 1；Blonde and Cotta, 2000: 1）。但「黨政關係」一詞在我國半總統制下的意涵可能比「政黨政府」來的更廣些，因為後者主要建立在虛位元首的議會制經驗之上。研究政黨的重要學者Sartori（1976）在釐清政黨政府的概念時提到，實際的政黨政府意謂「政黨治理」（party governs），亦即政府的治理功能是由勝選的政黨或政黨聯合陣線取得並獨立運行。Sartori此一分析亦未脫議會制之經驗，但台灣並非採行議會制政府。另一政黨的重要研究Panebianco（1988）也是，在分析政府黨（governmental parties）時，亦僅以德國、義大利及英國等議會制之執政黨為核心，半總統制下的經驗未被學界所重視。

在不同憲政體制下，黨政關係的結構性特徵可能有所不同。當代民主憲政體制的主要類型包括總統制、議會制（內閣制）與半總統制，在總統制下，行政與立法之關係採行較嚴格的權力分立與制衡，執政黨與政府的關係主要涉及總統、國會（黨團）和政黨的連結，且政府具有濃厚的總統單一領導特質，並不強調「政黨政府」。在議會制之下，情況卻大相逕庭，由於內閣政府權威係源於議會多數的信任和支持，內閣的成員多由國會議員組成，政黨成為行政和立法的連鎖，故黨政關係較為單純，所謂「政黨政府」乃是常態，而「黨政合一」、「以黨領政」亦非罕見。相對的，在半總統制下，行政權由總統和總理（在我國為行政院院長）分享，因此黨政關係較為複雜。以芬蘭為例，由於內閣政府常由三個政黨以上組成大型聯合政府，主要政黨在內閣政府中另設有黨團，其黨政關係之複雜可想而知，但因其運作屬於偏向總理優勢的半總統制，所以性質與議會制有些相似。整體而言，半總統制下的黨政關係之釐清和探索，有獨立於傳統總統制和議會制經驗之外的價值。

依Elgie（2007）的歸納，全球有五十多個半總統制國家，另根據Samules與Shugart（2009）的觀察，在2005年全球民主國家中，半總統制國家比議會制和總統制要多。半總統制的特徵如按Duverger（1980）的觀點具有以下三項：（1）共和國的總統由普選產生；（2）總統擁有可觀的（considerable）權力；（3）除總統外，存在有內閣總理和各部會首長，他們擁有行政權，且只要國會不表示反對，就可以繼續做下去。從這些特徵來看，半總統制並存總統與總理的「雙元」行政領導（dual executive）結構，半總統制即「雙首長制」的一種重要型態（Blondel, 1992），其權力分立性質不僅異於議會制，且憲政機關的複雜程度尤甚於同樣存在有實權總統的總統制。[2] 此外，半總統制下總統和總理的兩人職權設計、相對權力大小以及其他因素，會構成不同類型的半總統制（Shugart and Carey, 1992; Elgie, 2005）；因此，最高行政首長與執政黨的關係，就不僅僅涉及總統而已，抑且連帶的與總理有關。有些半總統制國家是傾向總統優勢的，對這類國家而言，黨政關係首要環結在於總統和政黨的關係；有些半總統制國家是傾向總理主導的，對這類國家而言，黨政關係的核心便偏向於總理與政黨的關係。但不論是偏向何種型態，都不脫雙首長或雙重行政領導的基本結構。

從上述分析來看，半總統制下「黨政關係」的核心議題，經常就在於實權的總統與所屬政黨的關係。本來，總統代表國家元首的身分，具有超然地位的屬性，國民對其難免有超黨派的期待，但現實上，總統可能是某個黨派的成員，而代表某個政黨參加選舉而贏得職位。絕大部分政黨存在之目的在於取得執政的權力，並實踐政黨的理想和目標。政黨在執政之後如何支撐政府的運作，政府如何維繫與政黨的關係，以及是政黨進入了政府，還是政府邊緣化了政黨？這些問題不僅對現實政治運作的規範性意義十分重要，在理論上也是有待開發的領域。從2000年政黨輪替後迄2008年

---

2 對於半總統制權力分立性質和權力間之均衡的探究，請參考Skach（2007）、陳宏銘與梁元棟（2007）、林繼文（2000）。

民進黨執政時期，由於經歷總統兼任以及未兼任執政黨黨主席的不同階段，所以是很好的研究對象，但由於涉及的面向繁多，在本文中不可能面面俱到，因此本文某種程度將政府或憲政體制視為一獨立變項，探討它對黨政關係的影響，研究焦點集中在實權總統兼任或不兼任黨主席時黨政關係之態樣及其政治影響。

本文主要以2000年政黨輪替後民進黨執政時期為例，探討上述問題，但由於採取半總統制的角度來分析台灣案例，所以也會處理其他半總統制國家的相關經驗。本文除蒐集相關文獻資料進行分析外，並輔以若干相關人物的深度訪談內容。訪談對象主要為民進黨籍之黨政重要幹部及國會黨團幹部（參閱附錄一）。訪談對象未及黨政領導人本身，乃訪談之限制，但並不妨礙本文的論證和結論。在國內，就算是從事個別立法委員本人之訪談都相當不易，更遑論訪談總統或黨主席等政治領導人；且即使訪談到這些決策者，他們也未必吐露真言，這也涉及深度訪談法的限制。因此，本文中政治人物的訪談內容定位為輔助性資料，而鑑於受訪者的隱私權，本文以匿名方式處理。本文章節安排除第一節前言外；第二節進行文獻與理論的檢視；第三節勾勒半總統制下黨政關係的結構背景；第四節探討半總統制黨政關係的核心——實權總統與所屬政黨的關係；第五節進一步分析黨政協調機制；第六節代結論，提出「總統化政黨」現象為後續值得關注的重要憲政課題。

貳、文獻和理論的檢視

關於黨政關係文獻和理論，以下分別從國內與國外加以檢視。國內探討黨政關係之文獻，多屬對於過去國民黨執政時期的經驗。在1990年代之前，由於當時處於戒嚴和黨禁時代，早期主要文獻如曾濟群（1976）與馬起華（1985）等，對於了解具有列寧式政黨特質的國民黨黨政運作實務確有所幫助，但欲從中探究競爭性政黨體系下民主政黨的黨政運作，則較為有限。1990年代解嚴政治民主化以後，國內政治學界的焦點已不在此，對剛興起的民進黨的研究更為重視，但由於民進黨尚未執政，故黨政關係的相關研究仍集中在國民黨，如鄒篤麒（1993）、沈建中（1996）與曾濟群（1995）等等。鄒篤麒以探討國民黨為主體，但在論文中兼論幾個具有代表性國家的情況，包括英國、美國、日本，以及列寧式政黨。沈建中則將焦點放置在立法程序的描述，對此有相當詳細的介紹。曾濟群則探討國民黨黨政關係結構的變遷及其協調，說明我國行憲以來不同階段的黨政協調制度。這些研究除少數情形外，亦多偏重於威權政體時期，對1997年「雙首長制」（本文主要稱之為「半總統制」）修憲後的黨政運作亦較少著墨。

民進黨執政後，對於黨政關係的專論學術文獻仍是少見，而欲藉由過去所累積的對於國民黨執政經驗的研究成果，汲取理論資源用以研究民進黨的經驗，亦有其侷限性。即使如此，這些研究呈現出國民黨執政時期黨政關係的重要特徵，包括：在總統同時為黨主席之下，黨主席立於黨政關係金字塔頂端、中常會為黨政的主要決策機制，在立法程序中，中央黨部之中央政策委員會負有在黨部、行政機關與立法院三者之間的協調責任，是黨政之間各類法案折衝協調的樞紐等等。整體而言，國民黨的黨政關係隨著黨內的民主化以及政治民主化而有所變遷，但「以黨領政」的色彩仍相當濃厚。

2000年政黨輪替後，此一時期吸引較多學者關注和投入的研究在於政府組成與運作，以及國會立法行為的研究。前者包括分立政府（divided government）和少數政府（minority government）的研究，相關文獻包括盛杏湲（2003）、黃秀端（2003）、吳重禮（2000a、2000b）、高朗（2001）、吳東野（1996、2001）、周育仁（2001、2002）。後者則是以國會中黨團運作和朝野政黨協商研究為主，例如王業立（2002）、楊婉瑩與陳采葳（2006）等等。這兩大主題都與黨政關係之課題有關，但並未真正處理以實權總統為核心的黨政運作。無論是分立政府或少數政府的研究，焦點主要在於行政和立法之關係，至於政黨和政府的連結，主要反映在政府組成行為上政黨作為主要政治行動者的角色，黨政關係之型態並未成為學者深入探討的議題。而國會黨團研究，雖然亦觸及黨政關係，但範疇集中在立法研究。進一步的，如果我們將半總統制的研究獨立檢視，[3] 探討焦點亦多集中在府會關係、政府的形成和存續，以及選舉制度和選舉時程的作用等，並未將黨政關係視為一獨立的研究課題，這顯然是國內現有文獻的不足之處。

嚴格說起來，對於民進黨執政後黨政關係研究僅有少數作品，如林岱緯（2004）以及林水波與何鴻榮（2003）。林岱緯主要將黨政關係分為「黨政合一」（fusion）、「黨政分離」（separation）兩種類型，該研究涵蓋民進黨執政前三年「黨政同步」前後階段，蒐集了初步的階段性資料。不過，傳統「黨政合一」、「黨政分離」之概念係源於議會制和總統制經驗，如果並非在一個典型的議會制下的政黨政府（party government），又非列寧式政黨的黨政不分，實在談不上真正的「黨政合一」，因此，黨政關係的模式尚需進一步釐清。林水波與何鴻榮的文章，將黨政關係視為普遍發生在各個行政部門、國會、政黨等行動主體之間的結構化和非結構化競合互動之中，可粗分政黨之間（inter-party）（黨際）與政黨之內（intra-party）（黨內）的關係。但他們進一步建構的多達十三種的排列組合關係，相當複雜。

從上述看來，國內的相關研究提供了部分的研究資源，但未觸及黨政關係的一項核心焦點，即「總統與政黨的關係」。進一步檢視國外的相關研究，同樣主要集中在政府組成問題，對政黨政府進行較整體性的探討相當少見（Rose, 1969; Castles and Wildenmann, 1986; Katz, 1986、1987; Budge and Keman, 1990）。事實上，對於政黨政府從事較深入而具一般理論性的討論的文獻，可能始於1980年代由Wildenmann所發動的相

3　除了較早的周陽山（1996）和吳東野（1996）的作品屬於概念和制度經驗的引介和探討外，2000年之後有更多針對台灣的研究，包括吳玉山（2001、2002）與林繼文（2000）、呂炳寬與徐正戎（2004）、沈有忠（2005）、陳宏銘（2007）等。

關研究，包括Castels and Wildenmann（1986）、Katz（1987）、Lessmann（1987）。除了在某些特定的關於政黨型態的研究外，這些作品主要是從政黨的角度分析，且探討的重點是在政黨對政府制度的影響；相對的，政府制度於政黨和黨政關係的影響卻未獲致充分的關注。

新階段的代表性研究，見諸於以Blondel與Cotta在1996年所編的重要作品《政黨與政府：一項關於自由民主政體中，政府與支持性團體的研究》。該書一改過去的研究，強調黨政關係中，政府對政黨的影響以及政府自主性的問題，而非僅僅停留在政黨對政府的影響。該書納入十一個國家的案例，包括英國、法國、瑞典、德國、奧地利、芬蘭、荷蘭、比利時、義大利、美國、印度；這些案例涵蓋議會制、總統制和半總統制，當然，仍以議會制為最多。研究方法係採個案研究，缺乏建構一般性命題和理論的基礎。在2000年，Blondel與Cotta發表最新階段的作品：《政黨政府的本質：一項歐洲的比較研究》一書，可以說是1996年作品延伸性的跨國比較研究，前後兩本書均將政府與政黨的關係（即黨政關係）稱之為「政黨政府」（Blondel and Cotta, 1996: 1；Blondel, 2000: 1），但較可惜的是後者納入的國家案例減少，且全部為議會制，原有總統制之美國與半總統制之法國，則被摒除在外。

Blondel與Cotta等人的相關研究提供我們重要的理論線索，但由於他們的研究是建立在議會制的經驗，因此，對於包括台灣在內的半總統制國家而言仍有所不足，特別是關於實權總統與政黨的關係。譬如，總統是否擔任政黨的主席？如果不是，總統在執政黨中的角色為何？還有因此而涉及的政府與政黨間之政策協調機制問題等等，都必須進一步納入才較完整。事實上，總統是否為政黨領袖，是半總統制黨政關係之關鍵。此外，Blondel和Cotta等人提出的定義黨政關係的兩個主要性質：自主性（autonomy）或依賴性（dependence），較缺乏明確的定義和指標，比較難以精確驗證，因此其概念工具未必適合用在台灣案例上。

許多東歐和前蘇聯民主化後的國家憲法中，常有總統不能是政黨成員的規定，學者有認為此乃與有效的總統制政府原理相違背，這些國家的若干總統也自詡超越政黨之上，而當他們確認可以再連任成功時，也常與原有的政黨維持鬆散的關係（Linz, 1997: 10）。Pugaeiauskas（1999）在討論波蘭和立陶宛時指出，這種超黨派總統（above-partisanship）的現象，一方面會削弱政黨的角色，但更為重要的是不利於總統的動員支持，弱化總統和國會的連結關係。僅管如此，這種情況在法國似未發生，且法國總統對於政黨領導人的挑選仍有十足的影響力。Thiebault（1993）的研究便指出，法國左右派內部選舉領導人的方式不同，但由於總統大選的制度，使得主要總統候選人所屬政黨會產生「總統化」（presidentialized parties）的現象，俾利於選舉之競爭。

Samuels（2002）在所著〈總統化政黨：權力分立與政黨的組織和行為〉一文中更具體討論「總統化政黨」現象，並且提出相較於社會結構的因素之外，憲政體制在形塑政黨上的作用。而根據其研究，總統制（包括法國半總統制）會產生議會制所沒有的「總統化政黨」（presidentialized parties）現象。Samuels強調在議會制之下，政黨僅面臨議會的選舉，而政府組成是在議會選舉後間接進行的。然而在總統制之下，行政權的歸屬則透過總統的選舉來直接決定，那麼政黨的組織和行為誘因必然異於在議會制之下。Samuels（2002）認為在總統制下，提名具有勝算的候選人參與總統選舉，是政黨生死存亡的重頭戲，所以會集中資源在總統的選舉。因為一旦當選，候選人自然成為政黨的實質領導人（即使在形式上並不是）。總統闡述政黨立場，做出政策計畫，所以總統才是維續政黨形象的主力。直選總統也改變黨際競爭的本質，使得意識形態光譜左右兩邊的政黨，皆為取得各自陣營的主導權而競爭。此外，總統制也同樣削弱政黨在議題設定上的影響力。同樣的，Clift（2005）在關於法國第五共和的作品中則指出，總統的多數（presidential majority）彰顯了法國政黨內部權力關係的總統化現象，將成為法國新的憲政慣例。在政策形成和決定，以及人事選擇和選戰方面，政黨是從屬於總統的。Clift也引據許多專家的看法，認為，「總統黨」（presidential parties）的出現和相關特質，乃源於半總統制下第五共和結構的影響。在此背景下，政黨被視為總統的工具，其主要功能在於作為邁向總統職位的平台，成為總統的組織化資源（Thiebault, 1993: 287）。

Shugart and Samuels（2009）的最新作品系統性的探討總統與政黨以及總理與政黨的關係，他們重申現有研究對於政黨在不同憲政體制下的表現缺乏理論思考，應探討憲政體制對政黨政治的影響。該研究某種程度延伸Samuels（2002）「總統化政黨」的討論，而相對於總統化政黨，也有「議會化政黨」（parliamentarized parties）的形成。依照他們的定義，所謂政黨的「總統化」（the presidentialization of political parties），指的是權力分立結構會根本地形塑政黨的組織和行為，而有別於議會制下政黨的組識和行為。

從國內外相關文獻來看，黨政關係涉及的面向繁多，本文在資料的有限範圍內，僅就其中幾個面向略做探討。其中，本文參考Clift、Samuels以及Shugart and Samuels等觀點，著重實權總統的憲政體制下總統與所屬政黨的關係，探討我國半總統制的架構下陳水扁總統執政時期的黨政關係。

參、台灣半總統制下黨政關係的結構背景

理解民進黨執政時期的黨政關係，必須考量三項基本政治結構，一是半總統制的憲政體制特質，二是政黨輪替後民進黨在立法院中席次未過半的行政立法關係結構，三是民進黨黨政菁英山頭化現象，這三者構成民進黨黨政關係的外生變數（exogenous variable），以下進一步分別討論。

一、台灣半總統制的特質

對於何謂半總統制，學者有不同的定義（Duverger, 1980; Shugart and Carey, 1992; Sartori,1997; Elgie, 2003），本文所採半總統制概念，則如前

言所述以Duverger（1980）的原始定義為主。從憲法的設計來看，我國的體制傾向半總統制類型。首先，我國總統經由人民直接選舉產生，符合Duverger對半總統制所界定三項特徵中的第一項，總統由普選產生。再者，依憲法增修條文規定，總統至少擁有以下權力：行政院院長的任命權、解散立法院的權力、主持國家安全會議與決定國家安全大政方針、司法院和監察院與考試院相關人事提名權、覆議核可權與緊急命令權等。從上述憲法規定之總統權力來看，若說總統權力相當大，可能有不同的認定，但總統並不是「統而不治」的虛位元首，乃不爭之論，故也大致符合Duverger所揭示的第二項特徵。最後，除了總統之外，還存在著領導國家最高行政機關的行政院院長暨各部會首長，而行政院須向立法院負責，立法院得對行政院院長提出不信任案迫其去職，凡此規定亦符合半總統制的第三項界定。再就實際的憲政運作來看，確實並存總統和行政院院長的雙重行政領導結構，呈現一般所強調半總統制中總統與總理的關係，故作者以此判定我國憲政體制在實務上屬於半總統制。

進一步的，半總統制存在著次類型，諸如Shugart and Carey（1992）所建構的「總理—總統制」（premier-presidential regime）與「總統—議會制」（president-parliamentary regime），或Elgie（2003）將半總統制區分的三種型態：高度總統化的半總統制（Highly presidentialized semi-presidential regimes）、總統屬儀式功能的半總統制（Semipresidential regimes with ceremonial presidents）、總統和總理權力平衡的半總統制（Semipresidential regimes with a balance of presidential and prime-ministerial powers），故在研究我國半總統黨政關係模式應考慮次類型的不同結構因素。[4]

我國憲政體制究竟較偏向何種半總統制次類型？的確，我國總統是具有實權的總統，但並非憲法下之最高行政首長，因此總統主要是以政治實力進行優勢領導，而不是以體制上是最高行政首長來直接進行制度性的領

4　關於半總統制類型劃分的討論，另請參見Tasi（2008）的詳細歸納。

導。這也是為什麼民進黨執政八年中，總統與行政院院長一直處於相當微妙的關係，唐飛、張俊雄、游錫堃、謝長廷、蘇貞昌五位行政院院長與總統的互動，相當受到政治實力的制約。不過，在我國的半總統制政府體制下，整個中央政府中（不包括立法院），除副總統外，只有總統擁有選票基礎，而且是全國性的選票基礎。不惟如此，總統可以單獨任命行政院院長，無需立法院同意，擁有憲法上授予的實權，因此雖然憲法本文明文規定「行政院為最高行政機關」，實則在憲政實務上，行政院院長多以執行總統政見之角色自居。在陳水扁總統任內，其曾明確指出：「我們是向總統制傾斜的雙首長制，大家很清楚，李前總統最後修憲就是要走向總統制，從總統直接民選到取消閣揆同意權，雖然不等同於總統制，但就是要走向總統制，這才是當前的憲政體制精神」（陳水扁，2001：126）。2008年時馬英九總統也表示：「我是國家元首，行政院院長是國家最高行政首長，我會尊重行政院院長，行政院院長要負責執行我的政見，不然我選這個總統幹嘛」（李明賢等，2008）。

上述兩位總統對憲政體制的認知和定位，恐未有明確的憲法依據，因此若僅從憲法文本的規範來看，將我國憲政體制定位為「總統優勢的半總統制」，容有不同之見解；然而，從憲政實務運作來看，總統相對於行政院院長，確實是處於較具優勢的政府領導人地位。因此本文以「總統優勢的半總統制」來詮釋我國的憲政體制，是基於「憲政現實」，而非憲法規範。憲政現實上總統優勢的半總統制對黨政關係的影響顯而易見，即總統相較於行政院院長，才是黨政關係中的最核心之樞紐，也會牽引出相關的政治效應和結果。在總統優勢的半總統制下，總統未兼任執政黨主席會產生以下現象：黨與政的雙重代理人、建立體制外各種黨政平台、總統意志與黨意更明顯的落差。

二、分立與少數的政府

2000年5月20日陳水扁先生就職總統，任命國民黨籍的唐飛擔任行政院院長，組成所謂的「全民政府」，在野的國民黨雖然曾有爭取組閣權之議，但陳總統始終未予接受。唐飛去職後，陳總統在任期內共任命過五次行政院院長，包括張俊雄、游錫堃、謝長廷、蘇貞昌、張俊雄（表3-1）。綜觀執政八年中，民進黨在立法院中從未有掌握過半的席次（表3-2），陳總統既未讓出組閣權給國民黨或「泛藍」，形成所謂的「共治」（cohabitation）政府，亦未籌組多黨聯合政府，「分立政府」或「少數政府」的狀態一直不變。

所謂「分立政府」，依Laver and Shepsle（1991: 252）定義，係指當總統職位由一個政黨所掌控，並且至少國會中的一院（當國會是兩院制時）是由另一個政黨所控制的政府型態。對於半總統制，Elgie（2001: 6-7）認為當總統、總理與主要內閣成員同屬於一個政黨，而該政黨並未在國會擁有過半席次，便形同總統制國家的分立政府。所謂「少數政府」指的是內閣中的執政黨並未在議會中握有過半議席的型態（Laver and Shepsle, 1996: 262；Strom, 1990）。民進黨執政時期我國政府型態相當程度兼具上述兩者特性，或可以Skach（2005）所用的「分立與少數的政府」（divided minority government）概念來形容。

表3-1　政黨輪替後總統、行政院院長、民進黨黨主席名單對照表

總統	行政院院長	黨主席	立法院屆期會期	黨團幹部		
				總召	幹事長	書記長／副總召
陳水扁（2000/05~）	唐飛（2000/05~2000/10）	林義雄（1998/07~2000/07）	4-3	鄭寶清	林宗男	李文忠
		謝長廷（2000/07~2002/07）	4-4	許添財	彭紹瑾	巴燕達魯

表3-1 政黨輪替後總統、行政院院長、民進黨黨主席名單對照表（續）

總統	行政院院長	黨主席	立法院屆期會期	黨團幹部		
				總召	幹事長	書記長／副總召
陳水扁（2000/05~）	張俊雄（2000/10~2002/01）	謝長廷（2000/07~2002/07） 陳水扁（2002/07~2005/02）	4-4 4-5 4-6	許添財 周伯倫 林豐喜	彭紹瑾 翁金珠 蔡煌瑯	巴燕達魯 柯建銘 張川田
陳水扁（2000/05~）	游錫堃（2002/02/01~2005/01/31）	謝長廷（2000/07~2002/07） 陳水扁（2002/07~2005/02）	5-1 5-2 5-3 5-4 5-5 5-6	柯建銘 柯建銘 柯建銘 柯建銘 柯建銘 柯建銘	王拓 王拓 陳其邁 陳其邁 蔡煌瑯 李俊毅	許榮淑 許榮淑 邱垂貞 邱垂貞 李俊毅 蔡煌瑯
陳水扁（2000/05~）	謝長廷（2005/02~2006/01）	蘇貞昌（2005/02~2005/12） 呂秀蓮（2005/12/07代理） 游錫堃（2006/01~2007）	6-1 6-2	趙永清 趙永清	賴清德 賴清德	陳景峻 陳景峻
陳水扁（2000/05/20~）	蘇貞昌（2006/01/25~2007/05/20）	游錫堃（2006/01~2007/10）	6-3 6-4	柯建銘 柯建銘	陳景峻 葉宜津	葉宜津 陳景峻
陳水扁（2000/05~）	張俊雄（2007/05~2008/05）	陳水扁（2007/10~2008/05）	6-5 6-6 7-1	柯建銘 柯建銘 柯建銘	王幸男 王拓 賴清德	王拓 王幸男 葉宜津

資料來源：作者自行整理

說明：第五屆黨團以後才有書記長，之前為副總召。

表3-2　台灣近幾年總統選舉與國會選舉各黨得票率與席次率概況

年度	選舉類型	民進黨	國民黨	親民黨	台聯
2000.3	總統選舉得票率	39.3%	23.10%	36.84%	x
2001.12	立法委員選舉得票率	33.38%	28.56%	18.57%	7.76%
	立法委員選舉席次率	38.67%	30.22%	20.44%	5.78%
2004.3	總統選舉得票率	50.11%	49.89%	x	x
2004.12	立法委員選舉得票率	35.7%	32.8%	13.8%	7.7%
	立法委員選舉席次率	39.78%	34.66	15.34%	3.98%
2008.1	立法委員選舉得票率	38.65%	53.48%	0.02%	0.96%
	立法委員選舉席次率	23.89%	71.68%	0.9%	0%

資料來源：中央選舉委員會

「分立與少數的政府」對黨政關係之形塑至少有三方面：第一是面對立法院中的少數困境，雖然民進黨一黨並無法支撐立法院中法案審查所需之多數，故仰賴同屬「泛綠」陣營的台灣團結聯盟（簡稱「台聯」）的奧援，才可勉強與「泛藍」的相對多數席次一搏。但無論如何，民進黨是政府存續的基本憑藉，因此政府對政黨的依賴是相當明顯的。後續本文會說明，在民進黨進行「黨政同步」，讓總統身兼黨主席之前，陳總統對民進黨和立法院黨團的掌握較弱，而陳總統兼任黨主席後，能夠強化個人對民進黨的領導，進一步掌握立法院黨團，就這一點而言，我們對照2008年以後馬英九政府的情況，就有很大的不同。因為，馬英九總統所面對的立法院，是國民黨握有絕對多數的席次，是所謂的「一致性政府」（unified government）。在一致性政府下，政府反而占據優勢，因為行政部門不必如少數政府一般，每一項法案都要擔心會不會獲得執政黨委員的支持，從而政府對政黨的依賴程度不如民進黨。

上述分析所言之「依賴」，係藉助Blondel與Cotta等人（2000: 99）之部分研究概念，但由於Blondel與Cotta等人的研究是偏重在議會制的經驗，因此，對於包括台灣在內的半總統制國家而言仍有所不足，所以調整為兩個座標（圖3-1），以「政府與政黨的分立程度」與「政府對政黨的依賴程度」兩個座標，繪製圖3-1，呈現不同憲政體制下不同國家的定位以及台灣相關案例的位置。在「政府與政黨的分立程度」方面，總統制權力分立最清楚，以美國為例，行政和立法較嚴格的分立，且政府（行政）之組成繫於總統個人，政黨之成分並非沒有，但較議會制低，故「政府與政黨的分立程度」最高，相對的「政黨政府」性質最低。而議會制具權力融合性質，以英國為例，內閣由議會多數黨組成，「政府與政黨的分立程度」最低，相對的「政黨政府」性質最高，因政府主要由政黨組成。至於半總統制，則具有總統制和議會制的分部元素，故應介於中間，所以台灣和法國案例居於中間。

在依賴程度方面，不易有明確的測量方式，不過議會制因政府的組成依賴議會多數的信任，尤其在多黨體系下需要組成聯合政府，而聯合政府較單一政府脆弱，只要有政黨退出政府，政府都可能出現不穩定，故政府對政黨的依賴度高。因此，Blondel與Cotta等人將比利時與荷蘭之聯合政府位置設定在右端，而英國兩黨制之單一政府在左端（工黨和保守黨位置不同源於兩黨政黨屬性之差異）。總統制的位置在中間，因總統制政府的政黨性質較議會制弱，但在美國之分立政府時，政府對政黨的依賴甚於英國單一多數型政府之程度。在台灣，民進黨在2000年至2008年執政時期，政府對政黨的依賴程度，細部來看可以分成兩個階段，一是唐飛擔任行政院院長的所謂「全民政府」階段，當時民進黨並未參與組閣，政府並不那麼依賴政黨；第二個階段是唐飛下台後由張俊雄續任行政院院長，全民政府不再，這一階段政府仰賴政黨的支持尤甚，特別是在立法的團結度上的依賴，是相當明顯的，其程度至少要高過國民黨在2008年後重回執政之時期（圖3-1呈現多數時期，即第二階段的位置為主）。相對的，在國民黨方面，在2008年1月的第七屆立法委員選舉中，一舉囊括近七成二的席次，馬總統5月20日就任後，形成行政和立法一致的多數政府（事實上國民黨執政時期均屬此種政府）。即使國民黨在立法過程中未能展現團結度，若干委員未能支持政府的提案而「跑票」，亦無法有效撼動政府於國會中的多數基礎，此時行政院仍能推動法案，故國民黨政府擁有較高的自主性，行政部門的姿態亦較高。

至於法國第五共和時期，如果考量政府的型態，則介於國民黨政府與民進黨政府之間，因為從1958年迄今（2010年），法國出現一次少數政府（1988年至1991年間），另有三次的共治政府（1986年至1988年、1993年至1995年、1997年至2002年），其他均為典型的一致政府。所以即使將共治時期排除在外，法國仍有77%的時間是處於典型的多數政府或一致政府，故其政府對執政黨的仰賴程度低於民進黨政府，而高於均屬於多數政府的國民黨執政時期，但更細緻的討論和定位可能需要相關研究進一步探索。

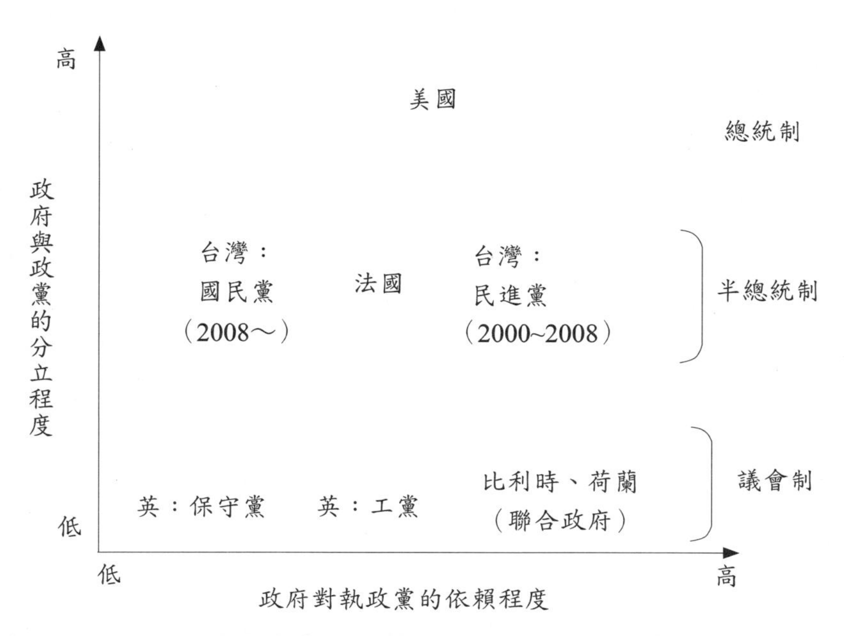

圖3-1　政黨與政府之間的關係——比較憲政體制下的定位

資料來源：參考Blondel與Cotta（2000）後由作者自繪而成

「分立與少數的政府」對黨政關係之形塑，另一個效果是，面對少數困境所帶來的行政立法衝突與施政困難，陳總統採取不斷更換行政院院長的作法加以因應，導致行政院內閣人事頻繁更動，進而連帶牽動民進黨黨主席人選的布局。譬如2005年2月1日謝長廷接替游錫堃擔任行政院院長，蘇貞昌隨後接任黨主席；2006年1月25日蘇貞昌接任行政院院長，游錫堃在同一時期接下黨主席位子；陳總統頻繁地、獨斷地更換「閣揆」，使得民進黨領導階層「雨露均霑」，雖能彰顯陳總統個人無可挑戰的權勢，卻無法培養最具聲望的黨內接班人，最後在黨內進行2008年總統候選人初選時，造成包括謝長廷、蘇貞昌、游錫堃以及呂秀蓮等四人爭霸的窘境，削弱民進黨在該次大選的團結力量。最後，面對「分立與少數的政府」，執政團隊不斷尋求最適的黨政各部門協調模式，以面對國會中少數的困境（後文會再詳論）。

（三）黨政菁英山頭化：呼應半總統制的憲政結構

半總統制的憲政結構特性，使得執政黨的黨政關係中除了副總統以外，存在四個核心的單位：總統、行政院、黨中央、立法院黨團（表3-1）。在民進黨執政時期，除了該黨內部的派系外，這四個政治單位可以孕育出山頭化的黨政菁英。其中，總統無疑是居於至高點，而除了陳水扁總統外，擔任過行政院院長與民進黨黨主席職位者，都可能成為黨內最具實力的政治領導人。黨主席由誰來擔任，是這一連串人事安排中的「下游」階段，而行政院院長才是首先確立的「上游」階段。黨政領導階層首先爭取的是擔任所謂的閣揆，退而求其次才是黨主席。如同前述，閣揆更換頻繁，也牽動黨主席的人選。謝長廷、蘇貞昌、游錫堃等人，是人事職位搬風遊戲中最後形成的最具有實力的幾位人物。

其中，行政院院長的角色突顯出半總統制雙首長的特質，而憲法雖明訂其所領導的行政院為國家最高行政機關，但實務上行政院院長的權力大小和自主性與其能獲得總統多大的授權以及信任有關；而行政院院長個人的態度，也是影響的重要變數。整體而言，展現相對自主性較高的是謝長廷，其試圖與陳總統某種程度的區隔，任內政策主導性較強；其任內另一特色是行政院和立院黨團溝通最佳，相對的，行政部門和立法院衝突較高，如TVBS案的處理即是。自主性較低的是唐飛與張俊雄，如核四案過程中可見一斑，前者因理念與民進黨有所出入而下台，後者基本上是配合總統的政策方向。游錫堃任行政院院長時與陳總統關係很好，相對自主性不突顯。蘇貞昌任院長期間，在陳總統宣示「權力下放」後，雖較有自己的意志去貫徹他的政策，但所謂「權力下放」也僅止於短暫的表象而已。

此外，關於立法院黨團幹部。傳統上，執政之前民進黨的立院黨團與黨中央是處於平行的地位，立院黨團具有高度的自主性。但執政之後，雖然在決策地位上尚能支配中央黨部，但相對於強勢的總統和行政部門，其地位是被政府（總統和行政部門）所支配（鄭明德，2005：135）。在黨團運作上，過去一向採取「派系共治」原則，黨團三長由各派系以「輪流」方式擔任。「派系共治」的方式雖有高度的自主性，但長久以來運作的結果，黨團三長未必孚眾望，不易凝聚黨內共識及培養資深領袖（王業立，2002：92-3）。2001年12月25日，民進黨立院黨團舉行黨團大會，通過了「民主進步黨立院黨團組織規則修正案」，黨團三長須連任三屆以上才具被選舉權，至此確認未來黨團三長與各委員會都將採「資深制」。整體而言，民進黨執政時期政策決策固然偏向總統主導，但山頭化的黨政菁英，仍提高了執政團隊內部的溝通成本，所以不難理解為什麼陳水扁總統，最後都違反就任時的初衷而接下黨主席職位以便較易掌控民進黨。

肆、黨政關係的核心：實權總統與所屬政黨的關係

在1990年代半總統制政府廣泛被採用之前，除了法國第五共和的憲政獲得較多關注外，焦點在於美國所代表的總統制經驗。我們對美國以外總統制國家的總統，以及半總統制國家的總統，他（她）與政黨的關係為何，特別是有無擔任政黨領袖與其政治影響，探討不多。本文的焦點雖然以台灣民進黨執政時期為案例，但由於採取半總統制的研究視野，故擬就民主半總統制國家經驗先做一初步歸納，再探討陳水扁總統與民進黨關係

之經驗。

一、民主半總統制國家一般經驗

在台灣以外的其他民主半總統制國家中，總統與政黨的關係之經驗為何？現有文獻並無任何系統性歸納和分析，本文首度進行初探，在此列為觀察的半總統制國家以民主國家為主。而全世界民主的半總統制國家的數量，其答案視我們如何計算半總統制國家而定，不同的觀察者和研究者的答案可能不一樣。根據Samules與Shugart（2009）的觀察，在2005年全球民主國家中半總統制共有二十九個國家，但作者另採依Elgie（2007）的歸納，全球有五十五個半總統制，其中再根據「自由之家」（Freedom House）最新的評比，屬於「自由」的國家，共有二十三個國家。

在二十三個國家中，考量資料蒐集的難度和觀察時程長短的必要性，根據每個國家近兩任的總統為觀察對象。表3-3顯示，曾出現總統兼任黨魁的國家，包括台灣、克羅埃西亞、蒙古、納米比亞、祕魯、烏克蘭、塞內加爾共七個國家（以下台灣的部分暫不討論，而在下一節後再深入探討），但這七個國家並非總統一直兼任黨魁。另外，共有十六個國家未曾出現總統擔任黨魁的情況，包括法國、芬蘭、波蘭、葡萄牙、奧地利、南韓、保加利亞、維德角、冰島、愛爾蘭、立陶宛、斯洛伐克、斯洛維尼亞、羅馬尼亞、聖多美普林西比、馬利。[5] 由此來看，大部分半總統制國家總統未兼任黨主席。另外，有若干國家總統是無黨派的，包括有：冰島、斯維尼亞、羅馬尼亞、馬利等四個為主。必須特別強調的是，雖然總統未具黨魁身分，但不一定就不是黨的實質領導人，譬如法國第五共和總統。但具黨魁身分者，很難想像不是黨的實質領導人。從這一點來看，兼任黨魁的總統，有利於掌控政黨，從而更有效發揮總統的權力。

---

5 表3-3乃精簡化的表格，對於更進一步的資料有興趣之讀者，可參考作者在2009年《政治科學論叢》論文表3與表4內容。

表3-3　各民主半總統制國家總統兼任政黨黨魁概況

總統曾兼任黨魁	台灣、克羅埃西亞、蒙古、納米比亞、祕魯、烏克蘭、塞內加爾
總統不曾兼任黨魁	法國、芬蘭、波蘭、葡萄牙、奧地利、南韓、保加利亞、維德角、冰島、愛爾蘭、立陶宛、斯洛伐克、斯洛維尼亞、羅馬尼亞、聖多美普林西比、馬利

資料來源：

http://www.exxun.com/e4history.html

http://www.nationmaster.com/graph/gov_pol_par_and_lea-government-political-parties-and-leaders

http://en.wikipedia.org/wiki/Main_Page

說明：

1. 收錄國家以Robert Elgie（2007）所列半總統制國家中之民主國家為主。

2. 每個國家以近兩任總統（2010年前）之任期經驗為觀察期。

如何解釋上述不同的類型？由於案例繁多，無法深入每個個案，因為解釋這些不同案例背後的原因相當困難。表面上看來，自由度排名較優的國家，總統多未兼黨魁，包括一般較熟悉的而屬於相對民主穩定而成熟的國家，如法國、芬蘭、波蘭、葡萄牙、奧地利等等。[6] 此外，憲政傳統、政黨性質、選舉制度都可能是解釋為什麼有些國家總統兼任黨魁而有些國家不是的原因。在憲政傳統方面，若歷來總統較不涉入政黨政治，強調超黨派身分，則就較有可能如此。在政黨性質上，由於兼任黨魁與否，與總統是否為實質領導人沒有直接相關，總統可能選擇不擔任名義上的黨魁，而找一位代理人幫忙，但仍能掌控政黨。且在政黨重組、政黨體系變遷較快的國家，新舊政黨的汰換和起伏較大，政黨或政黨聯盟常為支持特定總統候選人而組成，成為選舉的戰鬥單位，並不是那麼制度化的政黨，故選

6 依據自由之家（Freedom House）2008年對世界各國自由度的調查結果，在本文二十三個國家中，以下各國評比為「1」：奧地利、維德角、芬蘭、法國、愛爾蘭、波蘭、葡萄牙、立陶宛、斯洛尼亞、斯洛伐克；以下國家評比為「1.5」：克羅埃西亞、南韓、台灣；以下國家評比為「2」：保加利亞、蒙古、羅馬尼亞、納米比亞、聖多美及普林西比；以下國家評比為「2.5」：祕魯、烏克蘭、馬利。

後總統雖具黨員身分，卻未必需要擔任名義上的黨魁。特別是絕大多數的案例均屬多黨體系之下，有些更是多黨林立，總統為尋求更大的政治支持，可能選擇未擔任黨魁，甚至退出政黨，這是一項合理的解釋。此外，選舉制度的因素也有關，總統選舉多採絕對多數兩輪投票制，當舉行第二輪投票時，候選人為尋求跨黨支持，也會傾向不擔任名義上的黨魁。

上述是關於總統與政黨關係可能的解釋，而本文將焦點放在半總統制的憲政因素。本文提出一項憲政體制角度的解釋：愈屬於總統優勢的半總統制，總統愈有可能兼任黨魁；總統兼任黨魁，也強化總統優勢的半總統制政府運作。這個命題涉及半總統制次類型，亦即將半總統制再依照總統權力大小畫分基本類型，並假定不同類型下包括總統是否兼黨魁的黨政關係可能會不一樣。但類型的畫分並不容易，而個別國家的類型歸類，更形困難，不同的研究者會有不同的做法，有時也相當主觀。本文參酌前文曾引之Shugart and Carey（1992）與Elgie（2005）分類，將半總統制簡單的畫分成「總統優勢」和「總理優勢」兩種類型，特別是觀察「總統優勢」類型。假定上述總統兼黨魁的國家：克羅埃西亞、蒙古、納米比亞、祕魯、烏克蘭、塞內加爾，會集中在屬於傾向總統優勢的半總統制類型。為什麼是這些國家？其中納米比亞與祕魯屬於Elgie的高度總統化的半總統制類型，所以說它們是傾向「總統優勢」；另外，根據Roper（2002），克羅埃西亞、烏克蘭屬於「總統—議會制」，根據Tsai（2008）的研究，烏克蘭屬強總統，因此將克羅埃西亞、烏克蘭列為傾向「總統優勢」。再者，塞內加爾雖被Elgie列為總統和總理權力平衡的半總統制，但Elgie也說明該國與台灣以及法國都屬於其中「總統擁有最多政治分量」（carries most of the political weight）型態。最後，納米比亞、祕魯、塞內加爾的憲法甚至明文授予總統可直接任命總理的權力。至於蒙古，根據Elgie的歸類傾向是總統和總理權力平衡的半總統制，總統擁有相當實權，但比較難以論斷是不是總統優勢。綜上所述，上述六個國家中，我們假定其屬較近似總統優勢的半總統制類型。

然而，以上的判定仍不充分，因此，必須再從其他方法證明這項假定的可能性，譬如當總統和總理同黨，但總統是黨魁而總理不是時，則我們有相當的自信，它是偏向總統優勢的半總統制國家。因為我們很難想像，當總統和總理屬於同一個政黨，而總統是黨魁時，總統主政的權力反而弱於總理，除非是該黨在政治上無足輕重。但即便是這種情況，未擔任黨魁的總理也不一定權力大過總統。確實，在克羅埃西亞、蒙古、納米比亞、祕魯、烏克蘭、塞內加爾等案例中，都出現過當總統和總理屬於同一個政黨，而總統是黨魁的情況。相對的，當總統和總理同黨，總理才是黨魁，則我們同樣可以推論其屬於向總理傾斜的半總統制機會愈高。確實，包括芬蘭（Martti Ahtisaari, 1994-2000）、波蘭（Lech Kaczynski任內前期，但當時是由他雙胞胎總理哥哥擔任黨主席）、奧地利（兩任總統）、保加利亞（現任）、維德角、愛爾蘭、聖多美及普林西比都是如此。

在上述的討論中，法國並不屬於名義上總統兼黨魁的案例，但由於我們知道實際上總統能掌控政黨，且除共治之外，乃屬總統優勢的政府。如果說，法國的黨政關係經驗使研究者觀察到「總統化政黨」的現象，那麼在那些包括台灣在內傾向總統優勢的政府，總統多數時候兼任黨魁的國家，是不是也有很高的機會出現「總統化政黨」？本文無法深論這項問題，將於第六節結語中就台灣案例做初步討論。

二、台灣的經驗：從國民黨到民進黨

在台灣案例方面，在「憲政現實上」屬於總統優勢的半總統制類型下，若實權總統未兼任黨主席，則必須同時在政黨與政府建立代理人的現象，更需要費力建立體制外各種決策諮詢機制和黨政聯繫平台，再加上總統若無法有效掌控政黨，會發生總統意志與政黨意志的落差。實權的總統何以讓自己一直處於這種困境當中，而不思解決？因此總統在任期內會逐漸朝向兼任黨魁或者有掌控政黨的方向使力的現象，並不難理解。

在2000年以前，國民黨一黨長期執政，且由於人民對於黨國體制下以黨領政的負面經驗，連帶影響到對總統身兼黨主席的刻版負面評價。因此，政黨輪替時，陳水扁一開始採取不兼任民進黨主席的做法，其原因即必須先從此一長期歷史的背景加以理解。再從短期因素來看，2000年的總統大選，在選戰末期，面對獨立候選人宋楚瑜的「超黨派政府」訴求，陳水扁提出「全民政府，清流共治」加以回應。在當選後，陳總統辭去黨職身分，並任命國民黨籍的唐飛擔任行政院院長，建立所謂的「全民政府」。然而，二年後陳總統在民進黨全黨上下的支持下，兼任了黨主席職位。長期以來對以黨領政批判最嚴厲的民進黨，最後仍走向國民黨過去的經驗。

表3-4　國民黨執政時期總統是否為黨主席對照表

國民黨執政時期總統	黨主席
蔣介石（1948-1949；1950-1975）	總統擔任（總裁）
嚴家淦（1975-1978）	蔣經國（1976~1988）
蔣經國（1978-1988）	總統擔任
李登輝（1988-2000）	總統擔任
馬英九（2008~2009）	吳伯雄
馬英九（2009~）	馬英九

資料來源：作者自行整理

國民黨過去的經驗為何？國民黨在台執政時期共歷經五位總統，包括蔣介石、嚴家淦、蔣經國、李登輝與馬英九。在馬英九之前，除了嚴家淦繼任總統那段很短的期間外，總統和黨主席都是同一人。絕大部分時期，總統均身兼黨主席（表3-4）。在兩位蔣總統時期，國民黨是威權的政黨，政治體制是黨國體制，黨的最高領導人才可能擔任總統。所以，嚴家淦雖繼任總統，黨主席卻是擔任行政院院長的蔣經國，嚴家淦並非黨的領袖。到了蔣經國擔任總統時，便結束了這種例外的情形。這個情況在蔣經國過世而李登輝繼任總統時遭到挑戰，因為李登輝雖然根據憲法有權繼任總統，但他並非黨的領導人，黨的領導人當時陷入短暫的真空狀態，以致於國民黨當時發生是否應該讓李登輝同時代理黨主席一事之爭議。李登輝最後代理了黨主席，同時取得政和黨的最高領導人身分，但其中的政治邏輯恰與黨國體制的權力邏輯相反。在黨國體制下，黨的領導人才有實力是政府的領導人，李登輝的情況卻是相反，是因為總統的正當性身分才順勢代理黨主席。

因之，在當時左右黨政關係的主要因素與憲法形式上的中央政府體制並無太大關連性，但隨著政治民主化，民選總統的民意聲望因素，使得實權總統的李登輝反而鞏固其在黨內的地位。這一演變過程，逐漸引導出憲政體制對黨政關係的制約作用。擁有選票實力和民意基礎者，才能成為具有真正實力的政治人物。隨著李登輝在黨內權力的鞏固，以及民選總統的至高地位，其主政十二年之下總統一直身兼黨主席，至少在大部分時期未逢挑戰。隨著政治民主化，國民黨黨內也面臨民主化的需求和挑戰，因此在2001年3月24日首次進行全體黨員直選黨主席的選制（當時國民黨在前一年失去了中央執政權，李登輝辭去黨主席），選舉出連戰先生為黨主席。2005年7月16日第二次進行黨員直選黨主席選舉，馬英九擊敗王金平，取得黨主席職位；其後，在2007年2月間因特別費遭檢察署起訴而辭黨主席。2008年國民黨重新執政，馬英九一開始未兼任主席，但在一年後，2009年7 月參選黨主席選舉，高票當選，同年10月正式接任。從某種意義上說，在台灣的憲政經驗中，總統身兼黨主席反而是常態，國民黨長期以來總統身兼黨主席的情況，也使得陳水扁身兼民進黨黨主席並非特例。有趣的是，馬英九總統似乎也延續了陳水扁總統的經驗，從一開始不兼任黨主席到兼任主席的模式。以下，回到民進黨為焦點，就陳水扁總統在2000年至2008年任內，根據他是否兼任黨主席畫分為五個階段（表3-5）詳述其變遷情形：

第一階段：「全民政府」——總統未兼黨主席（2000年5月20日至2002年7月20日）

在所謂的「全民政府」時期，總統未身兼黨主席。民進黨作為執政黨，在當時政府人事的參與決定權上角色相當微薄，民進黨祕書長吳乃仁即曾提出民進黨並非執政黨，全民政府即無執政黨，且民進黨未必要全盤為新政府政策背書而由「全民國會」制衡「全民政府」云云（吳典蓉，2000a）。實則，當時行政院院長的挑選過程中，係由陳總統和李遠哲所領導的「國政顧問團」所主導，民進黨並無與聞的空間。不過，早先黨祕書長游錫堃表示全力支持唐飛組閣（劉屏，2000），後來黨主席林義雄亦曾明確表示，即使新政府團隊涵蓋國民黨及無黨派立委，但仍是民進黨的執政團隊，民進黨必須負起政治責任（吳典蓉，2000b）。顯見執政團隊內部觀點不一，也顯見黨的影響力薄弱。然而，儘管陳總統並未擔任黨主席，民選的總統卻自然成為實質的政黨領導人。

表3-5　民進黨執政時期總統兼任黨主席與否各階段情形

階段	內容
第一階段：未兼任黨主席 （2000年5月20日至2002年7月20日）	2000年總統選舉期間，陳總統曾主張要建立「全民政府」、「超黨派政府」並宣示將退出民進黨活動，因此建立「全民政府」後，未身兼黨主席。
第二階段：兼任黨主席 （2002年7月21日至2004年12月13日）	2002年7月21日總統接任民進黨黨主席，邁向所謂「黨政同步」。「黨政同步」的改革，企圖將原有執政黨和政府之間決策「步調不一」的現象，扭轉為一體的決策單位。
第三階段：未兼任黨主席 （2004年12月14日至2006年6月）	2004年12月14日，陳總統以當時立法委員選舉未能取得過半席次為由辭去黨主席，結束二年多的總統身兼黨主席的狀態。2006年6月間，在陳總統之親信和家人涉及弊案爭議之際，陳總統宣示「權力下放」。
第四階段：總統身兼黨主席 （2007年10月15日至2008年1月13日）	2007年10月15日，在包括游錫堃因特別費案被起訴請辭黨主席、「正常國家決議文」爭議導致黨內元氣受損，以及2008年謝長廷的參選之團隊整合需要之複雜背景下，陳總統成為各方勢力妥協下最能接受的人選，又重新兼任黨主席之位置。

表3-5　民進黨執政時期總統兼任黨主席與否各階段情形（續）

階段	內容
第五階段：總統未兼黨主席（2008年1月13日至2008年5月19日）	民進黨因第七屆立法委員選舉結果大不如預期，陳總統為敗選辭去黨主席，由總統參選人謝長廷代理黨主席。

資料來源：作者自行整理

第二階段：「黨政同步」──總統身兼黨主席（2002年7月21日至2004年12月13日）

這個階段始於2002年7月21日總統接任民進黨黨主席，邁向所謂「黨政同步」。[7] 由於執政後民進黨在國會中是少數，執政面臨重大挑戰，2000年年底至2001年年初的「核四案」造成憲政危機，重創民進黨政府和陳水扁總統的執政基礎，總統、行政院、立法院黨團及黨中央的四角關係又在磨合當中，使得民進黨必須進行「黨政同步」的改革，企圖將原有執政黨和政府之間決策「步調不一」的現象，扭轉為一體的決策單位。其中關於黨主席產生的方式採雙軌制，執政時由總統擔任，非執政時由全體黨員直接選舉產生。如此一來，陳總統是否意在「以黨領政」？前立法委員林濁水（2009：40）有頗為深入的觀察：

把主席直選改為由總統兼任時，陳水扁並不是如外界的批評是陳總統要以黨領政，因為政已在掌握中，不需以黨領政，他要的是以主席領黨，

[7] 民進黨揭示其「黨政同步」改造的主要原則是「內造化與民主化」，而其重要內涵具體而言包括：1.黨主席產生的方式──採雙軌制，執政時偏重內造化之精神，由總統擔任，非執政時按民主化之原則，由全體黨員直接選舉產生，以兼具「內造化」、「民主化」的理念；2.中央執行委員會之組成方式──納入一定名額的公職人員，讓黨意與民意有適度而充足的交流。在執政時，因決策中心為行政部門，重點在實現政見，訂定法規制度，讓總統有相當之自主性，由其指派一定之人員為當然中央執行委員與中央常務執行委員，配合立法院黨團負責人，共議決策；中執會與中常會將成為以總統為核心之府院黨團溝通協調的平台。在非執政時期，國會為該黨的重心，重點在監督施政，並展現地方執政能力，因此讓主要黨團幹部及縣市長為當然中央執行委員與中央常務執行委員；中執會與中常會將成為黨、團共商大計的機制。

再以黨領導國會，讓國會黨團總召以指定中常委的身分而成為黨主席的部屬。然後透過控制國會黨團，以隔絕黨和國會黨團對政的干預。

林濁水的觀察是合理的，的確，陳總統透過不斷任命新的行政院院長，一直掌握控制著政府的部分，但立法院黨部分則未必。因此，由總統兼黨主席，可以較有效掌控黨和黨團。所以，對黨團的掌握相當關鍵，其中，被喻為「永遠的總召」柯建銘，從2002年2月第五屆立法院開始，除第六屆第一、二會期外，一直都是最能貫徹陳總統意向的黨鞭。無論如何，這個階段中，民進黨的黨政關係運作較為順暢，藉由總統兼任黨主席，減少總統、行政院、立法院黨團以及黨中央的政策溝通和協調之成本，這部分的進一步分析在第五節會再討論（讀者可先參閱圖2與圖3的不同）。

第三階段：選舉失利——總統未兼黨主席（2004年12月14日至2006年6月）

2004年12月14日舉行第六屆立法委員選舉，陳總統以當時民進黨未能取得立法院過半席次為由辭去黨主席，結束二年多的總統身兼黨主席的狀態，陳總統又表示他「矢志要做全民的總統」。由此我們可以發現，總統兼任黨主席雖然可以更掌控政黨，但相當程度也須要背負所屬政黨於選舉中的成敗責任，以下第五個階段的情形可以更進一步獲得確認。

其後在2005年底第十一屆黨主席選舉期間，民進黨政府的黨政關係成為候選人間辯論之重點。該次黨主席選舉共有三位候選人，游錫堃主張「黨政合議」，翁金珠要求「黨政分離、黨政分工」，蔡同榮則提出「黨政平台」，最後是由陳總統支持的游錫堃當選。比較三人的意見（表3-6），游和蔡的主張並沒有根本差異，翁則強調黨政分離，這一點與游有很大的不同。基本上，游雖反對以黨領政，但主張「黨政合議」，黨與政不能分離。游錫堃當選黨主席後的首次黨政合議高層會議，在2006年4月13日舉行，在黨政合議下，中常會扮演決策平台的功能提升。

表3-6　民進黨第十一屆黨主席選舉候選人關於黨政關係之主張

候選人	構想	內涵
游錫堃	黨政合議	「黨政合議、集體決策」；非以黨領政，政黨也非選舉機器；反對黨政分離
翁金珠	黨政分離、黨政分工	「黨政分工」，黨不要受中央執政的影響；重大決策還是應該尊重黨，希望在中常會討論
蔡同榮	黨政平台	陳總統應該每個月一次列席民進黨中常會，對重大決策提出溝通

資料來源：作者自行整理

儘管陳總統未兼黨主席，且黨政合議強化中常會作為決策平台的角色，但並不影響陳總統權力的行使。2006年6月間，在陳總統之幕僚和家人涉及弊案爭議之際，陳總統宣示「權力下放」，但仍強調依據憲法屬於總統的職權並沒有任何改變。因此，表面上時任行政院院長的蘇貞昌在短期內自主權提高，實則相當有限。真正總統影響力大幅衰退是在2006年7月15日親綠學者發表呼籲陳總統下台的「倒扁」言論之後。緊接著，同年9月倒扁「紅衫軍」於凱達格蘭大道集結數十萬民群眾，陳水扁的總統地位搖搖欲墜。同年11月北高兩市市長選舉，代表民進黨參選台北市長的謝長廷表明不希望陳水扁總統幫他站台助選。雖然陳總統再兼任黨主席，但影響力已每況愈下，當謝長廷在參選2008年總統時依舊沒有讓陳總統站台。

第四階段：仍是共主——總統再兼黨主席（2007年10月15日至2008年1月13日）

2007年10月15日，在游錫堃特別費案被起訴請辭黨主席、「正常國家決議文」的黨內爭議以及2008年謝長廷的參選之團隊整合需要之複雜背景下，陳總統成為各方勢力妥協下最能接受的人選，又重新兼任黨主席之位置。陳總統回任黨主席，但其聲望和影響力已所剩不多，當時民進黨總統參選人謝長廷儼然要走自己的道路。陳總統對謝的態度似了然於胸，故曾表示：「坐轎的最大，大家都要聽他的」，但也意有所指的說：「扛轎的人看得比較清楚」（何國明等，2007）。2007年11月間謝長廷強化「幸福經濟」選舉主軸，打經濟牌拜訪行程，同時主張抑制油價及開放投資大陸40%上限，但遭到黨內否決，黨主席陳水扁還在中常會表示，經濟搞好不一定選得上，再度否定謝選戰策略，扁謝在選戰中明顯不同調（何國明，2007）。

第五階段：選戰失利——總統再辭黨主席（2008年1月13日至2008年5月20日）

2008年1月13日的第七屆立法委員選舉，是首次採行「單一選區兩票制」的選制，選舉結果民進黨僅獲27席立委，表現大不如預期，陳總統為敗選辭去黨主席，由總統參選人謝長廷代理黨主席。直到陳總統的總統任期結束前，陳總統未再兼任黨主席。

從上述五個階段來看，民進黨雖然已經確定了黨主席產生的方式，即執政時由總統擔任，非執政時由全體黨員直接選舉產生，但實際上總統是否兼任黨主席一直處於浮動的狀態，並無穩定的模式。這固然涉及總統為黨主席有時必須承擔敗選責任而下台，但也與黨內外的政治情勢有關。再進一步來看，第十一屆黨主席選舉期間，三位候選人政見相當分歧，顯示民進黨對於黨政關係定位並未因黨政同步改革真正解決。綜觀陳總統執政這八年，無論他是否兼任黨主席，都是民進黨的實質領袖。一位受訪的民進黨新潮流系資深立法委員分析到：

陳總統是否兼任黨主席，嚴格來說，影響並不大。當然，他如果擔任黨主席，他就能直接操縱黨，但他也要承擔選舉的壓力。但無論他是否擔任黨主席，也無論誰擔任黨主席，扁實質上都是黨員領袖。（受訪者A）

另一位屬於謝系（謝長廷派系）的受訪立法委員亦指出：

就算他不兼黨主席，還是總統最大，黨權還是集中在總統手裡，黨的外部組織影響力還是大於黨的內部組織，黨還是會聽總統的。（受訪者B）

固然陳水扁兼任黨主席與否，並不影響總統作為實際的政黨領袖，但細究來看，黨政關係仍有所不同。如前述，陳總統透過不斷任命新的行政院院長，一直掌握控制著政府的部分，並彰顯他是無可挑戰的領導人地位，但對政黨的領導仍顯得間接而迂迴，且立法院黨團部分總統亦未必能有效的掌控。相對的，由總統兼黨主席，總統是無論在名義上或實質上都是政黨的領袖，可以名正而言順的領導黨，並較有效掌控黨和立法院黨團。

伍、黨政協調機制

我國總統在憲政體制下缺乏與行政院政府部門的直接聯繫，與同屬半總統制之法國第五共和情況完全不同。該國行政部門在政策制定過程中，總統或總統幕僚皆有機會正式參與其中，其政策制定過程至少存在四個正式的階段，甚少為一般論者所留意，茲描繪如下：在第一個階段為「跨部會聯繫會議」（Interministerial reunions），是首先進行的正式政策決定階段，由內閣成員主持，將部會首長幕僚召集在一起開會，總理辦公室與總統府的代表亦會出席；第二個階段是「部際委員會」（Interministerial committees），由總理主持，並由其親自協調部會間的不同觀點，但此類會議不見得能解決所有內閣的爭議議題；第三個階段是「部際會議」（Interministerial council），乃由總統親自主持，此一會議解決最重要與最爭議的法案，這些法案或是部會首長間存在歧見而總理無法裁決定案的，或是屬於部會首長拒絕接受總理仲裁的法案，無論何者，最終仰賴總統藉由其強大的政治權力予以裁決；第四個階段即是最為人熟知的「部長

會議」（Council of Ministers），亦是由總統主持，但由於主要的政策決定已於前三個階段完成，因此這類會議通常扮演橡皮圖章（rubber-stamp）的角色（Elgie, 1993: 16-18）。

與法國相較，我國總統和行政院院長之間缺乏制度上的連結，總統無法出席和主持行政院會議，雙首長在政府政策的制定過程中並無任何憲法上的聯繫機制。由於憲法的設計，我國總統不可能兼任行政院院長，直接領導行政院，因此行政院院長這位代理人必然存在。但憲法並無法規範到總統與政黨的關係，而當總統未兼任黨主席，試圖與所屬政黨保持一些距離，於是無法避免總統在政黨方面尋求代理人。如果總統不兼任黨主席，總統即同時必須仰賴兩位代理人分別處理政務和黨務，但民選的總統何以讓自己居於此種不便的處境，而不思有所突破？由於缺乏制度上的政策協調機制，因此總統與政黨都需要費力建立體制外各種決策諮詢機制和黨政聯繫平台，且當總統未兼任主席，又面臨「分立與少數政府」的困境時，這種需求更為明顯。總統兼任黨主席雖然未必能突破「分立與少數政府」的困境，但他卻是可以避免黨與政同時需要代理人的困境，這是陳水扁總統任期面臨的相當複雜的執政難題。

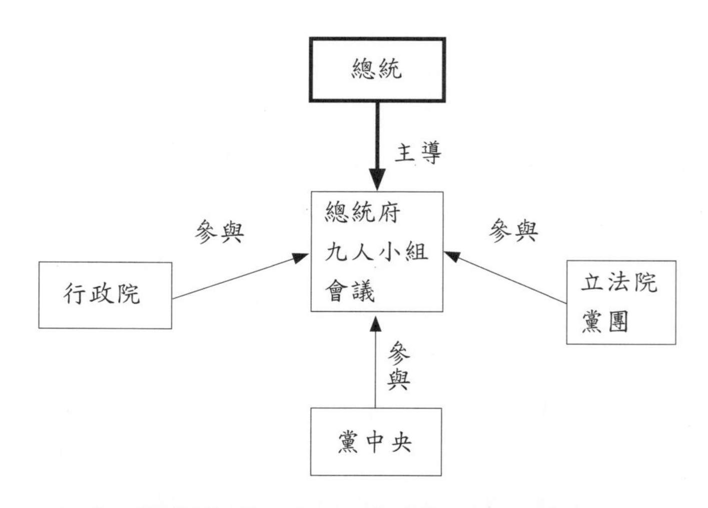

圖3-2　九人小組會議時期（總統未兼黨主席）黨政關係核心架構

資料來源：作者自繪

少數政府需要突破國會困境，首先必須整合執政團隊。民進黨執政期間，建立了各種黨政協調機制（表3-7）。陳總統在2000年大選後隨即辭去民進黨中常委職務，這也是我國總統首次未擔任政黨領導人和黨職。陳總統與當時前後任民進黨黨主席林義雄和謝長廷，每週均有會面。謝長廷就任黨主席後，改為總統每週在總統府內與其共進午餐。再者，包括與呂副總統、行政院唐飛院長也是每週於總統府內固定會面一次，後來還增加府、院、黨三大祕書長層級的協商會報（陳水扁，2001：187-188）。不過，這樣的協調過程溝通成本很高，而且往往個別協調後仍有不同意見對外發表，於是便決定改於總統府召開所謂的「九人小組會議」。[8]「九人小組會議」於2000年11月21日首次召開，會議由總統親自主持，除總統外，成員包括副總統、總統府祕書長、行政院院長、行政院祕書長、民進黨黨主席、民進黨祕書長、民進黨立院黨團總召集人和幹事長等八人。九人小組於每週二晚間舉行，並配合第二天（星期三）民進黨召開中常會。九人小組會議不僅討論政務，也包括黨務、選務問題（陳水扁，2001：187-188）（圖3-2）。[9]

8　2000年時，核四停建風波，引發軒然大波，在野黨發動罷免案，黨內批評陳總統一人決策的撻伐聲浪不絕於耳，陳總統在當年十一月十五日晚上，特別召開高層會議，主動表示希望擴大決策機制，最後成立「九人小組」（林修全，2006）。

9　九人小組會議召開後，為強化朝野之間的協商，行政院方面也成立了「五人小組」。成員包括副院長賴英照擔任召集人，祕書長邱義仁負責與國民黨團對話溝通，曾任行政院祕書長的政務委員張有惠出面和民進黨團聯繫，與親民黨部分立委關係良好的人事局長朱武獻則出面與親民黨和無黨籍對話，而退輔會主委楊德智則負責與軍方頗有淵源的新黨黨團接觸。請參閱李祖舜（2000）；王時齊（2000）。

表3-7 總統（府）、行政院（院）、黨中央（黨）、黨團之間的協調機制

涉及的單位	機制內容	時期
總統與行政院院長	每星期一傍晚會面	2000/05/20至蘇貞昌行政院院長後期停掉
總統與黨主席	每星期二午餐會報	執政期間
府、院、黨（黨團）	三大祕書長層級的協商會報	2000/05/20~2000/11/21：九人小組運作之前
	九人小組： 總統親自主持，除總統外，成員包括副總統、總統府祕書長、行政院院長、行政院祕書長、民進黨主席、民進黨祕書長、民進黨立院黨團總召集人和幹事長等八人。九人小組會議不僅討論政務，也包括黨務、選務問題。	2000/11/21至2002/07
	黨政協調會議： 府、院、黨之會議，於總統府召開。參加成員包含行政院副院長（主持）、祕書長、發言人、黨團三長、總統府代表、黨部代表、有關部會之首長。針對當前特定政策法案於推動時可能面臨的問題或效應，作政治性的討論及沙盤推演。	2002/07/21黨政同步之後
	中常會： 1.2000/05/20~：總統不出席，角色弱化。 2.2002/07/21~黨政同步後：總統兼黨主席時，中常會總統亦出席，角色提升。	執政期間
院、黨團	立法院黨團政策小組協調會議 行政院祕書長則出席黨團幹部會議	執政期間

資料來源：作者自行整理

九人小組直到陳總統在2002年兼任民進黨主席，進行所謂的「黨政同步」改革才停止運作。大約兩年的時間內，九人小組經常開會，是當時包括總統府、行政院、黨中央以及立法院黨團之間最核心的聯繫機制，但扁政府多數重大決議，仍然不是在九人小組，其只是總統做決策前聽取建言的眾多管道之一。曾經參與實際運作的民進黨團總召許添財立委曾描述，開會時如陳水扁心中尚無定見，通常不會多做發言，會開放現場討論，並仔細傾聽；反之，假如陳水扁心中早已拿定主意，那麼他會在討論前「適度地」表示他的看法。而當陳水扁開口後，與會人士大概也都「有所領會了」，並也有默契的會達成相當程度的「共識」（楊毅周，2006：161）。然而，九人小組會議也屢生爭議，若干重大政策之決定，九人小組事前未曾與聞，因此包括副總統呂秀蓮、民進黨祕書長吳乃仁、民進黨黨團總召周伯倫等曾對該小組功能提出質疑，或言不再參加（鄭明德，2004：400；高永光、劉佩怡，2001）。

2002年7月21日總統接任民進黨黨主席，邁向所謂「黨政同步」。如前所述，黨政同步的關鍵效果並非以黨領政，因為政已在掌握中，而是以主席領黨，再以黨領導國會，讓國會黨團總召以指定中常委的身分而成為黨主席的部屬。然後透過控制國會黨團，以隔絕黨和國會黨團對政的干預，並轉為支持（圖3-3）。

從正面來看，黨政同步一定程度改善了執政團隊的決策整合能力，促使總統府、行政院和國會黨團及政黨之間的整合。曾擔任行政院祕書長和黨副祕書長的受訪者分析到：

府、院、黨，整個民進黨執政黨團隊之間力量達到統合，行政部門透過這樣的平台可以讓國會部門充分的了解、參與。力量的大整合，從社會的觀感，會覺得是較成熟的政府，內部有整合、協調、溝通，對重大的事情，不會各吹各的調，不會很亂。因為這樣一個關係，讓很多事情推動起來比較順利。（受訪者C）

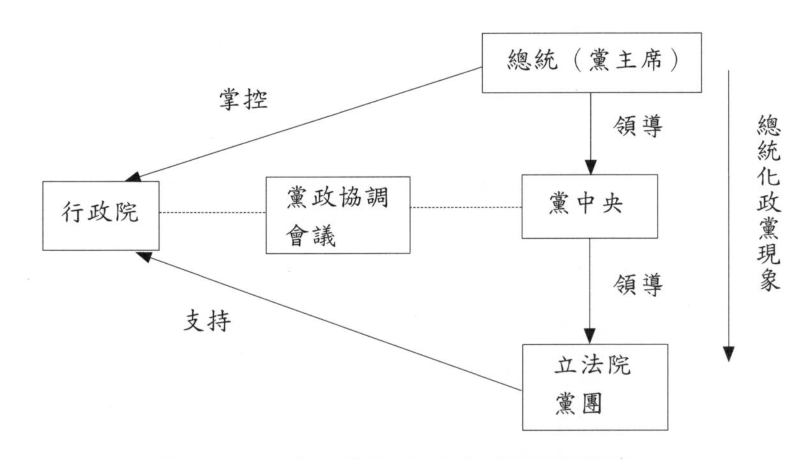

圖3-3 黨政同步後（總統兼黨主席）時期黨政關係核心架構

資料來源：作者自繪

在府、院、黨、團整體的決策整合中，處於法案推動第一線的行政院和黨團之間的連結機制的建立，是當中很重要的一環，而在行政院層級，即是黨政協調會議。黨政協調會議於每週一晚上舉行，參加成員包含行政院副院長（主持）、祕書長、發言人、黨團三長、總統府代表（如馬永成）、黨部代表、有關部會之首長。針對當前特定政策法案於推動時可能面臨的問題或效應，作政治性的討論及沙盤推演。在黨政協調會議之前，已先進行不同層級的協調會議。首先，在立法院黨團內部成立了各個政策小組，包括內政、外交……等等，政策小組內部產生政策小組召集人，行政院相關部門首長或副首長會率領相關議題之所屬主管出席會議。次一階段，黨團各政策小組與行政院相關部門首長分別將協調結果帶至黨團幹部會議和行政院。行政院祕書長則出席黨團幹部會議。再下一個階段則是進行黨政協調會報。黨政協調會報後則是交由中常會討論，中常會主要針對重大議題，議決重大爭議事項。中常會除了討論重大議題外，也進行協調的工作，即派系間的協調。對上述的層層機制，民進黨的資深立法委員有以下的簡短分析：

民進黨的各委會與各部會之間是透過各政策小組這樣一個平台來互相交換意見；[10] 整個立法院黨團和行政院是透過黨政協商；另外當然還有一個中央黨部中常會。（受訪者D）

比較黨政同步前後黨政協商的差異，曾任黨團幹部的委員幹部有以下的描述：

我們禮拜一晚上都有一個黨政協商，該禮拜裡面比較重要的一些政策會在裡面討論，這一些爭議性大的法案在裡面就會拿出來討論，到底跟對方在朝野政黨協商時該收、該放到什麼程度，這是黨政同步後才建立的機制，過去都是行政院和立法院各自開各自的委員會，或行政院自己部會去做討論。上到祕書長或副院長級，過去並沒有這樣，只有黨團會議時他們來列席，那都是形式上的。現在行政院和民進黨之間有黨政協商的機會，可以上到祕書長級，它就會針對重大的議題先拿出來討論，過兩天我們要協商什麼案子，行政院希望我們堅守什麼防線，立法院黨團就說明，在這個防線下我們應該怎麼樣跟對方做攻防。（受訪者E）

2004年12月14日，陳總統以當時立法委員選舉未能取得過半席次為由辭去黨主席，所謂「黨政同步」的情形有所改變。而在2006年6月陳總統之親信和家人涉及弊案爭議之際，如前所述陳總統宣示「權力下放」，也不再派人參加黨政協調會議。2007年10月15日陳總統重新兼任黨主席之位置，此舉對總統和行政院院長之雙首長關係的影響亦不大，主要是整合黨所帶來的意義和影響。總統身兼黨主席，行政院院長又是由與陳總統高度配合的張俊雄擔任，這標誌著實務上總統優勢的半總統制精神並不會因為

---

10 委員也指出，此一協調機制有時成效有限，係源於應出席委員同仁們不夠用功，形成官員認真出席，而委員部分卻只有「小貓兩三隻」的窘境。經濟部國會聯絡組也指出，委員們本身都非常忙碌，部長們也是，這種情況是可以理解的。

總統任期末了而有明顯改變。待2008年陳總統再度辭去黨主席時，已接近任期尾聲。

陸、代結論：「總統化政黨」的跡象

在當代西方文獻中，對於存在著實權總統的憲政體制，探討其中總統與執政黨的關係之研究，多散見在各種關於憲政體制和政府運作的研究中，未為一獨立而鮮明的研究課題。在具有實權總統的政府體制之下，關於總統與所屬政黨的關係，無論是在憲政現實層面或是理論層面，均屬重要的課題。現有文獻比較多探討政黨對黨政關係和憲政體制運作的影響，較少將焦點放在憲政體制對黨政關係的影響，本文以我國半總統制下民進黨執政時期總統是否兼任黨主席的經驗為核心析論此一課題。

在我國憲法的設計下，行政院是最高行政機關，但我國政黨輪替後之黨政關係，乃建立在一種「憲政現實上」屬於總統優勢的半總統制以及「分立與少數的政府」架構之上。在屬於總統優勢的半總統制類型下，總統在任期之初都以全民總統自居或維黨政分際為由，未兼任黨主席，於是形成總統必須同時在政黨與政府建立雙重代理人的現象，更需要費力建立體制外各種決策諮詢機制和黨政聯繫平台，再加上總統若無法有效掌控政黨，會發生總統意志與黨意可能的落差等等現象。這些併發現象，無法從半總統制的特性單獨解釋，但可以從中獲得部分解答。因此，半總統制下總統是否兼任黨主席，成為觀察黨政關係之重要課題。但總統兼任黨主席與否，儘管並不影響總統作為實際的政黨領袖，但黨政關係仍有所不同，由總統兼黨主席，總統是黨在名義上和實質上的領袖，可以名正而言順的領導黨，並較有效掌控黨和立法院黨團。民進黨政府之黨政關係模式並不穩定，黨內菁英對此意見亦常分歧，顯示不斷嘗試和因應各時期的不同需求。

不論陳總統兼任黨主席與否，民進黨都需要費力建立體制外各種決策諮詢機制和黨政聯繫平台。黨政關係中的政策協調機制，在八年執政時期存在多層次的機制之運作嘗試，根本問題在於憲法設計中缺乏總統與行政部門的直接聯繫機制，以至於必須尋求憲政制度外的協調機制。因此，黨政關係在結構上和權力關係的方向上，相當程度呼應了我國半總統制類型特徵，即以實權總統為核心，但又並存行政院、立法院黨團及黨中央之多重政治行動者。但民進黨在「黨政同步」時期，黨政關係較為順暢，同時黨的地位和功能提升，中常會的角色也較重要。即使如此，中常會和行政院會議均非最後的政策決定場合，陳總統作為主要的決策者在本質上並未改變，表面上的機制可能在政策協調成本和執政團隊的溝通上有所差異，對於總統主要是以政治實力進行優勢領導之本質是不變的。相對的，一旦總統的政治實力削弱時，黨政關係亦隨之變動，這在2006年紅衫軍事件後，也就是在陳總統第二任任期後半段有此跡象。

本文歸納，實權總統在任期內會逐漸朝向兼任黨魁或者有掌控政黨的方向使力，這樣的黨政關係態樣會不會再牽引對總統所屬政黨的影響，而帶來不同程度「總統化政黨」現象，是政黨研究領域中頗值關注的重要課題。根據Clift（2005）的觀察，許多研究者都認為，法國第五共和有「總統黨」（presidential parties）的出現和相關特質，乃源於半總統制結構影響。在政策形成和決定、以及人事選擇和選戰方面，政黨是從屬於總統的。政黨被視為總統的工具，其主要功能在於作為邁向總統職位的平台，成為總統的組織化資源。總統黨形式上的領導人係由總統本人所挑選，表面上則透過正式的程序所產生。形式上的政黨領導人的權威和正當性，相當程度取決於總統個人。[11]

Samuels（2002）以及Shugart and Samuels（2009）也提出「總統化政黨」現象。他們認為在總統制下（包括法國半總統制），提名具有勝算的候選人參與總統選舉，是政黨生死存亡的重頭戲，所以會集中資源在政府的選舉。因為一旦當選，總統自然成為政黨的實質領導人，即使在形式上

11　對於最近法國修憲後是否有朝向總統化發展的現象，請參閱郝培芝（2010）的討論。

並不是。總統闡述政黨立場，做出政策計畫，所以總統才是維續政黨形象的主力。實權總統制度使得主要政黨必須提出總統候選人，其導致的效應包括：政治的個人化（political personalization）、意識形態因素的降低以及選戰中政黨組織邊緣化的現象。他們的觀點深具啟發性，但在憲政體制對政黨的影響之間，較少深論總統是否為黨魁這個變數。

對於本文民進黨案例，我們可以從人事、政策、組織以及選舉等面向略探「總統化政黨」現象。在人事方面，由於陳總統採取不斷更換行政院院長的作法，來因應國會中少數困境所帶來的行政立法衝突與施政難題，導致行政院內閣人事頻繁更動，很明顯的進而連帶牽動民進黨黨主席人選的布局。整體而言，黨主席自主性通常不高，這是因為能夠當選主席主要依賴總統的支持。不過，游錫堃在主席任內後期所展現的自主性不低，譬如，當時在未獲陳總統的支持下決意參選2008黨內總統候選人初選；其後，亦在未獲黨內主要派系以及總統參選人謝長廷支持下，毅然推動「正常國家決議文」。因此當時總統和黨主席都在爭奪獨派資源，而國務機要費案與紅衫軍事件後，黨成為陳總統賴以存續的重要憑藉，游錫堃亦想藉著基本教義路線爭取深綠選民支持。由此看來，游錫堃後期自主性非常高，應屬特例，有其特殊的處境和考量。總之，陳總統頻繁地、獨斷地更換行政院院長，總統個人的黨政權威是彰顯了，卻無助於培養最具聲望的黨內接班人，最後在黨內進行2008年總統候選人初選時，造成包括謝長廷、蘇貞昌、游錫堃以及呂秀蓮等四人爭霸的窘境。

在政策方面，雖然民進黨存在著山頭化的黨政菁英，但政策決策屬於總統主導，檢視幾項重大的政策，總統化政黨在這個層次上是有跡象的。在核四案中，早先行政院院長唐飛即與民進黨理念和立場不同，其後雖由行政院院長張俊雄宣布停建核四，實則此一政策是陳總統在2000年大選時的選舉承諾，總統亦支持行政院宣布停建。在有關農漁會信用部分級管理措施改革案上，當時甚至引發李登輝總統批判是假改革之名，行消滅農漁會信用部之實後（楊維民，2002），陳總統亦曾暗諷李登輝總統怕失去政權而不敢改革，那是「懦夫的表現」（吳家翔，2002）。最後陳水扁總統接見五位民進黨縣市長後，由行政院宣布暫緩農漁會信用部分級管理措施，實際上仍是總統主導。2005年縣市長選舉，合併縣市議員、鄉鎮市長的「三合一選舉」，謝長廷扮演主要推動者角色，但由於黨政溝通問題，遭致當時蘇貞昌黨主席領導的黨中央不諒解。不過陳總統在此案中並未反對，甚至曾有公開表示贊成之語。

在組織方面，總統是否兼任黨主席，雖並不影響他作為實際上民進黨的最高政黨領袖，但黨政關係之運作、影響和對政黨的直接掌控程度仍有所不同。當陳總統兼任黨主席時，總統本人即是中常會的主席，從組織和決策來看，雖然中常會不是最主要的決策機制，但功能提升，相對黨工地位也提升，政黨的「總統化」現象較總統未兼任黨主席時更為明顯。最後，在選舉方面，陳總統在民進黨的歷次選舉時的影響力和政府政策上之主導權一樣很大，扮演重要的助選者角色。不過，在陳總統第二任任期的後半段，其影響力大幅衰退，尤其在2006年台北市市長選舉時以及2008年總統大選時，民進黨參選人謝長廷均謝拒陳總統的輔選。因此，政黨的「總統化」現象也視總統個人的聲望之起伏而定。

2008年後國民黨再重新執政後，對於馬英九總統是否該兼任國民黨黨主席，以及國民黨與政府應該維持什麼樣的關係，同樣成為關注的課題。馬總統同樣一開始未擔任黨主席，意欲與國民黨保持某種距離，但在2009年10月間，亦如同陳水扁總統一樣，都走上兼任黨主席一途。但兩個政權所處的行政和立法之多數關係不同，前者是屬於「一致型政府」，後者是處於「分立與少數政府」。前者一致型政府下，雖然馬總統比較以逸待勞，他不需要擔憂國民黨無法掌控立法院多數，但同樣必須營造和各部門的互動模式。自馬英九總統就任之初，國民黨方面即一再強調黨、政、立法溝通協調之重要性，而建立了三方溝通平台，如前述修改黨章，使得若干行政官員成為當然中常委，可以參與黨務高層會議之協商聯繫（陳華昇，2008）。國民黨嘗試建構一套全新的黨政指揮系統，其中最高決策平台為「五人決策小組」。但這些都無法有效解決馬總統的困境，故而最後走向兼任黨主席的道路。因此，總統優勢的憲政體制結構作用，雖非解釋這一結果的唯一因素，但確屬無法忽視的重要制度因素之一。而這樣的現象也會反過來又強化總統在憲政上的主導角色，同時弱化行政院院長在施政上的領導角色。隨著國民黨執政觀察期的延長，未來應可進一步比較兩黨的經驗，使我們對台灣特有的憲政環境下的黨政關係獲得更豐富的訊息。

參考書目

中文部分

王時齊。2000。〈五人溝通小組，今首度開會〉。《聯合晚報》2000/11/24：A2。

王業立。2002。〈國會中的政黨角色與黨團運作〉。《月旦法學》86：82-96。

何明國、黃雅詩、林河名。2007。〈扁兼黨主席：坐轎最大，選戰聽謝的〉。《聯合報》2007/10/12：A4。

何明國、黃雅詩、林河名。2007。〈扁謝不同調，扁：經濟搞好 未必選得上〉，《聯合報》2007/11/8：A1。

吳玉山。2001。〈合作還是對立？半總統制府會分立下的憲政運作〉，明居正、高朗（主編），《憲政體制新走向》：160-178。台北：新台灣人文教基金會。

吳玉山。2002。〈半總統制下的內閣組成與政治穩定：比較俄羅斯、波蘭與中華民國〉，《俄羅斯學報》2：229-265。

吳典蓉 。2000a。〈民進黨人士新思考模式：全民政府，民進黨不是執政黨〉。《中國時報》2002/4/15：A3。

吳典蓉。2000b。〈林義雄：新政府屬民進黨執政團隊〉。《中國時報》2000/5/2：A2。

吳東野。1996。〈「半總統制」政府體系之理論與實踐〉，《問題與研究》35，8：72-85。
吳東野。2001。〈多數政府？少數政府：雙首長制憲政運作的省思〉，「政黨政治與選舉競爭學術研討會」論文。台北：財團法人國家政策研究基金會與中國政治學會，10月6日。
吳重禮。2000a。〈美國分立性政府研究文獻之評析：兼論台灣地區政治發展〉，《問題與研究》39，3：75-101。
吳重禮。2000b。〈美國分立性政府運作的爭議：以公共行政與政策為例〉，《歐美月刊》32，2：271-316。
吳家翔。2002。〈農漁會爭議／扁重話回擊，李登輝：不會生氣〉。ETtoday。http://www.ettoday.com/2002/09/25/319-1355705.htm。2008/08/20。
呂炳寬、徐正戎。2004。《半總統制的理論與實務》。台北：鼎茂出版社。
李明賢、范凌嘉、李祖舜。2008。〈不兼黨主席，閣揆執行我政見〉。《聯合報》2008/3/29：A4。
李祖舜。2000。〈政院五人小組，賴英照領軍〉。《中時晚報》2000/11/25：A2。
沈有忠。2005。〈制度制約下的行政與立法關係：以我國九七憲改後的憲政運作為例〉。《政治科學論叢》23：7-60。
沈建中。1996。《中國國民黨黨政關係之研究》。台北：商鼎。
周育仁。2001。〈憲政體制何去何從？建構總統制與內閣制換軌機制〉，明居正、高朗編《憲政體制新走向》：1-26。台北：新台灣人文教基金會。
周育仁。2002。〈少數政府對行政立法互動之影響〉。《政治學報》34：17-30。
周陽山。1996。〈總統制、議會制、半總統制與政治穩定〉。《問題與研究》35，8：50-61。
林水波、何鴻榮。2003。〈我國黨政關係健全化的發展〉。《立法院院聞》。31，1：37-67。

林岱緯。2004。《民主進步黨黨政關係之研究（2000~2003）》。淡江大學公共行政學系公共政策碩士班碩士論文。

林修全。2006。〈扁兩次罷免危機，因應模式對照表〉。《聯合晚報》http://mag.udn.com/mag/news/storypage.jsp?f_ART_ID=35534。2008/08/20。

林濁水。2009。《歷史劇場-痛苦執政八年》。台北：印刻出版。

林繼文。2000。〈半總統制下的三角政治均衡〉。林繼文編 《政治制度》：135-175。台北：中央研究院中山人文社會科學研究所。

馬起華。1985。〈黨政關係與決策歷程〉。《政治文化》7：112-156。

高永光、劉佩怡。〈陳水扁政府決策模式之探討〉。《國政研究報告》。http://old.npf.org.tw/PUBLICATION/IA/090/IA-R-090-008.htm。2009/07/23。

高朗。2001。〈評析我國少數政府與聯合政府出現的時機與條件〉。《理論與政策》。15，1：1-11。

郝培芝。2010。〈法國半總統制的演化：法國2008年修憲的憲政影響分析〉。《問題與研究》49，2：65-98。

盛杏湲。2003。〈一致政府與分立政府在時立法機關與行政機關的立法影響力〉。《台灣政治學刊》7，2：51-105。

陳水扁。2001。《世紀首航：政黨輪替五百天的沈思》。台北：圓神出版社。

陳宏銘。2007。〈台灣半總統制下「少數政府」的存續：2000~2004〉。《東吳政治學報》25，4：1-64。

陳宏銘。2009。〈半總統制下的黨政關係：以民進黨執政時期為焦點〉。《政治科學論叢》41：1-56。

陳宏銘、梁元棟。2007。〈半總統制的形成和演化-台灣、法國、波蘭與芬蘭的比較研究〉。《台灣民主季刊》4，4：27-70。

陳華昇。2008。〈2009年台灣政黨政治情勢評估與展望〉。《國政研究報告》。http://www.npf.org.tw/post/2/5246，2009/07/23。

曾濟群。1976。《立法院常設委員會之研究》。台北：正中書局。

曾濟群。1995。《中華民國憲政法制與黨政關係》。台北：五南。

黃秀端。2003。〈少數政府在國會的困境〉。《台灣政治學刊》7，2：1-46。

楊婉瑩、陳采葳。2006。〈國會改革風潮下黨團協商制度之轉變與評估〉。《東吳政治學報》19：111-115。

楊維民。2002。〈李登輝痛批金改走偏，消滅農漁會〉。自由電子新聞網。http://www.libertytimes.com.tw/2002/new/sep/13/today-p5.htm，2009/07/23。

楊毅周。2006。《民進黨組織派系研究》。台北：水牛出版社。

鄒篙麒。1993。《我國黨政關係之研究:以國民黨為例》。台北：國立政治大學政治研究所博士論文。P.S該文以英國、美國、日本、列寧式政黨為比較案例。

劉屏。2000。〈民進黨：全力支持唐飛組閣〉。《中國時報》2000/3/30：A2。

鄭明德。2004。《一脈總相承：派系政治在民進黨》。台北：時英出版。

鄭明德。2005。〈民進黨立法院黨團組織問題之研究〉，《政治科學論叢》25：135-166。

英文部分

Blondel, Jean. 1992. "Dual Leadership in The Contemporary World." InArend Lijphart ed. Parliamentary Versus *Presidential Government*: 167-72. Oxford: Oxford University Press.

Blondel, Jean, and Maurizio Cotta. 1996. *Party and Government: An Inquiry into Relationship between Governments and Supporting Parties in Liberal Democracies. London*: Macmillan Press Ltd.

Blondel, Jean, and Maurizio Cotta. 2000. *The Nature of Party Government: A Comparative European Perspective*. New York: Palgrave.

Budge, I., and Keman, H. 1990. *Parties and Democracy: Coalition Formation and Government Functioning in Twenty States*. Oxford: Oxford University Press.

Castles, F. G., and Wildenmann, R. 1986. *Visions and Realities of Party Government eds.* Berlin: Il Mulino.

Cotta, Maurizio. 2000. "Conclusion: From the Simple World of Party Government to a More Complex View of Party- Government Relationships" Eds. By Jean Blondel, and Maurizio Cotta. T*he Nature of Party Government: A Comparative European Perspective*: 196-222. New York: Palgrave.

Clift, Ben. 2005. "Dyarchic Presidentialization in a Presidentialized Polity: The French Fifth Republic" Eds. by Thomas Poguntke, and Paul Webb. *The Presidentialization of Politics: A Comparative Study of Modern Democracies*: 221-45. New York: Oxford University Press.

Duverger, Maurice. 1980. "A New Political System Model: Semi-Presidential Government." *European Journal of Political Research* 8, 2: 165-87.

Elgie, Robert. 1993. *The Role of the Prime Minister in France*, 1981-91. London: The Macmillan Press Ltd.

Elgie, Robert. 2001. "What is Divided Government?" Ed by Robert Elgie. *Divided Government in Comparative Perspective*: 1-21. New York: Oxford University Press.

Elgie, Robert. 2003. "Semi-Presidentialism: Concepts, Consequences and Contesting Explanations." Conference on "Semi-Presidentialism and Nascent Democracies". 24-25 October 2003. Taipei: Institute of Political Science Academia Sinica.

Elgie, Robert. 2005. "A Fresh Look at Semipresidentialism: Variations on A Theme." *Journal of Democracy* 16, 3: 98-112.

Elgie, Robert., and Sophia Moestrup .2007. *Semi-Presidentialism outside Europe.* New York: Routledge.

Exxun. 2009. "Political parties and leaders." in http://www.exxun.com/afd_hy/Afghanistan/gv_political_parties.html. Latest update 1 May 2009.

Katz, R. S. 1986. "Party Government: A Rationalistic Conception" Eds. by F.G. Castles and R. Wildenmann. *Visions and Realities of Party Government*: 31-71. Berlin: Il Mulino.

Katz, R. S. 1987. "Party Government and its Alternatives."In R.S. Katz ed. *Party Governments: European and American Experiences*: 1-26. Berlin: de Gruyter.

Laver, Michael ,and Kenneth A. Shepsle. 1991. "Divided Government: American is not 'exceptional'." *Governance* 4: 250-69.

Laver, Michael, and Kenneth A. Shepsle. 1996. *Making and Breaking Governments: Cabinets and Legislatures in Parliamentary Democracies*. New York: Cambridge University Press.

Lessmann, S. 1987. *Budgetary Policy and Elections: an Investigation of Public Expenditure in West Germany. Berlin: de Gruyter*.

Linz, Juan J. 1997. "Introduction: Some Thoughts on Presidentialism in Postcommunist Europe," In Ray Taras ed. *Postcommunist Presidents*: 1-13. Cambridge: Cambridge University Press.

Nationmaster. 2009. "Government Statistics: Political parties and leaders (most recent) by country" in http://www.nationmaster.com/graph/gov_pol_par_and_lea-government-political-parties-and-leaders. Latest update 1 May 2009.

Panebianco, Angelo. 1988. Political Parties: Organization and Power. Cambridge: Cambridge University Press.

Pugaeiauskas, Vykinstas. 1999. *Semi-Presidential Institutional Models and Democratic Stability: Comparative Analysis of Lithuania and Poland*. http://216.239.37.100/search?q=cache:voUUBagxdU0J:www.geocities.com/Vykintas/ltupol.pdf+semipresi. Latest update 2 July 2004.

Roper, Steven D. 2002. "Are All Semipresidential Regimes the Same? A Comparison of Premier-Presidential Regime." *Comparative Politics* 34, 3: 253-72.

Rose, R. 1969. "The Variability of Party Government: A Theoretical and Empirical Critique." *Political Studies xvii*: 413-45.

Samuels J. David, and Matthew S. Shugart. 2009. *Presidents, Parties, Prime Ministers: A Framework for Analysis*. Forthcoming: Cambridge University Press.

Samuels J. David. 2002. "Presidentialized Parties: The Separation of Powers and Party Organization and Behavior." *Comparative Political Studies* 35: 461-83.

Sartori, Giovanni. 1976. *Parties and Party System: A Framework of Analysis*. Cambridge: Cambridge University Press.

Sartori, Giovanni. 1997. *Comparative Constitutional Engineering: An Inquiry into Structures, Incentives and Outcomes*. 2nd ed. New York: New York University Press.

Shugart, Mathew S., and John M. Carey. 1992. *Presidents and Assemblies: Constitutional Design and Electoral Dynamics*. Cambridge: Cambridge University Press.

Skach, Cindy. 2005. *Borrowing Constitutional Designs: Constitutional Law in Weimar Germany and the Fifth French Republic*. Princeton, NJ: Princeton University Press.

Skach, Cindy. 2007. "The Newest separation of powers: Semipresidentialism." *International Journal of Constitutional Law* 5, 1: 93-121.

Strom, Kaare. 1990. *Minority Government and Majority Rule*. Cambridge: Cambridge University Press.

Thiebault, Jean-Louis. 1993. "Party Leadership Selection in France: Creating a 'President's Party'." *European Journal of Political Research* 24, 3: 277-94.

Tsai, Jung-hsiang. 2008. "Sub-types of Semi-presidentialism and Political Deadlock." *French Politics* 6, 1: 63-84.

Wikipedia. 2009. http://en.wikipedia.org/wiki/Main_Page. Latest update 1 May 2009.

附錄一

研究訪談對象清單

受訪者代號	受訪者身分簡介
受訪者A	時任民進黨籍立法委員，屬於新潮流系的重要成員，曾任民進黨政策會執行長，現從事寫作
受訪者B	時任民進黨籍立法委員，被歸類為「謝系」人士，學界出身
受訪者C	時任民進黨副祕書長，曾任行政院祕書長、立法委員
受訪者D	時任民進黨籍立法委員，曾任黨團書記長、幹事長
受訪者E	時任民進黨籍立法委員，曾任總統府副祕書長

第四章
黨政關係演變之動態分析：以國民黨立委政職與黨職的時序流動爲測量對象*

徐永明

壹、問題意識與研究目的

政黨（political parties）不論是在民主或是威權政體當中，均是一種特別的政治組織，且是有別於壓力團體等的一種政治社團。此外，在民主的政體當中，政黨的主要活動，包括了選擇候選人（selecting candidates）、競選（election campaigning），以及組織政府（organizing government）等（Isaak, 1987; Ranney, 2001: 206-213）。雖然，政黨僅是各種民間團體的一個類型，不過政黨卻也是唯一能夠讓集體責任存在的代理人（Fiorina, 1980: 26）。

然而，也正因為政黨具有這樣的重要性，而且從候選人的選擇、競選，以及後續的政府組成，皆是政黨的主要活動，所以政黨和政府之間，不可避免有著特定型態的互動關係。而這種存在於政黨與政府之間的互動關係，就如同劉維開（2005：86）所指出的：所謂的「黨政關係」就是指在政黨政治之下，政黨、政府部門之間的互動關係，而且此種互動關係又是建立在政治體制之上。

---

* 本文特別感謝國科會計畫的補助（時序及追蹤資料動態模型在台灣政治研究的應用計畫編號NSC 94-2414-H-001-012），以及評審所提出的相關建議。

同樣的，在各種黨政關係模式當中，「以黨領政」此一型態，是一個早在由國民黨所主導的訓政時期就已經存在，而且被國民黨加以運用的黨政關係型態（劉維開，2005）。而所謂的「以黨領政」簡單的說就是政策制訂權保留在黨的手中（吳文程，1996：15-17），或者也可以說是黨的決定即是國家的決策（王振寰，1999：160），呈現出政黨優於政府的一種關係型態。然而，這種傳統「以黨領政」的黨政關係型態，之所以被國民黨加以採用，不外是因為國民黨早在1920年代，就已經發展成為一個列寧式政黨（Leninist-style party）（Chou and Nathan, 1987: 277）。

然而，到了1980年代中期，即使台灣的國民黨政權，降低政治控制的程度與範圍（Cheng, 1989: 472），可以說是由剛性威權主義，轉變成為柔性威權主義（Winckler, 1984）。不過，事實上呈現在黨對於立法院的控制，即使到了1990年代，依然相當之強勢。

盛杏湲（2008：9）就指出：在1980年代中期以前，國民黨相當地能夠掌握立法，多數立法委員（絕大多數均是國民黨黨籍立法委員）在整個立法的過程當中，僅能夠扮演消極的角色，也因為如此立法院被譏稱為是「行政院的立法局」。不過，在1980年代中期以後，立法委員的角色，隨著選舉競爭的壓力，開始變得積極。而這樣的情況到了1990年代前後，立法委員更是呈現出提案與發言大幅度增加，且偶有背離政黨立場的演出。

很明顯的，以上的說明我們可以發現，對國民黨而言，以黨領政的黨政關係型態，除了是個長期存在的傳統之外，更在其統治台灣的過程當中，有著相當之重要的功能與作用。不過，此一黨政關係型態，隨著台灣在1980年代開始政治自由化、1990年代進一步的政治民主化之後，也多少呈現出控制力道的減弱，甚至是逐漸呈現出轉變的可能性。

然而，可惜的是，探討黨政關係在民主化過程中的變化有許多的面向，以立法院的範疇來說，常會集中在制度面上的討論，例如黨團的組成、黨團與黨中央的關係，以及在法案推動、政策產出的決策過程等。至於重要人員、領導職位的流動，雖然一直是觀察的重點，但多集中於立法委員身分，如何在中常會當中擴張的分析（楊勝春，1993）。

但除了比較著重於歷史的、制度性，或者是針對立法過程與個案等的分析之外（雷飛龍，1991；朱志宏，1995；林水波、何鴻榮，2002；鄭明德，2004、2005；趙弘章，2005；蕭怡靖，2005、2007；楊超，2007；陳宏銘，2009a、2009b），尚未有關於黨政關係的相關研究，在菁英流動行為層次上，提出黨政關係的測量方法。而這也是本文初步嘗試的方向，也就是針對黨政兩個範疇領導權的起源，以及兩個政治領導之間相互的交流與影響，來界定黨政間關係的測量。期望能透過追蹤資料分析（panel data analysis），試圖釐清兩個政治領導權間人員的相互交流，作為黨政關係的一種測量方式。

誠如本文標題所呈現的，這裡所採取的是黨政關係，諸多測量方法當中的一種。本文是以立法委員在黨、政兩個範疇中的流動與交互作用的行為，作為資料分析的對象。在時序作用的概念下，來驗證傳統「以黨領政」於民主化與權力輪替的環境下是否衰微，而新興的「以政入黨」、「黨政分離」等概念是否出現，或者僅只來自於媒體的臆測，故本章將以菁英的流動行為測量進行驗證。[1]

本章第二節是從歷史制度變化，來進行研究背景的說明。第三節則是根據這些歷史制度的變化，發展出黨政領導模型與黨政關係的測量模型，並說明研究資料的時點與相關控制變數的使用，當然還有各類變項的界定。第四節則是進行資料建構與時點的說明，第五節是將三個模型加以分析與解釋，並進行變項間落後項影響力的檢定。最後，我們是在結論的部分，總結本文的相關研究發現與限制。

1　「以黨領政」的黨政關係型態，是黨優於政，例如占有了黨職，就容易取得政的領導職位。而「以政入黨」的型態，則是政優於黨，即是占有政的領導職務之後，就容易取得黨的職位。至於「黨政分離」則是黨和政之間，呈現出平行關係的型態，也就是不會有因為占有黨職，或者占有政的領導職位，而就擁有進入政，或者是進入黨領導職的優勢地位。

貳、歷史制度上的背景討論

在這一節分別以表4-1呈現歷年來國會黨團法制化的情況，表4-2進一步分析1999年到2009年間，國民黨十五屆三中全會至十七屆四中全會期間，具有現任立委背景者，占國民黨中央常務委員的比例。此外，也在這一節討論，國民黨黨團歷年來的發展沿革。由此即可在法治發展面向，理解到黨團的地位建立，另外又可以分析國民黨黨團的發展沿革，以及立法委員從1999年到2009年間，進入中常委此一黨的權力核心的情況。以下，首先以表4-1呈現國會黨團法制化的情況，並且進行簡要的說明與討論。

表4-1　國會黨團法制化情況

時間	法條	具體內容	備註
1992	立法院組織法第27條之1	立法院對立法委員席次五席以上之政黨，應公平分別設置立法院黨團辦公室；其設置辦法，由立法院定之。	「黨團」首度在立院組織法條文中出現。
1999	立法院組織法第33條修正	立法委員依其所屬政黨參加黨團，每一黨團至少須有五人以上，政黨席次不足五人或無黨籍之委員得合組五人以上之聯盟；黨團辦公室由立法院提供之。	強化黨團合法地位，確立黨團的功能。
	制訂立法院職權行使法	確立黨團協商的相關程序以及賦予黨團功能。	
2001	立法院組織法第33條修正	將黨團或政團組成人數調整為立法委員總額百分之五，並於第五屆立委施行。	提高黨團成立門檻，防止黨團過多。
2005	立法院組織法第33條修正	將黨團或政團組成人數調整為六席，並於第六屆立委施行。	此為無黨籍聯盟之提案。

表4-1　國會黨團法制化情況（續）

時間	法條	具體內容	備註
2007	立法院組織法第33條修正	將黨團組成人數調整為三席，政團組成人數為四席，並於第七屆立委施行。	因應第七屆立委席次減半，故將成立門檻降低。
2011	立法院組織法第33條修正	維持黨團組成人數為三席，政團組成人數為四席。	使得黨團公費助理助理年資，得辦理勞動基準法工作年資結清事宜。

資料來源：作者自行整理[2]

如表4-1所呈現的資料，「黨團」具有法律地位，是在1992年立法院組織法第27條首度出現。雖然，在1992年的立院組織法，僅是進行簡要的規範，並且規定具有五席以上政黨，始可分配黨團辦公室。然而，黨團雖然在法律上已經具有地位，但實際而言並沒有進一步實質規範黨團的功能。

在1992年黨團具有正式的法律地位之後，直到1999年立法院職權行使法制訂，黨團的功能才獲得進一步的確立。一方面在法治層面上，除了有表面上的法律地位之外，更因為職權行使法賦予黨團協商功能之後，黨團在立法院議事運作中更具有實質意義。也因為這樣子，黨團被認為是實現政策的一環（林嘉誠，1992：200-203），黨團具有溝通、利益分配、橋樑角色（古登美，2002：157-162）以及凝聚整合政黨意志（陳淞山，1995：126）。

也因為黨團的功能被強化，所以在2001年、2005年、2007年，黨團設立的門檻，成為不分朝野的一個重要競爭。而這種黨團成立門檻的競爭、調整，隨著2007年的立委席次減半，又更進一步進行黨團、政團組成門檻的調整。在2007年立法院組織法第33條，又再一次進行關於黨團、政團組

2　表4-1資料整理自游雨玲（2000：165-170），立法院國會圖書館http://npl.ly.gov.tw/do/www/homePage，後續在內文中進行討論與說明，就不在特別註明出處。

成門檻的修改。在該次的法條修改當中，黨團組成門檻降低為三席，而政團組成門檻降低為四席。就組成門檻的絕對人數而言，確實是降低了，不過若是就相對門檻而言，在總立委席次大幅降低的情況下，這樣的情況僅可以說是，只有絕對門檻的降低罷了，但相對門檻幾乎是沒有太大的改變。

除了上述在法律條文層面上，界定黨團的重要性，以及在法律上具有正式的地位與功能之外。因為本章的分析對象，是以國民黨立法委員，在立法院的政治流動為主。所以，接下來就以附表4-1呈現，國民黨立院黨團歷年來的發展沿革，並且在此討論國民黨歷年來的黨團發展情況。[3]

國民黨黨團發展的沿革，大致上可以分為三個時期，在1992年台灣進行全面國會改選之前，可以說是「以黨領政」時期的黨團型態。基本上，在1951年至1992年間，並沒有所謂的立院黨團，相應的是國民黨的立法院黨部。在立法院黨部設有書記長、副書記長，以及常務委員，這樣的型態跟其他國民黨設置於工會、國營事業、軍中等，讓黨用來操控、指揮特定組織的機構是相似的。換句話說，國民黨將立法院視為是黨所控制的政治社會諸多部門之一，而非政治權力的主要來源，或是政權合法性的基礎。

為了能夠順利的達成以黨領政，國民黨更於1952年第七次全代會決議設立「中央黨政關係會議」。雖然，該會議的人員由當時國民黨主席蔣中正指定，不過該會議，實質上僅具有溝通協商功能。而到了1955年，國民黨進一步通過「中央黨政關係改進辦法」，該辦法的通過將單純的協調會議改為政策委員會。隨後，在1959年國民黨更通過「中央政策委員會組織辦法」，該辦法最重要的內涵在於確立了中央政策委員會主要的功能，為謀求黨政關係之協調配合，並且突顯出該委員會的位階高於立法院黨部。

很明顯的，可以由1951年起國民黨設置立法院黨部，隨後設立相關的協調機構，並且提升為委員會的制度設計，可以發現這個時期的立法院黨部就是一個被黨所支配的工具。整個制度的設計，不僅矮化立法院黨部的

---

3 關於國民黨立法院黨團的發展沿革，請參考附錄的附表4-1。

位階，也使得這個時期成為了一個完全處於以黨領政狀態下的黨政關係。而這種關係相當不對等，其實是一種由上而下的領導關係。這種關係不論在名義上或是實質上，均為極度由上而下的黨政關係，到了1992年隨的台灣政治民主化、國會全面改選，開始出現了些微的變化。於1992年，國民黨中常會制訂「中央政策會提升決策層級暨明確劃分工作案」，該方案的制訂將立院黨部改為立院黨團、雖然只是名稱上的不同，不過就立院黨團的存在而言，可說具備象徵性的意義。

雖然，在名義上立院黨團有了正式的名稱，不過實質上這個時期的黨政關係，依然只有在名義上有所突破。實質上仍處在一種由上而下，以黨領政的關係型態。在1993年，國民黨更於立院黨團之上，分別設立了政策研究、立院黨政協調、政黨關係等三個工作會，且這三個工作會的地位高於立法院黨團。

透過整個制度的設計、功能的設定，國民黨的立法院黨團可說是一個形式上的組織。雖然具有職權、功能的劃分，但依然是黨中央特別設立，代表黨的功能性組織。值得一提的是，即使已經是進入民主化階段，國民黨立法院黨團在這個時期，書記長、副書記長等重要黨團幹部，幾乎是黨中央派任一般。

不過情況到了2000年，隨著國民黨在總統大選失去中央政權，黨團的地位與職能，以及黨政關係開始出現不同的變化。首先，在2000年國民黨制定「中央組織架構調整計畫」，將高於黨團的三個工作會裁撤。並且在2001年，在政策委員會下設立政策研究部、政策協調部、大陸事務部，而政策協調部即是立院黨團，此時黨團被正式賦予政策協調的功能。

此外，除了黨團的層級提高，功能確立之外，更為重要的是2001年，國民黨立院黨團通過「國民黨立院黨團組織運作規則」。此一規則的通過，一方面確立了黨團的運作規範之外，更為重要的是：進一步在黨團運作規則當中，明文黨團幹部選舉規則。這個突破，除了確立了黨團內部的民主之外；另一方面，也可以說是黨團自主性的來源。同時就制度層面而言，也可視為是在制度權力關係上，從絕對以黨領政，轉變為強調黨團自主的一個突破性的發展。

由以上的關於國民黨黨團發展沿革的討論，很明顯的我們可以發現，在制度層面上，國民黨的黨團地位，隨著政治的自由化、民主化，出現相當大的改變。對於如此大的制度轉變，其實可以透過觀察國民黨中央權力結構的變化來理解，以解釋為何立院黨團，能夠取得相對的自主地位。以下，以表4-2呈現國民黨1999年到2009年之間，具有立委背景的中常委比例變化。如表4-2所示，在2000年政黨輪替之前，國民黨第十五屆三中全會時，中常委當中具有現任立委背景者，僅有12%。

很明顯的，在國民黨的權力核心當中，立委可以說是微不足道的。然而，到了十五屆四中全會時，情況有所改變，具有現任立委身分的中常委比例大幅度成長到39%。相較於1999年十五屆三中全會時的情況，中常委當中具有立委身分者大幅增加三倍之多。由此可以明顯的發現到，隨著2000年政權的輪替，國民黨失去了中央執政權之後，立委在中常委當中的勢力，開始出現了第一波的擴張。

到了2001年第十六屆一中全會，有了更為突破性的變化，在這一次的全會當中，立委占中常委的比例突破50%，立委一舉成為國民黨中常會最龐大的勢力。此外，在這個時候，立院黨團不但在組織層級上有所提高，同時也取得了選舉黨團幹部的人事自主，從絕對的以黨領政關係中，轉變為擁有相對自主的黨政關係型態。所以，在2000年政權輪替之後，立法的勢力趁勢而起，不但深入黨的核心，更具體的爭取黨團的地位，以及造成以往不對等的黨政關係有所改變。

國民黨中央的立委勢力，在2000年、2001年有突破性的發展之後，在2002年十六屆二中全至2004年的十六屆四中全會，稍微略有降溫。在這三次全會當中，具有立委身分的中常委比例，維持在48%到42%之間。雖然，並沒有如同2001年一舉突破50%，不過這樣的發展趨勢一方面反映出，國民黨中央立委已經有一定的勢力。另一方面也可以說是隨著2000年敗選的衝擊減緩之後，立委在黨中央的勢力擴張略為趨緩。

表4-2　國民黨中常委立委比例（1999～2009）

立委屆次	改選時間	全會	中常委人數	立委比例
4	1999 / 8	十五屆三中全	33	0.12
4	2000 / 6	十五屆四中全	31	0.39
4	2001 / 7	十六屆一中全	31	0.52
5	2002 / 8	十六屆二中全	31	0.45
5	2003 / 9	十六屆三中全	31	0.48
5	2004 / 9	十六屆四中全	31	0.42
6	2005 / 6	十七屆一中全	31	0.58
6	2006 / 8	十七屆二中全	31	0.68
6	2007 / 8	十七屆三中全	32	0.69
7	2008 / 7	十七屆四中全	37	0.51

資料來源：由作者自行整理自 聯合知識庫、中央社新聞資料庫、自由電子報、國民黨中央黨部首頁[4]

但隨著2004年再一次未能取得總統大選的勝利，立委在國民黨內的勢力，又進一步的擴張。在2005年6月的十七屆一中全會，具有現任立委身分的中常委比例，再一次突破50%，一舉達到58%。這樣的情況相較於2004年的十六屆四中全會，具有現任立委身分的中常委比率大幅攀升16%。而這種大幅擴張的趨勢，在2006年十七屆二中全、2007年十七屆三中全，呈現出更為驚人的勢力擴張，在這兩年的全會當中，具有現任立委身分的比率分別高達68%、69%，這可說是國民黨中常會歷年來罕見的情況。

不過情況到了2008年的十七屆四中全會，又開始出現新的變化。2008

4　表4-2所呈現的國民黨中常委，其具有立委身分者所占的比率。整個資料包括的時間點為1999年8月到2009年10月，立委屆次為第四、五、六、七等屆立委。包括的中常委的全會屆次，為十五屆三中全會到十七屆四中全會。而這些中常委的改選時間點包括了，1999年8月到2008年7月。此外，必須強調的是2008年7月，改選的國民黨第十七屆四中全會的中常委，其任期是到2009年10月。所以，表4-2所呈現的國民黨中常委立委比率的時間點，確實是1999年到2009年。至於2009年10月產生的國民黨十八屆一中全會中常委，立委所占比率為何，將在後續的研究當中呈現，在本文就不加以著墨。

年的十七屆四中全會，相較於以往有所不同的是，國民黨贏得2008年的總統大選。在總統大選勝利之後，國民黨增加了五個指定中常委的名額，使得中常委的總額擴張為37席。這一個指定中常委制度的恢復，使得立委在中常會的比率一舉降低至51%。此外，2009年4月，國民黨內馬英九有意兼任黨主席之聲再起，並且傳出有意擴大指定中常委到中常委總額二分之一。[5]

明顯的，隨著國民黨再一次執政，黨中央的權力分配情況已經開始有所變化，立法委員在黨中央的勢力擴張與否，勢必牽動國民黨如何調整黨政關係。而這些變化是否會使得已經相對擁有自主性的國民黨立法委員，可以持續由以往的「以黨領政」，發展成為「以政入黨」，或者是「黨政分離」的關係型態，則是本文以下研究設計與模型建立想要測量的對象。[6]

參、研究設計與模型建立：行為層次的測量

為了回答上述黨政關係變化的問題意識，本章嘗試發展一個黨政關係測量的策略，從政治人物在黨（中常會、中央委員會）與政（立法院黨團、委員會召委職）兩個範疇的職位取得，以及更重要的兩種職位間的相互影響關係。因此本章首先建立兩個領導模型（leadership models）來分別

5 關於馬英九兼任黨主席，且有意擴大指定中常委的相關報導，僅止於傳聞，事實上並沒有被加以落實。請見自由電子報 王寓中等（2009）國民黨高層：馬兼黨魁 指定中常委應居半，http://www.libertytimes.com.tw/2009/new/apr/16/today-p3.htm。

6 本文所要討論的「以黨領政」、「以政入黨」，以及「黨政分離」等概念，若是以立法委員作為實際的例子。所謂的「以黨領政」的情況，即是在擔任了黨職之後，就容易取得立法院召委的職位。至於「以政入黨」方面，則是在「擔任立委」之後，就容易占有中央委員、中常委等政黨職務。最後，在「黨政分離」方面，則是擔任立法院的召委，與其他黨職（含中央委員及中常委）之間，並沒有明顯關係存在，反之擔任黨職，也不會影響到如立法院召委職務的取得與否。

測量立法領導（legislative leadership）與政黨領導（party leadership）的來源。然後再測量兩個領導權間的相互作用，其間的因果結構為何，據此可以從行為的層次來測量黨政關係的互動。

當然，就如本文標題所點明的，這只是黨政關係測量諸多方法的一種，傳統的如本章背景說明一節所呈現的，從歷史制度面出發，探討民主化國家相應的黨政關係變化（鄭明德，2004、2005；趙弘章，2005；蕭怡靖，2005、2007；楊超，2007）；也可以從政策產出的角度，探討誰是政策議程、政策內容的主導者，甚至分析法案投票的行為（黃秀端，2004、2007；楊婉瑩，2002）。而本文則是從菁英流動行為的角度，來測量黨、政兩種領導間的互動，所分析的焦點不同。

也就是，本文的一種測量方式，也僅是針對黨政關係流動的部分，至於制度安排與政策產出方面，則有待更多的研究進行。不過，本文認為，關於黨政關係權力的面向，或許透過黨政兩種領導間的流動測量，可以提供新的研究面向與理解方式。

接著介紹兩種領導模型的設定，立法領導的形成，這裡界定為：哪些立委能成為召委（Tsai, 2000; Ripley, 1964；蕭怡靖，2005、2007），甚至黨團幹部，而其預測的變數可以區分為個人背景（年齡、性別、省籍）、政治資歷（屆別、屆數）、政治代表（選區、南北、得票率、不分區）與專業性（召委、委員會）。同樣的，政黨領導從立委的角度，這裡界定為：哪些立委能成為中央委員，甚至中常委，而其預測的變數基本上與立委領導一致，以便比較兩種領導形成的差異，或是一致性。

為了控制幾個重要的政治事件，可能產生的主要影響效果（treatment effect）。例如2000年的政黨輪替，從國民黨的角度而言，失去長期擁有的政權，會不會更動了黨政關係從屬地位。而2008年又重新拿回政權，可以預期黨政關係的進一步調整。因此本章分析的資料同時涵蓋2000年與2008年，權力輪替前後的立法院國民黨委員的資料，以便控制在野和執政的時期變化。

同時，2000年與2008年另一個重要的變化則是選制上的改變，從複數選區的SNTV選制，改為比例代表與單一選區的混合制，是否會影響黨政關係的變化，也是需要被加以討論。因為在不同選制之下，候選人面臨不同的競爭結構，而政黨的提名權所能造成的影響，以及立法委員個人的政治經營都會有所改變。如此制度性的變更，會不會長期影響黨政關係，尤其是黨政領導間的流動，則需要更多的資料累積。於是，本章的資料蒐集將會跨越2000年與2008年的時點，透過資料的結構來控制權力輪替與選制改變的影響。

肆、資料蒐集說明

為了分析國民黨立院黨團的黨政關係，以立委為單位，分別蒐集該立委的個人資料、立委資歷、立院領導職務，以及黨領導職務等。以下，分別依照資料蒐集時間範圍、自變數、依變數進行說明。

一、資料蒐集時間範圍

如同前一節研究設計所提及的，本文試圖在研究設計上，控制政黨輪替、選舉制度變革等，幾個重要的政治事件，可能產生的主要影響效果（treatment effect）。所以，本章所要採用的資料，有必要跨越2000年與2008年的時點，以利於透過資料的結構，來控制權力輪替與選制改變的影響。

因此，配合2000年與2008年等兩個時間點，本章分別選擇了國民黨第四屆立委第三、四會期、國民黨第十五屆三、四中全會、國民黨第六屆立委第六會期、國民黨第十七屆三中全會、國民黨第七屆立委第一會期，以及國民黨第十七屆四中全會等，幾個時間點。以下，分別進行進一步的說明。

（一）國民黨第四屆立委第三、四會期黨團幹部、委員會召委，第三會期的時間為2000年2月到2000年7月，第四會期時間為2000年9月到2001年1月。第三會期的黨團幹部為政策會執行長、黨政協調關係工作會主任、書記長、副書記長，第四會期的黨團幹部為政策會執行長、書記長、首席副書記長。[7] 至於委員會召委則是指各委員會的召委。[8]

（二）國民黨第四屆立委第三、四會期，於國民黨第十五屆三、四中全會具有黨領導職務者，黨領導職務為中央委員、中常委，國民黨第十五屆三中全會於1999年8月召開、四中全會於2000年6月召開。於該次會議中改選中常委，而中央委員為四年一任之職務，所以並沒有改選。

（三）國民黨第六屆立委第六會期黨團幹部、委員會召委，第六會期的時間為2007年9月到2007年12月，黨團幹部為政策會執行長、書記長、首席副書記長。至於委員會召委則是指各委員會的召委。

（四）國民黨第六屆立委六會期，於國民黨第十七屆三中全會具有黨領導職務者，黨領導職務為中央委員、中常委，國民黨第十七屆三中全會於2007年8月召開。於該次會議中改選中常委，而中央委員為四年一任之職務，所以並沒有改選。

（五）國民黨第七屆立委第一會期黨團幹部委員會召委，第一會期的時間為2008年2月到2008年7月，黨團幹部為政策會執行長、書記長、首席副書記長。至於委員會召委則是指各委員會的召委。

（六）國民黨第七屆立委，於國民黨第十七屆四中全會具有黨領導職務者，黨領導職務為中央委員、中常委，國民黨第十七屆四中全會於

7　黨團幹部當中的委員長，在此因為資料收集未能完整，所以先不列入。而之所以第四屆第三第四會期，黨團幹部有所更動，主要因為國民黨在2000年總統大選失利後，進行的調整。

8　關於立委的屆次會期的時間對照，請參考立法院國會圖書館網站的會期日期對照表http://npl.ly.gov.tw/do/www/appDate。本文所採用的會期與時間對照，均取自該網站，在此進行說明，後續將不再一次說明。

2008年7月召開。於該次會議中改選中常委，而中央委員為四年一任之職務，所以並沒有改選。

二、自變數

在上一節說明了資料蒐集的時間點之後，接著在這一節分別說明相關自變數蒐集與登錄。

（一）個人變數

1.性別：男，女。

2.省籍：本省，外省。

以性別作為自變數，主要分析性別是否會影響到個別立委，爭取成為立院的幹部，或者是黨的領導幹部。此外，在省籍方面的影響，主要分析的是在國民黨逐漸本土化之後，個別立委的省籍背景，是否會影響其爭取立院，或者是黨領導職務。

（二）立委經歷變數

1.選舉制度：分別登錄SNTV選區、單一選區、不分區。

2.選區：分別登錄所屬選區，然後進一步區分所屬選區所在的地理位置。

3.立委經歷：依照其擔任立委的屆次登錄，僅擔任一屆立委，登錄為1，依此類推。此一變數主要是反映了特定立委的資深度。

4.選區得票比率：直接登錄特定立委於區域立委選舉，該選區得票的比率。

5.不分區名次：依照排名的順序給予高低不同的分數。

至於在立委經歷變數方面，分別考慮到是否隨著選舉制度、選區地理位置、不分區排名、選區得票比率的不同，影響立委爭取立院或者黨領導職務。此外，更進一步考慮到是否因為個別立委的資深程度不一，而影響到立院或者是黨領導職位的取得。

三、依變數

（一）立院領導

1.黨團幹部：分別登錄政策會執行長、黨政協調關係工作會主任、書記長、副書記長（2000年政黨輪替前），政策會執行長、書記長、首席副書記長（2000年政黨輪替後）。

2.委員會召委：委員會召委，非委員會召委。

（二）黨領導

1.中常委：中常委，非中常委。

2.中央委員：中央委員，非中央委員。

四、資料製作與資料檔

如同以上所述的時間點，以及相關的自變數、依變數，會分別運用中選會選舉資料庫、立法院國會圖書館資料庫、國民黨中央黨部網頁、中研院台灣政經資料庫，以及yahoo、google等搜尋引擎，逐一透過個別立委的姓名蒐集相關資料。以下，分別簡要說明相關資料檔所包含的資料內容。

（一）2000a

該資料檔所包括的是第四屆立委的個人資訊、立委經歷資料，而所包括的立院領導資料有第四屆立委第三會期黨團幹部、委員會召委，第三會期的時間為2000年2月到2000年7月，第三會期的黨團幹部為政策會執行長、黨政協調關係工作會主任、書記長、副書記長。此外，黨領導職務部分，是登錄國民黨第十五屆三中全會，具有黨領導職務者，黨領導職務為中央委員、中常委。[9]

---

[9] 2000a、2000b資料檔中的第十五屆中央委員，因為沒有取得完整名單，而是採用逐一透過yahoo, google等搜尋引擎搜尋，所以必須在此強調資料勢必有所不足。

（二）2000b

該資料檔包括的是第四屆立委的個人、立委經歷資料，而所包括的立院領導資料有第四屆立委第四會期黨團幹部、委員會召委，第四會期的時間為2000年9月到2001年1月，第四會期的黨團幹部為書記長、首席副書記長。此外，黨領導職務部分，是登錄國民黨第十五屆四中全會，具有黨領導職務者，黨領導職務為中央委員、中常委。

（三）2008a

該資料檔包括的是第六屆立委的個人、立委經歷資料，而所包括的立院領導資料有第六屆立委第六會期黨團幹部、委員會召委，第六會期的時間為2007年9月到2007年12月，第六會期的黨團幹部為書記長、首席副書記長。此外，黨領導職務部分，是登錄國民黨第十七屆三中全會，具有黨領導職務者，黨領導職務為中央委員、中常委。[10]

（四）2008b

該資料檔包括的是第七屆立委的個人、立委經歷資料，而所包括的立院領導資料有第七屆立委第一期黨團幹部、委員會召委，第一會期的時間為2008年2月到7月，第一會期的黨團幹部為書記長、首席副書記長。此外，黨領導職務部分，是登錄國民黨第十七屆四中全會，具有黨領導職務者，黨領導職務為中央委員、中常委。

---

10 雖然，2008a所包括的資料檔，為第六屆國民黨籍立委第六會期（2007年9月到2007年12月）的資料。然而，之所以將資料檔命名為2008a，正如同本文於第120-122頁所提到的在研究設計上，為了控制政黨輪替、選舉制度變革，可能產生的主要影響效果（treatment effect）。因此本文採用的資料，有必要跨越2000年與2008年的時點，透過資料的結構，來控制權力輪替與選制改變的影響。

伍、資料分析與討論

根據上述資料蒐集與變數規劃的基礎，本節進入實質的模型分析階段，第一部分呈現變數行為，第二部分則進入模型分析與詮釋。

一、變數行為

實證模型所使用的變數如表4-3所示，蒐集2000年與2008年兩次政黨輪替前後三屆的立委資料，其中變數「中常委」、「召委」、「黨團幹部」、「中央委員」為本文欲分析的主要變項，亦即該立委是否有政職（黨團幹部、召委）與黨職（中央委員、中常委）身分。

其次，本文亦加入屬於該立委本身各項特質的控制變數，以控制環境與立委個人特質等內生變項的影響性。例如，性別、省籍、選制、地域、經歷、得票率、得票率的平方項與不分區名次等變項。[11] 由於各屆立委的人數並不相同，因此本文嘗試將資料整理成追蹤資料的結構，並將該位立委尚未進入立院，或是離開立院的資料設定為0，觀察值共為828筆。[12]

由於中常委、召委、黨團幹部與中央委員等四個身分變項是本章主要探討的變數。首先，本文嘗試分析此四個變項間的相關性，表4-4為此四項身分變項的相關係數表，由表中可以發現中常委與中央委員兩項身分變項的相關性最高，相關係數達到0.6184，顯示身為中常委的立委，必須具

11　關於得票率平方項的使用，主要依循量化研究方法裡非線性的概念，探討得票率對於身分變項的影響性，是否會隨著得票率的提升，而有所增減。也就是說，此處得票率平方項的使用，可以分析區域票數與代表身分之間的影響性是否為一固定的關係—當得票率提升一單位，身為代表身分的機會也就提升或是降低固定單位。反之，若得票率平方項的估計結果為顯著的正向（負向），則表示得票率與身分變項之間的機率並非固定的，而是隨著得票率的提升，該機率會隨之提升（降低）。

12　本文關於兩個政治領導權來源的測量，並未加入委員個人在立院專業表現與代表行為等變項，並未加入解釋變項（盛杏湲，1997），此舉為資料所限，將為未來進一步研究的努力方向。

表4-3 變數說明表

變數名稱	觀察值	定義
屆次	828	2000a = 1，2000b = 2，2008a = 3，2008b = 4
姓名	828	姓名
性別	828	男性 = 0，女性 = 1
省籍	828	本省 = 0，外省 = 1
單一選區	828	單一選區 = 1，其他 = 0
北北基[13]	828	台北縣市與基隆市 = 1，其他 = 0
中彰投	828	台中、彰化、南投 = 1，其他 = 0
不分區名次	828	不分區名次，名次越數字越大前面
得票率	828	各選區得票比率
得票率平方項	828	各選區得票比率平方項
屆數	828	屆次數
中常委	828	是中常委 = 1，其他 = 0
召委	828	是召委 = 1，其他 = 0
黨團幹部	828	是黨團幹部 = 1，其他 = 0
中央委員	828	是中央委員 = 1，其他 = 0

有中央委員身分的制度安排性。反之，相關性最低的身分變項存在於召委與中常委之間，一方面，可以詮釋脫身為中常委的立委，並不一定具備召委的身分，代表「黨政分離」的傾向。但另一方面，也可以說是兩種職位的層級距離關係，反而是「以黨領政」的權力劃分的表現，同樣的相關行為，何者為真，有待進一步的迴歸與時序性分析。

13 本文相關資料在整理時，其選區劃分方式是使用「北北基」、「中彰投」、「雲嘉南」、「高高屏」、「花東外島」等登錄方式，然而在進行相關分析時（如表4-3），本文發現「雲嘉南」、「高高屏」、「花東外島」等選區的影響性並不明顯，僅北部選區（北北基）與中部選區（中彰投）對於整體模型較具明確影響力，故為了有效估計影響性，且避免不必要的變項加入，本文使用北部與中部變項來觀察北部與中部選區，相對於其他選區對於本研究模型的影響效果。

表4-4　四項身分變項的相關係數表

	中常委	召委	黨團幹部	中央委員
中常委	1	—	—	—
召委	0.097*	1	—	—
黨團幹部	0.119**	0.1076**	1	—
中央委員	0.6184**	0.2447**	0.2401**	1

二、模型分析與詮釋

本文分析跨2000年與跨2008年度的立委資料，探討各年度影響四項立委身分的主要因素為何。[14] 因此，首先提出下列兩項模型進行分析，分別為「政黨領導模型」與「立院領導模型」，接著是兩個領導間的交互作用，以黨政關係模型呈現之。[15]

（一）政黨領導與立院領導模型

首先，政黨領導模型欲探討立委的各項個人背景、政治資歷、選區條件等因素，對於身為政黨領導身分的影響程度。相應的實證模型如下列所示：

$$\text{政黨領導身分}_i = \beta_1 + \beta_2\text{個人背景}_i + \beta_3\text{政治資歷}_i + \beta_4\text{政治代表}_i + \varepsilon$$

分析的結果依據年度，呈現如下表4-5所示，其中於模型中加入2008b的時間變數，以區別各年度兩次屆別的差異性。分析結果顯示，針對2008年前後（2007、2008年）的立委而言，若立委具有政黨領導身分的影響變

14　在此必須說明的是，本文所謂的跨2000年的資料包括了2000年、2001年的立委資料，而跨2008年則包括了2007、2008年的資料。

15　跨2000年的資料因為過於相近，因此在分析單年度的資料時，我們以跨2008年的資料為主，然在進行panel data分析時，我們仍然納入跨2000年的資料進行分析。

表4-5 probit model（2008a/b年）

應變數	政黨領導模型				立院領導模型			
	中常委（2008）		中央委員（2008）		召委（2008）		黨團幹部（2008）	
	迴歸係數	z值	迴歸係數	z值	迴歸係數	z值	迴歸係數	z值
2008b	−0.04	−0.10	−0.59	−1.63	−0.58	−1.57	−0.44	−0.88
個人背景								
性別	−0.14	−0.38	0.16	0.48	−0.15	−0.46	−0.16	−0.39
外省	**1.10**	**3.32**	**0.80**	**2.52**	0.42	1.37	0.55	1.42
政治資歷								
屆次數	**0.24**	**2.91**	**0.15**	**1.83**	−0.07	−0.84	−0.10	−0.93
政治代表								
單一選區	0.26	0.38	−0.16	−0.37	−0.19	−0.42	0.51	0.57
北北基	0.33	1.08	**0.59**	**2.02**	**0.60**	**2.19**	0.26	0.70
中彰投	0.87	2.48	**0.70**	**2.14**	−0.11	−0.32	0.13	0.29
不分區名次	−0.01	−1.25	−0.01	−0.92	0.00	−0.32	0.02	1.28
選區得票比率	0.08	0.61	0.10	1.04	−0.11	−1.07	0.24	1.37
選區得票比率平方	0.00	−0.77	−0.01	−1.38	0.01	0.95	−0.01	−1.10
截距項	**−2.00**	**−3.02**	−0.02	−0.06	−0.10	−0.22	**−2.27**	**−2.58**
N	165		165		165		165	

註：使用的信心水準為90%，並將顯著的估計係數以粗體表示。

數，為性別、省籍、單一選區立委、不分區名次以及得票比率。其中，值得一提的是，外省籍的立委更是較為容易成為中央委員或是中常委。

另外，針對政治資歷而言，立委當選的屆次數，更是影響其成為中央委員的主要原因之一。此外，依據選區條件而言，身為單一選區的立委，若選區得票率較高，較容易成為黨的領導中心。而若是不分區立委，則其名次越前面越容易成為政黨領導身分。

因此在表中可以看出，影響立委具有中常委、中央委員身分的主要因素為省籍、屆次數，以及選舉地區。其中，省籍的影響性為顯著正向，指出若該立委為外省籍的立委，會較本省籍的立委更容易成為中常委、中央委員。而屆次數此一政治資歷變項，對於身為中常委、中央委員應變項的影響性亦為顯著正向。而這樣的情況，也說明當特定的立委，具備更多屆次的經驗後，更容易成為黨中央的中常委、中央委員。

選區條件中的地區性顯得較為重要，其中身為北北基的立委，較其他地區的立委更為容易成為中央委員身分。而身為中彰投的立委，也是較其他地區的立委，更為容易成為中央委員。此外，就政治資歷而言，立委當選的屆次數，更是影響其成為中央委員的主要原因之一。

其次，立院領導模型欲探討立委的各項個人背景、政治資歷、選區條件等因素，對於身為立院領導身分的影響程度。相應的實證模型如下列所示：

$$立院領導身分_i = \beta_1 + \beta_2個人背景_i + \beta_3政治資歷_i + \beta_4政治代表_i + \varepsilon$$

分析的結果同樣呈現在表4-5所示，其中亦於模型中加入2008b的時間變數，以區別該年度兩次屆別的差異性。若分析該立委較易成為召委的主要因素，發現主要的影響因素，為代表地域變項的北北基變數。顯示身為北北基縣市的立委，較容易成為召委。而代表地域性的北方因素，其影響性為顯著的正向，更說明了身為台北縣市的立委，較容易成為委員會的幹部。

依據上述分析，可初步發現四項身分變項間的相關性並不一致，因此進一步以panel data probit model分析影響四項身分變項的主要因素。本文嘗試探討主要影響立委四項身分變項的主要因素為何？本文所使用的模型為追蹤資料結構的probit model，追蹤資料結構的優點是可以同時使用所有年度的資料訊息。以此處的實證分析為例，可以同時使用跨2000年與跨2008年，分屬於三個屆次的立法委員的訊息，此時所獲得的估計結果，會較單純個別年度的分析更加完善。該實證模型應如下二式所示，由於追蹤資料的特性，模型中將加入代表時間點的下標t，分析結果如表4-6所示。[16]

表4-6 panel data probit model (2000a/b,2008a/b)

應變數	政黨領導模型				立院領導模型			
	中常委		中央委員		召委		黨團幹部	
	迴歸係數	z值	迴歸係數	z值	迴歸係數	z值	迴歸係數	z值
2000b	−0.01	−0.02	0.04	0.16	0.00	0.00	0.00	0.00
2008a	**0.81**	**1.81**	**0.76**	**2.91**	**2.13**	**1.89**	**1.66**	**5.25**
2008b	−1.03	−1.34	**−1.13**	**−2.55**	0.72	0.63	−0.46	−1.06
個人背景								
性別	0.42	0.84	0.04	0.11	−0.74	−1.06	0.68	1.56
外省	**2.26**	**3.51**	0.17	0.44	0.97	1.41	**1.66**	**2.76**
政治資歷								
屆次數	**0.79**	**5.39**	**0.30**	**3.38**	0.07	0.43	**0.79**	**5.53**
政治代表								
單一選區	**−1.48**	**−2.29**	−0.27	−0.80	0.80	0.78	**−0.81**	**−2.11**
北北基	**1.19**	**1.84**	**1.09**	**2.87**	−0.06	−0.10	0.13	0.25
中彰投	1.89	1.76	0.10	0.24	−0.19	−0.26	0.41	0.73
不分區名次	0.02	1.73	0.03	3.39	0.04	2.24	0.04	3.54
選區得票比率	**0.19**	**2.07**	**0.09**	**3.47**	**0.33**	**2.20**	**0.12**	**2.82**
選區得票比率平方	−0.01	−1.18	**0.00**	**−1.95**	**−0.01**	**−1.72**	**0.00**	**−1.82**
截距項	**−6.25**	**−2.12**	**−3.25**	**−5.86**	**−6.57**	**−2.61**	**−4.24**	**−6.34**
N	828		828		828		828	

註：使用的信心水準為90%，並將顯著的估計係數以粗體表示。

16 本文嘗試運用panel data的分析方式，探討立委政治活動中的黨政關係，故於分析前須先將所蒐集的資料整理為符合panel data分析的資料結構。作者所使用的方法為將所有候選人依據屆次排列，若該候選人某屆次並未參與選舉時，同樣加入一筆該候選人的資料，然其並未具有實際觀察值，以符合追蹤資料的分析資料結構（balance panel data）。

$$政黨領導身分_{i,t}=\beta_1+\beta_2個人背景_{i,t}+\beta_3政治資歷_{i,t}+\beta_4政治代表_{i,t}+\varepsilon_{i,t}$$
$$立院領導身分_{i,t}=\beta_1+\beta_2個人背景_{i,t}+\beta_3政治資歷_{i,t}+\beta_4政治代表_{i,t}+\varepsilon_{i,t}$$

分析結果發現2008a的立委身分，較2000a年有較大機率成為黨團幹部。原因當然是隨著國民黨在2000年之後的分裂，立委席次數目減少，其估計係數為顯著正向，可以說是資料另一種檢核。此外，針對選制的變項而言，具有單一選區背景的立委，其迴歸係數亦為顯著負向。這說明身為不分區與SNTV選制下的立委，較單一選區的立委更為容易成為黨團幹部與中常委。

此外，針對應變項為中央委員與中常委的實證模型而言，本文發現身為北北基縣市的立委較容易具備此類黨職，說明代表地域的北部縣市變數具有其顯著的影響性。最後，選區得票率對於此四項身分皆有顯著正向的影響性，代表該立委於選區內獲得越好的票數，越容易成為該類領導人。

（二）黨政關係模型

緊接著，黨政關係模型除了探討影響立委身分的各項個人背景、政治資歷、選區條件等因素之外。欲更進一步分析究竟此四項領導身分間，是否存在何種互動關係，是否身為政黨領導身分的立委較容易成為立院領導，亦即所謂「以黨領政」。或是身為立院的領導身分，較容易使該立委同時具有政黨的領導身分，亦即所謂的「以政入黨」。相應的實證模型如下列所示：

$$立院領導（政黨領導）身分_i=\beta_1+\beta_2政黨領導與立院領導身分_t+\beta_3個人背景_i+\beta_4政治資歷_i+\beta_5政治代表_i+\varepsilon_i$$

首先，觀察2008年的黨政關係模型，其中是否具有中央委員的職務，顯著影響該立委是否為中常委以及召委。反之，具備中常委與召委身分的立委也容易具備中央委員的身分，之間具備顯著的相關性。[17]

表4-7 probit model（2008a/b年）

黨政關係模型								
應變數	中常委		中央委員		召委		黨團幹部	
	迴歸係數	z值	迴歸係數	z值	迴歸係數	z值	迴歸係數	z值
黨政關係								
中常委	—	—	**1.81**	**3.38**	−0.10	−0.34	−0.08	−0.21
召委	**−0.03**	−0.08	**0.54**	**1.89**	—	—	0.28	0.76
黨團幹部	0.13	0.46	0.72	1.40	0.21	0.72	—	—
中央委員	**1.59**	**3.40**	—	—	**0.59**	**2.17**	0.47	1.19
2008b	0.27	0.54	−0.64	−1.63	−0.42	−1.08	−0.26	−0.52
個人背景								
性別	−0.25	−0.64	0.27	0.72	−0.16	−0.48	−0.17	−0.39
外省	**0.95**	**2.65**	0.43	1.20	0.30	0.94	0.47	1.16
政治資歷								
屆次數	**0.20**	**2.23**	0.11	1.15	−0.08	−1.00	−0.12	−0.98
政治代表								
單一選區	0.53	0.60	−0.28	−0.60	−0.15	−0.32	0.82	0.79
北北基	0.12	0.34	0.49	1.55	**0.48**	**1.72**	0.06	0.16
中彰投	**0.67**	**1.75**	0.50	1.37	−0.26	−0.72	0.00	0.00
不分區名次	−0.01	−1.09	0.00	−0.37	0.00	−0.35	0.02	1.32
選區得票比率	0.05	0.33	0.11	1.05	-0.15	−1.33	0.29	1.48
選區得票比率平方	0.00	−0.30	−0.01	−1.28	0.01	1.25	−0.01	−1.21
截距項	**−3.32**	**−3.47**	−0.23	−0.48	−0.41	−0.85	**−2.92**	**−2.65**
N	165		165		165		165	

註：使用的信心水準為90%，並將顯著的估計係數以粗體表示。

[17] 2000年度的資料，由於兩次屆數之間的變項過於相似，因此將不呈現此項黨政關係模型。

因此，針對跨2008年度（2007、2008年）的資料，發現中常委、中央委員以及召委，此三項身分變項具備顯著的相關性。緊接著，我們進一步嘗試探討在追蹤資料當中，這些變項間的關係，期望運用更多的資訊來詮釋此四項變項之間的關係。由於使用追蹤資料的優點為同時探討跨兩年度，三個屆次數時間點的資訊。因此，我們不僅可以觀察橫斷面資料型態上，解釋變數的影響力，更可以加入時間點的影響因素，以探討不同屆次上，各項影響因素是否具有不同的特性。另外，還可以加入黨政關係變數的上一期落後項，以探討彼此間的因果關係為何。此時的實證模型如下式所示（Hsiao, 2003: 30）：

$$\text{立院領導（政黨領導）身分}_{i,t} = \beta_1 + \beta_2\text{政黨領導與立院領導身分}_{i,t} + \beta_3\text{個人背景}_{i,t} + \beta_4\text{政治資歷}_{i,t} + \beta_5\text{政治代表}_{i,t} + \varepsilon_{i,t}$$

其分析結果如表4-8所示。由表4-8所呈現的資料，可以發現中央委員對於其他三項身分變項皆具有顯著的影響性，說明了「以黨領政」的可能性。反之，另外三項變項：中常委、召委以及黨團幹部對於中央委員亦有顯著正向的影響性，亦說明了「以政入黨」的情況。

依據上述，本文的分析似乎說明於立委的黨政關係中，無論是「以黨領政」或是「以政入黨」的關係皆存在。但是由於此項模型所使用的黨政關係變項，是屬於同一時間點的變項。依據追蹤資料的優點，可以進一步考量上一時間點的變項，對於本時間點應變項的影響性。因此，有了表4-9與表4-10的黨政關係模型的進一步檢驗。

表4-9為加入中央委員落後一期的變項於黨政關係模型中，由於前述的分析，認為該立委是否具備中央委員的身分將會影響其黨政關係。因此，此處特別將前一時間點的中央委員身分，視為自變項於黨政關係模型中，以探討其對於各項應變項的影響性。估計結果則出乎意料地對於召委身分，具有顯著的負向影響性，而對於其他應變項則並不顯著。因此就前期是否身為中央委員，對於當期其他身分變項的影響性來說，其間的因果

表4-8 panel data probit model (2000a/b,2008a/b)

黨政關係模型								
應變數	中常委		中央委員		召委		黨團幹部	
	迴歸係數	z值	迴歸係數	z值	迴歸係數	z值	迴歸係數	Z值
黨政關係								
中常委	—	—	**4.61**	**4.87**	−0.37	−1.13	−0.30	−0.65
召委	−0.30	−0.66	**1.16**	**3.66**	—	—	0.30	0.78
黨團幹部	0.22	0.54	**2.06**	**3.14**	0.21	0.68	—	—
中央委員	**4.54**	**3.55**	—	—	**1.07**	**4.01**	**1.52**	**3.05**
個人背景								
屆別	−0.33	−1.41	**0.29**	**2.62**	-0.12	-1.28	0.18	0.80
性別	0.12	0.20	0.51	1.33	0.00	0.00	-0.67	−1.27
外省	**1.23**	**1.70**	0.66	1.52	-0.04	-0.12	0.56	1.11
政治資歷								
屆次數	0.19	1.20	**0.63**	**4.93**	**0.23**	**2.86**	-0.05	−0.41
政治代表								
單一選區	**−1.31**	**−2.02**	−0.21	−0.60	0.14	0.49	0.38	0.68
北北基	0.54	0.83	−0.18	−0.44	**0.79**	**2.57**	−0.30	−0.65
中彰投	**1.58**	**1.76**	−0.03	−0.07	−0.21	−0.55	−0.49	−0.85
不分區名次	0.00	0.12	0.00	0.45	0.01	1.11	**0.02**	**1.84**
選區得票比率	−0.02	−0.35	0.01	0.55	**0.04**	**1.98**	**0.16**	**2.54**
選區得票比率平方	0.00	−0.01	0.00	−0.96	0.00	-0.32	**0.00**	**−1.79**
截距項	**−4.59**	**−2.93**	**−3.88**	**−6.78**	**−2.60**	**−5.44**	**−4.54**	**−3.41**
N	828		828		828		828	

註：使用的信心水準為90%，並將顯著的估計係數以粗體表示。

關係並不強烈，顯示中央委員對於其他身分變項的影響，應是僅存在相關性（當期中央委員變項對其他身分變項仍然存在相關性），而並不是真正具有因果關係（前期中央委員的影響性不明確）。換句話說兩者之間的黨政關係應是傾向於「黨政分離」的特色。

表4-9　panel data probit model (2000a/b,2008a/b)

黨政關係模型								
應變數	中常委		中央委員		召委		黨團幹部	
	迴歸係數	Z值	迴歸係數	z值	迴歸係數	z值	迴歸係數	z值
黨政關係								
中常委	—	—	**2.73**	**5.01**	−0.18	−0.66	−0.18	−0.48
召委	−0.10	−0.29	**1.04**	**4.63**			0.20	0.63
黨團幹部	0.13	0.38	**1.18**	**2.58**	0.10	0.40		
中央委員	**2.61**	**3.55**			**1.22**	**5.47**	**1.29**	**3.30**
中央委員落後一期（lag1）	0.53	1.42	**1.17**	**5.33**	**−0.76**	**−2.85**	−0.48	−1.22
個人背景								
屆別	−0.33	−1.24	0.08	0.61	**−0.30**	**−2.20**	0.13	0.42
性別	−0.09	−0.21	0.24	1.02	0.03	0.12	−0.38	−1.01
外省	**0.89**	**2.05**	0.33	1.27	0.06	0.23	0.45	1.24
政治資歷								
屆次數	0.16	1.50	**0.36**	**5.26**	**0.14**	**2.36**	-0.06	-0.62
政治代表								
單一選區	−0.65	−1.36	−0.21	−0.86	−0.10	−0.43	0.34	0.61
北北基	0.22	0.48	0.06	0.23	**0.66**	**2.99**	−0.10	−0.28
中彰投	0.86	1.64	0.15	0.51	−0.02	−0.09	−0.21	−0.48
不分區名次	0.00	−0.24	0.00	0.46	**0.01**	**2.28**	**0.02**	**2.08**
選區得票比率	−0.03	−0.65	0.00	−0.08	0.03	1.56	**0.14**	**2.24**
選區得票比率平方	0.00	0.17	0.00	−0.47	0.00	−0.06	0.00	−1.47
截距項	**−2.61**	**−2.69**	**−2.34**	**−4.81**	**−1.25**	**−2.86**	**−3.60**	**−2.65**
N	621		621		621		621	

註：使用的信心水準為90%，並將顯著的估計係數以粗體表示。

此外，於表4-10當中進一步分析，召委身分的落後一期變項，對於其他應變項的黨政關係模型。分析結果顯示，雖然當期間的各項黨政關係變

表4-10　panel data probit model (2000a/b,2008a/b)

黨政關係模型								
應變數	中常委		中央委員		召委		黨團幹部	
	迴歸係數	z值	迴歸係數	z值	迴歸係數	z值	迴歸係數	z值
黨政關係								
中常委	—	—	**3.69**	**4.40**	−0.28	−1.06	−0.25	−0.68
召委	−0.18	−0.51	**1.20**	**3.83**	—	—	0.25	0.77
黨團幹部	0.04	0.13	**1.70**	**2.81**	0.15	0.56	—	—
中央委員	**2.89**	**3.68**	—	—	**1.04**	**4.93**	**1.13**	**3.43**
召委落後一期（lag1）	−0.45	−0.97	−0.42	−1.26	1.04	5.27	0.12	0.34
個人背景								
屆別	−0.33	−1.20	0.20	1.35	**−0.33**	**−2.50**	0.11	0.44
性別	0.08	0.17	0.47	1.37	−0.17	−0.70	−0.44	−1.13
外省	**0.87**	**1.95**	0.48	1.28	0.14	0.56	0.48	1.32
政治資歷								
屆次數	**0.20**	**1.80**	**0.54**	**4.66**	0.10	1.64	−0.07	−0.72
政治代表								
單一選區	**−0.85**	**−1.76**	−0.33	−1.10	0.12	0.55	0.32	0.71
北北基	0.47	1.03	0.16	0.47	**0.35**	**1.75**	−0.13	−0.37
中彰投	**1.04**	**1.98**	0.27	0.69	−0.24	−0.88	−0.23	−0.55
不分區名次	0.00	0.51	0.00	0.47	0.01	1.61	**0.02**	**1.85**
選區得票比率	0.00	-0.10	0.01	0.41	0.01	0.48	**0.13**	**2.31**
選區得票比率平方	0.00	−0.08	0.00	−0.69	0.00	0.28	0.00	−1.48
截距項	**−2.82**	**−2.72**	**−3.24**	**−4.82**	**−1.22**	**−2.84**	**−3.47**	**−3.21**
N	621		621		621		621	

註：使用的信心水準為90%，並將顯著的估計係數以粗體表示。

項，依然存在顯著的正向影響性。但是召委落後一期的變項，對於各項依變項，並未有顯著的影響關係。此項估計結果證明了前述的推論，以及黨政關係間的四項變項，雖然存在明顯的相關性，但是其間並未具備因果關係，因此黨政關係間似乎是往「黨政分離」的類型移動。[18]

陸、結論

本文針對立委身分的四項變項，中常委、召委、黨團幹部以及中央委員，分析影響此四項身分的主要因素為何。探究，是否立委本身的個人背景、政治資歷以及選區條件等因素，會影響到其獲得這些黨職與政職。

本文並將實證模型區分為政黨領導模型、立院領導模型以及黨政關係模型。在政黨領黨模型方面，發現立委的省籍、擔任屆次數、是否為單一選區立委、選區是否位於北北基等縣市，以及選區得票比率，皆是影響該位立委是否能夠獲取中常委以及中央委員等職務的主要因素。

此外，在立院領導模型的分析上，發現影響該位立委，是否能夠取得召委或是黨團幹部的主要因素，為省籍、是否為單一選區立委以及選區得票比率。這說明了，具備外省籍、單一選區身分的立委，較容易獲得召委以及黨團幹部的職務。

最後，本文欲探討黨政關係模型，分析究竟是否已經具備黨職（或是政職）的身分，較容易獲得其他職務的機會。分析結果顯示，具備中央委員的身分對於其他三項職務有顯著的正向影響性。反之，具有中常委、召

---

18 此處一位評審建議提出黨政同步的說法，本文作者亦同意評審提出黨政同步的概念，然而因為表4-10的分析強調在時間上的意義，分析結果發現前期變項未對其他當期變項有影響關係，顯示其間並無明確的因果關係存在，故本文以時間上的黨政分離方式進行說明，至於評審建議所提出黨政同步的概念，似是受到第三項影響變數的影響，故有「同步」的影響性存在，然本文此處欲強調的概念為未受前期其他變項的因果影響，故於時間性上有黨政分離的分析結果。

委以及黨團幹部等身分，亦對於中央委員的職務有顯著的正向影響性。然而，此項影響關係是否可以直接說明「以黨領政」或是「以政入黨」的關係呢。

在本文於追蹤資料模型中，加入中央委員與召委的落後項（lag1）的探討後，發現前一期具備中央委員與召委身分的立委，並不會顯著影響其獲得其他職務的機會。這樣的結果意謂，立院中的黨政關係應是逐漸具備「黨政分離」的性質，而表面上的「以黨領政」的持續，可能只是相關性的呈現。

最後，本文關於兩個政治領導權來源的測量，仍有代表立委個人專業部分以待未來研究繼續擴充，至於資料的完整性，除了目前的四個時點的資料，如何充實之間的會期資料應是未來的研究方向。

參考書目

中文部分

王振寰。1999。〈邁向常態化政治～台灣民主化中統理機制得轉變〉。林佳龍、邱澤奇編。《兩岸黨國體制與民主發展》。臺北，月旦：153-188。

古登美等。2002。《立法理論與實務》。台北：空中大學。

朱志宏。1995。《立法論》。台北：三民。

林水波、何鴻榮。2002。〈黨政關係健全化〉。《國政研究報告》。2002/10/28。http://old.npf.org.tw/PUBLICATION/IA/091/IA-R-091-082.htm。

林嘉誠。1992。《國會黨團之地位》。台北：業強。

柯瑩玲。2004。《中國國民黨政黨轉型之研究～2000-2004年》。台北：東吳大學政治所碩士論文。

吳文程。1996。《台灣的民主轉型：從權威型的黨國體系到競爭性政黨體系》。台北：時英。
崔書琴。1971。《論立法與黨政關係研究專題報告》。台北：中國國民黨中央設計考核委員會。
陳淞山。1995。《國會制度解讀》。台北：月旦。
陳恆鈞。2002。〈美國國會委員會的議事運作過程：三個理論觀點的探討〉。《問題與研究》41，2：69-88。
陳宏銘。2009a。〈台灣半總統制下的黨政關係：以民進黨執政時期為焦點〉。《政治科學論叢》41：1-56。
陳宏銘。2009b。〈半總統制下的「總統化政黨」現象：以民進黨執政時期為例〉，《中華行政學報》6：163-185。
游雨玲。2000。《國會黨團之研究~以德國法為中心兼論我國立法院黨團》。台北：輔仁大學法研所碩士論文。
盛杏湲。1997。〈國會議會的代表行為：研究方法的探討〉，《問題與研究》36，9：37-58。
盛杏湲。2008。〈政黨的國會領導與凝聚力～2000年政黨輪替前後的觀察〉。《台灣民主季刊》5，4：1-46。
黃秀端。2004。〈政黨輪替前後立法院內投票結盟〉。《選舉研究》11，1：1-32。
黃秀端、何嵩婷。2007。〈黨團協商與國會立法：第五屆立法院的分析〉，《政治科學論叢》34：1-44。
雷飛龍。1991。〈我國國會的黨鞭制度〉，收錄於李復甸編，《政黨政治與民主憲政學術研討會論文集》。台北：民主文教基金會：63-81。
楊勝春。1993。《中國國民黨黨政關係運作的理論與實務~解嚴後立法院黨政關係運作之實例分析》。台北：文化大學中山所碩士論文。
楊婉瑩。2002。〈立法委員會的決策角色：以第三屆立法院為例〉。《問題與研究》41，4：83-113。
楊超。2007。《政黨輪替後立法院黨團組織運作之研究~以中國國民黨為例》台北：政大行政管理學成碩士論文。
趙弘章。2005。〈我國立法委員會專業化與黨團協商透明化之分析〉。

《中山人文社會科學期刊》13，1：37-54。
鄭明德。2004。〈民進黨立法院黨團的黨鞭制度〉。《中華人文社會學報》1：38-55。
鄭明德。2005。〈民進黨立法院黨團組織問題之研究〉。《政治科學論叢》25：135-166。
劉維開。2005。〈訓政前期的黨政關係（1928～1937）～以中央政治會議為中心的討論〉。《國立政治大學歷史學報》24：85-130。
蕭怡靖。2005。〈我國立法院資深制度之探討－委員會遊走及召集委員資深度之變遷〉。《政治科學論叢》25：105-134。
蕭怡靖。2007。〈我國立法委員選擇常設委員會之研究：以第五屆立法委員為例〉。《東吳政治學報》25，3：131-182。

英文部分

Chou, Yangsan and Andrew J. Nathan. 1987. "Democratizing Transition in Taiwan." *Asian Survey* 27: 277-299.
Cheng, Tun-Jen. 1989. "Democratizing the Quasi-Leninist Regime in Taiwan." *World Politics* 41, 4: 471-499.
Fiorina, Morris P. 1980. "The Decline of Collective Responsibility in American Politics." *Daedalus* 109: 25-45.
Gladstone, Viscount. 1927. "The Chief Whip in the British Parliament."*American Political Science Review* 21, 3: 519-535.
Hsiao Cheng. 2003. Analysis of Panel Data. 2nd ed. Cambridge University Press.Isaak, Alan. 1987. *An Introduction to Politics*. Glenview, III: Scott, Foresman.
Tsai, Chia-Hung. 2000. "House Party Leadership Selection, 1959-1994." *Soochow Journal of Political Science* 11: 1-33.
Ranney, Austin. 2000. Governing: *An Introduction to Political Science*. Upper Saddle River, New Jersey.

Ripley, Randall B. 1964. "The Party Whip Organizations in the United States House of Representatives." *The American Political Science Review* 58, 3: 561-576.

Winckler, Edwin A. 1984. "Institutionalization and Participation on Taiwan: From Hard to Soft Authoritarianism?" *The China Quarterly* 99: 481-499.

附錄

附表4-1　國民黨黨團沿革（1951～2001）

時間	依據	內容	備註
1951	國民黨中央委員會頒布「國民黨立法院黨部組織規程」	1.設置立法院黨部（黨團的前身） 2.中央黨部遴選派任書記長（1名） 3.中央黨部遴選派任副書記長（六名） 4.常務委員（分別由委員互選以及黨中央遴選派任） 5.設置小組（比照立法院委員會設置）	表面以常務委員主持日常運作，實際上以書記長為權力核心。
1952	國民黨第七次全代會決議設立「中央黨政關係會議」	・會議人員由蔣中正總裁指定	該會議僅具有溝通功能。
1954	國民黨七屆第四次中央委員會議決議	1.中常會領導立院同志 2.中常會應透過立院黨部改善立委表現	強化中常會對於立院的控制。
1955	國民黨通過中央黨政關係改進辦法	1.將中央常務委員會黨政關係會議改為中央常務會議政策委員會 2.政策會可擴大邀請立院黨團幹部參與 3.比較立院委員會分設委員會	強化擴張中央常務政策委員會職能。

附表4-1 國民黨黨團沿革（1951～2001）（續）

時間	依據	內容	備註
1959	通過中央政策委員會組織辦法	・明文規定政策委員會主要功能為謀求黨政關係協調配合	將中央政策會功能明文規定 且該委員會位階高於立院黨部。
1992	國民黨中常會制訂「中央政策會提升決策層級暨明確劃分工作案」	・立法委員黨部改為立院黨團	黨團首度在黨內獲得制度上的地位。
1993	國民黨第十四屆第十一次中常會通過「中央政策委員會及所屬工作會組織運作綱要」	1.設立政策研究工作會 2.設立立法院黨政協調工作會 3.設立政黨關係工作會 此三個工作會地位高於立院黨團	立院黨團地位低於其他工作會。
2000	國民黨制定「中央組織架構調整計畫」	・裁撤立院政策研究工作會、立法院黨政協調工作會、立政黨關係工作會	
2001	國民黨通過「本黨組織調整與人力精實方案」	政策委員會下設立 1.政策研究部 2.政策協調部（立院黨團） 3.大陸事務部	立院黨團功能被設定為政策協調。
2001	國民黨立院黨團通過「國民立院黨團組織運作規則」	1.確立書記長等幹部遴選辦法 2.通過黨團相關運作辦法	首度由黨團組織運作規則確立幹部由黨團選出，確立黨團運作規範。

資料來源：作者自行整理[19]

19 附表4-1資料整理自崔書琴（1971：20）、楊勝春（1993：76）、柯瑩玲（2004：97）、楊超（2008：23-53），以及自由電子報http://www.libertytimes.com.tw/index.htm，後續在文中進行討論與說明就不在特別註明出處。此外，關於國民黨黨團沿革的相關規範，到目前為止的相關文獻、報導等，僅能獲知從1951年到2001年間的變化。所以，在這篇文章當中，作者僅呈現1951年到2001年間的變化。關於國民黨立院黨團的制度發展，後續若有新的發現，將在後續的相關研究當中加以呈現。

第五章
初探台灣政黨網站之功能：以2008年立委選舉爲例

林瓊珠

壹、前言

1990年代網際網路興起與發展，改變政黨在政治溝通的方式，也影響政黨的競選行為與策略。觀察歐美國家近年的選舉，網際網路在政黨的競選過程也越具顯著地位。過去十幾年來，有關網路對於政黨政治影響的研究日益受到學界的重視，除了由於科技的發展，許多國家的政黨紛紛於1990年代成立網站之外，網際網路的應用帶來政治溝通方式的新變革，政黨運用網路來鞏固、動員或擴展與支持者的連結，網路提供政黨和選民之間一種更具時效性、更具互動性，以及跨越時空限制的溝通方式。因此，網際網路的興起與應用，對於政黨政治的影響層面深遠，不僅包括政黨內部的組織結構和權力分配改變，也可能影響政黨與選民之間的連結關係、政黨之間的競爭情形或是政黨行為、選民的政治參與模式，甚至是對民主政治發展皆可能發生深遠的影響（Ward et al., 2003: 11-38）。

但是網際網路對於政黨政治帶來的衝擊或影響有多大，仍然得回歸到民眾網路使用的行為。一個國民網路使用率低的國家，可想而知，網路對於政黨政治的影響性低，在政治上扮演的角色有限。根據資策會的調查統計，2008年國內寬頻上網家庭普及率達六成八，國外調查機構的研究報告也指出，台灣於2007年的寬頻上網家庭普及率居全球第六。[1] 行政院研考會於2008年1月發布的調查結果指出，2007年台灣上網人口超過1,300萬人，台灣的家庭有74.7%上網。[2] 根據財團法人台灣網路資訊中心於2009年1月調查報告指出，台灣地區上網人口突破1,580萬，民眾上網率為68.94%，在亞洲地區僅次於韓國、日本，排名第三。[3] 綜合上述統計資料可知，相較於其他國家，我國人民網路使用普及率，算是很高的，網際網路在政黨政治扮演的角色之研究應是值得探討的議題。

國內有關網路應用於選舉的歷史，可從1994年台北市長選舉開始談起，當時的候選人開始利用電子布告欄（BBS）來競選。1995年立法委員選舉，立委候選人首度開設全球資訊網（WWW）的競選網站（莊伯仲、鄭自隆，1996）。在同一年，當時主要政黨（國民黨、民進黨和新黨）也相繼建立政黨的網站，運用科技增加與選民溝通的管道。觀察近年各層級的選舉過程，除了政黨之外，許多候選人也善用網路資源，建立個人競選網站或是部落格，拉近與選民的距離，匯集人氣與尋求支持，顯示網路使用對選舉政治的重要性。媒體於2008年年底報導也指出，國民黨計畫成立「網路黨部」，邀請知名網路製作人傳授網路競選術以吸收年輕選票（李明賢，2008）。顯見網路時代的來臨，對於政黨組織結構或政黨政治的影響也日益明顯。

2008年1月舉行的立法委員選舉，採取單一選區兩票制的新選制，有許多新舊小黨推出候選人或政黨名單參選，在12個新興小黨中有8個政黨架設政黨網站（或部落格形式）宣傳競選理念，[4] 顯示國內此次參選的小黨中，有過半數的小黨也試圖運用網際網路科技來競選。對國內各政黨來

1 http://www.ithome.com.tw/itadm/article.php?c=51401。2009/04/13。

2 http://investintaiwan.nat.gov.tw/zh-tw/news/200801/2008010401.html。2009/04/13。

3 http://www.twnic.net.tw/download/200307/200307index.shtml。2009/04/13。

4 本屆選舉參選政黨名單請參見附錄一，表5-1，新興政黨指涉的是於2002年及之後成立的政黨。設置政黨網站的有綠黨、公民黨、無黨團結聯盟、客家黨、制憲聯盟、台灣農民黨、第三社會黨和紅黨。

說，使用網路的目的無非是希望能夠藉由新工具來達成政黨的功能或目標，這些功能可能包括競選、吸引支持者、宣揚政策或理念、募集更多政黨可使用的資源等等。因此本文試圖從政黨扮演的功能或追求目標著手，探討政黨化身在網路環境中的分身——政黨網站，主要扮演何種功能？各政黨間是否有差異性存在？並進一步討論網際網路對政黨競爭的可能影響。

貳、台灣網路興起和運用於選舉的歷史回顧

1987年台灣解除戒嚴和解除黨禁以來，國內政治邁向競爭性的政黨政治階段。除了既有之國民黨和1986年成立的民進黨外，過去20年在國會曾獲得席次的主要政黨包括1993年成立的新黨，2000年成立的親民黨和2001年成立的台灣團結聯盟。全球資訊網（WWW）是在1990年代興起的科技產物，國民黨、民進黨和新黨乃於1995年相繼成立政黨網站，開啟政黨運用全球資訊網作為與選民接觸的管道之先鋒。

1994年省市長選舉，陳水扁首先架設個人競選網站作為競選管道之一。1996年國代和總統選舉，除總統候選人成立個人網站外，各政黨黨部也推出國代候選人的共同網頁，利用網站來從事競選活動。根據報導，當時網站推出的總統大選投票活動，共計吸引了一萬人次上網投票。[5] 而總統候選人中，以民進黨總統候選人彭明敏最早以文教基金會名義設立個人網站首頁，民進黨黨部也在全球資訊網中提供正副總統候選人的背景介紹；而無黨籍候選人林洋港，則是唯一有提供英文資訊網站的候選人。[6] 不過當時網路使用情形尚未普及，因此競選網站主要是提供資訊的管道，在拓展票源的效能上仍有限。

5　彭慧明。1997，〈網路染上政治熱？〉，《聯合報》，11月19日，版45。

6　彭慧明。1996，〈模擬投票，網路戰況熾〉，《聯合報》，1月10日，版42。

1997年縣市長選舉，陸續有縣市長候選人設立個人競選網站，根據媒體報導當年有高達85%的候選人製作個人競選網頁，試圖藉由網路行銷自己，爭取選票。[7] 1998年舉行的三合一選舉，則是國內首次網路選戰應用相當熱烈的一次選舉，除了各政黨候選人紛紛設立競選網站外，一些入口網站（例如蕃薯藤網站或奇摩網站）也相繼規劃與推出選舉相關網頁，除提供選舉資訊外，亦提供諸如選舉論壇、轉播候選人辯論會、網路投票等等活動，藉此吸引更多網路使用者上網。[8] 此外，一些電子媒體亦和網站業者合作，首創提供網路即時開票系統，讓只要能夠連上網路的世界各地關心選舉的網民，同步知道選舉結果，展現了網路在選舉過程中即時性和無國界的特質。[9]

從1998年三合一選舉後，運用網路從事競選活動，對政黨和許多候選人來說，是突破媒體限制，提供選舉資訊和增加與選民互動的重要工具。2001年立委選舉，主要平面媒體的網站（中國時報和聯合報）也都首度開闢選舉專題，提供選情分析、選情整理和評論、留言版、線上民調等資訊或活動，展現媒體如何運用網路提供選戰報導，吸引和增加網民瀏覽網頁的機會。

隨著科技精進、頻寬加大，候選人或政黨網站的內容與功能也與時俱進。從初期僅提供政黨歷史、黨章與黨綱、政黨重要人物背景介紹（或候選人簡介、參選理念、政見）、最新活動消息等純文字的靜態資訊，現今多數網站設計則運用了動畫效果，提供多媒體影音觀賞或下載等，網站設計活潑和豐富。當然，由於候選人或政黨對於網站經營的理念與看法、人力、時間或金錢資源的不一，各政黨（候選人）網站的設計也有所不同。

---

7 李宛蓉。1997，〈網路選舉財，擋都擋不住，高達85%候選人文宣上網〉，《中時晚報》，11月1日。

8 於念鋆。1998，〈蕃薯藤推出選戰新網站〉，《經濟日報》，11月5日。

9 於念鋆。1998，〈選舉日，網站及時開票〉，《經濟日報》，12月4日，版25。

參、網路運用於選舉和政黨政治的文獻討論

回顧國外有關網路在政黨政治或選舉研究所扮演的角色之研究，多數研究成果主要以美國、英國和歐陸國家為主，這是由於網路的影響力與一國的網路普及率有關。如果網路不普及，上網人口比例低，網路對政黨競爭之影響性相對地有限。因此，除了針對美國、英國和歐陸國家為研究對象累積比較豐富的研究成果外，有關南歐國家、前共產國家，甚至是亞洲國家的網路對政治影響的研究，都由於民眾上網普及率相對地較低，相關研究處於起步階段（Gibson et al., 2003a; Ward et al., 2008）。

1990年代中期，網際網路開始盛行之際，有關網際網路對政黨政治影響之討論，多數對新科技的影響持樂觀的看法，認為網路可以扮演重要的政治傳播管道，帶來新型態的公民參與，促進社會更多元聲音的出現。到了1990年代末期，另外一派學者對於網路能在政治上扮演的角色開始出現質疑的看法，這些質疑的看法多數是根據在美國的研究發現而來。學者們發現在20世紀末和21世紀初期間，美國多數政黨在網際網路的使用情形，主要是用於刊載政黨相關之書面資料，對網頁的使用，類似於資料的堆砌或充斥廣告文宣，並無法促進和選民的互動性；同時他們發現大黨在網站的使用上遠較小黨具有優勢，網路對政黨競爭的影響，如同Margolis和Resnick（2000: 54）指出的「網路反映的是如常的政治」（Internet reflect 'politics as usual'）（轉引自Norris, 2003: 24）。因此，有關網路在政黨政治扮演的角色之相關研究，主要從政黨網站扮演的功能或角色著手，探討政黨為何使用網路、政黨如何使用這項新科技、政黨實力大小是否影響其如何看待這個新溝通工具的態度，進而探討政黨之間的競爭是否因為網路的出現而對小黨比較公平？[10] 亦即網路作為政黨進行政治溝通的工具，是否能促進政黨競爭平等化（equalization）或仍舊是如同傳統媒體環境下大

[10] 此外，也有一些研究探討網路的應用是否使得政黨競選的風格變得更加「個人化」（personalized）的討論（Gibson et al., 2003: 48），因為本文主要探討網際網路對政黨政治的影響，有關網路是否更促進「個人化」之選舉風格，本文不納入討論。

黨居於優勢的（normalization）現象，近年來學者也積極進行跨國之間政黨行為的比較分析，以更全面性探討網際網路對政黨組織、政黨競選和民主政治的影響（Gibson et al., 2003; Ward et al., 2008; Norris, 2003; Ward and Gibson, 2003; Semetko and Karsonboka, 2003; Jackson, 2007）。

在檢證網路在不同國家的選舉所扮演的角色，以及網路對政黨組織本身和選舉競爭的影響的方法上，多數研究主要採取質化方法為主和量化方法為輔的方式。在質化方法方面，以內容分析法（content analysis）針對政黨（或候選人）網站的內容進行分析，有些研究也輔以分析針對網站負責人或工作人員的深入訪談資料。在政黨網站內容之分析方面，由於多數政黨理論的文獻，都認為政黨的基本目標或功能不外乎就是參與選舉、極大化選票、追求政府職位、鼓吹政黨理念、對選民進行政治社會化工作、加強與選民或支持者的連結，以及追求黨內民主等（Katz and Mair, 1994; Ware, 1996; Panebianco, 1998）。過往，政黨藉由報紙、廣播或電視等媒體工具來達成這些目標，網路的興起，提供政黨新工具來達成這些功能，因此，評量政黨網站扮演的角色時，學者主要從政黨網站應達成的功能思考。參酌各國國情和政黨發展進行編碼類目的建構，不同研究者有不一樣的概念建構方式，例如Norris（2003）僅將政黨網站內容區分成溝通功能和資訊提供功能兩面向來分析；Gibson和Ward（2003）則認為政黨網站應該扮演提供資訊、選民參與、獲取選民支持、創造資源，以及和其他社團組織的網路連結等功能。若就既有研究的類目建構進行整理，這些主要類目都不脫分析政黨網站是否具有：（1）資訊提供；（2）政治甄補；（3）內部和外部網路連結；（4）競選活動和（5）互動與參與管道功能等（Gibson et al., 2003; Ward and Gibson, 2003; Norris, 2003; Semetko and Krasnoboka, 2003; Gibson et al., 2003a; Tkach-Kawasaki, 2003; Jackson, 2007; Ward et al., 2008）。學者在建構的主要過錄類目下再分別建立次類目進行過錄，例如在資訊提供面向上，政黨網站上是否有提供政黨歷史的資訊、政黨的政策白皮書、人物介紹等，若具備這項資訊便給予1，如此累計政黨在該項功能上的完整度，數字越大意味該政黨在這項功能上越為完整，除了可以比較一國的政黨網站功能完整程度之外，亦得以進行跨國的政黨比較。

至於訪談的部分，主要針對網站製作人和網頁工作人員進行深入訪談，以了解政黨或候選人對網路應用（於競選）的看法為何，投注多少資金和人力，網路使用是否有助於政黨內部或政黨與支持者之間的溝通管道更加順暢或便利（Margolis et al., 2003; Cunha et al., 2003）。此外，也有將研究對象鎖定在政黨黨員，邀請黨員線上填寫問卷，以分析是否網站的應用可以增加支持者、吸引民眾入黨以及更具互動性的政治參與（Lusoli and Ward, 2004）。在量化研究方面，則主要分析民調資料，探討選民網路使用經驗及其背景資料分析，以及網路使用經驗與政治行為之關聯性（Norris, 2003）。

國外學者的研究指出，網路是政黨進行政治傳播重要的管道，政黨實力大小也影響政黨網站功能的完整性，大黨（在國會中有席次的政黨）比起小黨在網站內容和政治傳播功能上都來得佳（Gibson et al., 2003: 67; Jackson, 2007），在前共產國家的研究也發現，大黨（在國會中有席次的政黨）比國會外的政黨更傾向使用網路（Semetko and Krasnoboka, 2003: 84-85）。不過相較之下，小黨反而比較能夠藉由網站達到與支持者互動和對話的雙向溝通目標，藉此吸引新支持者或黨員，並藉由論壇（discussion forums）的形式，與支持者建立和保持長期關係（Jackson, 2007: 268）。

至於政黨網站扮演的功能方面，學者指出英、美政黨網站主要扮演提供資訊和創造資源的功能，這些資訊包括政黨歷史、組織結構、政策理念、政治人物介紹等黨務相關資訊，同時政黨網站在吸收黨員和政治獻金上扮演重要功能（Gibson et al., 2003: 57, 59）。Norris（2003: 30）針對歐盟15個國家共134個政黨網站之分析，亦發現政黨網站在資訊提供的功能上遠高於政治溝通的功能，但Norris也指出歐陸政黨網站比美國政黨網站更著重在「由下而上」（bottom-up）的設計元素，歐陸政黨網站提供多樣與支持者互動之設計，例如寫信給政黨高層、線上加入政黨等。

綜合以上的討論，國外文獻發現政黨網站主要扮演提供資訊和募集資源的功能，在歐陸國家的政黨網站也重視政黨網站應扮演政治參與的功能。多數研究都指出網路空間比起傳統媒介，提供小黨更多展現自己的機會，雖然在競選期間，無論在傳統媒介或網路空間，大黨比較有能力來超越其他實力較小的競爭對手（Gibson and Ward, 1998），但是小黨的網站傾向提供與支持者更多互動與參與的形式。

國內的相關研究主要以候選人的競選網站為研究對象，從政治行銷的角度探討候選人如何運用網路作為選戰的策略，或是網路如何促進政治傳播的過程。在早期的研究中，莊伯仲和鄭自隆（1996）針對1995年立委候選人的競選網站進行研究，指出候選人的競選網站內容貧乏，與平面文宣類似，不過卻也開啟了國內WWW競選網站的使用。隨後幾年，隨著頻寬和多媒體的發展，政黨或候選人網站除了文字內容之外，也逐漸有美術設計、圖片、動畫等，內容較為豐富，不過在競選文宣功能上的發揮仍然受限制（彭芸，2001）。徐良容（2001）針對網際網路對2000年總統選舉之影響一文指出，候選人網站比以前更增添了互動性，也較能與選戰主軸持相同步調。在網站內容分析方面，鄭自隆（2002，2004）分析不同選舉層級候選人網站內容，他指出選舉層級的不同，候選人網站的精彩程度也有所不同，精彩程度依序分別是總統選舉、縣市長選舉，最後才是立委選舉（轉引自莊伯仲，2007：246）。

張明坤（2004）針對2004年總統選舉候選人在網路運用與使用進行研究，主要從競選網站內容、功能和效益等進行討論。雖然張明坤一文試圖同時將政黨網站納入分析，不過主要研究發現仍以候選人競選網站為主。他指出2004年總統大選網站已發展出網路多媒體特性，同時訪談網站製作人發現，架設網站目標主要為爭取年輕人的選票，兩大陣營競選總部皆聘僱專業人士協助和架設競選網站。

莊伯仲（2000）一文分析網路選戰在1998年三合一選舉中的應用情形。他以候選人為分析單位，發現在選舉區域越大的候選人，以及大黨提名的候選人，較傾向使用網路文宣或競選網站，同時城鄉差距也出現在候選人對網路的應用上，候選人使用網路情形超過平均值的都在西半部的都會區，當選的候選人也比落選者更傾向使用競選網站。該文是首度以選舉競爭角度探討網路選戰的文章，也指出小黨和獨立候選人並未因網路的低廉而有助於他們的競選。

回顧國內既有的相關研究，多數均著重在候選人競選網站內容和策略、網站介面設計和互動設計等討論。這些研究採用的分析方法，主要包括針對候選人競選網站進行內容分析外，也訪談網站製作人。綜合整理相關研究成果可以發現，既有研究在網站內容和設計方面累積了不少成果，但絕大多數都是針對候選人網站的討論，從政黨功能角度出發的相關討論則較為欠缺。對於政黨在民主政治運作過程中應該扮演何種功能，我們可以從政治學者V.O. Key提出的政黨理論來切入。Key（1964）提出從選民中的政黨（parties in the electorate）、政黨作為一政治組織（parties as organizations），以及政黨作為政府（parties in government）三層次來觀察政黨功能。從這三層面更細緻探討政黨扮演的功能，可包括教育選民、動員選民進行政治參與、進行政治甄補、提供認同之符號與整合和表達民意、組成多數政府、執行政策和促進政治穩定等（Dalton and Wattenberg, 2002: 5）。政黨透過不同途徑和方式達成上述的功能，網路時代的來臨，政黨也藉由網路工具諸如提供政黨相關資訊、競選活動和政治動員、資源募集等來執行這些功能。如同前述，歐美研究發現，政黨建立網站執行資訊提供和資源募集的功能，而國內政黨建立網站是否也欲藉由此途徑達成某些功能呢？因此本文將從政黨網站扮演的功能切入，探討國內政黨網站扮演了什麼樣的功能，政黨之間是否有差異性存在，進而討論網路對台灣政黨競爭的影響。以下針對本文的研究方法進行說明。

肆、研究方法

本文主要以第7屆立委選舉於區域選區和不分區政黨名單參選的政黨

為研究對象，此次選舉共有17個政黨提出政黨名單參選，其中有4個政黨沒有建立競選網站（參見附錄，表5-1）。在12個新興政黨中，有8個新興小黨設有政黨網站（或部落格）。政黨網站扮演的功能之探討以及政黨間的差異性，是本文最主要的研究問題，因此針對政黨網站內容進行分析，是一個較為適當的方式，所以在資料分析上，本文乃針對這13個政黨網站進行內容分析，政黨網站內容採樣時間是2009年4月6日至4月15日。[11] 如前所述，有關政黨網站內容的分析上，主要從政黨的功能或目標的功能出發，將這些功能轉化成可以操作化的主要類目和次類目，本文也參考前述的內容分析類目，針對政黨網站的內容和功能區分成五大類目，包括資訊提供、網路連結、政治參與、競選活動和資源募集（參見表5-1）。

編碼之進行方式為該網站具有此項特徵編碼為1，沒有的話則編碼為0。如此，可以具體量化各個政黨的網站在這五大面向的特徵，一方面可以檢視政黨網站功能完整性程度，另一方面亦提供我們比較不同政黨間的差異。

政黨很重要的目標之一，便是鼓吹和宣傳自己的理念和政策，意識形態和對議題的立場，網站提供政黨低成本來存放政黨相關資訊檔案，可被視為線上圖書館，因此在資訊提供功能方面，本文主要檢視政黨是否在網站上有該黨歷史、黨綱或政策等資料的提供與釋出，政黨的黨主席或重要政治人物之介紹、是否發行電子報，以及是否提供以其他語言瀏覽網頁。

網路的重要特性之一，便是可以「網網相連」，提供政黨串連內部和外部網絡的機會，一方面增進這些網站的能見度，一方面與社會團體網站的連結，也有助於政黨形象的建立。這些內部連結可能是地方黨部，外部連結包括所屬或相關的社會團體（像工會、婦女團體等）。本文主要檢視政黨網站是否提供地方黨部、相關之新聞或政府單位之好站連結，和友好

11 筆者選擇立委選舉後的非選舉期間進行觀察，是由於本文欲探討國內政黨網站扮演之功能，非選舉期間較能代表常態性的政黨網站，同時也藉以觀察在立委選舉前成立之政黨網站，是否在選舉後仍持續更新與維護。

團體等網站的連結。

吸引支持者來參與政黨活動，提供和支持者互動的機會，亦是政黨很重要的目標之一，因此在政治參與功能方面，本文主要檢視政黨提供網路使用者參與和互動的管道為何，比如是否提供黨主席信箱、網站管理者信箱或線上意見填寫表格是否有討論社群或論壇、是否提供民意代表或執政縣市長的聯絡方式等等。

投入競選和助選亦是政黨很重要的功能之一，由於本文主要觀察非選舉期間政黨網站功能，因此在競選活動功能方面，主要以檢閱政黨網站是否提供過去競選影音或競選新聞等為主。

最後，黨員和資金對政黨來說都是很重要的資產，在資源募集上，主要檢視政黨是否提供入黨申請或捐款資訊，是否有募集義工或志工等告示。詳細類目，請參見表5-1。

表5-1　政黨網站內容和功能的評估

（一）資訊提供	政黨歷史、政黨組織結構、政黨黨章和黨綱、政黨理念和政策（例如：政見、白皮書等）、電子報（newsletter）、資料釋出（演講、專訪多媒體檔案、記者會文件或逐字稿等）、政黨人物介紹、黨主席介紹、候選人簡介、政黨選舉表現（過去選舉得票率等）、大事紀、最新消息、網站是否以其他語言呈現
（二）網路連結	地方黨部、其他友好組織或政黨的連結、相關之新聞或政府單位之好站連結、相關活動網站連結
（三）政治參與	註冊加入電子報郵寄名單、線上意見表格填寫、提供黨主席、民意代表、執政縣市長之郵件住址、電話或傳真號碼、寫信給黨主席、寫信給網站管理者、聊天室、討論社群（論壇）、留言版、線上民調、申請加入會員
（四）競選活動	競選影音檔案、競選logo下載、競選新聞發布
（五）資源募集	加入政黨、捐款帳號、加入義工或志工

說明：筆者參照Gibson et al.,（2003）和Norris（2003）提出之歸類類目，自行整理。

伍、國內政黨網站扮演功能之分析

國民黨、民進黨和新黨皆於1995年網路科技發展起步之際，建立政黨的全球資訊網站。在本文分析中的其他政黨，多數也在政黨成立之際架設政黨網站。政黨設立網站，某種程度上也展現了政黨如何利用新科技（網際網路）來吸引新的參與者，透過網際網路，政黨無論何時何地皆能傳遞政黨消息給選民，透過網際網路，政黨可以跨越時間和空間的限制，來從事政治傳播和政治動員。

有關政黨網站的研究發現，在早期網路競選多數是單面向的資訊傳播，多數網站的內容大概僅提供候選人或政黨人物的生平介紹、政黨的議題立場或是新聞發布，屬於靜態的、單向式的（由上對下）資訊提供（Klotz, 2003: 69）。但1990年代末期，網路科技日趨成熟，網路使用普及率提高，政黨網站不僅是資訊提供者，亦提供多種方式和選民溝通互動（Norris, 2003: 30）。表5-2是根據五個功能面向過錄歸類，並將各指標進行標準化的結果，標準化後之各指標，可以相互進行比較，同時正值表示該黨之指標高於平均值，負值表示該黨之指標低於平均值，亦即數字越大意味該政黨於該指標功能越完整，詳細類目的歸類方式和結果可參考附錄二，表5-2至表5-6。以下我們先針對各政黨網站扮演之功能進行整體描述和比較，接著再更細緻說明和比較各政黨在這些功能面向的差異情形，並進一步檢視在網路環境中，是否如同傳統媒體環境，大黨較小黨更具優勢？網站功能更為完整？

根據表5-2，國民黨網站主要扮演資訊提供、網路連結和政治參與之功能；民進黨網站主要著重網路連結、競選活動，以及資訊提供的功能；新黨網站在政治參與功能較突出；親民黨則著重在資源募集功能；台聯網站在競選活動、資源募集和政治參與功能較為突出；新成立的政黨在資訊提供和政治參與的功能都較弱，在競選活動面向功能較佳。整體來看，國內政黨網站的特徵不太相同，大黨網站在資訊提供和網路連結功能較佳，小黨比較著重在資源募集的面向，而為了第七屆立委選舉成立的新興政黨，則可以發現於競選活動面向的經營和大黨差距較小。

以下我們接著分別說明政黨網站扮演的功能情形。在資訊提供的功能上，可以反映出政黨在傳播資訊和宣揚理念的努力，對社會大眾可以具有教育性和社會化功能。根據表5-2，相較於其他政黨，國民黨、民進黨、親民黨和台聯在提供資訊功能上較為完備。根據表5-3，我們進一步來觀察各政黨在相關資訊提供面向上的差異，尤其檢視各政黨在政黨歷史、組織結構、黨章和黨綱，以及黨主席介紹方面篇幅的多寡。[12]

表5-2　國內政黨網站功能分析

	資訊提供	網路連結	政治參與	競選活動	資源募集
國民黨	1.4	1.6	1.4	0.5	0.4
民進黨	1.4	1.6	1.0	1.5	0.4
新黨	0.3	-1.2	1.0	-0.6	-1.5
親民黨	0.9	0.2	0.6	-1.6	1.4
台聯	0.9	0.9	1.0	1.5	1.4
綠黨	0.6	0.2	-0.2	-0.6	0.4
公民黨	-0.5	-1.2	-1.4	-0.6	0.4
無盟	-1.7	-1.2	-1.4	-1.6	-0.5
客家黨	-0.3	0.2	-0.2	0.5	-0.5
制憲聯盟	-1.1	0.2	-1.0	0.5	-1.5
農民黨	-0.3	0.2	-1.0	0.5	0.4
第三社會	-1.1	-1.2	0.6	-0.6	-1.5
紅黨	-0.5	0.2	-0.2	0.5	0.4

說明：本表乃依據附錄二，表5-1之數值結果，進行標準化後所得。

資料來源：筆者整理自政黨網站。

表5-3結果提供我們檢視各政黨在資訊內容提供上相對重要性的初步比較。首先，國民黨和新黨在政黨歷史的著墨遠多於政黨黨綱和黨章的說

12 表5-3結果由計算各政黨網站提供的相關資訊，進行計數所得。

明，其餘的政黨則以較大篇幅介紹政黨的黨綱和黨章，顯示國民黨和新黨比較強調政黨的歷史。其次，政黨黨主席也是影響民眾對政黨印象的管道之一，新興政黨除公民黨外，其餘政黨並未針對黨主席進行介紹。在既有政黨中，以國民黨和親民黨的篇幅較大，而新黨並無黨主席之介紹。在政黨組織介紹上，僅有國民黨、台聯、公民黨和農民黨有提供資訊。因此，就表5-3來看，各政黨網站在資訊提供的內容上，著重的項目不大相同，但以國民黨和台聯網站內容較為完整。

此外，多數政黨也會在網站上張貼政黨最新消息，由此也可間接觀察政黨維護和更新網站的速度，在13個政黨中，無盟、制憲聯盟和第三社會黨並沒有最新消息的告示，透露這三個政黨維護網站的頻次低。進一步檢

表5-3 政黨網站在資訊提供面向的內容比較

	政黨歷史	政黨組織結構	黨章和黨綱	黨主席介紹
國民黨	63715	400	3545	394
民進黨	7460	0	25269	189
新黨	13214	0	3368	0
親民黨	835	0	4278	545
台聯	661	971	6886	179
綠黨＊	934	0	12535	NA
公民黨	0	49	2059	712
無盟	282	0	5027	0
客家黨	0	0	0	0
制憲聯盟	865	0	2428	0
農民黨	1833	88	4487	0
第三社會	0	0	0	0
紅黨	857	0	1867	0

資料來源：筆者整理自各政黨網站所提供之資訊。

說明：表格內之數值為總字數；＊綠黨並無黨主席的設置，此處以NA標示之。

視政黨的最新訊息，親民黨的主要訊息都集中在宋楚瑜的新聞或政績，由此也顯露宋楚瑜之於親民黨的重要性，以及親民黨的特質是比較屬於以個別政治人物來吸引選票的個人化政黨，而非以意識形態訴求選票的政策取向政黨。

網路提供政黨與其他機關組織或社會團體另一種形式的連結網絡，無論是政黨內部諸如地方黨部、國會黨團或是執政縣市的網站，或是相關友好的社團或利益團體網站，這些網絡的連結都有助於選民更加認識政黨，增進或塑造政黨的形象。比較政黨網站的網路連結功能，以國民黨和民進黨提供的連結最為完整，就政黨是否提供相關活動網站連結、相關新聞或政府單位連結，或是其他友好組織連結來比較，新黨、公民黨、無盟和第三社會黨網站顯然並不重視這些連結的功能。此外，較為特殊的是民進黨網站的網路連結，在政黨網頁上另設有「黨主席」、「姊妹派」和「DPP-Youth」等功能介面，點選進去之後是連結至部落格型式的網頁，所以黨主席有個人的部落格，也有針對婦女選民的部落格，以及年輕選民的部落格，這些部落格除了刊載相關議題的文章和活動訊息外，網友可以直接回應或發表意見，並沒有要求一定要先登錄成為網站會員才能夠表達想法，呈現一種雙向互動、開放的討論環境，[13] 同時也彰顯政黨針對不同受眾設置網站以建立和吸收支持者的意向。

和其他功能相較，多數台灣政黨網站並未著重於促進參與的功能。政黨網站可藉由提供表意的管道，例如政治人物或民意代表的聯絡方式，或者提供留言版、聊天室或論壇等功能，來促進一般大眾參與政治的興趣，進而吸引潛在的支持者成為黨員或建立長期關係。根據表5-2和附錄二表5-4結果，國內政黨網站以國民黨、民進黨、新黨和台聯在這方面有較多的努力，但國民黨和民進黨僅提供單向參與，不若新黨和台聯網站有論

13 民進黨於4月21日更新政黨網站，原本這些連結是放在首頁橫幅（banner）上，與「黨史館」、「新聞中心」或「人物導覽」等選項同列，改版後則改置於政黨首頁右上方的DPP家族連結下拉式選項中。

壇或討論社群的機制，確實促進雙向式溝通互動的機會。新興政黨的網站多數並未具備鼓勵參與的功能，只有第三社會黨和紅黨有討論社群或留言版設計，提供較多互動機會。此一現象與Jackson（2007）的研究發現並不一致，顯示國內的小黨忽略網站在促進參與功能角色之重要性，忽略藉此來吸引和增加支持者的可能性。最後國民黨、新黨和第三社會黨在均有「線上民調」的設計，但人氣都不高，舉例來說，國民黨最近更新網站設計，因此詢問網民「新網站新氣象，新的KMT網站你覺得如何？」活動是從4月1日開始，迄本月20日也僅有155位網民參與投票表示意見。在國民黨網站所陳列的六項線上民調中，僅有「您對於政治的態度是？」這個民調有575位網民參與投票，其餘參與民調人數從47人到311人不等。換句話說，從「線上民調」的投票結果，可以粗略的推測到政黨網站瀏覽的人氣指數。[14]

協助競選活動的進行是政黨很重要的功能之一，政黨網站在協助競選活動的進行，主要是提供相關的選戰消息，同時提供競選影音和照片供支持者瀏覽或下載，國內有些政黨也會設計競選圖案供網友下載轉貼，這些競選活動資訊之傳播有助於支持者對於政黨候選人的認識，政黨得以突破傳統媒介報導的限制和增加曝光度。由於本文以非選舉期間為觀察期，因此分析項目僅著重在政黨網站是否提供過去競選新聞和影音，並不試圖分析其網站的競選內容和策略。整體來說，國內政黨網站中，親民黨和無盟並未提供任何與選舉相關的新聞或影音檔案，多數政黨網站主要著重在發布選舉新聞和競選影音檔案，這些競選影音檔案主要以政黨競選廣告、競選歌曲和該黨候選人拜票等競選活動紀錄影音為主；而民進黨和台聯網站則是唯二提供圖案下載或串聯的政黨網站（參見表5-2和附錄二表5-5）。台聯的下載區提供「台聯小螞蟻」圖案供網民下載，提供支持者可以收藏

14 於本文撰寫期間，民進黨在4月21日更新政黨網站，亦提供線上民調功能，民調議題是「面對馬政府施政無能和失業人數節節升高，您是否願意參加517遊行活動？」截至4月25日共有680位網民參與投票。

象徵該政黨的標誌，增加政黨和支持者具體的連結機會。民進黨的網頁則提供「友善串連貼紙」功能，提供網友將活動訊息連結至自己的網誌上，可以快速傳播活動消息，加速動員集結的能量。

政黨要能夠運作下去，參與選舉或推動黨務，勢必需要人力和金錢，如何吸收更多黨員以及募集政治資金，便是政黨無時無刻得面對的問題。政黨網站除了作為一個資訊提供者角色，或者是提供支持者參與和互動討論的平台外，也是政黨得以進行資源募集的場域。政黨是否利用網站來進行資源募集的努力，可以從是否提供加入政黨、徵募志工或義工、捐款帳號或線上捐款等功能來評量，越有便利的線上資源募集方式，政黨越有可能創造更多的資源，以便利政黨的持續運作。根據表5-2和附錄二表5-6，多數政黨網站都提供捐款帳號來募集資金，同時也提供下載入黨申請書。對資金不充裕的小黨來說，義工或志工在協助黨務之推動上助益大，我們應該可以預期小黨可能傾向利用網站來徵募之，但在國內僅親民黨、台聯和公民黨網站利用網站來徵求志工或義工。[15] 而新黨、制憲聯盟和第三社會黨網站並未有資源募集的功能。

我們進一步將政黨依據此次立委選舉結果，區分為國會內和國會外政黨進行統計分析。根據表5-4結果，國會中占有席次的政黨網站的功能，在資訊提供、網路連結、政治參與以及資源募集面向上的功能，都比國會外政黨來得較為完整。不過，國會外政黨在競選活動功能上則較國會內政黨的平均數高，顯示國會外的政黨，選舉資源可能較少，更積極運用政黨網站來提供競選消息和影音，以增進選民認識政黨的機會。表5-4的結果也和國外學者Gibson等人（2003）和Semetko等人（2003）的研究發現相

15　對較缺乏資源的政黨來說，徵求義工（或志工）的加入，一方面有助於日常政黨事務的順利推動與維持，競舉期間義工則是進行政治動員的生力軍，因此我們可以預期小黨比較傾向有義工或志工的需求。此外，多數政黨雖有「加入政黨」的功能點選，但多數是支持者必須下載入黨申請書，填寫完畢後寄回黨部或是繳交至地方黨部受理，只有親民黨網站在網路上受理網友先填寫姓名、電話和地址方式。因此對於要入黨的支持者來說，僅是由政黨網站取得申請表格，並無法在線上完成入黨手續，提高加入政黨的時間成本。

似，國會中的政黨，在政黨網站的資訊提供和功能上的確是較為豐富和多元。

表5-4　國會內和國會外政黨網站功能的比較

		資訊提供	網路連結	政治參與	競選活動	資源募集
國會內政黨	平均數	9.8	2.5	4.5	1.3	2.0
國會外政黨	平均數	7.1	1.4	3.1	1.7	1.3

說明：國會內政黨為2008年立委選舉贏得席次的政黨，包括國民黨、民進黨、親民黨和無盟。其餘政黨則歸類為國會外政黨。

最後，政黨網站作為政黨在網路環境中形象的呈現，從上述的分析討論中可以發現國內政黨網站著重的功能面向不盡相同。然而整體而言，國內多數政黨網站在資訊提供功能上的完整性更甚於促進一般民眾參與和互動的功能，亦即國內政黨網站，多數仍扮演由上而下提供資訊的角色，而非追求由下而上互動溝通，達成促進參與的功能。換句話說，國內政黨網站在教育選民和提供認同符號之功能上，遠勝於動員選民進行政治參與和表意功能。因此，國內政黨網站在扮演政黨與選民之間溝通管道功能的整合潛能尚有改善的空間。

陸、政黨網站與政黨競爭

近二十年來網路科技的發達，使得政黨競爭和進行政治溝通的環境，已有極大之改變。面對網際網路日益發達與普及，政黨以建立網站方式來回應政黨競爭環境的改變。與傳統媒體不同之處，政黨網站不僅提供溝通，亦可提供互動的機制，政黨網站提供網站瀏覽者不同訊息，藉此傳播政黨理念和塑造政黨形象。在選舉競選期間，政黨利用網站協助政黨和候選人競選，也提供政黨和其他政治行動者連結的管道，並可能發揮動員支持的效果（Foot and Schneider, 2008）。因此，網路時代的來臨，對各國之政黨競爭方式亦可能產生潛在影響和改變。以下，我們分別從政黨競爭、政黨與選民之間的連結和政黨內部組織等面向，來討論網路環境對國內政黨政治發展所產生的影響。

對於有意參選的政黨或候選人而言，建立網站或部落格已是一項潮流，因此網路環境對政黨競爭的首要影響是，部分政黨競爭和政治溝通環境移至網路，網路促使政黨運用網路科技來強化政黨與選民的關係，展現政黨的存在性。從第七屆立委選舉可以發現，幾乎所有新成立之政黨都建立政黨網站，企圖運用網站促進政黨競選的競爭力。政黨網站是否有助於選票的拓展，是政黨、候選人或學者都亟欲驗證的問題，我們大致可以發現在這次參選的小黨中，有建立網站的小黨在區域選舉的得票率，確實較沒有網站的小黨略高一點的情形。[16] 然而，一個政黨得票的高低乃因各種不同因素所致，依據現有觀察資料，我們無法從政黨得票率與政黨網站建立與否和其完整性，直接推論選舉的勝利，同時這樣的推論也過於武斷和主觀。因此有關政黨網站是否有利於拓增選票，促進政黨競爭性的提升，仍須嚴謹的研究設計和更多的資料才能檢證。但是政黨網站能促進政黨的曝光度和促進政治溝通應是無庸置疑的。

政黨網站在強化與選民的互動則有正面的作用，政黨經由網站以發展與選民或支持者更緊密的連結是可行的。本文針對第七屆立委選舉後的政黨網站進行觀察，整體來看，雖然政黨網站在表意和促進互動的功能較弱，但較早成立的政黨（諸如國民黨、民進黨、親民黨和台聯）則有鼓勵參與的設計，經由訂閱政黨電子報、線上民調和寫信給黨主席或網站管理員等功能，確實提供政黨與支持者更緊密和多元的接觸機會，增加直接表意的管道和途徑。

網路競爭環境日益發達，也促使政黨內部逐漸重視網路競爭的重要性，此也進一步影響政黨內部組織結構的調整。早期國內政黨在選舉期間，會成立「網路後援會」來打選戰，近期，國內兩大政黨國民黨和民進

16　各政黨得票情形可參見附錄二，表5-7。

黨，也分別於2009年和2008年相繼成立網路部，由專責人員負責政黨網站之經營和維護，並於選舉期間運用網站來協助競選活動。政黨競爭以組織性的變革邁向網路競爭新時代，網路興起迫使政黨必須有所調整，藉由網路部門的設立，串連實體與虛擬競選環境，掌握網路科技以爭取更多選民的支持。

最後，若我們視政黨網站為政黨在網路環境的代表，從政黨網站來看政黨在網際的競爭，可以發現網路空間確實體現政黨競爭的多元化，網際網路的發展，讓資訊掌控權分權化，新興小黨克服在傳統媒介缺乏曝光機會的情境，多數均成立政黨網站，讓政黨的網際競爭存在多元性。然而，並非所有的政黨網站都成功的扮演或達到政黨應具備的功能或目標，相較之下，成立較久的政黨（包括國民黨、民進黨、親民黨、台聯和綠黨）較能善用網站來達成政黨的功能。

柒、結論和討論

國內外政黨自1990年代以來，運用網際網路來增進自己的能見度和選民對政黨的了解，政黨網站提供一般大眾、媒體記者更容易取得政黨資訊，也讓政黨得以提供大眾不經報章、電視等媒體編審過的最「原汁原味」政黨消息。網站的架設也讓政黨得以透過網路快速、超越時空地加速動員集會的過程，例如英國工黨網站便受理黨員於網站報名參加全國代表大會的集會。歐洲政黨也透過網路舉行線上會議來進行政黨內部的集會和溝通（Cunha et al., 2003: 83）。網路的應用帶來政黨政治溝通方式的新變革和分權化，促進訊息傳送者（政黨）和接收者（一般公眾）的互動。

本文從政黨功能層面切入，討論國內政黨網站所扮演的功能，研究發現國內政黨網站較著重在資訊提供的功能，包括介紹政黨歷史和組織，政黨理念或政策等，藉由網站來傳播政黨相關資訊以訴求社會大眾的認識和支持，顯見國內政黨網站多數較傾向是扮演由上而下提供資訊的角色，而非追求由下而上互動溝通，增進支持者參與政治過程的設計，國內政黨網站在扮演政黨與選民之間溝通管道功能的整合潛能尚有改善的空間。

本文針對網路作為一種工具以達成政黨在民主政治中扮演的功能進行初步探討，受限於時間和資源，本文僅分析政黨網站內容和功能，初步指出國內政黨網站多數僅扮演資訊提供的功能，在促進政治參與的功能上仍能更有所發揮的結論。然而，筆者認為在研究設計上，如能夠進一步訪談各政黨網站的製作人或維護人員，了解該政黨對於網站角色、運用和重要性的看法，以及網路在政黨政治和選舉競爭扮演的角色之評估，將有助於我們更進一步認識網路的應用在國內政黨政治所扮演的角色。此外，從選民角度切入的研究也是未來可以研究的方向，畢竟一般民眾才是網路的使用者，有多少民眾會去瀏覽政黨網站、會利用網路來獲取政治消息，網路使用經驗和其政治態度是否有關聯性存在，綜合這些不同研究發現，將會提供我們對於網路在政黨政治扮演的角色上有更完整的認識。[17]

參考書目

中文部分

中華民國招商網。2008。〈台灣上網人數創新高〉。http://investintaiwan.nat.gov.tw/zh-tw/news/200801/2008010401.html。2009/04/13。

李明賢。2008。〈選戰鋪路：藍效法歐巴馬，網路搶灘〉。《聯合報》2008/12/8。

李宛蓉。1997。〈網路選舉財，擋都擋不住，高達85%候選人文宣上網〉。《中時晚報》。1997/11/1。

---

17 台灣選舉與民主化調查推動小組針對2008年總統選舉進行的面訪案中，詢問受訪者選舉參與的情況，在所有回答的答案中，表示具有「瀏覽候選人網站」經驗的答案僅占所有答案的3.3%，比例並不高。

於念鋆。1998。〈蕃薯藤推出選戰新網站〉。《經濟日報》。1998/11/5。
於念鋆。1998。〈選舉日，網站及時開票〉。《經濟日報》。1998/12/4。
徐良容。2001。〈網際網路對選舉之影響——以我國公元兩千年總統選舉之總統競選網站為例〉。台灣大學國家發展研究所碩士論文。
財團法人台灣網路資訊中心。（2009）。〈台灣網路資訊中心網路使用調查〉。http://www.twnic.net.tw/download/200307/200307index.shtml。2009/04/13。
莊伯仲。2000。〈網路選戰在台灣——1998年三合一大選個案研究〉。《廣告學研究》14：31-52。
莊伯仲、鄭自隆。1996。〈競選文宣新媒介——台灣政治性資訊網路現況研究（1995）〉。《廣告學研究》7：85-119。
張銘坤。2004。〈2004年總統大選網路運用與使用之初探分析〉。政治大學新聞研究所碩士論文。
彭芸。2001。《媒介與政治：理論與實證》。台北：五南。
彭慧明。1997。〈網路染上政治熱？〉。《聯合報》。1997/11/19。
彭慧明。1996。〈模擬投票，網路戰況熾〉。《聯合報》。1996/1/10。
資策會。2008。〈2012年台灣寬頻上網家戶普及率預計將達74%〉。http://www.ithome.com.tw/itadm/article.php?c=51401。2009/04/13。
鄭自隆。2004。《競選傳播與台灣社會》。台北：揚智文化。

英文部分

Chadwick, Andrew, and Howard Philip. eds. 2009. *Routledge Handbook of Internet Politics*. New York: Routledge.
Coleman, Stephen. 2001. "Online Campaigning." in Norris P. ed. *Britain Votes 2001*: 115-124. Oxford: Oxford University Press.
Corrodo, A, and C. M. Firestone. 1997. *Elections in Cyberspace: Toward a New Era in American Politics*. Washington, DC: The Aspen Institute.
Cunha, Carlos, I. Martin, J. Newell, and L. Ramiro. 2003. "Southern European

Parties and Party Systems, and the new ICTS." in Gibson, R., Paul Nixon, and Stephen Ward eds. *Political Parties and the Internet: Net Gain*: 70-97. London: Routledge.

Davis, R. 1999. *The Web of Politics: the Internet's Impact on the American Political System*. Oxford: Oxford University Press.

Dalton, Russell J., and Martin P. Wattenberg. 2002. "Unthinkable Democracy: Political Change in Advanced Industrial Democracies." in Dalton, Russell J., and Martin P. Wattenberg eds. Parties without Partisans: *Political Change in Advanced Industrial Democracies*: 3-18. N.Y.: Oxford University Press.

Foot, Kirsten A., and Steven M. Schneider. 2008. "Web Campaigning." in Kaid, L. L., and Christina Holtz-Bacha. eds. *Encyclopedia of Political Communication*: 828-831. Thousand Oaks: Sage.

Gibson, R., and S. J. Ward. 1998. "UK Political Parties and the internet: Politics and Usual in the New Media?" *Harvard International Journal of Press/Politics* 3: 14-38.

Gibson, R.K., J. L. Newell, and S. J. Ward. 2000. "New Parties, New Media: Italian Party Politics and the Internet." *South European Society and Politics* 5: 123-142.

Gibson, R.K., Michael, Margolis, Daivd Resnick, and Stephen J. Ward. 2003. "Election Campaigning on the WWW in the USA and UK: A Comparative Analysis." *Party Politics* 9,1: 47-75.

Gibson, R., Paul Nixon, and Stephen Ward. 2003a. *Political Parties and the Internet: Net Gain*? Routledge, London.

Jackson, Nigel. 2007. "Political Parties, the Internet and the 2005 General Election: Third Time Lucky.?" *Internet Research* 17, 3: 247-271.

Katz. R., and Peter Mair. 1995. "Changing Models of Party Organization and Party Democracy: The Emergence of the Cartel Party." *Party Politics,* 1: 5-28.

Key, V.O. 1964. *Politics, Parties and Pressure Groups*. New York: Crowell.

Kirchheimer, Otto. 1966. "The Transformation of the Western European Party

System." in Joseph LaPalombara, and Myron Weiner eds. *Political Parties and Political Development: 177-200*. Princeton: Princeton University Press.

Klotz, Robert J. 2003. *The Politics of Internet Communication*. Lanham: Rowman & Littlefield Publishers, Inc.

Lusoli, Wainer, and Stephen Ward. 2004. "Digital Rank-and-fie: Party Activists' Perceptions and Use of the Internet." *British Journal of Politics and International Relations* 6: 453-470.

Margolis, M., and David Resnick. 2000. *Politics as Usual: The Cyberspace Revolution.* Thousand Oaks, CA: Sage.

Margolis, M., D. Resnick, and J. Wolfe. 1999. "Party Competition on the Internet: Minor Versus Major Parties in the UK and USA." *Harvard International Journal of Press/Politics* 4: 24-47.

Margolis, M. D. Resnick, and Jonathan Levy. 2003. "Major Parties Dominate, Minor Parties Struggle: US Elections and the Internet." in Gibson, R., Paul Nixon ,and Stephen Ward. eds. *Political Parties and the Internet: Net Gain*: 53-69. London: Routledge.

Morris, Dick. 2000. *Vote.com. How Big-Money Lobbyists and the Media are Losing their Influence and the Internet is Giving Power to the People.* Los Angeles: Renaissance.

Norris, P. 2003. "Preaching to the Converted? Pluralism, Participation and Party Websites." *Party Politics* 9, 1: 21-45.

Resnick, D. 1999. "The Normalisation of Cyberspace" In C. Toulouse, and T. Luke. eds. *The Politics of Cyberspace*: 48-68. London: Routledge.

Semetko, Holli A., and Natalya Krasnoboka. 2003. "The Political Role of the Internet in Societies in Transition: Russia and Ukraine Compared." *Party Politics* 9, 1: 77-104.

Tkach-Kawasaki, Leslie M. 2003. "Politics@ Japan: Party Competition on the Internet in Japan." *Party Politics* 9, 1: 105-123.

Ward, S. and R. Gibson. 1998. "The First Internet Election? UK Political Parties and Campaigning in Cyberspace" In I. Crewe, B. Gosschalk, and J. Bartle. eds. *Political Communications: Why Labour Won the General Election of 1997*: 93-112. London: Frank Cass.

Ward, S. and R. Gibson. 2003. "On-line and on Message? Candidate Websites in the 2001 General Election." *British Journal of Politics and International Relations* 5, 2: 188-205.

Ward, Stephen, Diana Owen, Richard Davis, and David Taras. 2008. *Making a Difference: A Comparative View of the Role of the Internet in Election Politics*. Lanham, MD: Lexington Books.

附錄一

表5-1　第七屆立委選舉參選政黨和其網站

政黨名稱	網站
國民黨	http://www.kmt.org.tw/main.asp
民進黨	http://www.dpp.org.tw/
新黨	http://www.np.org.tw/
親民黨	http://www.pfp.org.tw/
台灣團結聯盟	http://www.tsu.org.tw/
無黨團結聯盟	http://www.taconet.com.tw/npsu
綠黨	http://www.greenparty.org.tw/
公民黨	http://gygb.myweb.hinet.net/
客家黨	http://www.twhakka.com/front/bin/home.phtml
制憲聯盟	http://estab.lawlove.org/xoops/html
台灣農民黨	http://www.tfp.org.tw/
第三社會黨	http://www.society3.tw/
紅黨	http://www.homepartytw.org/
民主自由黨	無
洪運忠義黨	無
世界和平黨	無
大道慈悲濟世黨	無

資料來源：筆者整理。

附錄二

表5-1 國內政黨網站功能分析

	資訊提供	網路連結	政治參與	競選活動	資源募集
國民黨	13	4	7	2	2
民進黨	13	4	6	3	2
新黨	9	0	6	1	0
親民黨	11	2	5	0	3
台聯	11	3	6	3	3
綠黨	10	2	3	1	2
公民黨	6	0	0	1	2
無盟	2	0	0	0	1
客家黨	7	2	3	2	1
制憲聯盟	4	2	1	2	0
農民黨	7	2	1	2	2
第三社會	4	0	5	1	0
紅黨	6	2	3	2	2
平均數	7.92	1.77	3.54	1.54	1.54
全距	13	4	12	3	3

說明：本表乃依據附錄二，表二至表六結果整合而成，各功能面向的詳細過錄結果。

資料來源：筆者整理自政黨網站。

表5-2 政黨網站內容與功能：資訊提供面向

	國民黨	民進黨	新黨	親民黨	台聯	綠黨	公民黨	無盟	客家黨	制憲聯盟	農民黨	第三社會	紅黨
政黨歷史	1	1	1	1	1	1	0	1	1	1	1	1	1
政黨組織結構	1	1	0	1	1	1	1	0	1	0	1	0	0
政黨黨章和黨綱	1	1	1	1	1	1	1	1	1	1	1	0	1
政黨理念和政策（例如：政見、白皮書等）	1	1	1	1	1	1	1	0	1	1	1	1	1

表5-2　政黨網站內容與功能：資訊提供面向（續）

	國民黨	民進黨	新黨	親民黨	台聯	綠黨	公民黨	無盟	客家黨	制憲聯盟	農民黨	第三社會	紅黨
電子報（newsletter）	1	1	1	1	1	0	0	0	0	0	0	0	0
資料釋出（演講、專訪多媒體檔案、記者會文件或逐字稿等）	1	1	0	1	1	1	0	0	1	1	1	1	1
政黨人物介紹	1	1	1	1	1	0	0	0	0	0	0	0	0
黨主席介紹	1	1	1	1	1	0	1	0	0	0	0	0	0
候選人簡介	1	1	1	1	1	1	1	0	0	0	0	0	1
政黨選舉表現	1	1	0	0	0	1	0	0	1	0	0	0	0
大事紀	1	1	1	1	1	1	0	0	0	0	1	1	0
最新（記者會）消息	1	1	1	1	1	1	1	0	1	0	1	0	1
以其他語言呈現	1	1	0	0	0	1	0	0	0	0	0	0	0
總計	13	13	9	11	11	10	6	2	7	4	7	4	6

資料來源：筆者整理自政黨網站。

表5-3　政黨網站內容與功能：網路連結面向

	國民黨	民進黨	新黨	親民黨	台聯	綠黨	公民黨	無盟	客家黨	制憲聯盟	農民黨	第三社會	紅黨
地方黨部網站連結	1	1	0	1	0	0	0	0	0	0	0	0	0
其他友好組織或政黨的連結	1	1	0	1	1	1	0	0	1	1	1	0	1
相關之新聞或政府單位之好站連結	1	1	0	0	1	0	0	0	0	0	1	0	0

表5-3 政黨網站內容與功能：網路連結面向（續）

	國民黨	民進黨	新黨	親民黨	台聯	綠黨	公民黨	無盟	客家黨	制憲聯盟	農民黨	第三社會	紅黨
相關活動網站連結	1	1	0	0	1	1	0	0	1	1	0	0	1
總計	4	4	0	2	3	2	0	0	2	2	2	0	2

資料來源：筆者整理自政黨網站。

表5-4 政黨網站內容與功能：政治參與面向

	國民黨	民進黨	新黨	親民黨	台聯	綠黨	公民黨	無盟	客家黨	制憲聯盟	農民黨	第三社會	紅黨
註冊加入電子報郵寄名單	1	1	1	1	1	0	0	0	0	0	0	0	0
線上意見表格填寫	1	1	0	0	1	1	0	0	0	0	0	0	0
提供黨主席之郵件住址、電話或傳真號碼	0	1	0	1	0	0	0	0	1	0	0	0	1
民意代表之郵件住址、電話或傳真號碼	0.5	1	1	1	1	0	0	0	0	0	0	0	0
執政縣市長之郵件住址、電話或傳真號碼	0.5	0	0	0	0	0	0	0	0	0	0	0	0
寫信給黨主席	1	1	1	0	0	0	0	0	1	0	0	0	0
寫信給網站管理者	1	1	0	1	1	1	0	0	1	1	1	1	1
聊天室	0	0	0	0	0	0	0	0	0	0	0	0	0
討論社群、論壇	0	0	1	0	1	0	0	0	0	0	0	1	0

表5-4　政黨網站內容與功能：政治參與面向（續）

	國民黨	民進黨	新黨	親民黨	台聯	綠黨	公民黨	無盟	客家黨	制憲聯盟	農民黨	第三社會	紅黨
留言版	0	0	0	0	0	1	0	0	0	0	0	1	1
線上民調	1	0	1	0	0	0	0	0	0	0	0	1	0
加入會員	1	0	1	1	1	0	0	0	0	0	0	1	0
總計	7	6	6	5	6	3	0	0	3	1	1	5	3

資料來源：筆者整理自政黨網站。

說明：*國民黨在「民意代表聯絡方式」和「執政縣市長聯絡方式」資訊提供並不完整，因此給予0.5。

表5-5　政黨網站內容與功能：競選活動面向

	國民黨	民進黨	新黨	親民黨	台聯	綠黨	公民黨	無盟	客家黨	制憲聯盟	農民黨	第三社會	紅黨
競選影音檔案	1	1	0	0	1	0	0	0	1	1	1	0	1
圖案（logo）下載	0	1	0	0	1	0	0	0	0	0	0	0	0
競選新聞發佈	1	1	1	0	1	1	1	0	1	1	1	1	1
總計	2	3	1	0	3	1	1	0	2	2	2	1	2

資料來源：筆者整理自政黨網站。

表5-6　政黨網站內容與功能：資源募集面向

	國民黨	民進黨	新黨	親民黨	台聯	綠黨	公民黨	無盟	客家黨	制憲聯盟	農民黨	第三社會	紅黨
加入政黨	1	1	0	1	1	1	0	1	1	0	1	0	1
捐款帳號	1	1	0	1	1	1	1	0	1	0	1	0	1
加入義工或志工	0	0	0	1	1	0	1	0	0	0	0	0	0
總計	2	2	0	3	3	2	2	1	1	0	2	0	2

資料來源：筆者整理自政黨網站。

表5-7 第七屆立委選舉政黨得票率

政黨名稱	是否架設網站	區域立委得票率	政黨票得票率
國民黨	有	53.48%	51.23%
民進黨	有	38.65%	36.91%
新黨	有	——	3.95%
親民黨	有	0.02%	——
台灣團結聯盟	有	0.96%	3.53%
無黨團結聯盟	有	2.25%	0.70%
綠黨	有	0.15%	0.60%
公民黨	有	0.06%	0.49%
客家黨	有	0.09%	0.43%
制憲聯盟	有	0.04%	0.31%
台灣農民黨	有	0.09%	0.58%
第三社會黨	有	0.10%	0.47%
紅黨	有	0.07%	0.80%
民主自由黨	無	0.05%	——
洪運忠義黨	無	0.01%	——
世界和平黨	無	0.01%	——
大道慈悲濟世黨	無	0.04%	——

資料來源：筆者整理自中央選舉委員會。

說明：——表該政黨沒有推出區域候選人或政黨名單參選。

第二篇

跨國比較下的國會研究

第六章
總統作爲政黨領袖

吳文程

壹、前言

民主政治是政黨政治，政黨政治是民主政治最主要的特徵、最基本的標準，和不可或缺的要件。民主政治最主要的精神就是主權在民，擁有政府決策權的重要公職人員應由公民選舉產生，向選民負責。選舉是民主政治最核心的制度安排，透過選舉，公民能夠參與政治，用選票來決定政權是否輪替，政府由何黨組成，以及政府的政策方向，同時也賦予政府權力的合法性。但是，選舉要能運作，要辦得有意義，就必須要有政黨的配合，要有兩個或兩個以上的政黨提名若干候選人，提出不同的政綱政策，以供選民抉擇；人民要有自由、合法組黨的權力，各個政黨要能站在公平的地位上彼此競爭，那個政黨能贏得選舉的勝利，取得執政權，由選民的選票來決定。而且，選民可以在政黨取得執政權之後，根據其所提出的政綱政策衡量其施政作為，判斷其是否兌現競選時的承諾，以作為下屆選舉時支持該黨與否的參考準據，透過這樣的程序，政黨要向選民負責，選民才可以課政黨以責任，責任政治的精神、民主政治的真諦才能真正體現。

民主政治既是政黨政治，一般民主國家的政府首長，不管是總統、總理，或是首相，通常是一個政黨實際的領袖，不管他（或她）是否兼任名義上的黨主席職位。美國的總統、英國的首相都不兼任黨主席，但是其作為執政黨實際的領袖則殆無疑義。總統制、雙重行政首長制的國家的總統既是國家元首又是政府首長，當然是政黨領袖；議會制的國家的總統只是虛位的國家元首，不是政府首長，通常必須超乎黨派之外，因此不是政黨領袖。政府首長根據各國的憲法或憲政體制，都可以主持一個政府內的決策會議，美國總統主持內閣會議和國家安全會議，英國首相主持內閣會議，法國總統主持部長會議，來決定政府的重要政策，不需要在執政黨的黨組織（中央黨部或全國委員會）內另設一決策會議，來決定執政黨和政府的政策。我國憲政體制，根據原本的憲法條文，到底是屬於何種類型，人言人殊，本無定論。1990年之後歷經數次修憲增加幾條增修條文，當時主導修憲的國民黨稱修憲後的憲政體制為「改良後的雙首長制」，但是2000年政權輪替後，前總統陳水扁先生則認為我國的憲政體制是「向總統制傾斜的雙首長制」，雖然總統所屬政黨在立法院並非多數黨，陳總統仍堅持組成一黨少數政府，當時（2000-2001）國民黨雖仍是多數黨，卻並未爭取執政，自居為在野黨，因此實際憲政體制的運作（2000-2008）類似總統制。不過，不管我國憲政體制到底是總統制還是議會制，還是雙首長制，我國憲法明文規定行政院為我國最高行政機關，因此行政院會即是我國政府的最高決策會議。行政院會是由行政院長主持，而不是由總統主持。根據我國憲法，總統只能主持國家安全會議，而國安會只能討論國防、外交（及大陸）政策，且不定期召開，無法用來決定大部分的政府政策。因此，過去歷屆總統都是兼任執政黨的黨主席，透過主持黨內的中央常務委員會或中央執行委員會，來決定重大的黨和政府的政策。但是，自從2008年二次政權輪替，馬總統就任以來，為遵守憲政體制，嚴守黨政分際，不願兼任黨主席，因此也就無法主持黨或政府任何一個重要的決策會議。然而，自從1996年總統由全體公民直接選舉產生以來，擁有很大的民意付託，人民認為總統既是國家元首，也是政府首長，一般社會大眾都認為現在的政府為馬政府，而不是劉（兆玄）政府或吳（敦義）政府，社會大眾也認為現在執政黨的實際領袖是馬總統，而不是吳（伯雄）主席，社會大眾認為馬總統應該是執政黨和政府的最高決策者，只有馬總統才是全國選民選舉產生，選民要課馬總統和執政黨政治的責任，但是馬總統卻不能主持黨和政府正式的決策會議來決定政策，這就是當前我國面臨最主要的政治問題，2009年7月馬總統終於參選黨主席，並於10月中旬兼任了國民黨黨主席，但是馬總統仍然不能主持行政院會，做一個真正的國家元首兼政府首長。本文主要是探討美國總統作為政黨實際領袖的角色，並兼論英國首相，法國總統作為政黨實際領袖，比較其決策模式和黨政關係，以作為解決我國當前政治問題的借鏡和參考。

貳、美國總統作為政黨領袖

美國憲法賦予總統若干權力與角色，但憲法並未賦予總統政黨領袖的角色與權力。事實上，美國制憲先賢們根本認為政黨是罪惡的泉源與分裂國家的力量，可能破壞國家的團結與摧毀人民的福利。制憲諸賢設立總統制，是希望選舉總統時不需要依賴政黨，而總統入主白宮之後也不需要依賴政黨來推動政策，他們所設立的總統一職是「無政黨色彩的總統」（apartisan presidency）。不過，後來的發展顯然事與願違，聯邦政府剛一成立，國會裡即有黨派對立。美國第一任總統華盛頓（George Washington）是唯一能夠與政黨保持距離的總統，但華盛頓總統仍不免透過財政部長漢彌爾敦（Alexander Hamilton）進行黨派之間的折衝，漢彌爾敦正是當時國會多數黨派「聯邦派」（Federalist faction）的領袖。總統擔任政黨領袖而成為具「政黨色彩的總統」（partisan presidency），則自傑弗遜（Thomas Jefferson）開始。傑弗遜在麥迪遜（James Madison）等人協助下，建立了美國第一個反對黨派「共和派」（Republican faction）。1800年傑弗遜也成功的將「共和派」轉化為強而有力的競選機器，而入主白宮成為美國第三任總統，「共和派」也成為國會的多數黨。傑弗遜總統在其主政的八年中，扮演了極為強勢的政黨領袖，順利運用國會中的忠心黨員使法案通過。由於政黨領袖的身分使他能不斷發揮影響力與權力，因此除少數情況外，他並不急於擴大其他總統職位的權力。從總統職位的角度來看，傑弗遜作為一位強勢總統與過分強勢的政黨領袖，反而是有礙總統其他權力的擴大（Border, 1967: 57-105; Kearny, 1981: 81-83）。

不過，美國兩百多年來的政黨發展顯示，後來的總統均不可能享有像傑弗遜總統那樣強勢的政黨領袖地位，但也不可能像華盛頓總統那樣對政黨領袖此一角色退避三舍。事實上，後來的總統大都介於傑弗遜模式與華盛頓模式之間。一方面，總統所擔任的政黨領袖遠超過制憲先賢心目中所設想的形式；另一方面，總統作為政黨領袖所能獲得政黨的支持卻遠不如傑弗遜。傑克森（Andrew Jackson）總統於1828年在首次結合普選制與總統選舉人團制的總統選舉中當選總統之後，八年主政期間，不僅對政黨的運作造成極大的影響，使他成為傑弗遜以來較強勢的一位政黨領袖，也對兩黨政治的形成起了極大作用。

首先，傑克森成功的將大部分民主黨的領導權轉移到白宮，藉著「分贓制度」（spoils system）——總統制的主要特徵，既卸任總統所任命的政務官（political appointees），隨卸任總統一起辭職下台，由新任總統重新任命，亦即總統的黨即是執政黨，政府由總統及其政黨組成，與「廚房內閣」（kitchen cabinet）的推動，他不僅擴大了總統的權力，也確立了總統是執政黨實際領袖的地位。另外，在傑克森領導之下，民主黨於1831年建立了由全國代表大會提名總統與副總統候選人的制度，共和黨後來亦效法之，提名總統與副總統候選人的功能，不再由國會黨團行使，從此總統的產生不再受制於國會，有利於權力的分立與制衡（Haight & Johnson, ed., 1965: 244; Huckshorn, 1984: 34; Plano & Greenberg, 1985: 162-286）。

美國兩大黨內部的組織特性與世界各國各主要政黨皆有不同，它們沒有黨員制度，也沒有黨籍（除了公職人員外），沒有上下階層從屬關係的組織，沒有嚴明的黨紀，都是權力高度分散的政黨。美國兩大黨在聯邦、州和地方三個層級都包含有三個部分：第一是「選民中的黨」（party-in-the-electorate），包含認同和支持某一政黨的人，特別是登記參加某一政黨初選投票的人。第二是「黨的組織」（party organization），包含全國委員會、州委員會、地方黨團（caucus）內的專職或義務的黨工人員和積極份子，那些協助黨的候選人贏得選舉但自己不參選，不擔任公職的人；第三是「政府中的黨」（party-in-government），包括總統、內閣閣員及其他重要的政府官員、國會議員；州長、州政府政務官、州議會議員；市長、市政府政務官、市議會議員等人（Eldersveld, 1982: 85）。

美國二大黨全國委員會是五十州委員會的聯誼組織（類似邦聯，而非聯邦的關係），州委員會則是縣市委員會的聯合。歷年來全國委員會，如一位地方政黨幹部所言，「開會次數愈少愈好，決定事情愈少愈好，完全不制定公共政策，只是每四年主辦一次全國代表大會。」（C. Rossiter, 1962: 14）政黨名義上的領袖——全國委員會主席（黨主席）是由總統被提名人向全國代表大會提名，通過而任命，總統大選期間，他就是黨內競選總幹事。但是1960年代以來，由於初選（primary）制度，總統候選人的競選總部才是最主要的競選組織，全國委員會反成為次要的輔選組織而已。在總統任期中，執政黨如要更換黨主席，也是由總統來提名任命，黨主席只是負責全國委員會的黨務工作，完全沒有決策的權力。美國二大黨的組織主要是橫的連結，而不是縱的連結，各級黨部並無上下從屬的關係，全國委員會不能下命令給州委員會，州委員會也不能下命令給縣市委員會。各級委員會都是地位平等，自主性很高的。事實上，過去有長達一世紀之久（1860年代至1960年代），政黨的權力主要是落在一些縣市黨部裡頭，這些地方黨部被稱為政治機器（political machine），而政治機器的權力又集中在一位政治老闆（political boss）手裡。（Mike Royko, 1971: 84）

上述「政府中的黨」，並不是一個單一、一致、緊密的組織，而是分成三個部分：總統、州長和市長，及他們所任命的政務官構成「行政部門的黨」（executive party）；國會議員、州議會議員，及市議會議員構成「立法部門的黨」（legislative party）；聯邦、州及地方法官則構成「司法部門的黨」（judicial party），三個部分彼此之間是獨立自主的，這是總統制三權分立制衡使然。美國二大黨在國會參、眾兩院的黨籍議員各自形成一個黨團，各選出其政黨領袖（參眾兩院多數黨領袖及少數黨領袖）、黨鞭，及其他政黨幹部（皆義務、兼職），四個國會黨團皆為獨立自主的組織，它們既不接受全國委員會的領導，也不接受州及地方黨組織的指揮。參、眾兩院同一政黨的黨團也相互獨立，互不隸屬。而且兩黨的國會黨團，也不同於英國下議院的黨團，它們不是全黨的權力和決策中心，也不能命令、指揮州和地方的黨組織。美國全國性選舉有兩項選舉：一是總統選舉，一是國會選舉，選舉結果有時總統的黨和兩院的多數黨是一致的，這時的聯邦政府通稱為「一致政府」；有時總統的黨（執政黨）和兩院之一或兩院的多數黨（在野黨或反對黨）不一致，這時的聯邦政府稱為「分立政府」（divided government），二次世界大戰以後，「分立政府」是常態，「一致政府」反而是例外。

美國憲法有所謂分立條款（separation clause）：國會議員不得兼任政府官吏，政府官吏亦不得兼任國會議員，因此總統不能以政務官的人事任命權來籠絡國會議員。二次世界大戰之後，大眾媒體——廣播、電視興起，使得公職候選人透過大眾媒體可以直接向選民訴求，不須藉由黨組織所辦的群眾大會來接觸選民。1960年代以來實施初選，候選人可以自行登記參選，自組競選總部來競選，被提名與否是由選民決定，而不是由黨組織（政治機器與政治老闆）來決定。另外，由於媒體政治的興起，使得競選經費大幅上升，黨組織無法提供經費的支援，因此許多利益團體組織了許多「政治行動委員會」（political action committee，簡稱PAC），來做籌募和捐獻政治獻金的工作，目前大部分的競選經費都來自於PAC的捐款，這些種種因素都使得美國國會議員的選舉日益個人化，也造成了政黨的式微，使得國會議員更加獨立自主，國會黨團的黨紀日益不彰，國會議員的問政既不受白宮，也不受全國、州或地方黨組織的控制與約束（Sabato, 1982: 274-288; Costikyan, 1980: 16-17）。

美國總統對同黨國會議員候選人的提名以及他們爭取連任時的提名毫無置喙的餘地。當國會議員抵達國會山莊之後，又無法以政務官的人事任命權來籠絡他們，當同黨議員在國會裡反對或不支持總統的政策以及總統所提出的法案時，總統也無法祭出黨紀來加以處罰。總統只能以其所擁有的行政資源如「聯邦地方補助款」（federal grants-in-aid）來與國會議員從事利益交換，或以總統的民意付託和政治魅力來說服國會議員（Neustadt,

1960）。因此，即使是「一致政府」時，總統以其政黨領袖的身分來領導立法，雖然較占優勢，但也不是可以為所欲為。由於美國二大黨黨紀不彰，「政黨投票」（party voting）的現象相當罕見，反而是「分裂投票」（split voting）才是常見的現象，總統的提案並不會受到全體國會同黨議員的支持，但也不會受到全體國會反對黨黨籍議員的反對。另外，由於1960年代以來美國選民的政黨認同感（party identification）逐年降低，光是一黨的認同者和支持者並不足以使一個總統候選人當選，因此一旦總統候選人獲得總統提名，他必須與其政黨保持適切的距離，並且提出能夠吸引廣大選民認同的政見，對全體選民訴求、承諾，以吸引中間選民——包括獨立票、游離票，甚至是對其所屬政黨不滿的選票。如同前述，「分立政府」二次大戰以後成為常態，總統入主白宮之後，往往面對的是一個反對黨控制的國會，或是反對黨控制參眾兩院其中一院的國會，在這種情況之下，總統只有降低政黨領袖的姿態，減少政黨領袖的色彩，以超然於政黨之上，作為「全民總統」的身分，來試圖領導國會立法。所以總統要掌握立法權是有其限制的，不管是「一致政府」或是「分立政府」，國會議員不管是執政黨或反對黨的議員都不甘使國會成為一個「橡皮圖章」，這正是美國憲法中所載的三權分立，相互制衡的原則（Kearny, 1981: 86-89）。另外，聯邦制度與政黨的地方分權也對總統作為政黨領袖產生了牽制作用，美國是個政治權力高度分散的國家。自傑弗遜以來，國會領袖、州長、州議會領袖、縣市長、縣市議會領袖、地方黨組織領袖都是政黨內部各層級的領袖。因此，總統作為執政黨全黨的領袖，要發揮其領導力、影響力時，其他各層級的政黨領導幹部可能支持，但也可能杯葛，總統只有透過溝通、協調，說服與籌碼的運用，才能達到目的（Haight & Johnson, 1965: 247-249; Robert Huckshorn, 1984: 12-14）。

美國的兩黨制和國會議員的選制——單一選區簡單多數制，使得二黨產生「向心的競爭」（centripetal competition），使得二大黨的意識形態距離越來越接近，政綱政策越來越雷同（Sartori, 1976: 179），事實上，總統很難堅持黨的意識形態和政綱政策，全國代表大會所提的政綱政策，總統入主白宮之後通常就被拋到九霄雲外，這就讓美國政黨走向不太負責任的政黨（Ranney, 1954），選民很難課政黨以政治責任。

美國政黨既然無法負責政府政策成敗的責任，總統作為政黨領袖也只有自己負起責任了。由於作為政黨領袖此一角色未必都是權力，也有不少義務需要總統去履行，例如為政黨和候選人募款、助選，而且作為政黨領袖和作為全民總統之間不無角色之衝突，還有總統必須與各層級其他政黨領導幹部分享權力，這些都會影響總統扮演政黨領袖的意願和決心，有了強烈的意願和決心，總統個人的政治魅力、慾望、技巧與能力也是重要的因素，總統若具有政治魅力和強烈的政治慾望，高超的政治技巧與能力，自然會藉由政黨領袖的地位來擴大總統的權力；如果總統缺乏政治魅力、慾望、技巧與能力，即使總統想要成功扮演政黨領袖的角色，也可能力有未逮（Riker, 1965: 334-336）。

總之，美國總統與其政黨相互需要，但也不無衝突。總統需要政黨的提名，也需要政黨動員其認同者和支持者投票給他，當選之後，總統更需要與其他政黨領導幹部合作來推動他的政策。不過，政黨的長期利益與目標與白宮畢竟有所出入，政黨需要總統在競選期間吸引足夠選票，以取得執政地位；在當選之後，政黨又需要總統任命有功黨員出任政務官，更希望總統的政策能增加政黨的聲望與威信。惟今天的政黨已不足以憑藉其本身的力量選出一位總統，也不可能動員國會議員支持總統的計畫；因此，總統在競選期間必須超越政黨立場吸引更多選票，在推動立法上也需要超越政黨的立場來爭取反對黨議員支持其政策，在做這些事情上，總統必須更為依賴自己的政治魅力、技巧與能力向全民訴求、承諾，與國會議員溝通、協調並說服他們，運用行政資源與各項籌碼來換取他們的合作與支持。畢竟，總統是全國最高行政首長，他同時扮演許多政治角色，政黨領袖只是其中之一，他可以從遠距離來扮演政黨領袖的角色，沒有必要事必躬親，而可由其助理、顧問來協助行使這項憲法與法律都未規範的政治權力。由於今天美國總統已不可能像傑弗遜、傑克森那樣享有幾乎無所不能的政黨領袖權力，當然會使有些總統不太願意與政黨有太多瓜葛，也沒有太大意願扮演政黨領袖的角色。然而，美國政治制度的設計與實際政治的運作，雖然對總統作為政黨領袖有諸多的限制，但是過去有心做好政黨領袖的總統也常能有些突破，而且積極並善於扮演政黨領袖角色的總統，通常也是比較有所作為，歷史地位評價較高的總統。

參、英國首相作為政黨領袖

英國的憲政體制是議會制（或稱內閣制），國家元首係由世襲的國王（或女王）擔任，行政首長（政府首長）則由首相擔任。中世紀是封建時代，中世紀結束後進入絕對王權時代，國王為了鞏固權力、建立民族國家（nation-state），與貴族展開一場權力鬥爭，當時貴族的權力仍然很大，國王要徵兵、徵稅需要貴族代表所組成的議會的同意。國王政策需要議會議員過半數的同意才能通過，議會為行使同意權，贊成和反對國王政策的議員就會組成議會團體，這就是托利（Tory）黨和惠格（Whig）黨的由來，這也就是保守黨（Conservative Party）和自由黨（Liberal Party）的前身。當議會內組成議會團體，國王就會開始任命最大團體的領袖出任首相，以利國王的政策能夠在議會裡順利通過，內閣閣員則由首相向國王推薦來任命，久而久之就形成了憲政慣例，每當下議院改選，出現了新的多數黨黨魁，或下議院多數黨改選新的黨魁，國王必然立刻召見，任命其為首相，並令其組成新的內閣（政府）。這是議會制（內閣制）最主要的特徵，這個特徵在英國也沒有任何一項法律規定，完全是憲政慣例，這個慣例已行之數世紀，絕不會更改。而且英國全國性的選舉就只有下議院選舉一項，下議院多數黨必然是執政黨，多數黨黨魁必然出任首相，絕對不會有如美國的「分立政府」的情況出現。多數黨黨魁也就是首相，係由多數黨全體議員選出，既非由議會全體議員選出，更不是由全體公民直接選舉產生。

保守黨是典型的「內造政黨」（internally-created party），該黨起源於議會之內，原本只是個議員們組成的議會團體，後來由於選舉權逐漸擴大，才在議會之外各個選區成立黨的組織，所以保守黨的權力（決策）中心一直都是在議會之內，也就是下議院黨團，當它在執政期間，其決策權又集中在內閣和首相手裡。英國工黨（Labour Party）則是典型的「外造政黨」（externally-created party），該黨於1900年由許多工會組成，在這之前工人並無選舉權，在議會之內當然沒有代表，所以該黨是在議會之外組成，組成之初其權力（決策）中心當然在議會之外，但是工黨一組成就是全國性的大黨，很快就有很多工黨候選人當選，進入下議院並組成議會黨團，並在1945年第一次執政，以後就取代了自由黨，變成英國的二大黨之一，並和保守黨輪替執政，而工黨的權力（決策）中心也就轉移到議會之內（Duverger, 1954: xxiii-xxvit）。

美國總統因為是由全民選舉產生，具有較大的民意付託，負有完全的行政責任，內閣閣員均由總統提名，經參議院同意後任命，他們僅為總統的顧問或僚屬，總統隨時可以予以免職，只是在任命新人接替時仍需要參院同意而已。內閣會議的決議、政府政策的決定，完全由總統一人裁決、負責，林肯總統在一次內閣會議後，說了這麼一句名言：「六票反對，一票贊成，贊成者通過。」（six nays and one aye, and the ayes have it）總統公布法律只需要總統一人簽署即可，無需任何部會首長附署。英國首相與其內閣閣員都是議會議員，也都是某個選區內的選民選舉產生，所以首相只是「平等中的首位」（first among equals），內閣閣員雖由首相任命（形式上由首相提名，國王任命），首相並不能隨意免去閣員之職（通常是閣員因弊案或醜聞而自動辭職），被免職的閣員仍是下議院議員，除非他辭去議員之職。相對於總統制而言，議會制（內閣制）下的內閣的決策採合議制，由全體內閣閣員討論協商，達成一致的共識後才做決定，集體共負政策責任，法案的公布需首相和相關部會首長的附署，才送國王簽署公布施行。從這一點來說，英國首相的行政權不如美國總統的單一、完整；但是，英國首相身為多數黨（執政黨）的黨魁，有權任命內閣閣員，又擁有議員競選連任時的的提名權，因此首相對於閣員的約束力仍然是很大的，一位強勢的首相仍然可以領導內閣來決定政策。

形式上，英國的議會制（內閣制），由內閣負責行政，議會負責立法，行政、立法分立，議會有行使不信任案投票、推翻內閣之權，內閣亦有解散議會、重新改選之權，二者互相制衡，其實行政、立法的融合才是議會制（內閣制）的特徵，內閣在議會之內，閣員兼議員，二者並不分立。代議政治之下，有所謂「議會至上」之說，表面上，內閣要向議會負責，行政權好像比立法權小，實際上議會裡有個執政的多數黨存在，行政立法二權已被多數黨結合在一起，根本不再分立、制衡，議會和內閣好像是兩部機器，同用政黨這部馬達來推動，所以議會和內閣只是憲政的表徵，實際運作權力的主體是政黨。英國首相因身兼多數黨黨魁，而且他（她）是因為身為多數黨黨魁才成為首相，而不是身為首相後才成為政黨領袖，首相領導內閣決定政策，首相和內閣又領導多數黨議員通過法案。而且，英國二大黨都是組織嚴密、紀律嚴明的政黨，多數黨的議員一定支持內閣的決策，實際上是內閣領導議會，並非議會領導內閣。英國首相作為政黨領袖，其決定的政策必然能在議會中獲得多數議員支持，成為法案，英國首相主動領導議會立法的權力，遠大於美國總統主動領導國會立法。

從英國實際政治運作而言，政權之輪替、內閣之去留，全以內閣是否在下議院擁有多數支持而定。在兩黨制之下，一旦甲黨內閣垮台，乙黨必然起而代之。因此就多數黨議員而言，任何議員都不至於拒絕支持同黨內閣所提出之法案，而導致倒閣之結果。至於少數黨（反對黨）的議員，為了集中力量否決多數黨所提出之議案，甚至達到推翻內閣之目的，也都表現一致反對的立場。所以，英國下議院議員投票的情形，通常都是二黨尖銳對立，反對與贊成雙方形成幾乎百分之百的「政黨投票」，絕對沒有美國國會議員「分裂投票」的現象。憲政體制的運作往往與政黨的組織特性互為因果、相互影響。由於英國的憲政體制是議會制（內閣制），才使得英國二大黨趨於組織嚴密、黨紀嚴明，議員如果不支持黨的政策，可能遭到警告、開除黨籍的懲處，甚至在下屆改選時不獲得黨的提名和支持而失去議員的職位。也由於英國二大黨這種組織嚴密、黨紀嚴明的特性，才使得英國的議會制（內閣制）能夠順利運作。

有如前述，保守黨的權力（決策）中心一向都是在議會之內——內閣和議會黨團，工黨在創立之初，權力（決策）中心本在議會之外，後來也因為議會制（內閣制）的影響，轉移到議會之內的黨團。英國二大黨在執政時，黨魁即為首相，由首相主持內閣會議來決定執政黨和政府的決策；少數黨（在野黨）則由其黨魁主持影子內閣（shadow cabinet），來決定少數黨的政策。二大黨的中央黨部，只是議會黨團的行政支援單位和議會選舉的助選輔選機器，中央黨部設有主席一人、副主席若干人，為名義上（形式上）的領導幹部，由黨魁（政黨實際領袖，多數黨黨魁即是首相）任命，負責處理黨組織內部的事務。黨組織內並無政策決定的權力，也不負責黨政的協調。保守黨中央黨部設有研究部（Research Department），類似黨的智庫，但主要的工作並非做政策的研究，而是替黨籍議員準備資料，以備質詢或政策說明之用。另外，英國是單一制的國家，有別於美國的聯邦制，下議院的法案，通行於全國，地方議會並無立法權，內閣（政府）的政策，各級政府都需奉行遵守。倫敦，特別是下議院是英國的政治中心，全國的政治菁英皆集中於此，政黨的發展亦以中央為主，再向地方發展，因此英國政黨也就形成中央集權的體制，因此，中央到地方各級黨的組織上下層級從屬的關係非常清楚，在這樣的體制下，一切決策權皆集中在中央層級，集中在下議院議會黨團與位尊權大的黨魁（黨的實際領袖，多數黨黨魁即是首相）身上，各級黨組織和幹部莫不接受上級黨部的指揮，嚴守黨紀，一切皆以黨的政策和黨魁的意志為依歸，有別於美國政黨的地方分權，從這方面而言，英國首相作為政黨實際領袖的權力遠大於美國總統。英國首相一定是多數黨黨魁，無論其意願如何，都無法規避同時作為政黨領袖和政府首長的角色。

肆、法國總統作為政黨領袖

1958年所制定的法國第五共和憲法，是依照戴高樂（Charles de Gaulle）量身訂製的，他的立法本意就是要糾正第四共和時所產生的問題。第四共和的憲政體制接近議會制，總統形同虛位元首，沒有實權，權力都集中在國民議會，而國民議會議員的選舉採比例代表制，因而造成多黨林立，而且大部分政黨都是意識形態極端強烈，組織和黨紀鬆弛，黨爭非常激烈，議事效率非常低落，聯合內閣面臨左右兩邊的反對，內部也紛爭不斷，因此經常倒閣、改組，12年內更換了25屆內閣，內閣幾乎無法決定政策。戴高樂制憲的主要目的就在強化行政權，限制立法權，擴大總統的權力，但是總統又不必負實際政治責任，而由總理與內閣向國民議會負責。第五共和憲法將行政權交由總統和總理二人分別掌管，總統擁有任免總理、舉行公民投票、解散國會、行使緊急權等權力，而且總統為部長會議（內閣會議）之主席，並主持國防最高會議及委員會。1962年戴高樂又修改憲法，將總統的選舉方式從原先的間接選舉的方式改為公民直接選舉的方式，使原本掌握極大權力的總統職權更加擴張。法國第五共和的憲政體制被稱為「半總統制」（semi-presidential system）或「雙重行政首長制」，但總理依法由總統任命，假若總統就是國民議會中的多數黨（或多數聯盟的主導政黨）黨魁（黨的實際領袖），總理實際成為總統的幕僚長，法國第五共和的憲政體制如同一位學者威爾遜（Frank L. Wilson）所說，簡直就是「君主式」的「絕對總統制」。（Frank Wilson, 1980: 526-551）

法國第五共和憲法規定總統任期七年，連選得連任一次，國民議會議員則任期五年。1981年左派社會黨（Socialist Party）黨魁密特朗（Fracois Mitterand）當選總統，左派聯盟亦在國民議會中擁有多數席位，但到了1986年國民議會改選，右派聯盟變成多數，由於第五共和憲法規定政府（內閣）必須對國民議會負責，使得密特朗總統不得不任命一位右派聯盟中「共和聯盟」（Rally for the Republic，簡稱RPR）的黨魁席哈克

（Jacques Chirac）擔任總理，這使得原先戴高樂的制憲構想「總統主政，總理執行」被推翻，這使得總統不得不退居「第二位」（second-head），不再是「第一位」（first-head）的行政首長，部長會議（內閣會議）由總理代為主持，總統在旁只能對國防、外交政策發言。此時，總理變成首位行政首長，掌握大部分政府政策的決策權。所以學者稱此時的法國政制為「雙頭馬車」或「雙頭政治」（Dyarchie），法國人則稱之為「共居」（Cohabitation）或「左右共治」，至今第五共和已經有三次「左右共治」的經驗。其實，法國第五共和的憲政體制並非「總統制」和「議會制」的混和制，而是一種交換輪替使用的制度，好像是有二部引擎的機器，但每次只運作一部引擎。當總統的黨就是議會的多數黨（或多數聯盟的主導政黨）時，運作的是「總統制」這部引擎；當總統的黨不是議會的多數黨（或多數聯盟的主導政黨）時，運作的是「議會制」這部引擎，這種擺盪或轉變的關鍵，即在於總統領導的黨派是否與國民議會的多數黨派一致而定。

如前所述，憲政體制、選舉制度和政黨體系交互影響。法國一向是一個多黨制的國家，在第四共和時，因實施比例代表制，使各個政黨之間意識形態的距離更加拉大，而且因為在選舉時無需聯合，競爭激烈，使得政黨間在議會裡的合縱連橫並不容易，黨爭不斷，也使得聯合執政的政黨難於合作維持穩定，常常由於在野政黨的蓄意杯葛或在朝政黨間的共識不深，而導致內閣的瓦解。到了第五共和，憲政體制從議會制改為雙重行政首長制，總統不再是虛位元首，而是擁有實權的行政首長，因此總統的選舉變成重要了，總統和國民議會都是由全體選民選舉產生，總統的黨（或政黨聯盟）和國民議會的多數黨（或多數聯盟）如果不同，雙方都可宣稱代表多數民意，這種「雙元民主合法性」（dual democratic legitimacy）的問題，法國第五共和就是用「左右共治」來解決。再則，由於總統和國民議會的選舉都採取「絕對多數二輪投票制」，在第二輪投票時因為通常都是二黨、二人對決，二黨都會與立場相近的政黨聯合，以爭取它們的支持，因而自然而然地形成了左、右二個政黨聯盟，而且二個聯盟都貫穿選舉、議會和執政三個層次，聯盟內的政黨因聯合而縮短了彼此意識形態的距離，左、右二個聯盟為爭取中間選民的支持也都向中間靠攏；「向心競爭」（centripetal competition）的結果，政黨政治變得相當溫和，政黨聯盟變得相當穩定，內閣不再經常改組，「左右共治」也變得可能，法國的政黨體系也從第四共和時期的「極端多黨制」（polarized multi-party system）轉變成第五共和時期的「溫和多黨制」（moderate multi-party system）。

法國第五共和雖仍是多黨制，但相關政黨（relevant parties）的數目減少了（從第四共和時期的十幾個，減少到第五共和時期的五、六個），而且個別政黨的組織和黨紀也都強化了，一般而言，法國政黨的黨紀比美國政黨強，比英國政黨弱。目前法國主要政黨都有中央或全國的黨組織（全國委員會），也都有名義上的政黨領袖，左派政黨通常稱總書記或第一書記，右派政黨通常稱主席，名義上的政黨領袖如果出來競選總統，當選之後通常會辭去黨組織內的職務，不再兼任，也不再去主持黨內的會議。但是，總統仍是所屬政黨的黨魁，實際的政黨領袖，在非「左右共治」的平時，總統是藉著主持部長會議（內閣會議）來決定政策。第五共和的憲政體制下，行政、立法也是分立的，總統無法實際領導同黨的議會黨團，必須透過黨中央的組織來從事黨政協商的工作。黨中央的組織因為在選舉時與聯盟內的其他政黨聯合，所以執政之後也會負起責任，督促議會黨團和聯盟內其他政黨的議會黨團溝通協調，來使聯合政府所提出的法案在議會裡順利完成立法，法國總統藉此來影響立法，無法像英國首相一樣直接在議會裡領導立法。

伍、我國總統作為政黨領袖

我國原本憲法條文規定的憲政體制究竟是「總統制」？還是「議會制」（內閣制）？就嚴格的定義來說，我國原本憲法規定的既非「總統制」，也不是「議會制」（內閣制）。憲法第75條規定：「立法委員不得兼任政府官吏」。「議會制」（內閣制）的一些重要特徵，如議員兼任內閣閣員，議會有提不信任案來倒閣之權，內閣也有權可以解散議會，重新改選等，我國憲法本文對相關規定都付之闕如。但我國憲政體制也不是「總統制」，憲法第53條規定；「行政院為國家最高行政機關」，因此行政院長才是行政首長；且依憲法第57條規定，「行政院向立法院負責」，又依憲法第37條規定：「總統公布法律發布命令，須經行政院長及相關部會首長之副署」，故我國總統的權力、地位不同於美國的總統，而有近似於「議會制」虛位元首之處。

1990年代我國歷經數次修憲，增訂了一些憲法增修條文。增修條文增加了總統監察院的人事任命權，取消了立法院對行政院長任命的同意權，以及行政院長和相關部會首長的副署權，增加總統被彈劾和罷免的門檻和困難度。最重要的是將總統的選舉改採公民直選，賦予總統很大的民意付託，使總統不再是一位虛位元首，而是實權的領袖。當時，主導修憲的國民黨稱修憲後的憲政體制為「改良式的雙首長制」。很多人批評這種憲政體制會導致總統「有權無責」，而行政院長（閣揆）則是「有責無權」。但是，增修條文並未賦予總統主持行政院會（內閣會議）之權力。因此，總統公民直選後，選民雖欲課總統以政治責任，實際上總統卻無法主持政府的主要決策會議，來決定政府政策，如何能為政府政策負責？

以往，我國歷任總統都是國家元首，又是擁有實權的政治領袖，其權力都遠大於行政院長，行政院長通常都由總統任免，成為總統的僚屬，只有嚴家淦總統任內例外。過去總統的權力並非來自於憲法賦予總統的職權，而是來自於總統兼任執政黨黨魁的緣故，總統通常是經由主持黨內的決策會議——中央常務委員會或中央執行委員會來決定黨和政府的重要政策。中國國民黨過去在來台之後四十餘年來長期持續單獨執政，也一直是立法院內的多數黨，當時國民黨採「以黨領政」的原則，總統兼任黨的總裁或主席（嚴家淦總統除外），主持中常會來決定黨和政府的重要政策。重要政策先經中常會核定，再交予行政院會通過，完成法定程序，這是

「黨國體系」（party-state system）時代，「以黨治國」「以黨領政」的做法。

2000年前國民黨在台執政時期歷經蔣介石（1949-1975）、嚴家淦（1975-1978）、蔣經國（1978-1988）和李登輝（1988-2000）等四位總統。在兩位蔣總統主政時期，國民黨是「權威型政黨」（authoritarian party），政權是「一黨權威型政權」（one-party authoritarian regime），政黨體系是「一黨制」（one-party system）或「黨國體系」（party-state system）。蔣介石是先擔任黨的總裁，才就任總統，蔣經國也是先擔任黨主席，才就任總統，他們權力來源主要來自於黨的領袖，而不是總統。蔣介石總統過世，嚴家淦副總統繼任總統，但未能兼任黨主席，幾乎成為虛位元首，黨主席由當時擔任行政院長的蔣經國出任，那段時間（1976-1988）經國先生既是行政首長，又是政黨領袖，既主持中常會，又主持行政院會，同時成為黨和政府的最高決策者，這段時間我國的憲政體制實際運作非常類似內閣制（議會制）。

李登輝和兩蔣的情況剛好相反，他先就任總統，後來才兼任黨主席的。蔣經國過世後，時任副總統的李登輝依憲法規定繼任總統。但是李登輝先生在1972年出任政務委員時才加入國民黨，雖升任到副總統，黨齡及黨內資歷尚淺，到經國先生過世之前李登輝在黨內權力基礎薄弱，威望亦不足，是否讓他兼任黨主席頓成爭議的問題，幾經波折，在現任總統通常都兼任黨主席的慣例下，讓他代理，真除黨主席。民主轉型在1987年解嚴以後，進展快速，總統與其所兼任的黨主席二個角色之間的關係產生了很大的變化。1996年，台灣首度舉辦總統直接民選，李登輝高票當選，挾著民選總統的聲望和民意付託，使得李登輝總統不但成為實權的總統，也鞏固了他在國民黨內的領導地位，一直到2000年總統大選國民黨敗選前，李登輝作為國民黨的領袖，不再受到挑戰。從此之後，因為民選總統的至尊地位，使得現任總統，不管他是否兼任黨主席，他就是執政黨的實際領袖，黨內最有權力、影響力的人，殆無疑義，是因為他是民選的實權總統，才成為政黨領袖，而不是因為他是具有實權的政黨領袖，才出任總統。

2000年總統大選國民黨敗選失去政權，黨內要求李登輝負起敗選責任，李登輝被逼辭去黨主席，後來李的支持者組成台聯黨，奉李登輝為精神領袖。另外，國民黨之所以敗選主要原因係前省長宋楚瑜脫黨競選，分散藍營選票，選後宋楚瑜及其支持者脫離國民黨，成立了親民黨。國民黨在敗選和分裂之後，實施改造、黨員重新登記，並於2001年3月首次採用全體黨員直選方式，選出連戰先生為黨主席。2005年7月第二次舉辦黨員直選黨主席，時任台北市長的馬英九擊敗立法院長王金平當選黨主席，開始布署2008年總統大選，但是選前馬因特別費案辭去黨主席，由吳伯雄先生接任。這段時間，國民黨在野，當然談不上總統兼任黨主席的問題。2008年總統大選前，雖然馬英九辭去黨主席一職，但是因為他是2008年總統大選黨內唯一的候選人，仍被視為國民黨的實際領袖，吳伯雄雖擔任黨主席，實際上等於是總統候選人的黨內競選總幹事，可見總統公民直選對政黨組織特性的影響。

2000年總統大選民進黨勝選，我國首次經歷政黨輪替。民進黨長期以來對國民黨的「黨國體制」、「黨國不分」、「以黨領政」嚴厲批判；而且2000年時，民進黨在立法院是少數黨，國民黨才是多數黨，因此在當選一開始陳水扁總統不但不兼任民進黨主席，還辭去所有黨職，並任命國民黨籍的唐飛擔任行政院長，建立所謂「全民政府」，矢言要做「全民總統」。儘管陳總統未兼任黨主席，但是民選總統，擁有實權與民意付託，作為執政黨——民進黨實際上的領袖則殆無疑義。陳水扁就任總統後主張「我們是向總統制傾斜的雙首長制——從總統直接民選到取消閣揆同意權，雖然不等同於總統制，但就是走向總統制，這才是當前憲政體制的精神」。因此，雖然民進黨是國會中的少數黨，他仍然堅持由民進黨一黨單獨執政，組成政府，所以，民進黨執政的八年中，內閣改組多次，閣揆更迭頻繁，卻始終都是「少數政府」（minority government）或是「分立政府」，政策的推動非常困難。

民進黨在國會中是少數，面臨「分立政府」和「少數政府」的困境，執政非常困難，再加上總統既不能主持政府的決策會議——「行政院會」，又不能主持黨的決策會議——「中央執行委員會」，他要如何決定政策？另外，總統府、行政院、立法院黨團及黨中央，各有其權力基礎，很容易各擁山頭，政策的協調溝通也不是容易的事情。陳總統就任之初，每週均與黨主席、行政院長分別會面一次，後來府、院、黨三大祕書長每週定期協商會報一次。最後決定每週在總統府召開「九人小組會議」，會議由總統親自主持，成員包括副總統、總統府祕書長、行政院長、行政院祕書長、黨主席、黨祕書長、立法院黨團總召集人和幹事長等人。「九人小組會議」係憲政體制外，超越體制的決策機制與黨政協商的平台，不但沒有法律制度的根據，政策的協調與決定也很不容易，黨與政府經常有「步調不一」的現象出現。因此，2002年7月在「黨政同步」、一體決策的改革要求下，陳總統兼任了民進黨主席。同時，民進黨決定今後黨主席產生的方式採雙軌制，執政時就由總統擔任，非執政時則由全體黨員直接選舉產生，可以說是和國民黨的模式一樣。這段時間（2002年7月至2004年12月），由於總統兼任黨主席，黨政運作較為順暢，政策協調溝通比較容易。

2004年12月，陳總統因為立法委員選舉失利，未取得過半席次，辭去黨主席，結束了二年多總統兼任黨主席的狀態，陳總統再次表示他矢志要做「全民總統」的初衷。這段總統不兼黨主席的期間（2004年12月至2007年10月），在黨主席游錫堃的「黨政合議」構想下，黨的「中央執行委員會」成為黨政協調溝通的平台，陳總統雖仍是黨的實際領袖，但其影響力已大為下降。2007年10月，游錫堃因為特別費案被起訴請辭黨主常，在各種因素下，陳總統成為各方勢力妥協下最能接受的人選，又重新兼任黨主席的位置。陳總統雖然回任黨主席，但他因弊案纏身，且任期只剩半年多，已成為「跛鴨總統」，因此其聲望及影響力幾已跌到谷底。當時民進黨總統候選人謝長廷與陳水扁在競選策略和政策主張上，顯然不同調。陳總統第二次兼任黨主席祇持續不到三個月，2008年1月再因立法委員選舉民進黨失利辭去黨主席，到陳總統的總統任期結束前，陳總統未再兼任黨主席。陳總統辭去黨主席後，就由總統候選人謝長庭代理黨主席，由此可見總統公民直選的重要性，尚未當選總統，一旦成為黨的總統候選人，就已經成為黨的實際（在此亦是名義上的）領袖。

2008年第二度政權輪替，國民黨重新執政，馬英九總統就任之初，表示要嚴守「黨政分際」，不兼任黨主席，同時他也表示要遵守「雙首長制」的憲政體制，退居第二線，雖然他說：「我是國家元首，行政院長是國家最高行政首長，我會尊重行政院長，行政院長要負責執行我的政見，不然我選這個總統幹嘛」輿論對他黨、政都「不沾鍋」（日常黨務交由黨主席處理，日常政務交由行政院長處理，總統儘量不去干預，以維持國家元首的超然地位）的特性頗多批評。其實馬總統這句話值得商榷，根據我國憲法條文也許如此，但是根據「雙重行政首長制」的原則，總統既是國家元首，也是行政首長，而且當總統的黨就是國會多數黨時，總統是「第一位」行政首長，行政院長只是「第二位」行政首長。總統才是最高行政首長，理應親自負起決策和政治責任才對。雖然國民黨擁有立法院超多數席位，屬「一致政府」，但是總統不兼黨主席，行政院長和各部會首長亦都不是中常委，黨政協調溝通還是有問題，而且立法院黨團和黨籍立委的自主性越來越高，並非所有行政院的政策都願意支持、配合，因此仍需建立總統府、黨中央、行政院和立法院黨團之間的溝通平台。總統既不能主持中常會，也不能主持行政院會來決定政策，也就同樣須建立一個超越體制、體制外的決策機制。這個最高決策單位為「五人決策小組」，包括總統、副總統、行政院長、立法院長和黨主席。2008年11月為強化中常會的決策功能，加強黨政協調溝通，國民黨召開了臨全會，通過黨章修正案，由黨主席指定黨籍「政務官」五人為中常委，參與中常會來決定黨的政策。但是，這些安排都沒有總統兼任黨主席，主持中常會這個黨內決策會議來得直接有效。

馬總統終於在2009年7月參選黨主席，高票當選，並於10月中旬正式就任黨主席。馬總統說他兼任黨主席不是為了擴張權力，而是要承擔責任，完全執政應完全負責，把黨政緊密合作，執政才會更有效。因此，馬總統不再提「黨政分際」，改為強調「以黨輔政」、「黨政合作」。為什麼矢言建立「全民政府」要做「全民總統」的陳總統最後要兼任黨主席？為什麼不想「沾鍋」，想要嚴守「黨政分際」的馬英九總統，最後也要兼任黨主席？公民直選賦予總統很大的民意付託和政治責任，人民認為總統既是政府首長，也是執政黨的實際領袖，但是根據憲法，政府的最高決策會議——行政院會，是由行政院長主持，不是由總統主持，如果總統不兼黨主席，來主持黨的決策會議——中常會或中執會，總統必須建立體制外的機制——「九人小組」或「五人小組」，作為最高決策機制，這不但超越憲政體制之外，而且也經常會產生黨政不同步，施政窒礙難行之處。而且，國內二大黨的黨中央組織是擁有龐大資源和權力的組織，不論是誰擔任了黨主席，就有了很大的權力基礎，總統不兼黨主席，就難免有時有黨意和總統意志不盡相同之虞。而且，總統不兼黨主席，就無法掌握公職人員候選人之提名權，也較難整合黨政資源、力量來為黨的候選人助選、輔選，也就很難要求黨籍立委和立法院黨團配合，領導立法，真的如馬總統所言，要完全執政、完全負責，總統就得兼任黨主席。

陸、結語

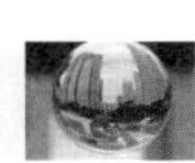

如同本文上述，美國總統、英國首相、法國總統都不兼任執政黨名義上的領袖——黨主席，但是他們作為執政黨實際領袖則無庸置疑。而且，美國總統、英國首相、法國總統都是藉由主持政府的最高決策會議——內閣會議或部長會議，來決定政府的政策，而不是在執政黨內部的會議來決策。一般民主國家的政黨組織只是「選舉機器」，平時只管黨務，不管公共政策的制定，即使是執政黨，也是將政府政策制定交由從政黨員在政府內的決策會議來決定，不會越俎代庖，更不會「以黨領政」。美國二大黨的全國委員會平時完全不做任何公共政策的決定，它的工作只是四年一次召開全國代表大會（代表由初選選出）來提名黨的總統候選人（由初選選民的選票決定）。黨主席只是總統大選那三個月期間黨內的競選總幹事，協調黨內的助選活動，選後全國委員會和黨主席就沒有什麼事可做，也沒有什麼權力基礎可言。

因為我國憲法規定：「行政院為國家最高行政機關」。因此行政院會為國家最高決策會議，由行政院長主持。總統既不能兼行政院長，也不能主持行政院會。但是憲法未規範總統與政黨的關係，為避免修憲之麻煩，透過兼任黨主席，主持黨的決策會議——中常會或中執會，來決定包含黨和政府的政策，不失為一方便的做法。然而，總統兼任黨主席，是走回「以黨領政」的舊路，使中常會或中執會成為超越憲政體制外的太上決策機關，不符合民主憲政的精神，而且也會強化黨中央的組織增加黨中央幹部的權力。其實，「雙重行政首長制」，總統和行政院長都是行政首長，而且當總統就是立法院多數黨領袖時（實際領袖），總統就是「第一位」行政首長，理應主持行政院會，來決定政府政策。因此，憲法的問題（不符合「雙首長制」的主要精神），唯有修憲才能解決，只要增修憲法條文一條：「總統為行政院會之主席。行政院長經總統授權，得代理總統主持行政院會。」另外，恢復立法院對行政院長任命的同意權，以使總統在立法院多數黨與總統不同黨時，不得不提名任命立法院多數黨領袖出任行政院長，此時總統即退居第二位，授權行政院長主持行政院會，這樣才能徹底解決當前政治和憲政上的難題，也才能使我國政府的決策符合「雙重行政首長制」的主要精神。總之，總統應積極主動扮演政府首長和黨領袖的角色，應作真正的行政首長和實際政黨領袖，但不必要兼任黨主席。

參考書目

英文部分

Borden, Morton. 1967. *Parties and Politics in the Early Republic: 1789-1815* Arlington Heights, Illinois: AHM Publishing Corporation.

Costikyan, Edward. 1966. *Behind Closed Doors.* New York: Harcourt, Brace and World.

Costikyan, Edward. 1980. *How to Win Votes*. New York: Harcourt.

Christofferson, Thomas R. 1991. *The French Socialist in Power, 1981-1991: From Autogestion to Cohabitation.* Newark, DE: University of Delaware Press.

Duverger, Maurice. 1954. *Political Parties: Their Organization and Activity in the Modern State.* Translated by Barbara and Robert North. London: University Paperbacks, Methuen.

Ehrmann, Henru W. 1971. *Politics in France.* Boston: Little, Brown and Company.

Eldersveld, Samuel. 1982. *Political Parties in American Society.* New York: Basic Books.

Fleishman, Joel. 1982. *The Future of American Political Parties.* New York: American Assembly.

Godt, Paul. ed.,1989. *Policy-Making in France: From de Gaulle to Mitterrand.* New York: Pinter.

Haight, David E., and Johnson, Larry D., 1965 *The President: Roles and Powers.* Chicago: Rand McNally & Company.

Huckshorn, Robert J. 1984. *Political Parties in American.* Monetry, Ca: Brooks/Cole Publishing Company.

Jones, Charles. 1981. "Congress and the Presidency." in Thomas Mann and Norman Ornstein, eds. *The New Congress*. Washington D.C: AEI.

Kearny, Edward N. ed., 1981. *Dimensions of the Modern Presidency.* Saint Louis, Missouri: Forum Press.

Less, John D. and Richard Kimler. eds.,1972. Political Parties in Modern Britain. London: Routledge and Kegan Paul Press.

Morris, Peter. 1994. *French Politics Today.* New York: St. Martin's.

Neustadt, Richard. 1960. *Presidential Power.* New York: Wiley.

Plano, Jack C., and Milton Greenberg, 1985. *The American Political Dictionary.* New York: Holt, Rinehart and Winston.

Rossiter, Clinton Lawrance. 1962. *Parties and Politics in America. Ithaca,* NY: Cornell University Press

Royko, Mike. 1971. *Boss: Richard J. Daley of Chicago.* New York: Signet Books.

Riker, William H.. 1965. *Democracy in the United States, 2nd ed.* New York: The MacMillan Company.

Rose, Richard. 1985. *Politics in England.* London: Mac Millian.

Rose, Richard and Suleiman E., eds., 1980. *Presidents and Prime Ministers.*

Washington, D.C: American Enterprise Institute.

Rose, Richard. 1976. *The Problem of Party Government.* Harmordsworth, Middlesex: Penguin.

Sabato, Larry J. 1982. *The Rise of Political Consultants.* New York: Basic Books.

Sabato, Larry J. 1984. *PAC Power.* New York: Norton.

Sartori, Giovanni. 1976. *Parties and Party System.* Cambridge: Cambridge University Press.

Wilson, Frank L. 1980. "Sources of Party Transformation: The Case of France." In Peter H. Merkel, ed., *Western European Party Systems: Trends and Prospects.* New York: The Free Press.

第七章
總統與其政黨的關係：法國與台灣的比較

李鳳玉

壹、前言

總統是否應該身兼黨主席，在台灣曾經引起多次的爭論。[1] 贊成者認為，由總統來兼任政黨黨魁，以促使總統選舉時的政見在執政的時候落實，本來就是民主政治的常態；反對者則擔憂總統身兼黨主席會造成以黨領政或者以黨領國會的問題。雖然正反意見存有相當歧異，但其實不管是國民黨或者是民進黨，在其執政任內，都沒能抗拒總統身兼黨主席所帶來的在領導黨政上的便利性，所以我們看到陳水扁為了使黨政同步，在當選總統的第2年便接任民進黨黨主席，而馬英九也在經過幾次政府法案的挫敗之後，於2009年7月參與國民黨黨主席的選舉，並且高票當選，於10月就任。

相對的，在以擁有「總統化政黨」著稱的法國，我們看不到任何一位總統身兼黨主席。從1958年迄今，歷任的法國總統在表面都維持超然於政黨之上的形象，所以即便在未擔任總統前，有人曾經出任政黨黨主席，但是在決定參選或者當選總統後，全都選擇辭去此一黨職，毫無例外，例子包括：1974年季斯卡（Valery Giscard d'Estaing）辭去獨立共和黨（le Parti Republicain, PR）黨主席；1981年密特朗（Francois

---

1 請參考周育仁（2002）；盛治仁（2002）；何孟奎（2009）。

Mitterrand）辭去社會黨第一書記；[2] 1994年席哈克（Jacques Chirac）辭去共和聯盟（Rassemblement pour la Republique, RPR）的主席以及2007年沙科吉（Nicolas Sarkozy）辭去總統多數聯盟（Union pour la majorite presidentielle, UMP）的黨主席。[3] 為什麼法國的總統不需要像台灣的總統一樣，透過擔任政黨黨魁，使得黨政之間的關係與運行更為融洽平順？如果總統兼任黨主席不是黨政關係的決定性因素，那麼哪些因素是？本文的目的便是透過台灣與法國之間的比較，來回答這些問題。

在本篇文章中，所謂總統與其政黨的關係（以下簡稱黨政關係）主要是以政府法案的通過情形來衡量。[4] 採取這個指標是因為，當總統可以單獨決定總理乃至內閣人事的任命時，一般而言代表總統為實際的決策者，而他所任命的總理則為政策的執行者，因此政府法案可視為總統所決定、支持或至少不反對的法案，如果此時總統又擁有國會多數的支持，那麼政府法案在國會的通過情形，例如政府法案的通過率以及國會通過法案中為政府提案的比例，原則上都可以做為衡量總統與其政黨關係的指標。當政府法案的通過率愈高，代表執政黨議員對於政府提案的支持度愈高，黨政關係愈良好；當國會通過法案中為政府提案的比例愈高，則代表政府提案相對於議員提案，更受到執政黨議員所支持，[5] 這當然也代表黨政關係良

---

2 法國社會黨的黨主席自1969年以後的名稱從總書記改為第一書記。

3 這些例子的資料來源為http:www.terra.es/personal/mothman/france.htm。

4 黨政關係有許多不同的測量方法，包括從歷史制度的角度，討論民主化之後的黨政關係的轉變；從政策產出的面向，探究政策擬定的主導人物以及法案投票的行為；以及從菁英流動的層面，測量黨政領導間的互動等等（相關討論請參見徐永明，2009）。本文則聚焦於從政府法案通過的情形，來評估台法黨政關係的差異。

5 當然，國會通過法案中為政府提案的比例高，也可能只是代表議員並不勤於提案，在議員提案數目少的情形下，通過數目自然也不會高。不過，這種情形很少見，在本文研究的兩個國家中，也未出現這種現象。此外，這個指標還可能會產生另一個問題，也就是通過法案中，屬於執政黨議員提案的部分，也可能受到政府支持或至少不反對。關於這個問題，由於本文之後在討論台法的黨政關係時，除了國會通過法案中為政府提案的比例這個衡量指標以外，還同時關注政府法案的通過率，並且引述既有文

好，執政黨議員對於政府相當支持。台灣與法國第五共和都有一段時期適合以政府法案的通過情形來衡量總統及其政黨的關係。

依據憲法規定，台灣與法國的總統都有權力單獨決定總理乃至內閣的人選，不需要得到國會的同意，所以理論上，兩國的總統都可以只憑己意任命政府首長，然後政府法案都可以視為總統所支持的法案。然而，同樣的憲法規定不見得保證會有相同的政治實踐，所以我們看到，當總統所屬的陣營並未掌握國會多數席次時，[6] 到目前為止的經驗，台灣的總統都是運用其組閣權，組成少數內閣，而法國總統卻都是釋出這項權力，與國會實行左右共治。[7] 換句話說，台灣的政府法案一直都代表著總統所支持或至少不反對的法案，因為不管國會組成如何，組閣權一直都由總統所掌握，然而，在總統失去國會多數支持，而組成少數政府的時期，可以預見的，政府法案將因為缺乏國會多數的支持，而比較難以通過，或者即便通過，也比較可能是因為獲得其他政黨議員的支持，因此在少數政府時期，政府法案的通過情形，比較無法呈現本文所要探討的總統與其政黨的黨政關係這個面向。相對的，在一致政府時期，政府法案雖然也可能得到他黨議員的支持，但是主要仍然是依靠同黨議員的支持。基於這個原因，本文以下對於台灣的分析主要針對一致政府時期，也就是國民黨的執政時期，而排除民進黨的執政時期。

法國的情形則不同，當總統與國會多數屬於同一陣營時，政府法案同樣代表總統所支持的法案；但是當總統沒有國會多數支持時，由於總統總是讓出組閣權，內閣人事由國會多數所決定，所以在這種共治時期，政府法案的通過情形雖然因為政府仍然享有國會多數支持，而和非共治時期政府法案的通過情形可能沒什麼差異，然而共治時期的政府法案一般而言代表的就僅僅是政府法案，而非總統所支持的法案，所以本文以下對於法國

獻關於兩國黨政關係的討論，因此本文的觀察指標是多元的，即便其中有一個指標可能存在些許問題，也不太可能根本地改變本文的結論。

6 多數陣營指的可以是多數黨，也可以是多數政黨聯盟。

7 關於共治形成的制度條件，請參見林繼文（2009）。

的分析將排除歷時9年的3次共治時期，而聚焦在非共治時期。

本篇論文以法國（1959年以後）作為台灣（1997年以後）的比較對照案例，除了因為兩個國家在總統組閣權的規定相似，但卻在總統是否身兼黨主席部分有著截然不同的作法，然後又有著很不相同的黨政關係，所以構成兩個有趣的比較個案以外，主要是因為法國自1959年以來以及台灣自1997年修憲以後，都從議會內閣制轉型至半總統體制（Samuels and Shugart, 2010; Wu and Tsai, 2008），所以比較這兩個國家可以排除不同的政府體制對於政府法案的通過情形所產生的不同影響。[8]

本研究的主要論點在於：總統兼任黨主席與否不是影響黨政關係的決定性因素，政府法案的通過情形主要取決於同黨籍國會議員的支持意願，以及當這些議員缺乏支持的意願或可能性時，政府有沒有權力上的優勢，或者制度上的辦法，能有效促成政府法案的通過。選舉制度與選舉週期影響國會議員支持政府法案通過的意願，而總統的解散國會權大小、政府信任投票的否決門檻以及法案的表決方式，則決定政府能否有效確保同黨議員對於法案採取的行動。以下將先檢視台灣與法國的黨政關係，然後檢討過去關於半總統制黨政關係的相關研究文獻，接著提出本研究的理論架構，並進行兩個案例的討論，最後提出結論。

貳、台灣與法國的黨政關係

根據統計，總統從不兼任黨主席的法國，政府法案通過的情形一直以

8 相較於其他政府體制，內閣制國家的政府法案一般來說會有比較高的通過率，因為權力融合的緣故，如果國會多數黨或多數聯盟的議員不支持政府所提出的法案，特別是關於重大政策的法案，那麼政府可能因此而垮台，國會將面臨重新改選的命運，而那些不支持政府法案的議員也較不可能被重新提名。為了避免危及自己的議員席位，內閣制國家中的國會議員比較會支持政府法案，所以內閣制國家的政府法案通過率雖然仍有變異，但一般而言還是比較高的（盛杏湲，2008）。

來都相當順利（Baumgartner, 1987），在1968-1983年期間所通過的法案中，平均而言，其中有80%是由政府所提出，只有20%為議員提案。當總統的政黨（相對於總統的政黨聯盟）在國會單獨贏得過半席次時，[9] 這個數字一般還會更高，例如密特朗於1981年第一次當選總統後不久，他的政黨社會黨在國會就拿下過半席次，使得當年通過法案中為政府提案的比例大幅提升至95%。在1986-2006年期間通過的法案，其中也有高達88%是政府所提出的法案，只有12%是議員提案（Baumgartner et al., 2009）。根據作者的統計，2007-2009年期間通過的法案為政府所提出的比例仍然高達76.39%。[10] 此外，雖然國會議員的提案常常高於政府提案的數目，但是通過比例卻常常不到1%。舉例而言，1983年時總共有159個政府提案以及650個議員提案，最後雖然有多達115個政府提案獲得通過，但是卻只有5個議員提案完成立法程序（Baumgartner, 1987），從議員提案通過率只有0.77%，但政府提案通過率卻高達72.33%便可知，法國的黨政關係的確十分良好。

而且法國自1958年以來，不管是誰擔任總統，雖然從未兼任黨主席，但卻都是實質的政黨領導人。政黨所扮演的角色一般說來只有一種，也就是提供組織的資源給總統候選人以及總統當選人，前者是透過讓總統候選人藉由擔任黨主席的方式，掌握黨組織的資源，以利勝選；[11] 後者則

9　法國由於在總統與國會選舉都採行兩輪投票制，所以政黨穩定的形成了左右陣營的政黨聯盟，政黨間的合作多半從選舉就開始，然後一直延續到選後。

10　資料統計自法國參議院（http://www.senat.fr/leg/index.html）。這裡的統計方式和以下統計我國國會立法的方式一樣，都是將政黨或委員提出的法案都算入委員提案。值得注意的是，法國國會在歷經幾次制度改革以後，權力已有加大的情形（Knapp and Wright, 2006; Colliar, 2009），例如根據1995年憲法修正案所規定，法國國會議程每月優先保留一次會議討論國會各議院所排定之議程，這項條文使得議員提案能有比較多的審查時間以及比較高的通過機率，然而，這樣的轉變卻仍然沒有根本扭轉議員所提法案的通過率並不高的現象。

11　然而，2007年總統大選中，代表社會黨參與總統大選的賀雅爾（Ségolène Royal）是例外，她在選前並未擔任社會黨黨主席，當時的黨主席是與她沒有婚姻關係之名，卻有夫妻關係之實的霍蘭德（François Hollande）。

是透過讓總統當選人指定黨主席的人選，[12] 實質掌控黨組織，以利政策的推動（Thiebault, 1993）。政黨和總統的相處原則就是政策由總統擬定，全黨一致團結支持總統的政策，即便有不同意見，或者覺得政府施政有任何不足與錯誤，也不公開批評，而是關起門來進行內部討論（Charlot, 1983）。雖然近幾年來各主要政黨黨主席的產生方法已改由所有黨員直選產生（張台麟，2005），然而，即便黨員選出的黨主席和總統有競爭關係，也無法根本改變政黨相對於總統的從屬角色，[13] 也就是政黨在決策過程中沒有什麼影響力，主要就是支持總統的政策。所以許多學者慣常以「總統化的政黨」來形容法國這樣的黨政關係（Elgie and Griggs, 2000; Samuels and Shugart, 2010）。[14]

相對的，在總統常常兼任黨主席的台灣，政府法案的通過情形卻不像法國那麼理想。表7-1呈現第3至第7屆立法院的法案審查情形，根據這個表格可知，每屆立法院所通過的法案中，政府法案所占的比例最高只有65.10%，[15] 最低時則低至43.84%，換句話說，通過的法案中委員提案所占

---

12 過去由於黨主席是由總統指定，所以雖然有選舉過程，但通常只是形式，而且都只有一人參選。這個人選絕不能對總統的權力或者勝選機率造成威脅，所以過去有一條不成文規定，就是黨主席絕不可能是由現任總理或者部長來兼任，不過這個慣例後來在席哈克總統任內被同時擔任總理以及全民聯盟黨主席的朱貝（Alain Juppé）給打破了，從那之後，這個慣例就不存在。

13 一個著名的例子發生在席哈克於1997年政治計算錯誤，提前解散國會後，因為右派敗選，導致第三次左右共治，而失去其在共和聯盟內的領導角色。1997年選後，共和聯盟選出席哈克的政治對手賽根（Philippe Séguin）為黨主席，賽根雖然想盡辦法為席哈克2002年的連選連任之路製造障礙，但最後仍然敗給了擁有相當行政實權的席哈克，而於1999年辭退了擔任不到2年的黨主席職務（Knapp and Wright, 2006）。

14 有少數學者認為法國的黨政關係中，仍可看到政黨在決策過程中的參與。不過多數學者認為參與決策不代表能夠實質影響決策，研究法國的學者仍以持「總統化政黨」看法者為多數。

15 根據作者研究助理的統計，第5屆政府法案通過率為53.96%，這個數字和黃秀端、何嵩婷（2007）的統計值（59.2%）有些微差距，由於作者無從得知她們的統計方式，所以無法解釋兩個統計值不同的原因，但是兩個統計值的差距並不太大，最重要的是，不管根據那個統計值，台灣政府法案通過率不如法國政府法案通過率的結論是沒有變的。關於本文統計法案通過率的方法，請參見表7-1與表7-2下面的說明。

表7-1　第3-7屆立法院法案審查情形（比例單位：百分比）

	委員提案			政府提案			通過法案中政府提案的比例
	提案數目	通過數目	通過比例	提案數目	通過數目	通過比例	
第3屆（1996/2-1999/1）	928	147	15.84	307	195	63.52	57.02
第4屆（1999/2-2002/1）	1439	262	18.21	859	419	48.78	61.53
第5屆（2002/2-2005/1）	1876	230	12.26	795	429	53.96	65.10
第6屆（2005/2-2007/12）	1871	269	14.38	392	210	53.57	43.84
第7屆（2008/2-2010/8）	1930	272	14.09	486	240	49.38	46.88

資料來源：整理自立法院國會圖書館的「第五、六、七屆法律提案審議進度追蹤系統」、「立法院法案審查系統」以及「立法院法律提案系統」。

說明：
1. 行政、司法、考試以及監察等四院提出的法案都算入政府提案。
2. 黨團或委員提出的法案皆算入委員提案。
3. 由政府及委員共同提出的法案，同時算入政府及委員提案。
4. 同一部法案不管修改幾條條文，提案與通過次數都只算一次。

的比例並不低，都在34.9%-56.16%之間，和法國通過的法案中委員提案所占的平均比例在1983年前後只有12%和20%，相去甚遠。即便我們把焦點聚焦在完全是一致政府時期的第三與第七屆國會會期，[16] 通過法案中為政府法案的低比例現象仍然維持不變，這顯示，和法國相比，台灣的黨政關係是比較差的。

16　雖然第3屆會期有部分時間，台灣還未採取半總統制，然後第7屆會期也有部分時間為民進黨執政時期，然而即便排除這些時間，政府法案通過的情形也未發生太大變化，仍然不像法國的政府法案多半都能順利通過立法。

表7-2　第7屆立法院法案審查情形（比例單位：百分比）

	委員提案			政府提案			通過法案中政府提案的比例
	提案數目	通過數目	通過比例	提案數目	通過數目	通過比例	
第1會期（2008/2-2008/7）	540	41	7.59	138	18	13.04	30.51
第2會期（2008/9-2009/1）	374	46	12.30	78	37	47.44	44.58
第3會期（2009/2-2009/8）	362	67	18.51	129	85	65.89	55.92
第4會期（2009/9-2010/1）	340	55	16.18	73	58	79.45	51.33
第5會期（2010/2-2010/8）	314	63	20.06	68	42	61.76	40.00

資料來源：整理自立法院國會圖書館的「第七屆法律提案審議進度追蹤系統」

說明：
1. 行政、司法、考試以及監察等四院提出的法案都算入政府提案。
2. 黨團或委員提出的法案皆算入委員提案。
3. 由政府及委員共同提出的法案，同時算入政府及委員提案。
4. 同一部法案不管修改幾條條文，提案與通過次數都只算一次。

這樣的黨政關係有沒有可能藉由總統兼任執政黨黨主席而獲得改善？表7-2顯示第七屆立法院各會期的法案審查情形，根據這個表格可知，馬英九於2009年10月就任黨主席以後，雖然政府法案通過的比例平均有70.92%，但是由於每一屆國會愈到後面的會期，累積的提案愈多，也愈有可能通過法案，所以雖然政府法案通過的比例在馬英九接任黨主席之後有升高的趨勢，但不能排除這是會期順序的影響，在這種情形下，通過法案中政府提案的比例可能比政府法案通過率，更能有效評估黨政關係在總統兼任執政黨黨主席前後的轉變。根據這個判準來討論表7-2的相關數值可知，馬英九接任國民黨黨主席前（約為第2-3會期）的黨政關係（通過法案中政府提案的平均比例為51.91%），其實比他接任黨主席後（約為第4-5會期）的黨政關係（通過法案中政府提案的平均比例為45.87%），要來的好。此外，根據表7-2加以計算，也可知馬英九兼任黨主席之後比起他兼任此黨職之前，平均而言，立委提案而獲通過的法案占立委提案總數的比例要來的高（18.04%：15.35%），[17] 而且這些比例也都遠遠高於法國議員提案而獲通過的比例（常常不到1%）。最後，對於政府的決策，有時候國民黨議員在不支持的情形下，公開批評炮轟政府官員的火力並不亞於反對黨議員，此一現象即便在馬英九高票當選黨主席以後，也沒有改變，國民黨立委在立法院的表現，炮口仍然常常對著總統府與行政院，對於某些引起民眾關心的法案，國民黨立委甚至違背黨的指示，選擇與反對黨合作，例如國民兩黨聯手於2010年1月將「食品衛生管理法」第11條修正案三讀通過，便是一例，這和法國的情形形成極大的對比。法國政府才於2010年10月通過了為絕大多數民眾所反對或質疑的退休制度改革法案，法國執政黨議員無視廣大群眾的反對聲浪以及龐大的政治成本，而遵照黨的指示，進行立法工作，這在台灣是難以想像的事情。這些實證資料都顯示台灣總統即便身兼黨主席，為黨的實質領導人，也不保證政府所推動的重大法案能夠獲得黨籍立委的支持，相對的，法國總統即便未兼任黨主席，但其黨籍議員仍願支持具有爭議性的政府法案。

從以上簡要的比較可以了解，總統身兼黨主席與否並不能解釋政府法案通過的情形以及黨政的關係，那麼究竟什麼因素能夠解釋？以下將先回顧既有文獻對於政黨總統化的討論，接著說明為什麼在政府法案通過率以及國會通過法案中為政府提案的比例的這兩個面向上，法國政黨的總統化程度比台灣政黨的總統化程度大，然後再提出本文的分析架構。

---

17 而且根據作者統計，在這些立委提案中，屬於國民黨籍立委的提案比例，並沒有因為馬英九兼任黨主席與否而改變，平均都維持在64-65%%的比例，顯示國民黨籍立委在馬英九兼任黨主席後，仍然維持相當高的自主性。此外，根據聯合知識庫的資料，雖然在2009以及2010年的中常委組成中，立委所占的比例都較2008年來的低，都只有33%，比2008年的51%，足足少了18%，然而2010年和2009年的立委比例仍然維持相同的數目，而且關於指定中常委將增加到中常委總額的二分之一的傳言，後來也沒有實現，顯示黨中央的權力分配並沒有因為馬英九兼任黨主席而發生進一步的變化。

參、政黨總統化

根據Samuels與Shugart（2010）的理論，凡是行政權由直接民選產生，並且擁有固定任期的國家，都可以看到政黨總統化，也就是權力從政黨移轉至總統的現象。換句話說，多數半總統制國家都應該有總統化的政黨，因為多數半總統制的國家都存在直選而任期固定的總統。問題是，為什麼同樣採取半總統制，法國出現了總統化的政黨，而台灣政黨總統化的程度卻比較低，政府法案未必得到總統的政黨的支持？[18] 回答這個問題之前，我們必須先了解Samuels與Shugart的理論以及其可能的侷限所在。

Samuels與Shugart認為，總統由直接民選產生會改變政黨的選舉策略以及組織角色，簡單來說，就是會使得政黨非常著重於要在總統選舉上勝選，而且因為總統選舉的贏者全拿、敗者全輸的制度特性，所以政黨會做任何有利於其總統候選人勝選的犧牲，包括放棄政策的訴求、淡化意識形態的重要性以及讓總統候選人的位階高於政黨等等。總統直選再加上總統任期的保障，會使得各個政黨不論實力大小，都會想參與總統選舉，而不只是參與國會選舉，因為不這麼做，就永遠只能贏得國會議席，嚴重限縮其政策的影響力。相對的，即便沒有勝選可能，小黨投入總統選舉，也有以下幾點好處：首先，小黨可以透過比較多的媒體曝光度，將政策訴求宣傳給更多選民；其次，總統選舉的衣尾效應（coattail effect）可以幫忙拉抬議員選情；最後，小黨也可以在選前的最後時刻，和領先的政黨協商，以選票支持來交換領先政黨在法案上的妥協與讓步。總之，根據這兩位學

---

18 由於本文的目的是進行兩個國家的比較，而沒有處理跨時的比較，所以諸如台灣與法國從議會內閣制轉型至半總統制之後，政府法案通過情形的變化，便不是本文所要處理的，也因此本文關於理論上的探討都是聚焦在跨國比較的面向。不過，值得注意的是，內閣制國家的政府法案與非內閣制國家的政府法案，其實不是同一件事情，前者代表的是政黨的政策，通常都能獲得同黨議員的支持，而後者則是總統的政策（如果是半總統制國家，則限定在非共治時期），未必能獲得同黨議員的支持；當政黨總統化程度較高時，理論上總統的政策比較能獲致同黨議員的支持，但當政黨總統化程度較低時，則政府法案也較不可能在國會三讀通過。

者的理論，只要行政權的產生以及存續都是獨立自立法權以外，那麼就會發生政黨總統化的現象，各黨都會參與總統選舉，權力將集中在總統候選人（選前）以及總統當選人（選後）身上，政黨將弱化，連總統的政黨也不例外。

Samuels與Shugart用他們的理論，成功解釋法國的黨政關係在總統選舉方式改為直選前後的差異；在採取半總統制之後，法國的黨政關係的確產生上述變化，法國的總統甚至能夠獨立的治理國家，至於政黨所發揮的功能，則只是在選前扮演總統的選舉機器，然後在選後支持總統的政策。然而，Samuels與Shugart的理論可能比較無法解釋台灣的情形，主要原因有兩點：首先，這兩位學者的理論其實有一個重要的前提，就是總統選舉制度採取兩輪投票制，倘若這個前提不存在，其實前述幾點關於小黨參選總統選舉的優點幾乎不存在或者只是微乎其微；當總統選舉制度是一輪相對多數決制時，即便小黨參與總統大選，由於選民不會將選票浪費在不可能勝選的政黨候選人身上，所以小黨通常只能得到很少的選票，所以通常也不會被媒體嚴肅看待，能分得到的報導時間與篇幅通常都會很有限，衣尾效應也會很有限，而且由於選票實力太小，所以也很難有以選票交換政策的可能性。這個道理從台灣第3次總統直選開始，就已被各個小黨所瞭若指掌，所以台灣自從2004年開始，除了國、民兩黨以外，其他小黨再沒有投入總統選舉的例子發生。從這些討論可知，Samuels與Shugart的理論有一個很重要的前提，而這個前提未必存在於所有的半總統制國家之中。其次，也是最重要的一個問題是，轉型至半總統制的國家中，即便大黨都經歷總統化的過程，但是各國政黨的總統化程度可能未必相同，[19] 甚至落

---

[19] 值得注意的是，Samuels與Shugart在其著作的其他章節也提到，行政權同樣是由民選產生而且享有固定任期的國家中，政黨總統化的程度也未必相同，但是系統性的探討背後的原因卻不是他們的目的，而這是本文所想要探究的主題。此外，雖然在Samuels與Shugart的量化研究中，他們並未採取政府法案通過率作為政黨總統化的指標，然而在他們對法國的個案研究中，密特朗任內能夠凌駕在其政黨之上，單獨決策、獨自治理政府是被視為政黨總統化的證據，本文依據此一指標的精神，採取政府法案通過的比例以及國會通過法案中為政府提案的比例，作為比較台灣與法國黨政關係的判準。

差非常大，這一點觀察令人對這兩位學者的理論推論性感到保留，這也是兩位學者在其著作中所承認的可能侷限所在。

根據以上的討論，Samuels與Shugart雖然提出理論，解釋為何從議會制轉型為半總統制將導致政黨的總統化，但是可能不是每個有類似政府體制轉型經驗的國家都有如同法國一般的政黨總統化的轉變。相對的，這些國家的政黨可能有不同程度的總統化，有的甚至可能輕微到令人質疑這些政黨是否稱的上總統化。想要了解原因，必須自政府體制以外的因素去尋找解釋，根據前面對於法國與台灣的相關討論已知，至少就這兩個國家而言，如果討論的焦點放在政府法案通過的情形，這個因素不會是總統是否身兼黨主席，那麼什麼因素可以解釋？以下提出本文的論點。

肆、影響黨政關係的制度因素

影響黨政關係的因素除了制度性因素之外，必然也有一些非制度性的因素，包括總統個人的民意支持度、政黨領袖的領導能力與風格、政黨的議題設定能力以及民意對政府法案的看法等等（盛杏湲，2008；Baumgartner, 1987），本文並不否認這些因素的重要性，但是本文的分析重點將放在制度因素的探討上。

如前所述，當總統擁有國會多數支持時，則衡量總統與其政黨的關係的可能指標，就是政府法案是否獲得國會通過，如果是，那麼就表示總統的同黨議員中，有相當多數（如果不是全部）的議員支持政府的法案，這代表總統與其同黨議員的關係良好，同黨議員對於政府的政策基本上是採取同意與支持的立場。而政府的同黨議員之所以願意支持政府的法案，制度性的因素主要有兩點。首先，議員雖然都是由人民直接選出，然而如果議員的勝選是依賴政黨的支持或者會受到總統選舉結果的影響（盛杏湲，

2008），那麼這些議員就比較會有誘因投入立法工作，配合黨的指示，[20]支持政府的政策。相對的，如果議員的勝選並不依賴政黨的支持，也不依賴總統選舉的衣尾效應，則議員在勝選後，投入立法工作的意願就會降低，從而使得政府法案通過的可能性也隨之減少。其次，即便議員因為種種原因，例如主觀意願上不願支持政府的政策，或者客觀條件使他沒有太多參與立法的時間，但是如果政府擁有某些制度權力，可以促使議員支持政府的政策，這也有助於提升政府法案的通過率以及通過法案中為政府提案的比例。簡而言之，國會議員的權力來源（取決於議員的勝選是否依賴政黨的支持或總統選舉的衣尾效應）以及政府的權力大小這兩項制度性因素，決定總統與其政黨的關係。[21]

國會議員的權力來源部分，選舉制度決定了議員的勝選是否依賴於政黨的支持（Carey and Shugart, 1995），[22]而選舉週期則決定國會選舉是否會發生總統選舉的衣尾效應。就選舉制度來說，如果是採取封閉式政黨名單的比例代表制，那麼在這種制度下，議員想要有比較高的當選機率，首先必須要被政黨提名，其次則必須被政黨安排在選舉名單中比較前面的順位，所以在這種選舉制度之下，議員的勝選主要依賴於政黨的提名安排，為了向政黨爭取提名以及比較好的排序，議員也就會有比較強的動機減少

---

20 當然，總統的政黨未必支持政府所提出的政策與法案，因為總統在其選舉過程中，可能會提出有別於其政黨黨綱的政見，並在勝選後推行之。不過，由於總統選舉結果對於政黨的發展影響至鉅，所以政黨多半仍會支持總統的政策，並且要求黨籍議員配合立法（Samuels and Shugart, 2010, ch. 7）。

21 盛杏湲（2008）認為政黨是否能掌控國會議員的政治生命，以及同黨議員間是否是生命共同體決定了政黨能否有效領導黨籍議員。本文相當認同這兩點因素的作用，不過本文未處理第2點因素，原因是本文分析的時期皆是一致政府時期，執政陣營都享有國會多數的支持（或至少不反對），所以同黨議員間是否是生命共同體這一項因素對於本文的個案比較結果，比較不會有影響。

22 Carey and Shugart在其文章中，針對四個面向，分別是：黨領導人對提名以及提名順序的掌控；選票的計算方式；選民的投票方式以及選區規模的大小，就選舉制度與候選人培植個人選票之間的關係，進行非常詳盡的探討，這裡僅摘要其中幾種選舉制度的效果。

選區服務，專注於立法工作，並且遵照政黨指示，支持政府法案的通過。如果採取單一選區相對多數決的選舉制度，則除非是像美國一樣，主要由初選來決定提名，並且由候選人個人募集選舉經費以及組成競選團隊，或者像菲律賓的政黨領導人一樣，並未掌握提名權，所以多位同黨候選人在同個選區參選是常有的事，不然通常都會像英國與加拿大一樣，賦予政黨比較大的提名權，所以也能激勵國會議員支持政府的法案。至於單一選區絕對多數決制，則比由政黨掌握提名權的單一選區相對多數決制，更讓議員的勝選無法完全仰賴自己政黨的支持，原因是因為：一旦進入到第二輪的選舉，絕對多數的勝選門檻使得候選人必須努力吸收自己政黨支持者以外的選票，所以在這種選舉制度下，議員參選人為求勝選，會有更大的誘因重視選區服務，以擴大其選票來源。

但如果議員的選舉制度是複數單記不可讓渡投票制（Single Non-Transferable Vote System），則議員將較缺乏支持政府法案的動機。在這種選舉制度之下，議員勝選主要靠的是個人實力，而非政黨支持。這種選舉制度是一種單記投票與複數選區的結合，主要政黨會在每個選區提名多位候選人參選，但選民只能圈選一位候選人，為了搶奪這一張選票，每個選區的同黨參選人彼此之間的競爭非常激烈，不亞於和他黨候選人之間的競爭程度。既然在這種選舉制度之下，議員光靠黨的標籤無法勝選，那麼他們便會積極的在選區裡長期深耕，以極大化當選的機率。這些議員候選人在勝選後，也會有比較強的動機，繼續將注意力集中在有利於尋求連任的選區服務，然後在立法審查上，讓其他立委努力，然後自己坐享其成。[23] 當然，如果大家都採取一樣的心態，那麼就算是在總統擁有國會多數支持的條件之下，政府法案的通過情形也不會太好。簡而言之，選舉制度決定了議員為求勝選所須採取的策略，封閉式政黨名單比例代表制以及政黨掌

23 國會立法的這種「必須付出成本，但一旦完成立法，卻具有公共財」的特質，還使得台灣的立委甚至更看重於具有媒體曝光度，但對於行政院卻沒有拘束力的國是論壇（盛杏湲，2000；黃秀端，2002）。

控提名權的單一選區相對多數決制，一般而言比較能夠確保政府的同黨議員投入立法工作，並且支持政府法案；複數單記不可讓渡投票制則會使議員較重視選區服務而輕忽立法審查，從而不利於政府法案的通過；而單一選區絕對多數決制的效果則在上述這兩類選舉制度之間，但更接近由政黨掌控提名權的單一選區相對多數決制，議員相對而言會較重視立法審查，雖然選區服務對他們尋求勝選而言也有相當的重要性。

就選舉週期來說，如果國會議員的選舉是所謂的蜜月期選舉（honeymoon election）或者和總統選舉同一天舉行的同時選舉（concurrent election），[24] 則議員的整個選舉過程會隨之總統化，而且總統的同黨議員通常會選的特別好，也比較可能拿下多數席次。這是由於有希望的總統候選人（在同時選舉中）或者總統當選人（在蜜月期選舉中）的光環幫助了黨籍議員的選情，這也就是總統選舉所帶來的衣尾效應（Shugart and Carey, 1992），所以同黨議員在同時選舉以及蜜月期選舉如果勝選，一般會被詮釋為相當程度代表選民對總統的支持，而不單純是選民對政黨與議員的支持，就像是法國在1981年與1988年的選舉時所發生的情形一樣（Elgie and Griggs, 2000）。在這種選舉時程的安排下，總統的同黨籍議員會有比較強的動機去支持政府的政策，原因有兩點，首先，既然議員的勝選相當程度會被總統大選的結果所影響，那麼總統的同黨籍議員自然會有誘因支持政府的法案，因為幫助政府有好的執政表現，才能進一步幫助自己的選情（Cheibub, 2007）。其次，既然選民在這樣的選舉時程安排下，對於國會議員的選擇不是獨立進行，而是考量到總統當選人是誰後，一併的決定了國會大選的支持對象，那麼總統的同黨議員自然在選後也比較有壓力要去回應選民對總統全面執政、全面負責的期許。如果國會議員的選舉既不是同時選舉，也不是蜜月期選舉，則國會議員的選舉既然並不得助於總統的選舉，則選後支持政府政策的壓力自然就較低。而且

24　蜜月期選舉指的是新任總統就職後不久（一般是說一年內）所舉行的國會大選，這是一種先舉行總統選舉，後進行國會選舉的選舉時程安排。

非同時也非蜜月期的國會選舉，一般而言總統的同黨議員通常都會選的較差，原因是總統上任後，慢慢的施政必然會發生一些問題，面對這樣民意支持度已然下滑的政府，總統的同黨議員也未必願意積極支持，相對的，反而可能觸發黨內在國會敗選後的權力重整、鬥爭或衝突，如果沒有有效解決這類問題的制度機制，這樣的權力重組過程同樣不利於議員團結一致，也不利於政府法案的通過。根據這些討論可知，非蜜月期與非同時選舉和複數單記不可讓渡投票制一樣，都可能使得國會議員不願支持政府法案，而對政府法案的通過無所助益。

當然，政府法案的通過除了取決於國會議員是否願意支持政府法案的通過，也取決於政府有沒有權力上的優勢與制度上的辦法，能有效促成議員對法案的支持。對於國會議員來說，維持任期應該是最重要的目標之一，所以如果政府有辦法危害到這個目標的達成，那麼國會議員就比較不敢不買政府的帳；就算不是真的願意支持政府法案，為了維持自己的任期，也必須支持它的通過。在這方面，半總統制和內閣制一樣，國會議員都是有任期，但沒有任期保障，所以國會可能被行政部門提早解散，重新改選，也可能應行政部門要求，針對重大政策進行信任投票，若投票未通過，則國會也可能必須重新改選。換句話說，不管議員對政府法案的態度是什麼，當政府很希望某個法案通過時，如果總統有權主動解散國會，或者政府能夠提出信任投票的動議，而信任投票的否決門檻又很高時（例如需要絕對多數以上的議員反對，才能否決信任投票，又或者信任投票失敗的話，國會必須解散改選），那麼政府便可以透過要求信任投票，或者總統也可以用「不支持法案，便解散國會」的脅迫方式，來獲得同黨議員，甚至是那些不想提早面臨國會改選的他黨議員，對於法案的支持。

當然，在半總統制之下，政府依法必須向國會負責，所以國會可以提出不信任投票來反擊，但不信任投票的通過，通常必須要有一個前提，也就是總統的政黨是國會少數派，卻緊抓組閣權，而國會多數派卻變成在野黨的情形，因為在這種情形下，國會多數派比較有意願對政府提出不信任案，而且不信任案也比較有可能通過。不過，正如前述，朝小野大的少數政府情形，剛好也是政府法案的通過比較無法呈現總統與其政黨關係的時期，而這些時期不在本文的分析範疇之內，所以不信任投票這一個制度條件在本文就不多加探討。總結以上的討論，在其他條件相等的情形下，解散國會權的大小以及信任投票的否決門檻，決定了半總統制政府法案通過的機率。

此外，在黨內民主化的時代潮流下，即使提名權由黨主席所掌握，但是國會議員的提名過程常常都納入黨員投票或者民意調查的結果以為參考，而且選舉畢竟是要得到選民的支持，因此除了立法工作以外，議員或多或少也需要進行選區服務，以極大化他連任的機率。當選區服務排擠到立法審查的時間時，政府法案想要通過，除了可以用解散國會來威脅或者提出信任投票以外，如果還存在一些其他的解決機制，例如缺席議員可以委託出席議員代為投票，那麼自然也能促成政府政策的通過。當然，不可否認的，關於政府在促成議員支持政府法案的能力部分，制度上的規範可能有多種樣貌，本文僅重點式的比較了以上三種制度規範，所以本文以下的假設將以部分列舉的形式來呈現，其他未列舉到而足以影響政府法案通過情形的政府權力，將在文章最後作簡要的描述與比較。

根據以上討論，可以推導出以下假設：

在其他條件相等的情形下，如果選舉制度或者選舉時程的安排，讓政府的同黨議員比較有支持政府法案的誘因，而且政府也有制度上的權力（例如總統有主動解散國會權，或者總理所提的信任投票很難否決，或者缺席議員可以委由出席議員代為投票等），能夠促使政府法案的通過，那麼政府法案會有較高的通過機率。

假設既已推導出來，以下就進入到兩個案例的實證分析。

伍、法國的例子

從前文對於法國與台灣黨政關係的比較可知，法國的黨政關係優於台灣，其政府法案的通過情形良好，特別是當法國總統的政黨在國會單獨贏得過半席次時，國會通過法案中為政府提案的比例更是高，而且決策主要是由總統提出，政黨對於總統的配合度也很高。如果本文的理論成立，那麼法國的政府法案既然擁有較好的通過率，那就代表法國國會議員的權力來源比較可能是依賴政黨的提名以及總統當選人或者候選人的光環，或者這兩個條件至少具備其中一種，然後政府也擁有能夠促使法案通過的制度性權力。這些預期都得到實證資料的證實，以下便逐項討論法國是否擁有這些制度條件，首先來看選舉制度。

法國國會議員的選舉制度雖然曾在1985年曾經短暫修改為比例代表制，但其他時間都是採取單一選區絕對多數決制，也就是單一選區兩輪投票制，如前所述，由於這種制度的勝選門檻是過半數，加上這種制度有利於多黨制的形成，使得議員的勝選除了必須仰賴政黨的提名，也需要依靠他黨選民的支持，所以這種選舉制度相當程度促使議員必須在重視立法工作之餘，也進行選區服務，以爭取更多跨黨派的選票。儘管如此，這種選制對於政府法案的通過仍是相當有助益的，根據Carey and Shugart（1995），在單一選區的選舉制度中，兩輪投票制在這方面的效果僅次於政黨擁有提名權的單一選區相對多數決制。

在選舉時程的安排上，法國於2000年修憲通過將總統任期縮減成和議員的任期一樣，都是五年，並且採取在同一年先選舉總統，後選舉國會議員的時程規畫，在這次修憲後，法國已於2002年及2007年，經歷了兩次的總統與國會選舉，選舉結果可以參照表7-3與表7-4。根據這兩個表格可知，這兩次的總統與國會選舉都是右派陣營的總統多數聯盟獲勝，由於總統的衣尾效應，再加上右派主要政黨合併組成總統多數聯盟，所以這兩次蜜月期的國會選舉，總統多數聯盟也是呈現大勝的局面，而且其所獲得的選票都比上一屆國會選舉結果要來的多。法國自1958年迄今，總共十三次

表7-3　法國國民議會1958-2007年選舉結果（單位：百分比）

第一輪選舉日期	戴高樂派	其他主要右翼政黨	社會黨	共產黨	其他
1958/11/23	19.50（41.89）	22.90（28.00）	15.70（9.26）	19.20（2.11）	22.70（18.74）
1962/11/18	31.90（48.34）	9.10（11.41）	12.60（13.69）	21.70（8.51）	27.90（18.05）
1967/03/05	37.40（50.31）	13.40（8.42）	19.00（23.82）	22.50（14.99）	7.70（2.46）
1968/06/23	44.70（73.92）	10.30（6.78）	16.50（11.70）	20.00（6.98）	8.50（0.62）
1973/03/04	36.00（48.57）	13.10（13.06）	20.80（20.61）	21.40（14.90）	8.70（2.86）
1978/03/12	23.00（31.16）	23.90（22.81）	22.60（21.18）	20.60（17.52）	9.90（7.33）
1981/06/14	21.20（17.92）	21.70（10.79）	37.50（53.97）	16.20（8.96）	3.40（8.35）
1986/03/16	27.00（26.09）	15.50（22.09）	31.20（34.61）	9.80（5.91）	16.50（11.3）
1988/06/05	19.20（21.91）	18.50（22.43）	37.00（45.22）	11.30（4.70）	14.00（5.74）
1993/03/21	20.40（42.81）	19.10（36.92）	17.60（9.36）	9.20（3.99）	33.70（6.93）
1997/05/25	15.70（23.22）	14.20（18.72）	23.50（41.77）	9.90（6.59）	36.70（9.71）
2002/06/09	33.30（61.87）	4.90（5.03）	24.10（24.44）	4.80（3.64）	32.90（5.03）
2007/06/10	39.50（54.25）	--	24.70（32.24）	4.30（2.60）	31.50（10.92）

資料來源：http://www.parties-and-elections.de/france2.html。

說明：表中數字為得票率，括弧中數字為議席率。其他主要右翼政黨指的是在右翼政黨中，選票排名僅次於戴高樂派的政黨或政黨聯盟：1958年這個黨是共和黨；1962-1973年這個黨是民主人士黨；1978年以後指的則是由共和黨、社會民主黨以及社會激進黨所聯合組成的法國民主同盟。法國下院的兩輪選舉間隔時間為一週。

表7-4　法國總統1965-2007年選舉結果（單位：百分比）

第一輪選舉日期	戴高樂派	其他主要右翼政黨	社會黨	共產黨	其他
1965/12/05	44.64 （55.20）	15.57 --	31.72 （44.80）	-- --	8.07 --
1969/06/01	44.45 （58.2）	23.31 （41.8）	5.01 --	21.27 --	5.96 --
1974/05/05	15.11 --	32.60 （50.81）	43.25 （49.19）	-- --	9.04 --
1981/04/26	18.00 --	28.33 （48.24）	25.86 （51.76）	15.35 --	12.46 --
1988/04/24	19.96 （45.98）	16.54 --	34.11 （54.02）	6.76 --	22.63 --
1995/04/23	20.84 （52.64）	18.57 --	23.30 （47.36）	8.66 --	28.63 --
2002/04/21	19.90 （82.21）	16.90 （17.79）	16.2 --	3.4 --	43.6 --
2007/04/21	31.18 （53.06）	18.57 --	25.87 （46.94）	1.93 --	22.45 --

資料來源：Adam Carr網站http://psephos.adam-carr.net/countries/f/france/。

說明：表中數字為第一輪得票率，括弧中數字為第二輪得票率。其他主要右翼政黨指的是在右翼政黨中，第一輪選票排名僅次於戴高樂派的政黨或政黨聯盟：1965年這個黨是共和黨；1969年是進步民主中心；1974-1995年以及2007年是法國民主同盟；2002年指的則是因為左派分裂，而意外進入到第二輪選舉的民族陣線。法國總統的兩輪選舉間隔時間為兩週。

的國會選舉中，只有四次是由單一政黨贏得過半席次，[25] 其中有兩次就是

25 1967年國會大選中，戴高樂派雖然拿下過半席次，但是是以政黨聯盟的形式拿下，而非以單一政黨的方式取得（呂炳寬、徐正戎，2005）。另外兩次由總統的政黨拿下過半席次的例子，是發生在1968年以及1981年，其中1981年的國會大選也是蜜月期選舉；總計四次由總統的政黨拿下半數席次的例子，就有三例是蜜月期選舉，顯示選舉時程對於國會選舉結果的影響之大。當然，2002年國會大選結果除了受到總統選舉的衣尾效應所影響以外，右派政黨陸續合併組成單一政黨：全民運動聯盟，也是造成這一年總統的政黨大幅勝選的原因。

總統與國會於同一年先後選舉的這兩次選舉。

表7-5將國會與總統選舉結果之間的關係做了更清楚的呈現。除了剛剛提及的那兩次選舉以外，總統與國會於同一年先後選舉的例子還發生在1981年及1988年。這兩次的國會選舉都是因為社會黨候選人密特朗當選為總統後，面臨敵對的國會多數，而在就職不到兩個月內，主動解散國會所致，選舉結果大幅提升了社會黨的政治實力，社會黨在這兩次的選舉之中，都成為國會最大的政黨，而且1981年所得到的選票也比1978年的國會大選大幅增加了14.9%。值得注意的是，當1986年國會舉行定期改選，由於少了蜜月期選舉的衣尾效應，社會黨雖然還是國會最大黨，但選票卻下跌了6.3%，而且也不再囊括過半席次，最後導致法國第五共和發生有史以來第一次的左右共治。但是當1988年密特朗再次連任總統後，同樣在就職不到兩個月內，主動解散一年多前才剛選出的國會，重新改選，結果又再

表7-5　法國國會與總統選舉結果之間的比較（1965年以後）

國會選舉日期	國會選舉緣由	上次總統大選的日期	執政黨（聯盟）在兩次國會選舉的表現差距（%）
1967/03/05	定期改選	1965/12/05	5.5
1968/06/23	戴高樂解散國會	1965/12/05	7.3
1973/03/04	定期改選	1969/06/01	-8.7
1978/03/12	定期改選	1974/05/05	10.8
1981/06/14	密特朗解散國會	1981/04/26	14.9
1986/03/16	定期改選	1981/04/26	-6.3
1988/06/05	密特朗解散國會	1988/04/24	5.8
1993/03/21	定期改選	1988/04/24	-19.4
1997/05/25	席哈克解散國會	1995/04/23	-4.7
2002/06/09	定期改選	2002/04/21	17.6
2007/06/10	定期改選	2007/04/21	6.2

資料來源：http://www.parties-and-elections.de/france2.html以及

http://psephos.adam-carr.net/countries/f/france/。

次出現社會黨議員席次的大幅增加（5.8%）。密特朗任內總共舉行四次國會大選，其中有兩次是他在就任總統後，主動解散國會所促成的蜜月期國會改選，結果都使得社會黨議員席次大增，另外兩次則是國會任期屆滿的定期改選，結果都是社會黨議員席次大減，這清楚說明了總統選舉的衣尾效應，如何幫助議員勝選，而這也使得在蜜月期選舉中勝選的政黨成為「總統的多數」，他們會有比較強的誘因去回應投下一致選票的選民的期望，也就是支持總統的決策。

由以上的討論可知，法國每一次的蜜月期選舉，總統當選人的衣尾效應都成功拉抬了同黨議員的選舉結果。相對的，在非同時與非蜜月期選舉的其他選舉中，包括1967年、1968年、1973年、1978年、1986年、1993年以及1997年總計七次的國會大選中，有多達四次的大選，包括1973年、1986、1993年以及1997年，總統的政黨聯盟都選的比上屆選舉差，根據選舉時程效果的相關研究可知，這相當程度是因為缺乏總統選舉的衣尾效應所致。至於其他三次選舉，總統的陣營之所以表現的比前屆國會大選還要好的原因，分別是因為：當時的總統戴高樂備受跨階級選民的支持，所以戴高樂派的實力不斷擴充（1967年選舉）；戴高樂與國會對抗，解散國會重新改選，而得到選民的支持（1968年選舉）以及當時總統季斯卡的政黨和其他2個非戴高樂派的右翼政黨合組法國民主同盟，所以選後席次增加（1978年）。這幾個因素都帶有偶然的成分，因為是由於戴高樂的個人魅力以及政黨的重組，而非由於非同時與非蜜月期的選舉時程安排，才使得總統的政黨（聯盟）選的特別好。

根據上述的討論可知，蜜月期選舉中，總統的同政黨（聯盟）議員的確選的比較好，而在非蜜月期的國會選舉中，由於沒有總統選舉的衣尾效應，選民比較是獨立地選擇議員候選人，而不考慮總統的因素，所以在這些選舉中，總統的政黨通常不會選的特別好，然後在選後，也比較沒有壓力與動機，必須支持總統的法案。

總結以上的討論，可以得出以下結論：法國政府法案的通過率以及國會通過立法中為政府提案的比例這麼高，除了兩輪投票制度所造成的影響之外，原因在於法國發生了幾次蜜月期選舉，而且這種選舉週期也在2000年的修憲中被予以制度化，有利於法國的政府法案未來繼續維持很好的通過情形。雖然法國也發生了幾次非同時與非蜜月期選舉，但我們已知，法國政府法案的審查平均來說一直維持相當順利的結果，所以，可以預期地，法國政府必然擁有一些制度權力與條件，來幫助它確保法案的過關。事實上，這些權力反映出法國第五共和強行政、弱立法的制度設計，目的是矯正過去第四共和時期國會權力過大，造成內閣很不穩定，政務無法推動的問題。這種強行政、弱立法的制度結構自然能夠促進政府法案的通過，以下就詳細說明這些能夠提高法國政府法案通過機率的制度設計，包括總統擁有主動解散國會權；政府所提出的信任投票非常難以否決以及曾經行之多年、後來才被廢止的陋規：國會議員就算缺席也仍然可以請人代為投票。

總統的解散國會權部分，根據法國憲法第12條的規定，「在諮詢總理及國會兩院議長後，總統得宣告解散國民議會」，由於諮詢部分的規定只是形式要件，不構成束縛，所以法國總統擁有主動的解散國會權，[26] 而這個權力有助於剛當選的總統在面對敵對的國會多數時，能夠主動解散國會，以總統選舉的衣尾效應，增加產生一致政府以及總統法案得以通過的可能性，這部分已在前面討論到密特朗於1981年及1988年兩度解散國會時，有稍微提到總統主動解散國會權的這個效果。[27] 而且即便在2000年的選制改革之後，總統與國會選舉由於在同一年舉行，所以未來發生左右共治的機會將大幅減少，在這種情形下，總統也就比較不可能主動解散國

26　僅有的限制是關於行使的次數以及期間：憲法第12條第4項規定，「國民議會因解散而改選後一年內，不得再予解散」；第16條規定，「國民議會在總統行使緊急權力期間不得解散」。

27　當然，當總統任期已經經過一年以上，再來解散國會，對總統是有風險的，因為當蜜月期一過，解散國會重新改選的結果未必有利於他的政黨；這從1997年席哈克提前解散國會，然後共和聯盟慘敗就可以得證。不過，這段左右共治的時期不在本文的分析範圍內。

會，然而，總統仍然可以利用這個權力，有效的促使不願配合的國會議員支持政府法案的通過（Knapp and Wright, 2006）。

政府提出信任投票的部分，根據法國憲法第49條第3項的規定，「總理得就通過某項法案為由，經部長會議討論後，向國民議會提出信任案以決定政府之去留。在此情形下，除非在二十四小時內，有不信任案之動議提出，並依本條前項規定進行表決，否則政府所提法案即視同通過」。由此可知，一旦信任投票被提出，也就終止國會審查法案的可能性，而且法國的信任投票結果，取決於不信任投票是否被提出並且通過。然而，如同前述，不信任投票在政黨實力呈現朝小野大，而總統又不願釋出組閣權時，比較可能被提出與通過，而法國從未發生類似狀況，所以可以預期的，信任投票很難被否決。即便政府提出信任投票後的二十四小時內，真的有人提出不信任投票，然而依據憲法第49條第2項的規定，「不信任案須經國民議會至少十分之一議員之連署始得提出。動議提出四十八小時後，始得舉行表決。不信任案僅就贊成票核計，並須獲全體議員絕對多數始能通過。」，顯示不信任投票的通過門檻很高，因為需要絕對多數的贊成票才能通過，而且棄權票也視為反對票，這意謂著法國政府的信任投票多半會通過，而國會議員在此情形下，即便不願也必須支持政府的法案。

表7-6顯示1958-2004年期間信任投票被使用的情形，根據此表可知，政府是否掌控穩定的國會多數並不決定政府是否運用此權，最多只是影響政府運用此權的頻率，例如在1988-1993年期間，社會黨政府由於只擁有準多數的支持，所以在短短不到五年間，質押信任三十八次，以確保重大政府法案的通過。從表7-6也可知，在1958-2004年期間的歷屆內閣任期內，多數政府都或多或少會運用這個權力，平均來說，政府每年會使用到1.72次的信任投票，[28] 而且每次都是政府勝出，顯示信任投票的確是政府常使用，而又能確保其法案可以順利過關的利器。

---

28 如果扣除掉三次左右共治時期，這個數字還會更高。

表7-6　法國政府法案進行質押信任的次數（1958-2004年）

	質押信任次數	質押信任法案數
1958-1962	7	4
1962-1967	0	0
1967-1968	3	1
1968-1973	0	0
1973-1978	2	2
1978-1981	6	2
1981-1986	13	9
1986-1988	8	7
1988-1993	38	19
1993-1997	3	3
1997-2002	0	0
2002-2004	1	1
總計	81	48

資料來源：Knapp and Wright（2006），頁146。

最後，過去法國有一條不成文的陋規，對於政府法案的通過率也相當有助益，就是憲法第27條可以不遵守，該條文規定：「國會議員之投票權，應由個人行使」，但是法國國會實際的憲政運作卻允許出席的議員代替缺席者投票，所以法國政黨的領導人事實上也不在意有多少議員出席法案的審查，因為只要有人出席，代行投票，政府法案便能通過，法國政黨的領導人甚至主動贊成議員以服務選區為優先，以爭取全黨的勝選。雖然代行投票的陋規已在1990年代的國會改革中被禁止，然而仍然不影響政府法案的通過，因為法國政府仍有上述其他兩種利器，能夠在一致政府時期，促使黨籍議員支持政府所提出的法案。

總結以上的討論，法國的例子證實了本文的假設，法國的確擁有那些能夠誘使與確保國會議員支持政府法案的制度條件，這些制度條件包括：單一選區兩輪多數決制、2000年修憲通過的蜜月期選舉時程的設計、曾經存在多年的委託投票制、總統主動解散國會的權力以及不易被否決的信任投票制度。

法國的例子為本文的假設提供實證上的證據，至於台灣的黨政關係，則不像法國的黨政關係那麼良好，如果本文的理論成立，那麼可以預期地，台灣在選舉制度或者選舉時程，以及投票方式、總統解散國會權或者信任投票制度方面的條件，應該比較無法誘使與確保國會議員對於政府法案的支持。以下分別就這些制度條件討論之。

陸、台灣的例子

一直到2005年選制改革前，台灣的國會選舉長期以來主要都是採用複數選區的單記不可讓渡投票制，[29] 如前所述，在這種制度下，國會議員為求勝選，必須依憑個人吸引選票的能力，換句話說，這種選制的效果正是使國會議員的政治生命相當程度脫離政黨的掌控，所以是不利於政黨有效領導黨籍議員的制度。[30] 而且這樣的情形隨著主要兩大政黨先後將民意調查納入立法委員提名人選的考量後，更進一步惡化；既然包括提名與勝選都需要爭取個人選票，才能成功，那麼立委當然比較有誘因逃避立法工作，然後專注在選區服務，除非立法工作有助於其選區利益。由這些討論可知，台灣在選舉制度方面的規定完全符合我們的理論預期，都是不利於政府法案通過的制度設計。即便台灣從2008年的國會選舉開始，已改用以單一選區相對多數決制為主軸的兩票並立選制，[31] 然而，由於國民黨與民

29 選制改革前，不分區立委只占所有立委總數的21.78%，而且是採用封閉式的政黨名單比例代表制，至於以複數單記不可讓渡制選出的分區立委則占所有立委總數的74.67%

30 當然，在1980年代中期以前國民黨享有選舉優勢的時期裡，國民黨立委提名者有非常高的當選機率，所以國民黨立委也就有很強的意願去支持政府的法案（盛杏湲，2008），然而本文分析台灣的時間點是從它於1997年進入半總統制國家開始，所以那段時期不在本文的分析範圍之內。

31 以單一選區制所選出的是分區立委，其數目占了所有立委總數的64.60%（73/113），至於占了所有立委總數30.09%的不分區立委，仍然維持以封閉式的政黨名單比例代表制度來選出。

進黨維持用多年來所實行的、以民意調查占七成的初選機制，[32] 來決定或者考量立法委員的參選人選，所以使得分區立委為求被提名，仍然有很強的誘因要做好選區服務，而且選制改革後，由於分區立委的選區規模縮小，更難以拒絕選區選民的請託與要求。根據報載，自從選舉制度改變之後，分區立委選區服務的負擔不減反增，非台北地區的分區立委更是一天南北來回數次，疲於奔命於滿足選區選民的服務要求，這難免會壓縮了參與立法審查的時間。總結而言，在台灣採用半總統制之後，一直到2008年第7屆立法院選舉之前，台灣缺乏讓總統的同黨議員願意在一致政府時期積極支持政府法案的選制條件；在2008年之後，這種情況也沒有因為選制的變革而有顯著改善，初選提名的辦法以及選民請託的難以抗拒仍然相當程度削弱了總統對於黨籍議員的領導力。[33]

在選舉時程方面，如同預期的，台灣的制度條件仍然不理想。表7-7與表7-8呈現台灣立法院自1995-2008年的選舉時程與結果。根據這2個表格可知，台灣總統與立法院的選舉時程只有在2004年時發生蜜月期選舉，也就是總統選舉早於國會選舉，而且兩者時間間隔在一年以內，這段時期由於是民進黨的執政時期，原不在本文的分析範圍內，但值得注意的是，這唯一的一次蜜月期選舉，的確讓民進黨選的更好，民進黨在2004年的立法院選舉中，史無前例地，首次拿下立法院最多數的席次，成為國會第一大黨，顯見蜜月期選舉衣尾效應的影響。

---

32 法國主要政黨的國會議員的提名過程也紛紛引進初選機制，但是並無民意調查，而是由黨員來投票，然後再由政黨來決定，相當程度仍然是由政黨掌控提名權。關於法國社會黨以及總統多數聯盟的國會議員提名辦法，參考自http://www.parti-socialistr.fr/static/sites/ps/files/articles/documents/Statuts_complet.pdf以及http://www.lemouvementpopulaire.fr/Shared/Documents/Les-statuts.pdf。台灣國會議員的初選部分，則除了黨員投票，還納入民意調查，而且比重相當高，國民兩黨的設定一直都是五成至七成，雖然政黨仍有最後的提名決定權，但偏重民意調查的初選機制，使得台灣的國會議員有爭取他黨選民支持的需要，這就要相當程度的透過服務選區來達成。

33 當然，在同樣的選舉制度之下，不同的國會議員仍可能有不同的行為模式，有的比較重視配合政黨的立法工作，有的則較重視選區的服務（盛杏湲，2000），不過個別議員間的行為差異並非本文的分析重點。

表7-7 台灣立法院1995-2008年選舉結果（單位：百分比）

	國民黨	民進黨	親民黨	台聯	新黨	其他
1995/12/02 第3屆	46.10 （51.83）	33.20 （32.93）	-- --	-- --	13.00 （12.80）	7.70 （2.44）
1998/12/05 第4屆	46.40 （54.67）	29.60 （31.11）	-- --	-- --	7.10 （4.89）	16.90 （9.33）
2001/12/01 第5屆	28.60 （30.22）	33.40 （38.67）	18.60 （20.44）	7.80 （5.78）	2.60 （0.44）	9.00 （4.45）
2004/12/11 第6屆	32.83 （35.11）	35.72 （39.56）	13.90 （15.11）	7.79 （5.33）	0.12 （0.44）	9.64 （4.45）
2008/01/12 第7屆	53.48 （71.68）	38.65 （23.89）	0.02 （0.88）	0.96 （0.00）	-- --	6.89 （3.55）

資料來源：中央選舉委員會選舉資料庫。

說明：表中數字為得票率，括弧中數字為議席率。表中第7屆得票率呈現的是各黨在單一選區選舉的得票率，而議席率呈現的是各黨總共獲得的席次占所有113席中的比率；至於第7屆政黨票部分，各黨得票率分別為：國民黨（51.23%）、民進黨（36.91%）、新黨（3.95%）以及台聯（3.53%）。第7屆選舉中，新黨未在單一選區中推舉候選人，所以表中無數字，而親民黨由於與國民黨進行選舉合作，所以第二票沒有親民黨的選票。

表7-8 台灣總統1996-2008年選舉結果（單位：百分比）

	國民黨	民進黨	新黨	無黨籍及其他
1996/03/23	54.00	21.13	--	24.88
2000/03/18	23.10	39.30	0.13	37.47
2004/03/20	49.89	50.11	--	--
2008/03/22	58.45	41.55	--	--

資料來源：中央選舉委員會選舉資料庫。

表7-9呈現台灣立法院與總統選舉結果之間的比較。這個表格顯示，在1997年台灣採用半總統制之後，除了第4屆與第3屆的執政黨立委在得票率上的差距並不大，只有0.30%而已，總統的黨在國會選舉的表現都比前屆選舉的表現要來的好，而且得票率的差距也拉大。當然，除了2004年第6屆立委選舉相當程度是因為總統選舉的衣尾效應所致，其他屆的轉變都

表7-9　台灣立法院與總統選舉結果之間的比較（1997年以後）

	國會選舉緣由	上次總統大選的日期	執政黨在兩次國會選舉的表現差距（%）
1998年第4委立委	定期改選	1996/03/23	0.30（國民黨）
2001年第5屆立委	定期改選	2000/03/18	3.80（民進黨）
2004年第6屆立委	定期改選	2004/03/20	2.32（民進黨）
2008年第7屆立委	定期改選	2008/03/22	6.65（泛藍黨）

資料來源：中央選舉委員會選舉資料庫。

說明：由於第7屆立委選舉採用新制，與第6屆的選舉結果無法直接比較，所以總統的黨在第6、7屆國會選舉的表現差距，是以第7屆的泛藍政黨的得票率減去第6屆的泛藍政黨的得票率。

與總統選舉的衣尾效應無關：第5屆立委選舉民進黨的票數增加反映該黨在政黨輪替之後，國會實力的持續成長；第7屆立委選舉泛藍陣營的成長則是相當程度反映民進黨八年執政發生許多問題與醜聞後，民心思變的結果，而且這一年的立委選舉甚至早於總統大選，所以從選舉時間的先後順序來看，應該是總統選舉受立委選舉影響，而非立委選情受總統選情影響。當然，這幾屆國會選舉只有第4與第7屆選舉在本文的分析範圍內，不過，總結而言，根據以上討論可知，台灣的選舉時程少有蜜月期選舉，使得立委的選情不受總統的選情所影響，所以連帶地也使得立委的政治生命與政府的表現不生關連。相反的，當國會選舉先於總統大選，則總統候選人在相當程度上甚至還要反過來依賴同黨立委的支持與助選，以求勝選，這種權力關係的反轉也就使得總統當選人在上任後，比較無法有效領導黨籍立委的立法工作，這也是為什麼我們看到「馬政府上台後，立法院絕對多數的國民黨立委始終處於失控狀態，自認馬英九當選他們功不可沒，藍委驕兵悍將屢屢藉不配合政策，彰顯立院不受行政系統指揮。」[34] 由此可知，「先舉行國會選舉，後舉行總統大選」的選舉時程，對於台灣的黨政關係的確具有不良影響。

34　請參見陳志平（2010）。

總結而言，在一致政府時期，台灣政府法案通過情形較差，部分原因是因為，在複數單記不可讓渡投票制、由民意調查為主的初選機制以及非同時與非蜜月期的選舉時程安排下，政府的同黨立委比較沒有支持政府法案的動機。另外的原因則是因為政府也缺乏促使同黨立委配合立法的制度條件，包括總統並無主動解散國會權，政府沒有主動提出信任投票的權力以及缺席立委不可請人代為投票等，分別討論如下。

根據我國1997年憲法增修條文第2條第5項規定：「總統於立法院通過對行政院院長之不信任案後10日內，經諮詢立法院院長後，得宣告解散立法院。但總統於戒嚴或緊急命令生效期間，不得解散立法院。立法院解散後，應該60日內舉行立法委員選舉，並於選舉結果確認後10日內自行集會，其任期重新起算。」由此規定可知，只要國會沒有通過不信任投票，總統是無法解散國會的，所以無法以解散國會來脅迫同黨立委支持政府法案。

此外，我國憲法目前也並未賦予行政院提出信任投票的權力，相對的，行政院只能在立法院通過窒礙難行的法案時，提出覆議。依據1997年修憲條文第3條第2項第2款規定：「行政院對於立法院決議之法律案、預算案、條約案，如認為有窒礙難行時，得經總統之核可，於該決議案送達行政院十日內，移請立法院覆議。立法院對於行政院移請覆議案，應於送達十五日內作成決議。如為休會期間，立法院應於七日內自行集會，並於開議十五日內作成決議。覆議案逾期未議決者，原決議失效。覆議時，如經全體立法委員二分之一以上決議維持原案，行政院院長應即接受該決議。」[35] 由此可知，和總統一樣，行政院同樣缺乏憲法上的權力，無法脅迫同黨立委支持政府法案，相反的，在一致政府時期，政府的同黨立委若有不同於政府的政策偏好，卻能夠反過來迫使政府接受。最後，和法國不同的是，台灣也從沒有讓出席立委代替缺席者投票的規定或慣例，所以當立委主觀上願意支持，但客觀條件使他無法參與政府政策的審查時，政府

35 在1999年的第5次修憲中，將「送達15日內作成決議」改成「開議15日內作成決議」。

法案就有比較大的機率會面臨無法三讀通過的命運。

從台灣的個案探討可知，和法國一樣，台灣的政府法案通過情形，背後都有能夠解釋它的制度條件，正如本文的假設所預期一般。透過台法的比較，本文證實了：台灣之所以比法國擁有較差的黨政關係，原因是因為台灣的制度條件都比較不利於政府的同黨議員支持政府法案。以上的討論觸及到選舉制度、選舉時程安排、總統的解散國會權、政府信任投票的否決門檻以及委託投票的影響，然而如前所述，本文對於政府所具備、能夠迫使同黨議員支持政府法案的制度權力，僅重點式比較其中幾種，但並未排除其他未比較到的政府權力所可能產生的影響。前已述及，法國行政立法關係的特色在於前者的權力較後者為大，而且憲法上對於國會權力的限制更是非常多，這就使得政府具備許多能夠迫使黨籍議員支持政府法案的權力。這些對於國會權力曾經或已經行之有年的限制主要包括：「若政府要求，議院須就正在進行審議程序中，就已經政府提出或接受修正之草案之全部或部分條文，以一次表決之方式通過（憲法第44條第3項）」以及「國會兩院之議程，由政府排定；所討論者，唯政府所提之法律草案以及由國會議員提出，而為政府所接受之議案（憲法第48條第1項）」。這兩項對國會權力的限制，前者是讓政府掌控通過法案的內容以及讓政府法案可以用包裹表決的方式快速通過；後者則是讓政府主導國會議程的設定，這兩項規定自然有利於政府法案的通過。反觀台灣，雖然立法院有幾次包裹表決的例子，但是這是於法不合的，這從過去包括電信三法以及國安三法等都曾用包裹表決的方式通過，但大法官後來都要求立法院補正該有的程序便可得知。[36] 至於國會的議程安排部分，台灣和法國的規定也不同，前者賦予國會以及政黨相對於政府而言比較大的職權：立法院程序委員會有權決定排入一讀議案的合併、分類以及次序的變更，然後也有權分配政府提案以及委員提案的討論時間，當法案完成一讀，要進入二讀時，則首先會由各黨團以及行政院提出希望優先通過的法案清單，然後立法院長

36 請參見奇摩新聞（2008）。

召集各黨團協商，經過討論排出優先順序。[37] 從以上的討論可知，相較於台灣，法國對於國會權力的限縮是很大的，[38] 而這自然也有利於政府法案的通過。值得注意的是，包括國會議程的設定、不信任投票以及包裹表決等的憲法條文，近年來在法國已有些許改革，或者有要求改革的聲浪出現，未來不排除有可能繼續往增加國會職能的方向移動，[39] 不過也有學者認為即便憲法賦予國會更大的權力，未必代表國會會想要運用這些權力（Colliard, 2009），根據本文的論點，這和國會的選舉制度以及蜜月期的選舉時程安排應該有很大的關係。

柒、結語

根據以上的分析，本文的研究證實了，要確保良好的黨政關係，有一位直接民選而享有任期保障的總統是不夠的，這是Samuels與Shugart（2010）的研究所未強調的。此外，由總統來兼任黨主席也未必能夠促成良好的黨政關係；法國總統從不兼任黨主席，但法國政府法案的通過情形一直比台灣政府法案的通過情形要好。根據台灣與法國的個案比較，本文發現，良好的黨政關係需要有適當的制度條件才能獲致，這些制度條件必須要能夠確保國會議員有支持政府法案的動機以及具體行動。

具體而言，在確保國會議員有支持政府法案的動機部分，選舉制度以及選舉時程的安排是重要的，必須讓國會議員的勝選倚賴政黨的提名與資

---

37 請參見劉三錡（2003）。

38 事實上，法國在這方面的規定也是比許多其他民主國家要來的更為全面，請參見Colliard（2009）。

39 如前所述，法國國會的權力在過去幾次國會改革與憲法修改中已得到些許擴充，然而卻未根本改變法國第五共和強行政弱立法的制度結構，請參見註10的相關說明。必須說明的是，完整呈現幾次憲法修改後法國國會權力的變遷，並非本文的目的，所以這部分的資料並未完整呈現。

源挹助以及總統選情的拉抬。在確保國會議員有支持政府法案的具體行動的部分，則包括總統的解散國會權、政府提出信任投票的權力以及法案的表決方式等，都必須有所規範。當然，任何制度都不可能實現所有價值，所以台灣是否應該仿傚法國的制度設計，必須看台灣所要達成的優先目標是什麼。如果確保政府法案有高通過率是最優先的目標，那麼取消立法院各黨初選中的民意調查、將總統選舉與立法院選舉安排在同一年，並且使前者早於後者來進行，以及賦予總統與行政院分別有主動的解散國會權以及提出信任投票權，是可以考慮的制度修改方向。[40] 至於包裹表決權以及由政府安排國會議程，也能夠提升政府法案通過的機率，所以也是可以考慮的制度，不過值得注意的是，關於這兩方面，法國近來已有改革呼聲，畢竟國會的職責是監督政府，在多數政府法案憑藉其他制度條件可能就能夠順利通過的前提下，法國式的全面限縮國會職權未必適合台灣仿傚。

雖然台灣與法國的比較結果支持了本文的假設，不過，未來的研究者應該持續關注相關議題。例如，本文由於資料的侷限性，沒辦法分析不同制度之間的交互作用，但是理論上，在一致政府之下，當制度性因素確保了國會議員有很強的意願審查立法，政府的權力不管大小，政府法案可能都有蠻高的通過機率；然而，當制度性因素阻礙了國會議員支持政府法案的意願與可能性時，則政府的權力大小決定了究竟政府法案能否過關。由於本文分析的國家只有台灣與法國，所以本文的理論與假設都儘可能簡化，但是未來應納入更多國家的個案，以確認制度因素之間是否會發生交互作用，並提升理論的可推論性。

---

40 當然，缺席議員可以委託他人投票是不可取的，法國已廢止這項陋規，台灣自然也不宜考慮採用。

參考書目

中文部分

中央選舉委員會。2010。〈選舉資料庫〉。http://210.69.23.140/cec/cechead.asp。2010/10/27。

中華民國總統府。1997。〈中華民國憲法增修條文〉。http://www.president.gov.tw/Default.aspx?tabid=757。2010/10/27。

立法院國會圖書館。2010a。〈第五、六、七屆法律提案審議進度追蹤系統〉。http://lis.ly.gov.tw/lgcgi/ttsweb?@0:0:1:/disk1/lg/lgmempropg07@@0.022878573604152297。2010/10/27。

立法院國會圖書館。2010b。〈立法院法案審查系統〉。http://lis.ly.gov.tw/ttscgi/ttsweb3?@0:0:1:/disk1/lg/lgmeet3@@0.889621164048203。2010/10/27。

立法院國會圖書館。2010c。〈立法院法律提案系統〉。http://lis.ly.gov.tw/ttscgi/ttsweb?@0:0:1:/disk1/lg/lgmempro@@0.16035227365834376。2010/10/27。

呂炳寬、徐正戎。2005。《半總統制的理論與實際》。臺北：鼎茂圖書。

何孟奎。2009。〈超級總統時代來臨〉。《經濟日報》2009/6/11：A4。

林繼文。2009。〈共治可能成為半總統制的憲政慣例嗎?法國與台灣的比較〉。《東吳政治學報》27，1：1-51。

周育仁。2002。〈總統兼任黨主席須先釐清政黨責任〉。http://www.npf.org.tw/post/1/1266。2010/10/27。

奇摩新聞。2008。〈包裹議決審預算？王金平：智庫的建議已拒絕〉。http://www.ccw.org.tw/?p=901。2010/10/27。

盛杏湲。2000。〈政黨或選區？立法委員的代表取向與行為〉。《選舉研究》7，2：37-73。

盛杏湲。2003。〈立法機關與行政機關在立法過程中的影響力：一致政府與分立政府的比較〉。《台灣政治學刊》7，2：51-105。

盛杏湲。2008。〈政黨的國會領導與凝聚力-2000年政黨輪替前後的觀察〉。《臺灣民主季刊》5，4：1-46。

盛治仁。2002。〈總統兼任黨主席之後續探討〉。《中華日報》2002/5/2：4。

張台麟。2005。〈九〇年代以來法國政黨的結盟與重組〉。《問題與研究》44，1：21-44。

陳志平。2010。〈夾縫中的馬英九，藍委做了什麼？〉。《聯合晚報》2010/1/10：A2。

黃秀端。2002。〈國會的效能升級-談兩波立法院之改革〉，《新世紀智庫論壇》，第17期，頁42-56。

黃秀端、何嵩婷。2007。〈黨團協商與國會立法：第五屆立法院的分析〉。《政治科學論叢》34：1-44。

黃秀端。2008。〈國會監督、立委表現與選舉課責〉。《臺灣民主季刊》5，1：161-169。

劉三錡。2003。〈我國行政、立法關係與國會運作〉。《東吳校友》3：6-9。

英文部分

Baumgartner, Frank. 1987. "Parliament's Capacity to Expand Political Controversy in France." *Legislative Studies Quarterly* 12, 1: 33-54.

Baumgartner, Frank, Sylvain Brouard, and Emiliano Grossman. 2009. "Agenda-Setting Dynamics in France: Revisiting the 'Partisan Hypothesis'." *French Politics* 7, 2: 75-95.

Carey, John M., and Matthew Soberg Shugart. 1995. "Incentives to Cultivate a Personal Vote: A Rank Ordering of Electoral Formulas." *Electoral Studies.* 14, 4: 417-439.

Charlot, J. 1983. "Le President et le parti majoritaire: du gaullisme au socialisme." *Revue Politique et Parliamentaire* 905: 27-42.

Carr, Adam. 2010. "France Introduction Page." http://psephos.adam-carr.net/ Countries/f/france/. accessed 27 October 2010.

Cheibub, Jose Antonio. 2007. *Presidentialism, Parliamentarism, and Democracy.* Cambridge: Cambridge University Press.

Colliard, Jean-Claude. 2009. "The Influence of Political Parties on the Constitution." *French Politics* 7, 1: 32-41.

Elgie, Robert, and Steven Griggs. 2000. *French Politics: Debates and Controversies.* London and New York: Routledge.

Knapp, Andrew, and Vincent Wright. 2006. *The Government and Politics of France.* London and New York: Routledge.

Leaders of France. 2010. http://www.terra.es/personal/mothman/france.htm. accessed 27 October 2010.

Nordsieck, Wolfram. 2010. "Parties and Elections in Europe." in http://www. parties-and-elections.de/france2.html. accessed 27 October 2010.

Parti Socialiste. 2010. "Les statuts du PS." in http:// www.parti-socialiste. fr/static/sites/Ps/files/articles/documents/Statuts_complet.pdf. accessed 27 October 2010.

Samuels, David, and Matthew Shugart. 2010. *Presidents, Prime Ministers* and *Political Parties.* Cambridge: Cambridge University Press.

Senat .2010. "Les projets et propositions de loi du Senat." in http://www.senat. fr/leg/index.html. accessed 27 October 2010.

Thiebault, Jean-Louis. 1993. "Party Leadership Selection in France." *European Journal of Political Research* 24: 277-293.

Union pour la majorite presidentielle. 2010. "Les Statuts." in http://www. Lemouvementpopulaire.fr/Shared/Documents/Les-status.pdf. accessed 27 October 2010.

Wu, Yu-Shan, and Jung-hsiang Tsai .2008. "Taiwan: Democratic Consolidation under Presidential Supremacy." Conference on Semi-Presidentialism and Democracy: Institutional Choice, Performance, and Evolution. 17-18 October 2008. Taipei: Institute of Political Science at Academia Sinica.

第八章
國會在國家外交之角色扮演：以法國爲例

吳志中

"Donnons à la diplomatie parlementaire toute sa place"
「讓我們給予國會外交所有應有的地位與功能」[1]

Gérard Larcher, Président Du Sénat De La France
拉爾謝，法國參議院議長，2008年12月11日

壹、前言

在Chas. W. Freeman, Jr. 所著的《外交官辭典》（*The Diplomat's Dictionary*）裡，該書作者引用了Robert J. Moore對「外交」的定義，認為：「如果政治是將事情化為可能的藝術，那外交則是將這項可能的藝術超越其地方或者地域之限制」（If Politics is the art of the possible, diplomacy is the art of taking the possible beyond its local dimensions.）（Chas. W. Freeman, 1997: 74）。在現代國際政治的領域裡，一般外交事務是被設定為由政府單位之外交部門來處理。相對而言，屬於立法部門之國會議員，因為是透過地方選舉而產生，所以，由這些民意代表所組成之立法議

1 法國參議院議長Gérard Larcher於2008年12月11日在巴黎接見200多位駐法國巴黎之各國外交官所做的演講。請參考http://larcher2008.blogspirit.com/archive/2008/12/11/donnons-a-la-diplomatie-parlementaire-toute-sa-place.html。最後參考日期2009年4月30日。

會便理所當然的對國家內部與地方之事務比較敏感與積極，也習慣將對外政策與外交事務統籌由行政權來處理。這樣的政治制度也造成了現代的代議民主政治傾向於將外交的事務與國會所必須發揮之功能分開來討論。

不過，非常有趣的是，如果將國家處理外交關係之運作歷史追溯本源，吾人卻發現「現代外交事務」是由歐洲大陸上之一個小共和國所設立的參議院所創始的。[2] 這一個人類歷史上，首先透過立法機構處理國家對外事務之共和國，就是創立於西元697年的威尼斯共和國。當時，大約是在西元第十五、十六世紀時，身處於義大利半島之威尼斯共和國為了捍衛國家商業利益，決定開始派遣常駐的「大使」到其他與該共和國有商業來往的地方駐守。而根據共和國的法律規定，這些駐外的大使都必須前來參議院進行被稱為“Relazione”之任務報告，因為威尼斯共和國的參議院正是國家負責對外關係與軍事任務的重要決策中心。如果我們仔細檢視這些Relazioni[3] 的報告內容，便可以發現這些報告正是這些威尼斯大使對其駐在國所進行之政治、軍事、經濟與社會狀態之分析與觀察。此外，威尼斯各大使在參議院所提供的報告，更會因為這些資訊內容之豐富與否，觀察之細膩程度，以及用字遣詞之深度，進而影響這些大使之政治前途。所以，當時所進行的「國會外交」，事實上正是現代外交關係的起源。目前，許多有關於歐洲早期外交政策的運作與決策之觀察與研究，也都必須透過當時這些國會外交之文獻，才能有比較深入的了解。而就是從威尼斯共和國的參議院，我們看到了現代外交關係的系統性運作（Preto, 151: 1998）。然而，來到現代，要讓各國的國會議員對外交事務有興趣，反而變成不是一件容易的事。其原因在於國會議員的當選連任是取決於地方選民對其任內的服務與表現所做的判定，而一個國家內部之選民通常是對外

2 法國國會議長Raymond Forni 在2001年5月23日於法國參議院之演講。http://www.senat.fr/colloques/diplomatie_parlementaire/diplomatie_parlementaire0.html#toc1。最後參考日期2009年4月30日。

3 在義大利文裡，Relazione是單數，Relazioni是複數的使用。

交事務的成敗與否，是比較沒有切身的感覺。這也是為什麼，現代民主國家之國會議員基本上是比較不會插手關心國家之外交事務。此外，吾人也觀察到國會這樣對外交事務的漠視，在政治制度傾向民主中央集權的法國更是彰顯。法國巴黎第二大學著名之法學教授Serge Sur就直接指出法國的國會對國際事務缺乏興趣，也似乎無意介入，反而是有越來越多之非政府組織有意願在這些國際問題裡扮演重要的角色（Sur, 2000: 178）。這些國際非政府組織如同無疆界醫師會（Medecins Sans Frontieres）或者國際紅十字會，從創立以來便積極介入國際社會之區域衝突，從事人道救援之任務，並且有各國人民極為強烈的民意支持。以無疆界醫師為例，其影響力遍及世界各地區，有數萬個會員，並且還獲得1999年之諾貝爾和平獎。相對於這些國際非政府組織的積極活動，在1999年爆發的科所沃戰爭裡，當法國做出決策，決定與北大西洋公約組織合作出兵南斯拉夫之外交政策時，法國國會卻只在事後接到法國政府行政部門的通知，而且甚至沒有進行討論與投票來同意法國政府對南斯拉夫進行的武裝干預行為。

然而，不可諱言的是，雖然一般國會對國家之外交政策是不太關心，但是卻也常常依據國家制度以及當時的國際環境，而在國家對外政策的制訂過程中扮演一些關鍵性的角色。以美國為例，美國參議院曾經在1919年1月19日第一次世界大戰結束之後，否決凡爾賽和平條約，使得美國無法參加由其總統威爾遜所努力促成的國際聯盟。另外一個極為象徵性的案例是，全面禁止核武試爆條約（Comprehensive Nuclear Test Ban Treaty, CTBT）的簽署。禁止大規模毀滅性武器的擴散一直是美國政府重要的外交政策，當時的美國政府更是非常努力與世界各國合作，以促成CTBT的實踐。該項條約在各方的努力之下，於1996年在美國紐約由世界各國政府派遣代表簽訂。然而，美國國會卻在1999年投票拒絕通過這項條約[4]（Sur,

4　全面禁止核武試爆條約已經由180個國家之政府所簽署，但是有些簽署國仍然沒有認可這項條約。例如：中國、埃及、美國、印尼、伊朗以及以色列。請參看全面禁止核武試爆條約組織（the Comprehensive Nuclear-Test-Ban Organization - CTBTO）之官方網站資料：http://www.ctbto.org/the-treaty/。最後參考日期：2009年4月30日。

2000: 178）。

從另外一個角度觀察，美國國會拒絕與行政權合作，並且在溝通不良的情況之下不願意配合政府執行這些重要之國家外交政策，是屬於被動的介入美國之外交政策。不過，美國國會也會主動通過法案，以干預美國外交政策之進行。例如在1978年，美國卡特政府決定與我國斷絕外交關係後，美國國會便主動通過具有美國國內法效力並且要求美國總統簽字生效之台灣關係法，以維持與台灣之各項關係（包含近似外交承認之關係）。

除了美國國會對其外交政策一再表達其自主權之外，歐洲的法國國會也曾經有類似的行為，希望藉機主導國家之外交政策。譬如說，在第二次世界大戰結束之後，歐洲各國面對來自蘇聯的重大軍事威脅。因此，在法國政府的強烈主導之下，力主由德國、義大利、比利時、荷蘭、盧森堡與法國等六國成立歐洲防衛共同體（European Defense Community）。這一項外交政策在法國政府的強烈斡旋之下，也同時得到美國政府的充分支持（Cameron, 2007: 24）。以宏觀的角度而言，這個建立歐洲防衛共同體的外交政策提議，不但與當時冷戰的架構有一致的想法，也得到整個西歐各國政府非常正面回應。此外，該計畫的提議也頗符合在後來成為歐洲經濟共同體建立之基礎的舒曼計畫之精神。就實質內容而言，該項外交政策的形成是由當時剛從法國防衛部長卸任、擔任法國總理的Rene Pleven[5] 在1950年10月24日的歐洲理事會大會裡所提議（Zorgbibe (1), 1995: 104-106）。這個議案，也就是後來的「普萊文計畫」，正是希望能夠與當時的舒曼計畫進行連接。根據回憶錄，被稱為歐盟之父的莫內，就曾經在寫給Rene Pleven的建議裡，強調應該把德國納入歐洲的防衛體系中，

---

5 René Pleven歷任法國第四共和政府的殖民部長（1944）、財政部長（1944-1945）、國家經濟部長（1945）、防衛部長（1949-1950），並且於1950年7月12日至1951年2月28日，以及1951年8月11日至1952年1月7日擔任法國第四共和的總理職位。隨後，他再度擔任防衛部長、外交部長以及司法部長。

就如同德國在煤鋼共同體也將扮演著同樣的角色。[6] 這個防衛共同體將有一個一致的指揮系統，並且接受單一的命令（Monnet, 1978: 346）。在經過法國政府主動的溝通之下，建立歐洲防衛共同體的巴黎條約在1952年5月25日由各國政府代表簽訂，並且隨後在比利時、荷蘭、盧森堡與西德都獲得國會通過。然而，該項由法國政府全力推動，也對法國當時領導西歐各國之外交地位有非常重要之助力的國際條約，卻在1954年8月被法國國會否決。法國國會雖然是被動的角色扮演，但是其拒絕與行政權配合的動作，如果以結果論而言，不僅僅改變了法國政府既定的外交政策，也結束了早期歐洲防衛共同體的計畫，更重要的是影響了隨後整個西歐各國整合計畫的發展方向。[7]

五十年後，規模越來越龐大的歐洲聯盟，於2004年在羅馬聚集其二十五個會員國元首，簽訂了歷史意義重大的歐盟憲法條約。該憲法條約本來預計在2006年11月要開始生效的，然而卻由於荷蘭與法國在2005年以公民投票否決了此項條約。因此，歐盟各國政府為了解除這項整合危機，於2007年重新簽訂了里斯本條約，並且取得共識，在各主權國家的國內由各國國會進行認可程序。最後，歐盟二十七個會員國的國會，都通過了里斯本條約，並且在大部分國家裡避免使用變數較高的全民公投機制。這一個認可里斯本條約之過程，雖然再度是被動角色的扮演，卻也突顯了國會在國家重大外交政策裡，所扮演的關鍵角色。

在二十一世紀的新國際關係裡，外交政策的制訂，已經不是傳統上專屬於行政權的權力，立法權也有越來越多的發言權。如果要做比較詳細的

6　莫內Jean Monnet曾經在寫給Pleven的信函上說：The solution of the German problem in its military aspect should be sought in the same spirit and by the same methods as for coal and steel: the establishment of a European Army with a single High Command, a single organization, unified equipment and financing, and under the control of a single supranational authority. 請參看Jean Monnet, Memoirs, 頁346.

7　法國國會如何否決歐洲共同體的計畫，在莫內Jean Monnet的Memoirs, 頁582-585裡有詳盡的討論。

研究，國會在外交政策上的重要性，還可以再細分為，在各國政治制度裡被動與主動角色之扮演。所謂被動角色，是指行政權在各項外交政策的制訂上，需要代表人民意見的國會之背書。而主動角色之扮演，則是指國會欲積極主導一國外交政策之制訂，而與行政權有著主導權之爭奪。此外，國會也扮演協助國家外交執行之責任，希望能夠借重其代表人民意見之影響力，協助國家發揮影響力，推動重要之外交工作。法國在現代民主國家陣營裡，一直是擁有強大行政權，並且也是現代外交的重鎮。因此，本文將以法國為例，期望從歷史發展、主動之角色、被動之角色以及協助政府之角色，討論國會在外交政策的制訂上，如何扮演越來越重要之角色，也藉此了解二十一世紀現代外交事務的演變與發展。

貳、傳統外交政策的制訂與形成

所謂「外交－Diplomacy」是在中世紀開始形成，並且逐漸發展成具有重要功能之國家對外關係體系架構。而具有現代理論與概念的「外交－La diplomatie」、「外交官團－corps diplomatique」以及「外交官－Les diplomates」等詞彙，則是在十八世紀末才形成（Bely, 1998: 22）。現代外交的體系與運作，則是在法國太陽王路易十四在歐洲稱霸的時期才逐漸發展成熟（Evans, 1998: 129）。事實上，在傳統國家對外政策的制訂上，外交與軍事一直是相輔相成的。因此，德國的腓特烈大帝就曾經說過：「沒有武力作為後盾的外交，是沒有樂器伴奏的音樂」（*Diplomatie ohne Waffen ist wie Musik ohne Instrumente*）。然而，一般人也認為在進入二十一世紀之後，國際政治局勢的一個重要發展就是國家與國家之間的戰爭有越來越少的趨勢（Goldstein, 83: 2008）。而由加拿大British Columbia大學的人類安全中心（Human Security Center）所出版的2005年「人類安全報告」（Human Security Report 2005）也觀察出從冷戰結束之後，地球上的武裝衝突、種族滅絕的戰爭都有減少的趨勢。[8] 事實上，現實的世界政治就如同圖8-1所示，我們的日常生活裡以及各國之間是充滿利益不和諧的事情。而解決的方法，可以選擇合作，或者是走向衝突的方式。在過去的國際關係體系下，是有很多國家選擇採用戰爭的方式解決問題，然而，隨著武器的殺傷力越來越大以及人類社會的演化，目前採用外交方式來妥協取得共識的趨勢也已經成為主流，所以才有人類安全報告所觀察到的國家戰爭行為在不斷減少的趨勢。到目前為止，我們應該可以很慶幸的觀察到，地球上之國際社會已經發展到沒有國際戰爭之存在。最後一場國際戰爭，是發生在2008年，俄羅斯與喬治亞之間的戰爭。在2011年，於中東地區爆發之茉莉花革命，雖然引起以法國為首之北約對利比亞的軍事行動，然而這並不能被歸類為一場國際戰爭，而是聯合國所同意之維持和平任務之執行。當然，這不代表未來的人類社會將不再會使用戰爭解決彼此之紛爭，但是，截至目前為止，大部分企圖以戰爭解決國際衝突之舉動都是遭到國際社會之譴責。例如，以二十世紀末以後所發生之兩次伊拉克戰爭為例。第一次發生於1990年的伊拉克戰爭，由於入侵的國家是伊拉克，因此，立即遭到聯合國安理會所支持的三十四國聯軍的軍事制裁。第二次發生於2003年的伊拉克戰爭，首先發動武裝攻擊行動的美國，雖然是以解放伊拉克，帶來民主自由之名，但是也沒有獲得國際社會之充分支持。

圖8-1　世界政治

資料來源：作者自行繪製。

---

[8] 這一份由Oxford University Press 所出版的人類安全報告就提到：《The first *Human Security Report* documents a dramatic, but largely unknown, decline in the number of wars, genocides and human rights abuse over the past decade》.請參考http://www.humansecurityreport.info/index.php?option=com_frontpage&Itemid=1 最後查閱日期2009年4月30日。

也因為如此，所以各國透過各式各樣外交手段處理我們這個日益複雜世界的機會也愈來愈多。正常而言，外交通常是指一個主權國家與另外一個主權國家之間的政府關係。更清楚的來說，外交是一個運作過程，而這個運作的過程是關於現代國際關係體系要正常運作的時候，所必須依賴的一種傳遞訊息的功能。[9] 更具體而言，透過外交體系的運作，國家與國家之間得以採取合作的態度以處理彼此之間的爭端。在同時，我們也必須特別在這裡指出，所謂外交Diplomacy與對外政策Foreign Policy是不一樣的內涵。一個國家的對外政策Foreign Policy是一個國家對外關係的整體戰略思考與制訂，可以說是一個國家在國際關係社會裡，與其他國家關係的本質、戰略目標與態度的總和（Evans, 1998: 128-129）。而外交Diplomacy只是實行國家對外政策，讓國家力量發揮影響力時之一種工具與方法的使用而已。外交所運用的方式，不外就是對話、談判，以求達到共識而進行國家與國家之間的合作，避免透過戰爭解決因不同國家利益所引發的衝突與糾紛。而所有有關於外交的形式、手段、手腕、禮儀、談判，基本上都是歐洲在十五世紀之後，由於主權國家概念的興起所發展出來的體系。更由於當時，歐洲大陸上最強大的國家是法國，所以有關外交的許多概念也都源自於當時的法國，並且大量使用法文。簡單而言，對外政策Foreign Policy是國家的總體戰略，而外交Diplomacy則是國家為了達到總體戰略所運用的多項戰術之一。也因此，在研究現代整個國際體系的運作時，我們可以使用「國際政治」或者「國際關係」來描述國際體系裡，存在於國家之間各種關係的運作情形與模式。在這樣的架構之下，我們如果也使用比較傳統的國際政治思維，「主權國家」就成為最重要的角色扮演者，而外交則是國家之間的一個協商與溝通的過程。因此隨著協商方法與目標的不同，我們便會對外交協商這個過程加上一些功能之闡述，而產生所謂強權外交、危機外交、權力外交、乒乓外交、渡假外交、人權外交、經貿外交

---

9 Brian White, *The Globalization of World Politics*, page 250, “diplomacy refers to a process of communication that is central to the working of the international system”.

及國會外交等等。除此之外，研究分析者也會根據每一個國家的外交形式風格，而形成所謂英國式外交、俄羅斯式外交、法國式外交、美國式外交等等，來說明各國外交風格之不同與多元性。

然而，一般人也都同意，國家的綜合力量越強大，其所能使用的外交工具與資源也越多。不過，這不代表越強大的國家一定擁有比較多的對外影響力（Heisbourg, 2002: 43），或者是能夠更有效率的使用其充沛的資源以達成其所制訂的外交政策目標。一般而言，在形成國家力量的幾個要素當中，有所謂經濟力量、軍事力量、文化力量以及外交力量（如圖8-2）。但是，外交力量的產生則必須是因為有這足夠的經濟、軍事與文化力量作為運作時的後盾。隨後，經濟力量的持續成長則需要有外交力量在國際上能夠為本國的利益協商奮戰，加上軍事與文化力量（其中包括科技力量）來持續開拓新市場。軍事力量若無經濟力量作為其支持後盾，終究不能持久。而文化力量的發揮也常常是因為外交、經濟與軍事夠強大，使得該國文化得以成為強勢與主流的價值而發揮其影響力。綜合而言，透過國家力量所制訂的外交政策以捍衛國家利益，就是這些力量的相輔相成而產生的一個結果。

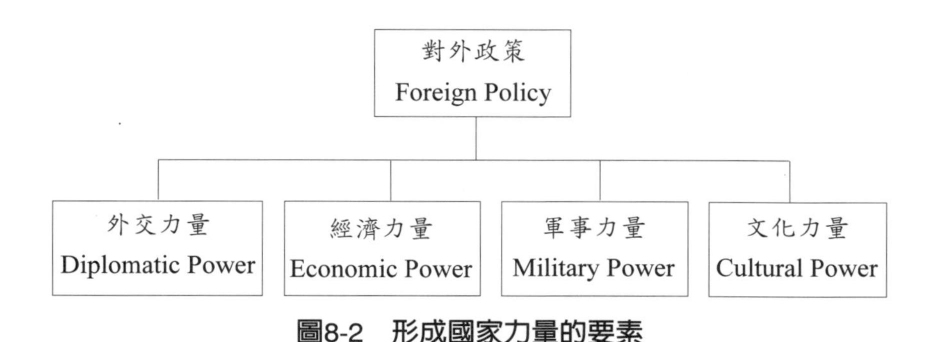

圖8-2 形成國家力量的要素

（1）傳統「國家外交」（state diplomacy）的目標[10]

在當今國際政治的研究領域當中，對於國際行動者（international actors）的探討，不論是現實主義或自由主義這兩大學派，都有意或無意的忽略了國會所扮演之角色與重要性。綜觀傳統的研究，國際關係學者主要仍然側重以主權國家（sovereign state）作為分析的主要對象，而現實主義者尤其如此。現實主義者（不論新舊），均認為國家是國際關係中，最基本、甚至是唯一的行動者。由政府所代表之國家，是外交行為和對外政策的最後落腳處。在現實主義者眼中，所謂「國際關係」（international relations），事實上即是「國家間」（inter-state）或「政府間」（inter-governmental）的關係，而這邊指的「政府」當然是指具有行政權的「中央政府」。正因為如此，傳統上所謂的外交指的即是「國家外交」（state diplomacy）。

一般而言，不論是學者、國家政策制訂者或者是關心政治的民眾都會同意，任何外交政策的基本目標都是為了維持國家的主權與獨立。外交政策的主要戰略目標更是延續本國政治、社會與經濟的發展與繁榮，亦即追求所謂的「國家利益」。所以，各國政府及其領導人在與其他國家進行交往互動時，都會運用各種手段及途徑，以竭力爭取擴大其所捍衛之國家利益。因此大家普遍認為，國家的外交作為並非基於單純的意識形態或道德原則的考量，而是受制於現實政治當中追求生存與發展的必然；換言之，國家利益（亦即安全與發展）常被視為是一切國家外交政策的主要動力所在。

（2）國家外交的工具與手段

近代以主權國家為主體的國際體系，於1648年威斯伐利亞和會（Peace of Westphalia）之後逐漸成形。由於各國的主權獨立，堅持領土之

---

10 這一部分請參閱田弘茂、羅致政、周世雄主持的研究案「台北市政府城市外交政策成效評估」，臺北市政府，1999年6月29日。

完整及平等之地位，超國家（supra-national）的組織也無從在國際社會產生。整個國際關係體系因此成為現實主義所分析之「無政府狀態」。沒有任何中央政府有權力執行中央權威、懲罰行為出軌的國家。這也使得國際社會呈現霍布斯（Thomas Hobbes）所說的「自然狀態」（state of nature）之中，國家只有仰賴自己，透過強制手段或者是權力來保障自己的國家生存利益。莫根索（Hans J. Morgenthau, 1973: 35）即明白表示，權力是國際政治的重心，國家藉權力的追求來滿足、保障自己的需要。因此權力的取得是國家對外政策的首要目標，藉以塑造一個理想的國際環境來保障國家安全，增進國民福祉，以及伸張國家的威望。上述目標的實現則有賴國家使用適當的政策工具。在傳統的國際關係領域裡，國家對外的政策工具主要有下：

A. **外交工具**：透過國與國之間的談判與討價還價的方式，向他國說明本國的目標，企圖說服他國採取或制訂有利於本國的行為或政策（Holsti, 1988: 174）。

B. **經濟工具**：以經濟作為政策工具的歷史相當悠久，早在古希臘時代即已存在。在西元前447年時，希臘雅典城的重要領導人，也是推動雅典民主重要推手的伯里克利Pericles為了對抗斯巴達，就曾經使用過經濟的工具企圖制裁斯巴達的盟邦Megare（Lachaux, 1987: 14）。不過，各國注重經濟工具還是在工業革命發生之後，因科技、運輸的進步，使各國間的經濟互賴日益加深的結果。第二次世界大戰爆發之前，聯合國的前身——國聯也曾經嘗試用經濟制裁的方式，懲罰墨索里尼主政的法西斯義大利對非洲依索匹亞的侵略。二次大戰結束後，多國籍企業（multi-national corporations, MNCs）憑著雄厚的資金與優越的技術能力，對第三世界國家（尤其是拉丁美洲各國）進行種種的政治、經濟干預與影響。維農（Vernon, 1973: 6）即表示：「由於多國籍企業的出現，使主權及經濟力量拱手讓人。」所謂的經濟工具乃是指，藉由剝奪一國的經濟價值或給予一國經濟援助、貸款的方式，以說服、影響他國採取適於本國的政策（Lerche, Abdul, and Said, 1970: 81-2）。據此，經濟工具按其懲罰性質又可分為經濟報償（Economic Rewards）與經濟制裁（Economic Sanctions）二種形式，通常一國在使用經濟工具時，大都將此二種手段混合使用，以求目標順利達成。

C. **軍事工具**：著名的戰爭學家克勞塞維茨（Clausewitz）曾經說過：「戰爭只不過是政策的另外一種簡單延續/La guerre est une simple continuation de la politique par d'autres moyens。」（Clausewitz, 1955: 67）。儘管大多數文明的人們譴責戰爭，認為不人道、不合理及不道德。但是基於國際社會為一個「無政府狀態」的特性，武力仍被各國決策者認為是維持、保障國家安全與利益的最佳手段與最後防線。現實主義者如美國前國務卿季辛吉（Henry A. Kissinger）與法國著名國際關係學者亞隆（Raymond Aron）都曾指出，一旦各政治實體不能使用武力時，一切糾紛就永遠不能解決，外交效力也就會完全喪失（蔡政文，1978：106）。

D. **宣傳工具**：隨著大眾傳播科技的進步，「宣傳」此一心理工具，繼外交、軍事、經濟工具後，也成為國家政策的重要執行工具之一。所謂宣傳，據寇爾特（Terence Qualter）的說法是：「某些人或團體採取一種故意的企圖，藉著各種傳播媒介去形成、控制或改變其他團體的態度。」郝思迪則認為，宣傳是一種說服的過程，選擇許多的事實且予以摘要的解釋，然後再賦予預期的答案（Holsti, 1988: 151-165）。

（3）國會外交的本質

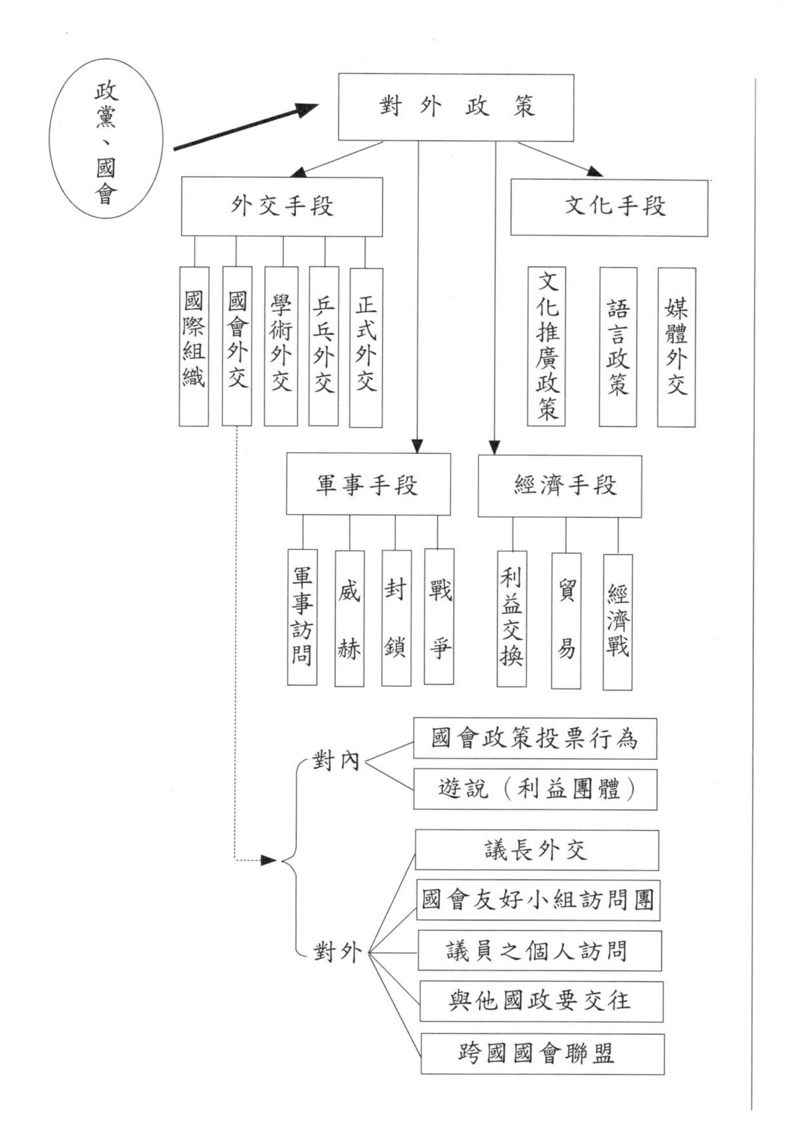

圖8-3　一國外交政策之運用

理論上，國家權力力量（Power）的展現是可以用兩個層面來解釋的：[11] 第一個層面是作為一個權力的中心，它的行動能力有多強，通常是以該國家國民生產總毛額GNP的大小，或者軍事能力的強弱作為衡量標準；第二種是這個權力中心的影響力有多大，這一方面的力量是比較難以估算，但是，透過一個外交標準程序，我們通常可以了解到一個國家如何透過外交力量將它的Power 顯現出來。這一個程序就是：[12]

第一個步驟：對目標國所採取的政策，透過公開或者私底下的方式表示政府的不滿。

第二個步驟：對目標國建議一個比較友好的雙邊行動與合作關係，如果目標國願意朝著政府的建議改變其政策。

第三個步驟：對目標國進行更進一步之溝通，說明如果目標國繼續維持其特定政策而不做改善，將會對兩國關係有著負面的發展與影響。

第四個步驟：尋求國際支持來對目標國施壓，也為政府的政策做合理化的背書。

第五個步驟：給予目標國他所要求的代價（譬如外交承認，經貿援助）來換取目標國改變他的政策。

第六個步驟：如果目標國堅持其所制訂之政策方向，政府將採取具體減低兩方關係的措施（如減少或者完全斷絕經貿援助，減少外交官人數，降低外交層級，限制軍事交流等等）。

就短期的目標而言，當國家政府試圖發揮外交影響力的時候，通常也是國會議員能夠與目標國進行折衝溝通，提出一套雙方在私底下可以妥協讓步並且接受的方案，來達到政府外交部侷限於外交程序與國家尊嚴所不能做到或者完成的任務。

就長期來說，國會外交則是在設法建立國家與國家之間的民間友誼。

11　Joshua S. Goldstein, *International Relations*, page 55-57.

12　Karen Mingst, *Essentials of International Relations*, page 120-121.

因為國會的產生是民主制度選舉的結果。在民主國家裡，各國的外交政策是要接受民意的檢驗的。因此代表民意的國會更是有在外交事務中扮演一個重要角色的能力。也就是說，目前的外交工作已經因為民主制度的建立與普及化，而成為某種形式的全民外交。而全民外交的意涵也就是民主原則、民間原則與民意原則：

民主原則：國家制度與政策也就是外交政策的運作，必須是根據民主制度原則的運作。

民間原則：外交力量的產生有賴民間力量（經濟力量，社會力量，文化力量，科技力量）的支持。

民意原則：外交政策的制訂必須遵守民意。沒有民意的支持，不可能有持久一致的外交政策，甚至可能導致政府的垮台。

總而言之，當前的外交工作已經不同於過去的外交工作。在民意的壓力之下，已經很難與人民脫節。而尋求行政機關與代表人民的國會做最大的合作，以尋求國家最大的利益，應該是時勢所趨，也是最完美的結合。緊接著，本文將要討論法國如何運用國會外交，發揮其國家的影響力，也企圖為法國爭取最大的國家利益。

參、法國國會外交的歷史與興起

傳統上，外交政策的制訂在中央集權的法國，就是被歸類為王室專屬的權力。一般而言，無論協商的結果如何，其他的統治貴族都無從質疑起。不過，王室完全決定外交政策的原則也有其例外發生的時候。事實上，在整個歷史的演進過程中，法國王室在處理對外關係之時，也會因為各種因素，譬如說戰爭失敗與王室聯姻，而導致必須割讓土地的結果。然而，當國家的土地有如此的變動時，除了國王的決策之外，也同時必須要當時全國之三級會議（États généraux）的同意才行。所謂三級會議，是現代國會的前身。在十四世紀的時候，歐洲各國均出現類似這樣的全國性會議。這些全國性會議的出現是因為各國王室需要出席這些會議的諸侯、教士與地主出錢以維持王室的金錢開銷。而三級會議的代表也會趁機要求國王通過法律，以保障他們本身的權力，這是歐洲立法權與行政權互動方式與體系的由來[13]。然而，隨著法國的王權逐日擴張，王室也越來越不喜歡這些全國三級會議代表對王室實施政權的箝制。在法國大革命之前，法國王室所召開最後一次全國三級會議的會期是從1614年10月27日開始，一直到1615年2月被解散為止（Julaud, 402: 2005）。隨後由利希留（Richelieu）首相輔佐的路易十三，法國王權達到頂峰的太陽王路易十四，以及路易十五（Louis XV le bien-aimé）都不曾再召開過全國性的三級會議。在這一段時期裡，國王是唯一的外交政策制訂者，並且完全不受國會之監督。也因此，在1697年所簽訂之「Ryswick條約」裡，以及1713年西班牙繼承戰爭結束後之「Utrecht條約」，法國所同意之領土變化，乃至1763年歐洲七年戰爭結束後所簽訂之「巴黎條約」導致法國對英國割讓出美國的密西西比河流域、非洲塞內加爾以及加拿大之領土，都是在沒有三級會議的監督之下，由法國國王獨自所決定之外交政策。在法國大革命的前夕，法國國家的財政困難，因此路易十六決定在1789年5月5日再度召開全國性的三級會議。這個三級會議在6月17日開會決定擴張權力，成為法國國會（Assemblée nationale）。身為王權與行政權捍衛者的路易十六對於這樣的發展感到相當憂心與不滿，所以決定以武力解散這個剛成立的國會，法國大革命因而爆發（Riviere, 1995: 210-211）。法國大革命之後，法國政府的行政權落在新成立的國會手裡。這個國會也企圖在各方面進行革命性的改革。在1790年5月22日因此通過法律，要求法國與外國所簽訂的所有和平條約、聯盟與貿易條約都必須得到當時「立法院」（Corps législatif）的同意。但是，當制憲國會提議成立委員會來審查法

---

13 關於早期國會與政府之間關係的簡單說明，可以參考Maurice Duverger所著Le système politique français, pages 24-44。

國所簽訂的各項條約與對外關係的時候，立即有許多人開始質疑這樣的委員會會侵蝕王室的外交權，並且會讓法國的敵人知道許多在國會被公開的國家外交機密，造成法國的國家利益的損害。這也造成在隨後持續成立的政權，不管是第一共和行政官制度、拿破崙帝國、法國王朝復辟、第二共和的總統制、第二帝國，法國的國會一直都小心翼翼，不太介入國家的外交事務。1870年普法戰爭之後，法國進入第三共和的時代，政治制度改變成為內閣制，立法權與行政權是一體，國會的影響力也大為增加。因此，於1875年，國會終於可以處理一些比較不敏感的國際關係事務。然而，基本上，內閣政府還是握有外交大權，不願意讓國會了解法國是如何處理對外關係。最具象徵性由行政權獨攬外交政策的事例，是法國與俄羅斯在1891年簽訂的同盟關係。這項法俄同盟的談判結果，一直要等到二十三年後1914年第一次世界大戰爆發後才真正的讓其內容曝光，也足見法國行政權在面對立法權時之強勢作為。[14] 因此，法國國會在面對傳統上非常強勢的法國行政權，也只好從批准行政權願意曝光之對外條約來一步步強化本身的外交權，並且也建立國會外交的傳統。在1878年，法國國會首度拒絕一項貿易條約的簽署。在1885年時，法國Jules Ferry內閣因為沒有處理好對越南之外交事務而被倒閣，而在1954年，法國國會更拒絕由法國政府主導之歐洲防衛共同體的成立，進而對當時法國的外交政策之整體戰略，造成非常深遠之影響。事實上，法國的國會外交以及其對法國外交政策的影響力，正是透過這些與行政權的衝撞過程，進而一步步建立起來。以下是本文試著從一些重要歷史的脈絡來觀察法國國會外交發展的一些關鍵時程[15]：

在法國大革命之後，Le Couteulx 議員在1790年建議政府成立一個委員

14 法國國會議長Raymond Forni 之演講內容，請參看法國國會之網站：http://www.senat.fr/colloques/diplomatie_parlementaire/diplomatie_parlementaire0.html#toc1。後參考日期：2010年10月14日。

15 資料來自法國國會，《L’Assemblée nationale et les relations internationales》, collection *Connaissance de l’Assemblée*, Assemblée nationale, 1998, Paris, France.

會來了解法國對外關係和法國與外國所簽訂的合約，並且將這些認知內容告知國會。這項建議立即引起法國制憲國會裡的一場重要辯論：第一點，這一項政策可能會侵蝕到法蘭西國王的權力；第二點，透過這項告知國會的過程，公共大眾也很有可能會了解到告知的內容，法國的敵人因此很可能可以藉此得到珍貴的情報而傷害到法國的國家利益。經過辯論之後，這一個委員會有被成立，但是並沒有集會。隨後，這一項辯論重新於1792年在法國的立法國會（Assemblée nationale législative）被提起，然而，法國國會在隨後進行改革，立法國會被解散，國民公會Convention nationale於同年的9月21日取代立法國會，這個成立外交委員會的提案仍然無疾而終。

到了1795年，在Boissy d'Anglas議長的主持之下，法國國會的力量日漸增加。在他的任期內，國會通過一項議案，要求國會接見來自其他各強權的代表。在議案通過了之後，瑞典大使成為第一個到法國國會呈遞到任國書之外國使節。

在1887到1894年之間，第三共和的法國總統Sadi Carnot簽署了一項重要法案，很明確的指出法國外交部長為法國與外國協商談判的最高權力負責人。在1902年時，法國眾議院祕書長（Secrétaire générale de la Chambre des Députés）Eugene Pierre也同意這樣的發展方向，他特別指出「對外的協商談判，是無法由不協調又紛爭無序的國會來代表與進行的」。Eugène Pierre祕書長進而說明，國會在對外關係上的基本原則應該是給予政府最充分的權力，讓政府能無拘無束的與外國協商爭取最大的國家利益。然而，他也再三強調，如果政府沒有事先徵詢國會的意見，行政單位政府的簽署也會讓外界產生疑義。其最重要原因是，任何政策如果沒有國會的背書，單單政府的意見是不能代表整個法蘭西民族的。

在1919年第一次世界大戰結束之時，為了感謝美國對法國的援助，法國國會特別邀請美國總統威爾遜（Woodrow Wilson）在國會的半圓形建築裡發表演說，這是法國國會史上第一次接受外國領袖在國會發表演說。

曾經擔任過大使、部長及國會議員的Jean-François Deniau最後在1991

年指出，從法國政治開始設立國會與國會議員以來，他們在外交政策上的角色一直是一個爭論不休的議題。在政治制度上，外交政策本來就是屬於行政權的管轄範圍；在選民的立場上，選民通常也很難了解與體諒他們所選出的代表，為什麼要去費心神在如此遙遠又與他們不相關的議題上。簡單來說，行政部門與選民都不喜歡國會議員參與太多的外交事務與決策。但是，由法國參與歐盟日積月累的經驗來說，內政與外交或者國內與國際事務的分別卻是逐日艱難。大家每天都發現法國的繁榮與否，不再只是法國的國內政策的好壞，或者法國人努力的程度而已，而是越來越與國際社會的繁榮與否有著極密切的相連關係。舉例而言，各國的危機、失業問題、暴力問題不只是會在各國之間互相輸入，而且也會輸出。所以，法國國會議員為了要能夠有效率的捍衛其所代表選民的利益，也被迫必須正視整個內政問題的國際背景，並且以宏觀的國際視野看待整個法國與世界的關係。

同樣的，曾經擔任法國司法部長，以及國民議會外交委員會主席的Michel VAUZELLE議員也認為，現代外交工作性質上是應該具有效率性與機密性的，並且應該隸屬於行政權上的範疇。但是現代外交事務同時也已經成為一個具有永久性機制用來做經常性協調、對話、思考、聽證、研究、意見的創新、探索、人類關係的加強……等功能的場所。因此，在這一方面，代表民間力量與意見的國會是可以扮演輔助國家發揮其外交影響力之力量來源。就這樣的政治功能思考，國會外交的確有其存在的必要性及其重要的考量。在國際社會上任何需要捍衛法國商業與文化利益的地方，就必須要有法國的國會議員來認真執行，這一點是法國國民必須深刻了解到的。法國的國會議員必須有能力在世界各地維護法國的經濟利益，持續社會發展及發揚法蘭西文化。然而，這樣的理想與作為並不光只是待在國內自己的選區來說要捍衛自己選民的利益就可以做得到的。因此，法國國會議員的新任務也就是嘗試為法國的國會創造一段新的歷史。

於1993年到1997年之間擔任法國第五共和國民議會第九任議長的Philippe Séguin則認為第五任議長Louis MERMAZ（1981-1986）讓法國的

國會外交得以在冷戰期間扮演重要的角色。Louis MERMAZ議長在美國與蘇聯對抗的狹隘國際空間裡，藉由不斷的出國訪問，與雙方面進行溝通並且設法取得共識，也建立起法國國會外交的一些傳統與制度。而其中最重要的是，法國國會在協助政府建立與蘇聯及中國比較不同之外交關係裡，扮演了重要的角色，也使得法國沒有完全陷入冷戰中美國集團與蘇聯集團之對抗邏輯裡。

隨著外交歷史的演變，就如同法國現任參議院議長Christian Poncelet所言，無論我們喜歡與否，無論我們是贊同或者是控訴，國會外交是存在的。由國會在外交事務上所扮演的角色，在全世界各國都存在，並且以不同的形式運作中。最重要的是，在國際社會的層次上，國會外交也扮演著越來越重要的角色。[16]

肆、立法權在外交政策上之制度性規範

觀察國會外交在法國的興起與運用，其最重要的功能並非要取代法國政府之外交權，或者要與行政部門競爭，而是要與政府外合作協助法國推展外交事務。曾經擔任法國國民議會議長七年的Laurent Fabius就國會與政府在外交政策之間的關係指出，外交政策制訂的真正原則是希望政府能夠在外交協商有完全的自由度及授權，但是沒有國會議員的意見與同意，也不能代表國家進行最後之簽署。[17] 在美國，國會的立法權是與政府之行政權以互相平衡做為基礎。在法國，其第五共和政治體制是採用半總統制，國防與外交是屬於總統的「專屬權力」（*le domaine réservé*），總統不必

16 法國參議院議長之演講資料，請參看法國參議院之網站資料：http://www.senat.fr/colloques/diplomatie_parlementaire/diplomatie_parlementaire1.html#toc8。最後參考日期：2011年4月5日。

17 法國國會出版資資料。Connaissance de l'Assemblée, numéro 11, L'Assemblée nationale et les relations internationales, page 2, 1998.

對國會負責，亦不需到國會進行施政報告。然而，國防部與外交部又屬於必須對國會負責之總理與政府之管理範疇。因此，國防與外交事務被稱為政府之「分享權力」（*Le domaine partagé*）[18]。所以，在憲法上的規範，行政權主導外交政策是極為明確的規定。然而，由於時代的改變，全球化的影響，以及外交事務越來越複雜化的趨勢，國會參與外交事務的事實也越來越明確，於是故，法國的國會也嘗試制度化其參與外交事務的行為。例如，在延續歷史發展的基礎下，根據法國第五共和國會的定義之一，被大家稱為「國會外交」（*La diplomatie parlementaire*）的行為，便是指以歷任法國第五共和國會議長的強烈意願與理想為基礎，期望法國國會能以法國國家利益為宗旨，由法國國會主動出擊，來對法國的外交政策的推動有所貢獻的一項外交活動。

就世界上整個政治制度的發展趨勢而言，在新的國際關係體系裡，民主的政治制度也逐漸成為世界各國政治權力的基礎。而當國與國之間的交換也越來越多元化與複雜化的同時，由政府主導的行政權勢必無法再單獨處理與他國之間的關係。這也是為什麼，在法治與制度上規範立法權與行政權之分工與合作也有其必要性，才能使得外交政策的制訂更能符合國家利益的捍衛與共存共榮之合作基礎。就法國政治制度而言，在憲法的層次及政治習慣的實施方面，法國國會仍然對政府之外交政策有事前審查及事後管控之合理授權，以便與行政權共同管理法國之外交政策。以下，本文就來探討在第五共和政治制度的層面，國會如何涉入行政單位之外交權限。

（1）外交政策之事前審查權

國會可以就第五共和憲法賦予之權力，在政府實施其外交政策之前，進行審查以表示意見，也可以同意政府是否要對另外一個國家宣戰。以

18　請參看法國政府對於總統與政府專屬權力與分享權力之定義與詮釋。http://www.vie-publique.fr/decouverte-institutions/institutions/approfondissements/qu-est-ce-que-domaine-reserve.html。最後參考日期：2010年10月14日。

下，本文就國會之事前審查權進行分項說明：

A. 信任投票與不信任投票

在二十一世紀的法國政治現狀而言，由於全球化的趨勢、歐盟整合的議題以及國家與國家之間的互動愈來愈頻繁，因此，法國政府是必須要常常在國會報告其外交政策的方向與內容。在憲法上，法國第五共和憲法第49條規定政府得以就其整個政策，或者單一政策主動向國民議會要求負起政治責任。[19] 法國之國會，特別是指國民議會（Assemblée Nationale），就可以藉由這樣的機會對政府將要採取之外交政策表達意見，進行投票。這樣的機制也被稱為「信任投票／La question de confiance」。在同時，吾人必須注意的是，根據第五共和憲法同樣是第49條之規定，總理所帶領之政府只有義務對國民議會進行施政報告，以得到同意權，而得到參議院之同意權並非是必要。如果，等同於下議院之國民議會投下不信任之投票結果，整個政府就必須根據憲法第50條之規定提出辭呈，總統也將有權力解

---

[19] 法國憲法第49條："ARTICLE 49. The Prime Minister, after deliberation by the Council of Ministers, may make the Government's programme or possibly a general policy statement an issue of a vote of confidence before the National Assembly.

The National Assembly may call the Government to account by passing a resolution of no-confidence. Such a resolution shall not be admissible unless it is signed by at least one tenth of the members of the National Assembly. Voting may not take place within forty-eight hours after the resolution has been tabled. Solely votes cast in favour of the no-confidence resolution shall be counted and the latter shall not be passed unless it secures a majority of the Members of the House. Except as provided for in the following paragraph, no Member shall sign more than three resolutions of no-confidence during a single ordinary session and no more than one during a single extraordinary session.

The Prime Minister may, after deliberation by the Council of Ministers, make the passing of a Finance Bill or Social Security Financing Bill an issue of a vote of confidence before the National Assembly. In that event, the Bill shall be considered passed unless a resolution of no-confidence, tabled within the subsequent twenty-four hours, is carried as provided for in the foregoing paragraph. In addition, the Prime Minister may use the said procedure for one other Government or Private Members' Bill per session.

The Prime Minister may ask the Senate to approve a statement of general policy."。

散國民議會，進行改選。在法國，外交政策需要國會支持之事前審查權，並且以信任投票負責之例子就是在1991年爆發的波斯灣戰爭。法國的密特朗政府首先在行政權之政策上，同意與美國的布希政府一起出兵攻打伊拉克以解放科威特，並且也獲得聯合國通過第六七八號決議案之支持，要求伊拉克在1月15日之前撤兵離開科威特。而法國政府因此立即於1月16日要求法國國會特別集會，以便就法國出兵伊拉克的政策做報告，並且同時負起政策責任。法國國民議會隨即以523票對43票信任政府，而參議院也以290票對25票同意法國的外交政策。[20]

除了信任投票之外，法國的國會尚有一項類似的權力，被稱為「不信任投票/La Motion de Censure」。一般而言，信任投票的主動權掌握在政府的手上，而不信任投票的權力則是掌握在國民議會的意志之上。國民議會根據憲法所賦予的權力，得以就外交與國防政策對政府提出不信任投票。在1966年的時候，左派的反對黨就曾經對戴高樂總統決定退出北大西洋公約組織的政策提出不信任投票，但是沒有成功。很有趣的是，在2008年4月8日的時候，法國的左派社會黨對政府提出2002年憲改之後的第一個不信任投票。[21] 而這項不信任投票發動的原因，竟是薩克奇總統決定重返當年左派覺得法國必須持續參與之北大西洋公約組織的政策所引發的不滿，認為破壞了法國的獨立外交政策。[22] 不過這兩件由國會所主動發起，企圖干預政府外交權之動作，都由於政府掌握了國會多數議員之意見，因此皆未通過。但是，值得注意的是，第五共和憲法將總統任期改為五年之後的第一個不信任投票的實施，就是一件有關於法國外交政策的案件，可見外交政策在國會所受到的重視也逐日增加。

20　請參考法國世界報：《國民議會全面贊同國家元首之立場／Le parlement a massivement approuvé la position du chef de l'État》, Le Monde, 18/01/1991.

21　請參考法國世界報，國民議會否決反對黨提議之不信任投票／L'Assemblée rejette la motion de censure déposé par l'opposition, Le Monde, 08/04/2008.

22　在當時，不信任投票案的通過需要288票，然而此案只獲得227票，因此宣告失敗。

B. 宣戰權

除了就政府的總體外交政策，國會可以進行審查之外，根據法國第五共和憲法第35條款規定，法國在對外宣戰之前，也是必須有國會的認可及同意。[23] 只是值得吾人注意的是，隨著時代的演進，軍隊任務的本質也有所改變，因此法國也在2008年7月23日通過修憲，修改憲法第35條之規定。[24] 新的憲法規定政府在調動軍事部隊前往國外進行非戰爭行為之任務時，並不需要國會事前之同意。雖然如此，這一類以軍隊行動為主之任務，還是必須在三天之內知會國會，明白指出該軍事行動的政策目標。而這項政府在國會的政策報告，雖然不一定需要進行投票以得到國會的支持，但是，卻可以在國會進行討論以及辯論。而如果該像軍事行動超過四個月，仍然必須得到國會的同意許可。

事實上，自從法國實施第五共和憲法制度以來，就不曾使用憲法所賦予的權力對外宣戰。法國最後一次使用宣戰權，是在第二次世界大戰對軸心國家的宣戰。在二戰結束之後，法國所參與的戰爭都沒有使用宣戰權。例如在1950年爆發的韓戰，是法國參與聯合國對抗北韓的戰爭。1946年爆發的中南半島戰爭，是法國協助南越對抗北越。1954年到1962年的阿爾及

---

23 法國第五共和憲法第35條：《ARTICLE 35. A declaration of war shall be authorized by Parliament.》

24 請參看法國憲法委員會之公告：
http://www.conseil-constitutionnel.fr/conseil-constitutionnel/francais/la-constitution/la-constitution-du-4-octobre-1958/revision-constitutionnelle-du-23-juillet-2008.16312.html。
《The Government shall inform Parliament of its decision to have the armed forces intervene abroad, at the latest three days after the beginning of said intervention. It shall detail the objectives of the said intervention. This information may give rise to a debate, which shall not be followed by a vote.
Where the said intervention shall exceed four months, the Government shall submit the extension to Parliament for authorization. It may ask the National Assembly to make the final decision.
If Parliament is not sitting at the end of the four-month period, it shall express its decision at the opening of the following session.》。
最後參考日期：2010年10月14日。

利亞戰爭，則被法國歸類為內戰。基本上，這些武裝衝突都不需要法國政府對外宣戰。這也是為什麼法國現任總理François Fillon，特別在2008年4月1日於國民議會針對法國政府繼續增兵阿富汗做政策報告時，就直接說明，因為整個國際局勢的改變，憲法第35條的國會同意宣戰權等同於被廢棄不用了。[25]

從另外一個角度來看，進入二十一世紀之後，戰爭就不再是解決國際紛爭的方法。此外，法國所主導之歐洲聯盟整合也頗為成功，其周圍之地緣政治安全已經獲得相當高程度之確保，歐洲列強之間再度爆發戰爭的可能性已經近乎不可能。然而，法國軍隊為了維護和平，捍衛人權，所進行之維持和平任務與人道救援行動，甚至是救災軍事任務的機率卻逐年增加。從憲法賦予的權力，加上這些行動需要國會通過預算，使得國會在軍隊任務之派遣所扮演的角色日益增加。事實上，這類必須國會同意的任務，每一年都關係著上萬名的法國軍事人員。在2008年，法國國會就通過了八億六千萬歐元之軍事任務費用。[26]

自從憲法修改之後，法國國會就運用該項權力，於2008年9月22日通過法國軍隊持續在阿富汗進行維持和平任務。[27] 在2009年1月28日，通過法國軍隊持續在查德、中非共和國、象牙海岸、黎巴嫩與科索沃進行軍事任務。[28]

---

25 法國總理 M. François Fillon 就法國政府增兵阿富汗對國民議會所做的政策報告。Déclaration de M. François Fillon, Premier ministre, sur l'action de la France en Afghanistan et l'annonce du renforcement militaire français dans l'Est afghan, à l'Assemblée nationale le 1er avril 2008.請參看法國政府網站：http://discours.vie-publique.fr/notices/083001021.html。最後參考日期：2009年5月2日。

26 請參考法國世界報：《法國減輕在非洲之軍事佈署/La France allège son dispositive militaire en Afrique》, Le Monde, 29/01/2009

27 請參考法國世界報：《國會同意法國軍隊持續任務/Le Parlement autorise le maintien des troupes françaises》, Le Monde, 24/09/2008.

28 請參考法國世界報：《法國減輕在非洲之軍事布署/La France allège son dispositive militaire en Afrique》, Le Monde, 29/01/2009

（2）外交政策之事後同意權

法國國會除了在政府外交政策實施之前，可以進行審查之外，在外交政策實施之後，仍然可以進行監督與管控。這項權力尤其發揮在法國與外國簽署國際條約之時，根據法國之法律是必須獲得國會之同意。

A. 國際條約的審查權

根據法國第五共和憲法第52條，國際條約的協商與簽署是由共和國總統所負責。一般而言，國際條約的審查權是法國國會最容易、影響力也最大的外交權。在憲法第53條裡規定，所有關於和平條約、商業條約、國際組織條約、有關於國家財務狀況的事項、會改變法國國內法律之條約……等等，都必須得到法國國會的認可。[29]

就程序而言，簽署國際條約的主動權完全屬於政府。當政府所同意之外交條約需要國會最後之認可時，該項條約首先從國民議會被送到外交委員會進行審查；在參議院則比較不同，有關貿易與金融的國際條約，會先送到參議院金融委員會進行審查。就過去的經驗而言，法國國民議會之外交委員會每一年大概審查約五十多個國際條約法案。

就實際的運作狀況而言，也因為國會有外交條約之審查權，使得國會與行政單位之衝突時而有所聞。在1970年代，法國政府決定延長智利政府的貸款期限，照理說這是有關於國家財務狀況的事項，並且牽涉到外國政府，應該是要得到國會的同意。然而，法國政府卻基於外交考量，私自決定與智利簽訂同意書，延長貸款協定。反對黨後來決定上訴憲法委員會，

---

29 法國第五共和憲法第53條：《ARTICLE 53. Peace Treaties, Trade agreements, treaties or agreements relating to international organization, those committing the finances of the State, those modifying provisions which are the preserve of statute law, those relating to the status of persons, and those involving the ceding, exchanging or acquiring of territory, may be ratified or approved only by an Act of Parliament.
They shall not take effect until such ratification or approval has been secured.
No ceding, exchanging or acquiring of territory shall be valid without the consent of the population concerned.》。

控告政府違憲。但是得到的憲法委員會的憲法解釋卻說是這是屬於政府的權限，因為法國有通過法律，授權政府控管國家的財政狀況。這樣的判決結果，也再次證明了在法國行政權的強勢之下，立法權仍然試圖爭取的作為。

綜合而言，法國政府有簽署符合國家利益外交條約之主動權，但是仍然要獲得法國國民議會與參議院兩個國會之最後同意。此外，法國兩院國會，僅能就需要通過之外交條約進行同意、否決以及要求修改之三種投票結果，而不能由國會主導修改國際條約。

B. 外交政策之監督權

法國前國會議長（1988-1992，1997-2000），也是法國第五共和最年輕的總理（37歲，1984-1986）Laurent Fabius曾經指出，外交政策已經不能再像過去一樣，完全不受國會之視察與監督。其原因在於外交政策與國內政治之關係逐日密切，也脫離不了與人民每日生活之關連。所以，這些對外事務越來越是國會議員所必須關心之首要工作。[30] 整體而言，對於政府已經在實施之外交政策，國會仍然可以透過憲法賦予質詢之權力，持續監督政府。在必要的狀況，透過本文前述之不信任投票，讓政府之外交政策必須持續與代表民意之國會進行溝通，也避免外交政策脫離人民同意之範圍。

伍、以國會為重心之實際政治角色扮演

就如同本文在前文所述，法國外交政策的制訂與運用基本上屬於行政權。國會的權責，比較是屬於監督的層面。然而，在實際運作上，國會仍然有其重要，身為政策重心之角色扮演。議長與國會議員常常可以避免外

[30] 法國國會出版資資料。Connaissance de l'Assemblée, numéro 11, L'Assemblée nationale et les relations internationales, page 4, 1998.

交官所代表之主權象徵，進行溝通，也發揮了相當之功效。以下，本文將就議長外交之實踐、國會之外交委員會之運作、友好小組之功能以及國際組織之參與，來具體說明法國國會如何實際參與國會外交。

（1）議長外交

本文所欲討論之國會外交（Diplomatie Parlementaire），是指第五共和歷任國會議長所採取之政治意願，決定強化法國國會對外交政策之協助與貢獻。

法國國會對國會外交之定義：[31]

在現代法國國會外交的實際運作層面，第五共和的歷任國會議長一直扮演了一個非常重要而且具代表性的角色[32]。其原因在於根據第五共和憲法第7條之規定，如果法國總統不能視事，則是由參議院議長代理。[33] 法國第五共和之半總統制沒有副總統之設置，第二號人物也不是由總理來擔任，而是由國會之議長承擔，這樣的安排是有法國政治發展的歷史背景原因。本來，國民議會是透過人民直選而產生，是比透過間接選舉而產生之參議院有權力。然而，法國的參議員一般都是資歷頗深之政治家。在1795年之後，第一共和的時代，法國第一次建立了國會雙院制，類似於當今國民議會的下議院被稱為：「共和國的想像力」，而類似參議院的元老院則被稱為：「共和國的理性」。元老院議員的組成，也都是年紀與資歷比較

31 請參看法國國會之網站資料：http://www.assemblee-nationale.fr。最後查詢日期2009年5月1日

32 請參看法國國會之網站資料：http://www.assemblee-nationale.fr。最後查詢日期2010年10月14日。

33 法國憲法第7條規定：Should the Presidency of the Republic fall vacant for any reason whatsoever, or should the Constitutional Council on a referral from the Government rule by an absolute majority of its members that the President of the Republic is incapacitated, the duties of the President of the Republic, with the exception of those specified in articles 11 and 12, shall be temporarily exercised by the President of the Senate or, if the latter is in turn incapacitated, by the Government.

資深的政治人物所擔任。爾後，參議院就一直是法國比較資深之政治人物所組成。發展至第五共和，法國政壇最重要的四位政治人物分別為共和國總統、參議院議長、共和國總理與國民議會議長。這也是為什麼，兩院的議長與總統及總理，均能在國家外交的層次扮演相當的角色。

以下就法國歷任國會議長之外交做簡單介紹：[34]

1. Jacques CHARBAN-DELMAS (1958-1969)：法蘭西共和國第十九任議長、第五共和第一任議長，也曾經是龐畢度總統任命之總理的CHARBAN-DELMAS議長曾經如此自述：[35]「身為國會議長，出國訪問執行不同任務也成為我的工作之一。而，國會議長的身分正好在這個領域上提供給我很多特殊的方便。如果想要代表法國發言，這一個職位事實上是很具有代表性的。它能夠和行政部門保持適當的距離，使得議長的發言不會把政府帶到一個政治困境。最可以闡述的一項外交任務是1961年初，戴高樂總統派我去見美國剛剛上任的甘迺迪總統，來勸諫他不要讓美國過渡干涉越南事務。那個時候，美國尚未陷入泥沼，但是正在很不自覺的慢慢陷入當中」。至於，國會議長在國會外交中所能扮演的角色，Jacques CHARBAN-DELMAS議長便指出：「在擔任國會議長期間，我習慣於每一年至少與蘇聯大使餐敘兩回。而同時，我與美國大使也做同樣性質的聚會。時常，我可以做到幫助雙方了解它們之間不同的歧見。我一直和戴高樂總統有著同樣的信仰，也就是說，法國在世界上的角色就是幫助她的盟友開創出一個新的思維。」
2. Edgar FAURE (1973-1978)：Faure議長認為法國國會還有對國際社會開放的空間，而且相信讓法國國會與法國的對外關係自動連線是

---

[34] 以下資料，是根據法國國會之網站整理而來。http://www.assemblee-nationale.fr/histoire/presidents/cinquieme_republique.asp。最後查詢日期：2011年4月6日。

[35] Jacques CHABAN-DELMAS, *Mémoires pour demain*, Édition Flammarion, Paris, France, 1997.

國會目前的首要任務。因此，在1975年元月份，Edgar FAURE議長接受東德人民議會議長GOETTING的邀請，到東德去訪問以便討論法國和東德的一般合作事宜，以及與東德Pankow在外交特區建立法國大使館的細節問題。1974年11月30日，當法國國會正在為墮胎問題進行辯論時，教宗保羅六世特別接見了Edgar FAURE議長，讓他對法國政府為了反應新的社會民情所做的決定而做了一番非常詳盡的解釋。1975年，Edgar FAURE 議長更首先倡議，並且實現了日後歐洲委員會各會員國的國會議長每一年舉辦一次討論會議的慣例。

3. Jacques CHARBAN-DELMAS (1978-1981)：1980年1月份，Charban-Delmas再度當選議長。在赴蘇聯的訪問旅程當中，得知著名的異議份子沙卡洛夫Andrei Sakharov 被蘇聯政府軟禁在Gorki裡。Charban-Delmas議長因此決定在最短的時間裡返回法國以示抗議。在一場記者會裡，Charban-Delmas議長做了一個如此的說明：「蘇聯政府對一個著名的物理學家所做的待遇，迫使我縮短這一次的訪問旅行。做為蘇聯政府所邀請的一位客人，我是無法介入蘇聯之內政問題。但是我也不能不發表任何意見。在既無法說話也無法保持靜默的情況之下，我只有做出提早結束訪問回法國的抉擇」。稍早，在同樣的一個旅程裡，CHARBAN-DELMAS議長也曾經對蘇聯領導人布里茲聶夫Leonid Brejnev表示過他對蘇聯一個月前違背國際法入侵阿富汗的不滿。議長更說明蘇聯的這項舉動會嚴重的傷害到東方陣營與西方陣營之間的友好關係。而這一項風暴更會使東西方之間的和解政策瓦解。
4. Louis MERMAZ (1981-1986)：Louis MERMAZ 議長在任內大量增加法國國會對國外著名政治人物的邀請與招待。除了已經變成日常業務的各國國會議長，這一個階段最重要的來訪人物，便是1984年中國總理趙紫陽與1986年中國共產黨中央委員會總書記胡耀邦。此外，在1985年來法國訪問的蘇聯領導人戈巴契夫，便是在法國國會發表他對法國核子武裝的看法，並且藉此機會嚴厲批評了美國的新核子戰略。Louis MERMAZ議長除了邀訪國外重要領導人之外，更不斷出國訪問，並且把握機會使這些訪問更具政治性。尤其在1984年，接受西德國會議長Rainer Barzel 的邀請赴西德訪問之後，MERMAZ議長便不斷展開國會外交，與西德重要人物如西德總統Karl Carstens，前總理布蘭德Willy Brandt，總理柯爾Helmut Kohl 商談歐洲的前途，使得德國與法國在歐洲共同市場裡的領導地位得以更加的確定。

5. Jacques CHARBAN-DELMAS (1986-1988)：CHARBAN-DELMAS三度當上議長之後，把既有的國會外交發揮的更加淋漓盡致。當議長於1986年訪問美國及1987年訪問埃及時，他更特別邀請了法國媒體去做隨行報導。這一項新的作法開創了隨後以議長為主之國會外交的媒體化現象。他的美國之行更讓他有機會向當時的美國總統雷根解釋法國第一次實施的左右共治制度。

6. Laurent FABIUS (1988-1992)：繼續執行前任議長所留下的國會外交作為。在1988年10月訪問西德，12月訪問突尼西亞，1989年2月訪問匈牙利均有法國媒體隨行採訪。在1989年11月時，在蘇聯領導人戈巴契夫的邀請之下，Laurent FABIUS議長與其同事西德國會議長Rita Sussmuth 女士共同訪問蘇聯。隨行的不但有三十幾位記者，並且加上十多位學生，也藉機開創了國會外交的文化交流層面。1990年5月，在當時仍是參議員高爾Al Gore先生的邀請之下，Laurent FABIUS議長訪問美國，參與一項由美國議員們所主辦的一項關於環境保護的科學與技術層面國際會議。同年秋天，Laurent FABIUS議長協助在羅馬所舉辦的一項國際會議，會中討論的主題則是有關歐洲各國國會如何對正在建設中的歐洲有所貢獻。同時，Laurent FABIUS議長也持續邀請國外著名政治領導者來法國訪問，如蘇聯外交部長Edouard CHEVARDNADZE、以色列總統 Haim HERZOG、高棉國王施亞努 Norodom SIHANOUK、土耳其總理、瑞典總理等等。在1989年，當法國慶祝革命兩百週年之時，Laurent FABIUS議長特別在國慶日之日邀請各國與各政府領導人到法國國會接受款待。兩年後的11月，Laurent FABIUS議長則利用當時正在法國舉辦的法語區國家聚會時（Sommet de la Francophonie），提前在10月27日於法國國會舉辦了一個法語區國會議長國際會議。最重要的是，Laurent FABIUS議長對法國國會外交的貢獻並不止於這些比較傳統的訪問活動或者舉辦國際會議。曾經擔任過法國最年輕總理（1984-1986, 1984年第一次擔任總理時只有三十七歲）的Laurent FABIUS議長，在任內更積極的將國會外交帶到另一個境界。

1988年10月時，在FABIUS議長的主導之下，國會與法國外交部共組了一個研究觀察小組遠赴智利，強勢觀察全民公投之選舉，結果導致皮諾契將軍的垮台讓智利進入真正的民主政治轉型期。1989年7月21日，Laurent FABIUS議長所組成的選舉研究觀察小組，再度接到巴拿馬與巴拉圭的邀請，準備遠赴這兩國觀察選請。小組決定將這項任務制度化，並且決定以後這小組赴他國觀察選舉的主要原則與先決條件。同年底，Laurent FABIUS議長向新誕生的智利民主制度致上最崇高的敬意，並且親自率領七個由法國政界各黨各派所組成的國會議員選舉觀察團，前往智利觀察在1989年12月14日所舉行的總統與國會選舉。同時，更具創舉的是，Laurent FABIUS議長決定對新興民主國家給予技術上的援助。他因此建議國會辦公室對期望獲得法國技術上援助的新興民主國家給予確實的幫助。也就是說，法國國會將接受這些國家派員到法國國會實習民主的運作程序，法國也願意派遣公務員到這些國家進行協助工作。以國會外交為主軸的新「民主工程」就此誕生了。

7. Henri EMMANUELLI (1992-1993)：Henri EMMANUELLI議長接下Laurent FABIUS議長所建立的各項國會外交新任務與使命。在1992年一年當中，十七個選舉觀察團被組織起來。這些由法國國會議員所組成的選舉觀察團分別遠赴非洲，亞洲，東歐觀察新民主制度的建立。並且在隨後往往都能夠建立更多的國會技術合作案來鞏固這些新興民主國家的民主制度。1993年元月，在日本國會的邀請之下，Henri EMMANUELLI 議長到日本訪問並且與日本政界各最高領導人物充分的交換了有關兩國關係的意見，因而大大的增強了兩國的合作關係。

8. Philippe SEGUIN (1993-1997)：在Philippe SEGUIN議長時代是一個真正的各國國會間合作時代的來臨。在以法國國會與魁北克國會的合作架構為藍本，法國國會也與俄羅斯國會建立起長期的合作關係，期望為了彼此共同的國家利益，兩國必須致力發展有效率的國會間合作關係。在地中海歐洲會談的架構之下，法國國會也與突尼西亞國會分別在巴黎與突尼斯建立起定期會談的合作機制。1995年10月16日，Philippe SEGUIN議長也追隨傳統，在國會大廈接見了法語區國家各國國會議長。在題目為「國會，法語區與發展」的歡迎演說裡，他做了一個這樣的結語：「我們如今常常談起的國會外交：其發展應該給予一個特殊的地位」。他並且補充說明：「科技的發展帶給國會很多可以利用的新工具，例如網路的使用，正好可以幫助國會之間用自己的語言進行更多的交流」。同時，法國國會與外界的交流也有越來越密切的趨勢。法國國會大廈已經變成了世界各國重要人士訪問法國的時候所必須造訪的地方。光是Philippe SEGUIN議長的任期內，他就接見了一百八十次來自世界各國的重要領導人造訪法國國會。除此之外，法國國會本來就沒有邀請外國國家領袖在國會裡演講的傳統（1919年2月3日，美國總統威爾遜因凡爾賽合約的簽訂而在國會所做的演講是一個例外）。因此，在Philippe SEGUIN議長的提議，國會辦公室的同意之下，法國國會決定讓這一項具有重大意義，提升國會在外交上所扮演之功能之建議能夠有一個新的發展。所以，法國國會分別在1993年10月7日邀請西班牙國王卡洛斯一世，1994年6月7日邀請美國總統柯林頓（William J. Clinton），1996年5月7日邀請摩洛哥國王哈珊二世在法國全體國會議員的聆聽之下發表演說。

9. Laurent FABIUS (1997-2000)：二度就任法國國會議長的Laurent FABIUS在這一次任期內，就比較著重於如何落實前幾任議長的新國會外交政策，但是仍然不忘在任內繼續透過國會外交的推動，強烈鼓吹歐盟的建立以符合法國的國家利益。例如，議長於1997年接受芝加哥大學的邀請，前往訪問芝加哥之時，就特別以主題「十年內，歐盟角色的演變」發表一場演說，來表明法國在歐盟的利益與所持的立場。

10. Raymond FORNI (2000-2002)：Forni議長在2000年當選之後，在議長外交方面也得以繼續有所發揮。其原因在於Forni議長曾經擔任國會國際關係活動辦公室之負責人（President de la Delegation du Bureau charge des activites internationales）。因此，對於國會之國際關係事務非常熟悉。在他的任內，Forni議長接待了二十多個國家之領袖，以及六十多個各國重要之政治人物。Forni議長也前往波蘭、俄羅斯、義大利以及美國進行正式之訪問，以強化法國與這些國家之外交關係。

11. Jean-Louis DEBRE (2002-2007)：Jean-Louis DEBRE議長是法國第五共和起草者，也是第五共和第一任總理Michel DEBRE之子。DEBRE議長曾經擔任過法國內政部長（1995～1997），在其擔任議長之任內，曾經接待超過二百二十位各國重要政治人物。其中，在2002年接待墨西哥總統Vicente Fox Quesada，在2003年接待南非總統Thabo Mvuyewa Mbeki，在2004年接待中國國家主席胡錦濤，在2005年接待西班牙總理Jose Luis Rodriguez Zapatero以及葡萄牙總統Jose Sampaio，在2006年接待歐盟執委會主席Jose Manuel Barroso。此外，DEBRE議長也在2003年1月與德國聯邦議院舉辦共同院會，在同一年9月接待八大工業國各國議長。

12. Bernard Accoyer (2007~)：截至目前為止，Accoyer議長在法國國會參與政府外交政策所達成最重要的工作，就是在2008年7月23日促成法國第五共和第二十四次修憲，強化了法國國會在外交政策上，尤其是整個法國政治制度上的角色扮演。[36] 為了促成這一次強化國會角色的憲政改革方案，在2008年7月21日於凡爾賽舉行由國民議會與參議院所聯合審查的憲改案件，Accoyer議長甚至違反法國國會傳統，親自投下贊成票。

（2）外交委員會

根據憲法第43條，法國各項法律案與政策案的通過都必須先經過國會各委員會之審查。[37] 在法國的國民議會設有八個委員會，其中兩個分別為外交委員會（Commission des Affaires Etrangeres）以及國防軍隊委員會（Commission de la Defense Nationale et Forces Armees）來處理法國的外交與國防事務。在參議院則設有外交、國防與軍隊委員會（La commission des Affaires etrangeres, de la Defense et des Forces armees）來討論外交政策。這些國會委員會通常被定位為政策研究、資訊交換與政策監督的角色。當國家政策送到國會的外交委員會的時候，委員會的成員會任命報告負責人，對該項政策進行專門研究與報告，以便政策得以更清楚被了解以進行討論並且做決定。政策案與法律案的大會議程安排由國會議長、各副議長、各政黨領袖、各委員會主席以及一位政府代表開會決定，並且參考政府所提出的法案優先順序。而外交委員會更希望在人權、民主、人民權利、對國際法的尊重、國家獨立以及法國在世界的角色扮演，能夠更有效

36 根據法國政府網站，說明這一次憲政改革的重要目標：http://www.vie-publique.fr/actualite/panorama/texte-vote/loi-constitutionnelle-du-23-juillet-2008-modernisation-institutions-veme-republique.html。最後查閱日期：2011年4月6日。

37 法國憲法第43條：《ARTICLE 43. Government and Private Members' Bills shall be referred to one of the standing committees, the number of which shall not exceed eight in each House. At the request of the Government or of the House before which such a Bill has been tabled, Government and Private Members' Bills shall be referred for consideration to a committee specially set up for this purpose.》

的監督政府外交政策的運作。[38]

（3）外國友好小組

跨國會友好小組是國會外交之必要角色扮演者

Les groupes interparlementaires d'amitié sont les acteurs essentiels de la diplomatie parlementaire

Gerard Larcher, Président Du Sénat De La France
拉爾謝，法國參議院議長[39]

A. 參議院

法國國會為了增進與邦交國國會之間的友好關係，因此設立國會友好小組以增進議員們彼此之間的感情與交流。這些在參議院與國民議會設立之小組是由一個以上之多位對該國事務有興趣之國會議員所發起，目的在強化與這些友好國家之各項關係。而這些小組之議員所聯繫之對象，除了該國家之國會及其議員之外，也經常擴展到該國所有重要之政府與民間機構。值得一提的是，每一個議員並不侷限於只能夠參加一個友好小組。這些國會議員，只要對該友好小組之國家有興趣，並且願意協助法國與該國發展雙邊關係，皆可以加入。因此，參加對中國友好小組之議員，也常常是對台友好小組之成員，以便能夠深入了解整個地區之地緣政治與經濟之發展。

在參議院的國會友好小組之名稱與國民議會有所不同。在參議院，友好小組被稱為跨國會友好小組（Groupes interparlementaires d'amitié），共有七十個友好小組。此外，有四個國際資訊小組（Groupes d'Information Internationale），分別為法國北韓接觸研究小組（Groupe d'Études et de

---

38 La Commission des Affaires Étrangères de l'Assemblée Nationale, Assemblée Nationale, Paris, 01/06/1992.

39 請參看法國參議院之網站資料：http://www.senat.fr/international/sri.html。最後參考日期2010年4月20日。

Contact France-République Populaire Démocratique de Corée）、法國巴勒斯坦國際資訊小組（Groupe d'Information Internationale France-Territoires Palestiniens）、參議院中華民國台灣交換資訊小組（Groupe d'Information et d'Échanges Sénat-République de Chine-Taïwan）、西藏國際資訊小組（Groupe d'Information Internationale sur le Tibet）。[40]

B. 國民議會

法國國民議會的外國友好小組（Groupe d'Amitie）分為三類。第一類為與法國有外交關係之主權國家的國會友好小組。第二類為與法國沒有外交關係之主權國家所設立的國際使命研究小組（Groupes d'Etudes a Vocation Internationale GEVI）。第三類則是不具國家身分，但是為國會所關心的重要國際議題所成立的國際特色研究小組（Groupes d'Etudes a Caractere Internationale）。

a. 國會友好小組

在國民議會方面，由於國民議會是人民所直選，比參議院有權力，也更具象徵性，因此與它國之交流就更顯現出其重要性。再加上各國國會對本身所屬國家的政策都有相當之影響力，因此，藉由國會友好小組（Groupe d'Amitié）的成立，成為法國國會外交在戰術層面一個很重要的工具運用。在1997年第十一會期的時候，共有一百六十二個國會友好小組，九個國際使命研究小組，以及八個國際特色研究小組。在2002年第十二會期之時，共有一百七十三個國會友好小組，九個國際使命研究小組，以及六個國際特色研究小組。在2007年最新的第十三會期開議之時，則有一百七十三個國會友好小組，十個國際使命研究小組，以及六個國際特色研究小組。

---

40 請參看法國參議院網站：http://www.senat.fr/groupe-interparlementaire-amitie/amilst.html。最後參考日期：2010年4月30日。
在北韓與巴勒斯坦的小組名稱，可以加上法國（France）沒有問題。在台灣小組的例子，就不能有法國，但是可以有參議院（Sénat）的名稱。在西藏小組則連參議院也不行，以免引起中國的不悅。

b. 國際使命研究小組

國際使命研究小組（Groupes d'Études a Vocation Internationale, GEVI）是法國國會處理與法國沒有外交關係的主權國家所設立的國會友好團體。在法國國會的官方網站裡，特別提到台灣與巴勒斯坦則為兩個例外，因為不是國際社會所普遍承認的主權國家。這十個友好團體分別為阿富汗、北韓、緬甸、厄利垂亞、伊拉克、賴索托、利比亞、巴勒斯坦、台灣與梵蒂岡。

c. 國際特色研究小組

最後一個國會友好小組是完全不具國家特徵的一些國際問題，因此被稱為國際特色研究小組（Groupes d'Etudes a Caractere Internationale）。這些小組包含在英吉利海峽的英屬海峽群島（Channel islands）問題、輕型武器的販賣與清除地雷問題、法國人在海外問題、法國邊境工作問題、科索沃問題以及西藏問題。

（4）國際組織

自從冷戰結束之後，世界各國民主化的潮流也越來越是國際社會所注目的事件。然而，最重要的是越來越多的國家之國會是經由民主程序所產生，也因此形成逐日密切之國會交流。因為，各國政府必然受到各國民主國會的影響，所以國會成員之間的交流也成為各國增加合作與了解的重要場合，也成為名副其實的國會外交的場合。其中，法國經常參與之重要國際組織有：

1. 國際國會聯盟（Inter-Parliamentary Union, IPU）。
2. 西歐聯盟國會（Assembly of the Western European Union）。
3. 北大西洋公約組織國會（North Atlantic Assembly）。
4. 法語區國會（International Assembly of French-Speaking Parliamentarians）。
5. 歐洲安全合作組織國會（OSCE Parliamentary Assembly）。
6. 歐洲理事會國會（Parliamentary Assembly of the Council of Europe）。
7. 歐盟議會（European Parliament）。

表8-1　部分國際跨國會組織簡介表

組織名稱	組織成員	宗旨功能	活動內容	活動地區	備註
跨國會組織 Inter-Parliamentary Union（IPU）	1.主權國家之國會所組成； 2.會員國共183，準會員國共5；	1.世界之和平與合作； 2.代議制度之確立；	1.贊同聯合國宗旨並與之合作； 2.協助具相同理念區域跨國會組織、國際組織、跨政府組織及非政府組織 3.推展代議民主； 4.保障並推展人權及國際人權法；	無限制	
OSCE國會聯席會議 OSCE Parliamentary Assembly	歐洲安全合作會議成員國國會	提升跨國會對話	1.年度集會； 2.成立委員會； 3.選舉觀察； 4.成立專門計畫與進行訪問； 5.協助增強民主價值及民主立法制度之建立； 6.成立新聞及民主貢獻獎座； 7.進行次區域合作會議； 8.徵召會員國各大學傑出之政治、法律及國際關係學科優秀研究所學生至祕書處服務及從事研究； 9.與歐洲安全合作會議機構合作；	歐洲安全合作會議成員國	

表8-1 部分國際跨國會組織簡介表（續）

組織名稱	組織成員	宗旨功能	活動內容	活動地區	備註
法語系國會大會 Assmeblée parlementaire de la Francophonie					
歐洲國會聯合委員會 Council of Europe Parliament Assembly	歐洲國家國會（以採多元民主、法治及尊重人權者為限）	促進會員國之團結	討論、協議及共同行動	泛歐地區	
歐阿合作國會組織 The Parliamentary Association for Euro-Arab Cooperation	奧地利、比利時、芬蘭、法國、德國、希臘、愛爾蘭、冰島、義大利、盧森堡、馬爾他、挪威、荷蘭、葡萄牙、西班牙、瑞典、瑞士、英國	1.增進中東和平； 2.加強歐洲與阿拉伯國家間之政治、經濟與文化合作；	1.通知並整合行動； 2.定期與阿拉伯跨國會聯盟進行會議； 3.訪問中東與阿拉伯國家，並受訪； 4.與歐洲政府及歐洲部長會議保持聯繫；	歐洲與中東地區	

表8-1　部分國際跨國會組織簡介表（續）

組織名稱	組織成員	宗旨功能	活動內容	活動地區	備註
歐盟暨歐洲國會會員國男女平權國會委員會聯席會議 Conference of parliamentary Committees responsible for equal opportunities for women and men in the Member States of the European Union and in the European Parliament（CCEO）	歐盟國家代表	建立負責男女公平參與會員國國會與歐洲議會之機會之機構性委員會合作網路	1.促進成員間聯絡與資訊意見交換； 2關於女性於歐盟與歐洲層面之主題進行討論； 3.追求參政機會之政策獲得落實；	歐洲	

陸、結論

進入二十一世紀之後，可以確定的是傳統的國家與國家之間的戰爭是在日益減少當中。目前除了以色列與阿拉伯國家之間的長期衝突之外，大部分的衝突應該都是屬於內戰與反恐戰爭之形式。美國總統歐巴馬已經正式宣布因應九一一紐約恐怖攻擊之伊拉克戰爭已結束，同時，阿富汗戰爭也在走向和解之路。就如同吾人在本文一開始所言，最後一場國際戰爭，是發生在2008年，俄羅斯與喬治亞之間的戰爭。因此，透過外交手段來處理國家之間的爭端已經是目前的主流趨勢。然而，隨著全球化的發展，外交的內容與形式也越來越多元化。外交事務也不再是只有專業外交官才能處理的範疇。在這樣的發展之下，國會外交似乎也開始扮演越來越重要的角色。其最主要的邏輯，就是本文一再強調的概念：由於民主時代的來臨，各國的政府政策都必須要接受國會的監督與鞭策。因此，在國家政策的戰略層次上，國會扮演更加重要的角色是無庸置疑的發展趨勢。此外，在戰術的層次上，各國國會議員之間的交流更可以減少誤會，增加彼此的了解，也因此可以在國內政策的投票上獲得對雙方有利的結果。

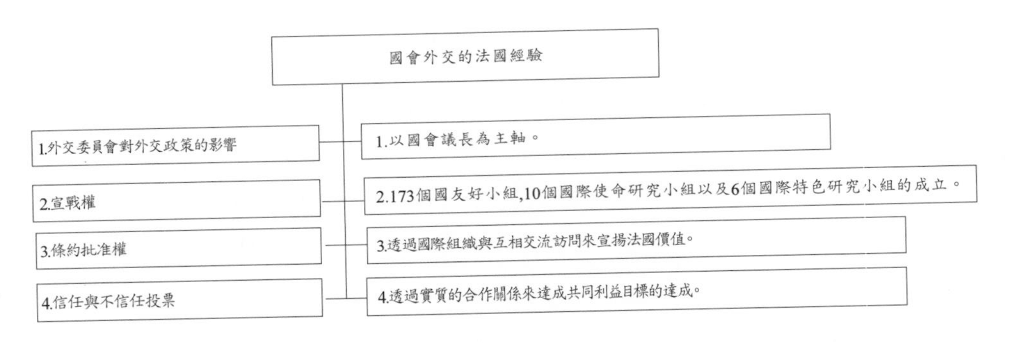

法國的國會雖然一直比較侷限與法國第五共和強大行政權的限制，但是也隨著時代的發展而有著越來越重要的角色扮演。也因此，法國也於2008年再度對第五共和憲法進行修憲，其中有關國會外交之內容包含三點：第一，法國國會能夠更快速知曉法國軍隊在外國的各項行動狀況；第二，法國的參議院與國民議會能夠就法國的外交政策進行決議案的投票，以表示法國國會的立場；第三、法國的雙院國會可以就政府的外交政策本身議案進行投票。[41] 無論如何，法國傳統的中央集權式民主政體，也隨著

---

41 請參看法國憲法委員會公告。
http://www.conseil-constitutionnel.fr/conseil-constitutionnel/francais/la-constitution/la-

時代的改變而在發生變化。法國在2000年進行修憲通過，從2002年起，法國總統的任期已經從七年一任，而且得以無限次連任，改為五年一任，只能連任一次，讓行政權也開始受到限制。總而言之，法國政府為了處理日益龐大與複雜的國際事務議題，不得不進行改革，分享外交權給國會，也將成為常態。由國會協助政府，所形成之國會外交行為，將是未來法國政府體制運作無法避免的趨勢。

參考書目

英文部分

Bely Lucien (sous la direction). 1998. *L'invention de la diplomatie, Moyen Age-Temps moderns.* Paris: Presses Universitaires de France.

Cameron Fraser. 2007. *An Introduction to European* Foreign Policy. London and New York: Routledge.

Chas. W. Freeman, Jr. 1997. *The Diplomat's Dictionary.* Washington D.C.: United States Institute of Peace Press.

Clausewitz, Carl Von. 1955. *De la Guerre.* Paris: Les Editions de Minuit.

Cohen Samy. 2002. *Les Diplomates, Negocier dans un monde chaotique. Paris:* Editions autrement, collection mutations.

Duverger Maurice. 1996. *Le systeme politique francais.* Paris: Themis Science Politique Presses Universitaires de France.

Evans Graham, Newnham Jeffrey. 1998. *Dictionary of International Relations.* London: Penguin Reference.

Goldstein Joshua S., Pevehouse Jon C. 2008. *International Relations Eighth*

---

constitution-du-4-octobre-1958/revision-constitutionnelle-du-23-juillet-2008.16312.html。最後參考日期2010年10月14日。

Edition. New York: Pearson Longman.

Heisbourg Francois. 2002. *A l'epreuve de la mondialisation in "Les diplomates".* Paris: Editions autrement, collection mutations.

Holsti K. J. 1988. *International Politics A Framework for Analysis.* New Jersy: Prentice Hall Inc.

Julaud Jean-Joseph. 2005. *L'Histoire de France Illustree.* Paris: Editions generals First.

Lachaux, Claude. 1987. *De l'Arme Economique.* Paris: Fondation pour les Etudes de Defense Nationale Collection les 7 epees.

Lerche, Charles O. Jr. Abdul A. Said. 1970. *Concepts of International Politics.* New Jersey: Prentice Hall Inc.

Monnet Jean. 1978. *Memoirs.* New York: Garden City Doubleday.

Morgenthau Hans J. 1973. *Political Among Nations: The Struggle for power and Peace 5 edtions.* New York: Alfred A. Knopf.

Preto Paolo. 1998. *L'Ambassadeur venitien: diplomate et " honorable espion " in "L'invention de la diplomatie".* Paris: Presses Universitaires de France.

Riviere Daniel. 1995. *Histoire de la France.* Paris: Hachette Education.

Sur Serge. 2000. *Relations Internationales.* Paris: Domat Politique Montchrestien.

Zorgbibe Charles(1). 1995. *Histoire des relations internationales 1945-1962.* Paris: Hachette Pluriel reference.

Zorgbibe Charles(2). 1995. *Histoire des relations internationales 1962 a nos jours.* Paris: Hachette Pluriel reference.

第九章
美國總統對國會立法的影響

黃秀端

壹、前言

美國為總統制國家，採取權力分立制度。依據美國憲法第1條第8項，立法權屬於國會；而依第2條第3項，規定總統負責忠實的執行法律。為謹守權力分立之原則，總統無提案權、不能出席國會報告施政方針、不能到國會為政策辯護、更不能解散國會；國會也不能質詢總統、亦無倒閣權。同時，在總統制國家，國會議員不能擔任政府官員，若擔任政府官員必須辭去國會議員職務，不似內閣制國家的行政與立法一體。

在早期，國家事務單純、立法相對簡單，因此由國會提案、立法，然後總統執行的模式，倒也能順利進行。此種行政與立法的分際，在早年皆為總統所遵守。傑佛遜總統曾透過其在國會的朋友賈爾斯（William Giles）提出法案，卻遭到其他議員強烈的批評（Harlow, 1917）。到了威爾遜總統（Woodrow Wilson）在位時，為應付日益複雜的國際關係與政府事務，不得不開始參與立法過程。但是他通常也只能透過同黨議員，說明立法要點，由議員依要點來起草法案，再提交國會。威爾遜因此在其論文稱十九世紀至二十世紀初，此種由國會主導政府的美國政府為國會政府（Congressional Government）（Wilson, 1956）。

總統與國會的關係在羅斯福總統時期發生重大改變。羅斯福總統上台時，正值美國經濟大恐慌；合議制的國會，無法應付接踵而來的危機，遂給予總統直接影響立法的機會。羅斯福總統的作法是在國情咨文或年度經濟報告時，明確指出政府施政計畫，分析問題所在，並提出因應之道，且通常有一份起草法案送到國會。除此之外，他更派員至國會監督法案並針對法案之進行與推動進行遊說（Watson and Thomas, 1988: 239）。對於國會通過他無法接受的法案，羅斯福總統更不惜使用否決權。羅斯福總統為了推行新政，領導立法，將否決權的藝術使用到最高峰。他總共動用了635次否決權，為歷屆總統之冠（Pfiffner, 1994: 139）。爾後，總統參與立法過程便成為政治上的常態。艾森豪總統時開始成立國會聯絡辦公室（The White House Office of Public Liaison），設專人來負責總統府與國會的溝通。今天甚至不少學者稱總統為主要的立法者（chief legislator）或立法領袖（legislative leader），面臨國家的政治、經濟等各方面的問題，無論是國會議員或民眾都期望總統率先採取行動，提出解決方案，而國會則負責監督、審查或修正的角色（Ranney, 1993: 281; Pfiffner; 1994: 141）。

儘管民眾對總統有期待，但是制度對總統亦形成一定的制約，面對此種情況，總統是如何推動他想要通過的法案呢？本文將先討論憲法上美國總統被賦予什麼樣的立法角色，而此種角色與法案的推動有何關係。接著，探討總統在立法推動上實際的角色，以及什麼因素將會影響其法案成功率。再進一步用簡單的統計分析來檢驗影響總統法案的成功的因素。最後，本文將討論小布希總統卸任前的金融紓困方案，以及歐巴馬上任後所推出的振興經濟方案是如何在國會通過的。

貳、總統在憲法上的立法角色

美國憲法上賦予總統有關立法的權力相當有限。第一項是憲法第二條第三項授權總統召開國會特別會議（special sessions）；第二項也是在憲法第二條第三項，總統應經常將國家情勢報告於國會，並提出基本上認為必要而妥當的措施建議於國會一此報告便是國情咨文。第三項與立法有關的角色為依憲法第一條第七項賦予總統的否決權。

自1930年代之後，國會每年休會時間非常短暫，有關召開國會特別會議的特權已經失去往日的重要性。在過去會期較短，當國會休會期間，總統可以要求國會議員回華府開會。特別會之召開，表示有重要的建議或計畫，無疑是施以國會議員行動的壓力。羅斯福總統在1933年就職後不久，便將議員召回華府，通過一連串的新政法案。波斯灣戰爭開戰前，有些國會議員深怕布希總統利用聖誕節國會休會期間發動戰爭，因此要求總統召開特別會議，但為總統所拒絕。

早期總統並不重視國情咨文，而且在制憲會議時，該條款並未引起爭議或討論（Bond and Fleisher, 1990: 6-7）。華盛頓總統以及其繼任之亞當斯總統皆親赴國會報告國情，然而之後的傑佛遜總統便以書面代替口頭報告。一直1913年威爾遜總統時才又恢復國情咨文之口頭報告（Pfiffner, 1994: 141）。咨文權之重要性自此之後，方逐漸獲得重視。

今天美國總統常利用國情咨文以達其立法目的。總統通常會將其年度政策向國會報告，希望國會在立法上配合。透過國情咨文報告，總統除了將其國政計畫訴諸於國會之外，更重要的是透過大眾傳播媒體的傳遞，訴諸於選民，以爭取選民支持。在總統口頭報告之後，行政部門通常會送上一份詳細的書面報告以及建議的立法草案。歐巴馬總統上任時，由於碰到前所未有的金融海嘯，總統的國情咨文不僅引起眾多美國人的重視，更為全世界所矚目。

美國總統與立法有關的另外一個條文是否決權。依美國憲法規定法案經國會三讀通過之後，便送交總統。總統在收到法案之後，十天之內必須：（一）簽署法案，該法案便正式成為法律；或（二）將法案否決，送回國會覆議，國會兩院必須要分別以三分之二的絕對多數，方能推翻總統之否決，維持原議案，否則該法案便因此被打消；或（三）總統也可以不採取任何行動，那麼十天之後，該法案便自動成為法律。但是若正值國會休會期間，此時總統若拒不簽署，該法案便不能成為法律，此種情況便稱為口袋否決（pocket veto）。被口袋否決的法案，國會便無機會覆議。

在制憲會議中否決權引起較多的討論。賦予總統否決權主要目的在防止國會越權，侵犯行政機關之權益。漢彌頓（Hamilton）認為「如果無否決權，總統將無法捍衛立法權的侵入，屆時立法與行政的權力將很快的淪為相同機構的手中。」（轉引自Bond and Fleisher, 1990: 6）早期的總統對於否決權的運用頗為自制，在華盛頓總統八年的任期中，只否決了兩項法案，而繼任之亞當斯與傑佛遜兩位總統則未曾動用否決權。安德魯詹森（Andrew Johnson）總統開始對否決權賦予政治性的意義，任何法案只要他認為不公平或不恰當便加以否決。在他任職的四年中總共動用29次否決權，從此否決權成為總統有力的立法工具。羅斯福總統更將否決權的運用發揮的淋漓盡致。因此，有一些學者探討總統如何以否決作為威脅來改變法案的內容（Cameron, 2000; Kiewiet and McCubbins, 1988）。

由於被總統否決的法案，國會兩院必須要以三分之二的絕對多數方能推翻總統的否決，總統只要掌握其中一院之三分之一加一票的支持，國會便無法推翻總統的否決，因此法案一旦被否決，其翻身的機會便很小。否決權因此被視為總統影響國會立法的利器。

參、學者對總統立法角色的看法

前面提到憲法上給予總統和立法有關的權力是相當有限的，但是總統的角色有其獨特性，使得其成為立法角色不可忽視的力量。總統代表國家，同時是國家象徵性與實質性的領袖。總統是由全國選民選舉出來的，[1] 國會議員是從一個個單一選區選出來的。總統是唯一以全國為選區選出來的政府官員，國會議員則來自不同的選區，代表不同的利益。當國家面臨危機時，大家都期望總統能解決問題。然而，絕大多數問題的解決需要國會的立法與撥款，總統並無單獨解決問題的能力。Riselbach（1996: 87）認為憲法提供總統與國會「對於政府計畫的內容相互競爭的

---

1 雖然形式上美國總統是由538位從各州選出的總統選舉人團所決定，但是由於政黨政治的發展與各州選擇選舉人的方式，一般民眾都以為他們在直接投票選舉總統。

機會」。

對於總統的立法角色，學者之間有不同的看法。Huntington（1965）認為總統對立法有主導的權力，他認為總統權力的擴張使得國會的角色已經被削減為只是拖延與修改而已。無論法案的形式與起草、法案支持之促成，以及法案最後內容的決定，皆已經轉移至行政部門。Ranney（1993）也持類似的看法，他認為國會所通過的重要法案都是由行政部門起草與推動的，雖然國會不見得會完全依照總統的提案或指示來通過法案，但是某種程度在美國政治體系中，唯一能夠監督整體的立法過程者就是總統。George C. III Edwards（1989: 4-5）認為總統是指揮者（director），一個能夠領導其他人到他們不可能到達之處的領袖。國會議員在許多學者眼中，以連任為主要目標，汲汲於經營其地方選區，為地方爭取建設與預算，國家重大政策與立法並非他們所真正關心的（Fiorina, 1989）。

當然也有些學者持不同的看法，他們認為國會在立法過程上之角色雖已有顯著改變，然而國會仍是重要的立法參與者。總統的政策與計畫雖是決定國會議程極重要之因素，但是國會透過撥款、修正，以及法案授權之重新審核等方式，可以對政策做經常性之修正與改變（Moe and Teel, 1970; Johannes, 1972）。Schroedel（1994）認為我們還是要了解憲法對立法的安排，國會在這方面的權力還是多些。在國會所通過的法案中，總統採取明確立場的百分比並不高，總統也不可能介入所有法案。換言之，此派人馬認為總統不見得能主導立法，大部分時間還是國會扮演主要角色。

Neusdadt（1960）認為總統的權力是說服的權力。總統要發揮其影響力必須展開他的領導能力與說服技巧。總統立法成功的要訣在於透過討價還價的過程來建立勝利聯盟（Arnold, 1990; Elving, 1995; Jones, 1994; Neusdadt, 1960; Peterson, 1990）。Bond and Fleisher（1990）視總統的領導為一個領導者與追隨者之間的互動。在一個各種組織與團體競爭的多元社會中，總統必須提出建立聯盟的計畫並且勸使他們加入。可能的聯盟對象會決定接受或拒絕總統的提議，因而決定是否追隨總統。此種情況給予他們對總統計畫的影響，而總統有必須提供誘因來獲得支持。

Edwards（2009）不同意總統的權力是說服的權力的看法，他認為總統無法用說服的方式來改變國會議員或民眾的想法。他認為總統扮演領導者角色，此角色在重要政策變遷時是關鍵性的。如果要了解政策的變遷是必要了解領導者的本質。在其《*The Strategic President*》一書中，Edwards表示並無任何證據顯示總統說服的權力，他傾向於認為總統為政策的促進者或推動者，並且有技巧的利用環境的各種機會來達成重要政策的改變。他並以林肯總統、羅斯福總統和雷根總統為例，說明他們如何利用機會來推動其議程。

由於總統選舉時在佛羅里達州的選票爭議，使得小布希總統的正當性受到質疑，仍有不少選民不認同小布希贏得選舉，所以其一開始並非在很有利的戰略位置。不過，911恐怖攻擊事件立刻將總統的聲望推高，總統隨即利用此機會強調國家的團結，並順勢推動一連串的反恐政策，並在其他方面如減稅方案、《不讓任何孩童落後法案》（No Child Left Behind）和老年醫藥福利也都有所斬獲。不過，Pfiffner（2008）則對於小布希總統利用911事件對美國人民造成的驚嚇與創傷，而推動一連串的法案如：《授權使用軍事力量》（Authorization to Use Military Force）、《愛國者法案》（the Patriot Act）、《軍事委員會法》（the Military Commission Act）、《外國情報活動監視法》（Foreign Intelligence Surveillance Act）修正案有所微辭。他認為這些法案嚴重侵犯了美國憲法權力分立原則，同時也侵害人民的人身自由，但是這些法案不僅得到共和黨的支持，同時也獲得反對黨民主黨之支持。換言之，為了國家安全使得國會在2001年至2006年間對行政部門的監督非常微弱。由此可見，國家適逢危機時，民眾往往仰賴總統的領導，總統總會利用機會挺身而出，然而當總統過度膨脹其權力時，又有可能產生另一種無法制衡總統的憲政危機。

美國有關總統與國會立法之間的研究汗牛充棟，然而，國內近年來對美國此方面的研究卻少之又少，這些學者基本上還是受到Neusdadt（1960）總統的權力是說服的權力之影響。其中王國璋（1989a，1989b）認為總統若要得到國會的合作與支持必須與國會議員以及國會領袖談判，以促成共識與妥協方能完成立法程序。在該文中，王國璋分析詹森、尼克森、福特、卡特、雷根五位總統的談判風格與說服方式。劉青雷（1989）認為在媒體的渲染下，大家以為總統無所不能。然而實際上總統必須與國會分享權力，同時，也常受到官僚體制的牽制，因此他認同總統最大的力量還是「說服」的力量。黃秀端（1989）的文章則探討總統與國會之間的權力消長，美國憲法中的分權與制衡，卻也給予兩個機構間相互競爭的機會，但是在二次大戰之後，權力基本上是往總統傾斜。當然國會也不是省油的燈，當危機發生時，國會與民眾願意給予總統較多的權力來領導國家；但是當總統權力過分高漲時，國會也因而覺醒而想辦法加以限制。

肆、影響總統法案成功的因素

無論大家的看法如何，無論憲法賦予總統的權力為何，至少大家都認知到今天民眾都期待總統的領導來解決國家問題，而總統也應該為他的失敗負責。不過，儘管總統必須為他的競選承諾或為國家所發生的大小事情來負責時，實際上，根據憲法規定總統並無法獨力行動來解決所有國家難題，總統若要達成其政策目標與反應民眾需求，通常需要國會的同意。國會議員除了總統外，必須面對不同的選民偏好，因此他們對於如何解決國家問題會有不同的認知與看法。面對國會議員，總統如何讓他的法案或他所支持的法案在國會通過呢？對此，學者之間有不同的看法。

有些學者認為國會本身的政黨結構才是最大的影響，總統對此是毫無辦法的。過去的研究皆顯示，與總統同黨的國會議員與反對黨的國會議員相比，較會支持總統的政策立場（Edwards, 1984: 180-184）。「我們總是會在國會找到支持的，即使在民調上遭到指責時。國會還是一個政黨的機構，拿出政黨標籤我們還是可以依賴一些票數的支持。」卡特總統的助理接受訪問的回答（引自Light, 1983: 27）。同一政黨應該有共同的目標與政策立場。對與總統同一政黨的成員而言，選區利益與對總統的支持並不衝突，況且總統若成為一個成功的領導者將有助於其連任。此乃魚幫水，水幫魚的情況。另外，同屬一個政黨的成員理應分享對同一政治符號的心理歸屬感。Edwards（1984: 184-185）表示與總統同一政黨的成員通常會有對其政黨和政黨領袖個人的忠誠或情感上的承諾，總統必要時總是可以尋求他們的支持。總統在國會兩院擁有多數時，因為他們的政黨成員較多，而且控制了委員會主席位置，總統在國會自然會有其優勢。至於當總統的政黨在國會是少數時，至少他們無須從零開始建立其多數聯盟。在另外一本書中，Edwards（2009）將擁有國會兩院多數的支持可以使總統站在絕佳的戰略位置。根據Smith（2007）的研究，政黨是有其影響力的，尤其是今天當兩黨越來越對立時，國會議員越是願意給予其政黨領袖資源與權力，政黨的影響力就越大。總統可以透過與國會領袖的合作來促使法案通過。不過與其他西歐民主國家相比，美國政黨還是較不團結且紀律較鬆弛。

第二個經常被提到的因素為國會議員的意識形態。政黨所提供的總統與國會的聯結主要來自於選舉，意識形態主要來自於共同的價值（Bond and Fleisher, 1990）。總統可以吸引來自不同政黨的共同意識形態之成員。不少學者皆發現意識形態對國會議員的影響。意識形態深植於某些國會議員的信仰，因為這些議員在被提名時，就已經對很多問題有完整而強烈的意見，而且這些態度非常的穩定並不容易改變。

議員在左右光譜的位置也會影響他的連任。Richard Fenno（1978: 144）發現國會議員相信他們在國會的投票記錄會影響他們的選舉。當國會議員從其所屬選區被選出，其意識形態自然離選區也不會太遠。因此國會議員依意識形態投票通常也表示支持選區之意識形態。意識形態也是很重要的投票線索（cue-taking）。

意識形態通常與政黨立場是一致的，不過共和黨中有比較自由派的，民主黨中也有比較保守的。特別是在南方有一群保守的民主黨（由於林肯的解放黑奴，讓南方不少反對林肯的保守議員加入民主黨），長期以來他們的意識形態與民主黨是背道而馳的。這些民主黨的保守國會議員與共和黨的某些保守國會議員組成保守聯盟（conservative coalition），對某些法案產生相當的影響力。不過，國會中所謂的保守聯盟，並沒有真正的組織。然而，有學者認為共和黨從1970年代就漸漸開始在民主黨基礎穩固的南部獲得席次，當南部的保守民主黨逐漸為共和黨所取代時，民主黨變得較一致的自由派，而共和黨則更保守了（Abramowitz, 1994）。如果這種情況屬實的話，表示意識形態的影響力將逐漸下降而為政黨因素所取代。不過，並非所有法案或投票都牽涉到意識形態立場。

以上兩個因素在國會議員的當屆任內其實是相當穩定的，接下來的兩個因素則與總統較有關。一為總統的聲望，另一為總統的領導技巧。

總統的聲望會影響國會議員的投票行為乃是基於兩個原因。首先為連任因素，為贏得連任，議員會做某種程度的調整來支持聲望高的總統。不少學者認為國會議員相信他們要反映選民的意見，因此依總統聲望的高低來增加或減少對總統之支持，也是一種對民意之反映。Edwards（1980）發現聲望高的總統在立法上往往有較大的發揮空間；反之，聲望低之總統，議員對其法案的支持往往甚為冷淡。總統、白宮幕僚和一些國會議員認為總統聲望與總統在國會的成功有關係（Neustadt, 1960; Rivers and Rose, 1985）。卡特總統發覺其聲望低落時，不僅在國會遭受議員強烈的批評，就連媒體都不太願意讓出黃金時間來轉播總統之演說。尼克森總統在因水門事件辭職前的幾個月，聲望跌落谷底，其幕僚因此發現政治的殘酷面，那就是，國會議員對於白宮的邀約不再熱絡、對總統的法案也甚為冷淡。老布希總統在波斯灣戰爭開打之後，聲望如日中天，使得原先大力批評其波斯灣政黨策之議員噤若寒蟬，不過在一年之後，其民調有如雲霄飛車的下跌，對總統而言又是另外一種體會。

Ostrom and Simon（1985: 345）發現1953-1980間總統之支持度與在國會之成功率有關。控制政黨因素後，10%聲望之降低會導致3%支持率之下降。Rivers and Rose（1985: 193-95）發現1%聲望的增加會導致1%國會支持率之增加。除此之外，Brace and Hinckley（1992）也有同樣的看法。Barrett and Eshbaugh-Soha（2007）分析1965-2000年間191個重要法案的內容，檢驗總統與國會之間對法案內容的討價還價，發現總統的聲望還是有顯著的影響。總統的聲望愈高，法案的內容就會愈符合總統的需求與期望；反之，總統聲望越低，其法案被刪修的情況就越嚴重。

不過，Bond and Fleisher（1980; 1990）有不同的觀點，他們認為總統聲望越高，就越能夠從同黨成員處得到支持，但是卻從反對黨得到較少的支持。另外一研究（Bond, Fleisher and Northrup, 1988）發現總統聲望與國會議員投票有顯著關係，但是實質的影響不是那麼大。Collier and Sullivan（1995）更認為總統的聲望並無法讓國會議員改變其投票方向。Cohen、Bond、Fleisher與Hamman（2000）證明一個參議員與總統立場一致的程度與總統在該州的支持度無關。不過，Canes-Wrone and de Marchi（2002）認為我們須將議題區分，總統的聲望並非在所有議題上皆有同樣之影響力，只有在受到媒體矚目且複雜的議題上，總統聲望才會發揮顯著的影響力。

最後一項為總統的領導技巧。大部分學者皆同意總統正式的權力並不足以使總統獲得足夠之立法支持，也不符制憲者之原意。總統必須充分運用其政治資源以及政治技巧，來說服國會議員以及藉此與國會議員討價還價。最有名的為Neusdadt（1960）的《總統權力》（*Presidential Power*）一書，強調總統的權力是說服的權力，而所謂說服的權力即是討價還價的權力。

雖然總統的領導技巧很難表列出來，Bond and Fleisher（1990）認為一般把此類技巧分為兩類：人際關係的技巧（interpersonal skills）和運用組織結構的技巧（structuring skills）。

人際關係的技巧牽涉到總統或他的代理人與議員面對面溝通之技巧。總統須對國會議員相當了解，包括他們喜歡什麼不喜歡什麼、他們的目標與需求，以及權力平衡的槓桿在那裡（Edwards, 1980: 117-18; Christenson, 1982: 255-56）。總統必須事前與國會諮商，特別是國會領袖。總統必須持續追蹤並且運用他的資源來說服議員支持其法案或至少不反對。同時，有時候總統必須適時的妥協，因為國會議員的權力是獨立於總統的。不過，太早妥協會被認為太軟弱，太晚則又會被認為頑固，其中的分寸如何能拿捏恰當，端視總統的能力而定。

總統畢竟是全國最重要的人物，其說服或多或少會產生作用。至於何種方式最為有效，則需賴國會聯絡幕僚對議員的了解。此種方式若能滿足議員的需求，而同時又不違背選區利益，則總統的說服較可能產生效用。雷根總統的減稅方案送交國會時，有十五位尚未決定的民主黨國會議員，受邀至大衛營與總統共同野餐，而這十五人當中，最後有十二人投票支持總統的方案。

總統可以使用的工具，還包括利用總統之尊與其聲望來為議員助選或募款。總統若能出現於某些議員之募款餐會，使得參與餐會者趨之若鶩，募款自然源源而來。總統甚至可以到選區為議員助選，以增加選區選民對議員的印象，議員亦可藉此宣傳自己在華府的重要性。當然總統也可以用拒絕參與來迫使他們合作。不過，不見得對每位議員都有效；對那些資金充裕，鐵定當選的議員來說，此舉根本無效。總統自己聲望若低迷，此招也不管用，因為此時同黨議員可能視你為瘟神避之唯恐不及。小布希總統因金融海嘯聲望重挫，自然不會有議員邀他助選。另外，總統也可以想辦法滿足議員的肉桶立法。議員總是希望為選區帶來建設，肉桶立法所需經費與龐大的國防建設相比，可以說是微不足道，但對議員來說卻是相當重要。這些地方建設顯而易見，選民可以親自使用與感受，甚至可以增加選區就業機會，當然對國會議員的選情有加分效果。

卡特總統漠視肉桶立法對國會議員的重要性，而引起議員強烈的反彈。他曾試圖刪減中西部的幾個水資源計畫，因為其利益與花費不成正比，浪費國家財政資源。然而卡特總統並未事先告知這些國會議員，因而引起這些選區議員以及那些擔心同樣情況會發生在他們身上的議員的憤怒。卡特總統最後被迫向國會議員妥協，因為他發現取消這些計畫雖然能在預算上省下一筆經費，然而所付出的政治代價卻難以估計。

運用組織結構的技巧是指總統如何操作政治環境或利用有利於他的政治環境。這些包括：設定國會的議程、設定法案優先順序、運用適當的時機因勢利導推動相關法案等。

1. 設定國會的議程：總統需適時的將某些議題排入議程。雷根在第一年時將預算和稅收的問題排入議程，此問題為共和黨與保守民主黨皆可以接受的。爾後，他順勢利用此種過程來加強他的成功。
2. 第二個與議程控制有關的是設定優先順序：總統必須決定他的優先順序，把精力集中在優先法案。應該避免一次送很多法案到國會，讓國會議員無法負荷；或者避免一開始就將爭議很大的法案送出，讓自己陷於紛爭。卡特總統在任期一開始，就將非常具爭議性的法案送出，使得自家政黨就在該議題分裂。
3. 最後一項總統可以運用的是適當的時間：在有些時間，國會議員比較願意接受總統的領導，在有些時候則較不願意。總統宜有政治敏感度，抓對正確的時機。有些學者認為在總統第一年時，國會議員最願意合作，詹森總統與雷根總統是最常被提出的例子（Edwards, 1980）。Light（1983）分析1961-1978年政府送到國會的法案，在總統就任後的前三個月的成功率為72%，第二個三個月為39%，第三個三個月則為25%。另外，有一些特殊或危機事件的發生，如甘迺迪總統被暗殺事件或911事件等，總統也可以順水推舟推動相關法案。

有人認為雷根具有熟練的領導技巧，而與他相對照之卡特總統則不諳此道。有能力的總統可以克服來自於國會的反對並得到他想要的，像是詹森、雷根、福特就被視為是具有高度技巧的總統，現任的歐巴馬總統應該也可以歸為此類；尼克森與卡特總統則被認為技巧頗差，而甘迺迪與艾森豪總統則介於中間。但也有學者認為總統技巧或許能夠影響少數案件，但是國會議員反映他們的政治需求和偏好，這是總統難以改變的。

伍、影響總統法案成功率之實證分析

無論總統多麼偉大、多麼有能力、有多好的技巧，他還是必須在憲法的架構中行事，不能單獨行動，同時要與國會合作。國會的生態與結構是總統無法忽視的。然而即使總統政黨在國會兩院皆占多數，總統還是無法像內閣制的總統或首相輕鬆讓法案過關。在三權分立的架構下，國會議員無須買總統的帳。

本文將用很簡單的方式來檢驗影響總統的法案成功率（presidential success rate）之因素。總統的法案成功率的定義主要來自美國《國會季刊》（*Congressional Quarterly*），是指總統的法案在國會記名表決的成功率。當然並非所有的立法過程的決定都用記名表決。不過，記名表決的行為允許我們有系統的觀察總統與國會之間所偏好的立法過程。觀察的時間是從1953年艾森豪擔任總統開始至2009年歐巴馬總統為止。

儘管美國學者對於政黨在國會的角色有些爭議，總統也不見得能完全依賴自己的政黨，但是說服同黨議員總比說服反對黨容易。所以政黨為本文第一考量之自變數。政黨的強度將分為兩部分：總統所屬政黨在眾議院的席次比例以及總統所屬政黨在參院的席次比例。

總統的聲望採用蓋洛普民意測驗詢問民眾對總統表現的看法。由於蓋洛普民意測驗的測量次數較頻繁，然而本文的資料皆為年度資料，因此，此處的聲望採取該年度的平均。

前面提到總統的技巧與領導也被認為是一項重要的因素，然而該項因素很難量化。筆者試著以總統是否曾經在國會歷練過來思考。詹森總統曾經在參院擔任多年參議員，並曾任參院多數黨領袖，因此相當了解議員的需求，也知道如何與他們合作；歐巴馬總統第一年任期的超高成功率有人認為部分原因是他在參議院的經驗。卡特總統則被認為沒有任何的華府經驗，完全不了解肉桶立法對議員的重要性。當然這樣的測量還是有問題的，尼克森也有國會的經驗，但由於其過於追求權力的人格特質，導致他並不是那麼受歡迎。

前面亦提到如何在適當的時間提出法案也相當重要，有些學者認為在總統第一年時，國會議員最願意合作，也就是所謂的蜜月期間。歐巴馬總統在任內的第一年就推出健康法案，《紐約時報》的一篇報導認為歐巴馬從柯林頓的失敗學習經驗，其中一項就是在蜜月期結束之前將法案推出（Calmes, 2009）。因此本文將檢驗在總統第一屆任期的第一年的法案通成功率是否高於其他年度，也就是是否有所謂蜜月期的存在。另外，本文也將考量在總統任期結束的最後一年是否有跛腳的情況，也就是該年度之法案通過率低於其他年度。

表9-1　影響總統法案成功率的因素

	Model I			Model II		
	B值	標準誤	顯著性	B值	標準誤	顯著性
常數	1.864	13.284	.889	-3.739	11.867	.754
總統聲望	.227	.141	.113	.233	.133	.085
總統政黨在眾院席次比例	.298	.327	.367	.384	.312	.223
總統政黨在參院席次比例	.772	.353	.046	.348	.403	.034
是否擔任參議員	3.782	3.895	.336	-	-	-
第一年	7.556	4.109	.072	8.063	4.036	.051
最後一年任期	-2.314	4.279	.591	-	-	-
	R square=.531; adjusted R square=.475			R square=.520; adjusted R square=.484		

資料來源：筆者自行整理繪製。

表9-1為統計分析結果，模型一中所有變數的方向與我們的預期皆一致，但是只有總統所屬政黨在參議院之比例以及總統的蜜月期兩個變數為顯著。當總統所屬政黨在參議院的比例越高時，總統法案的成功率便越高。同時，總統第一任的第一年時法案通過率也較高，顯示還是有蜜月期之存在。另外，我們可以看到跛腳鴨總統對法案通過的影響雖沒有顯著，

但其方向是負的。由於總統在最後一年的任期的聲望通常也較低，此兩變數可能會有干擾關係。模型二可以看出將總統最後一年的變數以及總統是否曾經擔任過參議員移出模型之後，總統的聲望便呈現顯著。同時，調整後的R square不僅不減反而增加一點點，顯示模型二稍為優於模型一。

令人感到好奇的是，總統所屬政黨在眾議院的比例並不顯著，顯示總統所屬政黨掌握參議院比掌握眾議院在立法上較為有效。參議員的任期為六年，且有阻擾法案的特權；反之，眾院每兩年就改選一次，選舉的壓力大，總統若能適當的運用其胡蘿蔔與棍棒，其說服力會高於對參議員之說服力。

由於美國任何法案都需要國會兩院的通過，只要任何一院的杯葛就無法通過，因此如果總統所屬政黨在某一院有多數，而在另外一院為少數，法案的推動仍舊不太容易。Jaenicke（1998）分析老布希總統與柯林頓總統的法案通過率後也表示：一致政府與分立政府應為未來思考的重點之一。因此，表9-2將帶入一致政府與分立政府的觀念。一致政府指的是國會兩院的多數黨與總統所屬的政黨是一致的，只要兩院中任何一院之多數黨與總統所屬政黨不一致時，就是所謂的分立政府。美國學者對於一致政府和分立政府對立法的影響有不同的看法。由於分立政府牽涉到行政部門無法獲得國會多數聯盟的支持，行政與立法之間可能因立場不同，反對黨掌握之委員會或院會便會經常掣肘行政首長提出之政策，因此Kelly（1994）、Coleman（1999）和Howell et al.（2000）等多位學者皆認為國會對於總統支持之法案沒有通過的情形，不同的政府型態是有顯著差異的。相反的，Jones（1994）主張沒有理由認為分立政府是形成立法僵局之因；在分立政府之下，立法的產量和輸出並不亞於一致政府。Mayhew（2005）分析二次大戰結束後至2002年間美國府會關係的互動。經由公眾矚目的國會調查案件、社會福利計畫與政府規範性政策，以及國會制定的重要法案等三個面向的探討，其結論指出：分立政府並不必然使得立法過程產生僵局，也不至於使決策結果有顯著差別。Fiorina（1996）檢驗分立政府對於預算赤字、參院對官員的任命同意權、參院的條約批准權以及總統的否決權等多項指標，他發現除了總統否決權受到反對黨在國會席次多寡的影響外，其他因素皆無顯著區別。

儘管學者之間有不同的意見，然而表9-2中的模型三顯示一致政府確實與總統的法案成功率之間有顯著的關係，B值甚至達22.1，顯示一致政府時期的總統法案成功率遠遠大於分立政府時期。同時，總統所屬政黨在參議院的比例、總統聲望、第一年的蜜月期等三個變數依舊顯著，總統所屬政黨在眾議院的比例還是不顯著。這些變數中，又以是否為一致政府的標準化係數最大，顯現其影響力最大，其次為總統政黨在參議院比例、再其次為總統聲望、最後才是蜜月期。由此可見，在國會兩院擁有政黨多數對總統法案的推動還是比較容易的。模型三的R Square高達.655，遠甚於模型一與模型二之解釋力。

同時，根據筆者的統計，從1953年至2009年為止，分立政府時期的總統的法案成功率平均為60.64%，而一致政府時期為81.40%。柯林頓總統在1993年與1994年時的總統法案成功率均有86%左右，但是1995年的104屆國會之後的三屆國會，民主黨無論在眾議院或參議院皆淪為少數，其法案成功率立即下降，特別是1995年竟然只有36%之成功率。而小布希總統在兩屆任期的前六年，共和黨皆掌控國會參眾兩院，其法案成功率平均有八成左右，但到第七與第八年時未能掌握眾議院，其法案成功率在2007年降至38.3%，2008年也只有47.8%，其差別不可謂不大。歐巴馬總統上台之後，很幸運的，民主黨牢牢掌握參、眾兩院多數席次，而總統也順勢利用他的支持率與在國會的優勢，在其第一年完成了高達96.7%的法案成功率，2010年雖然有些下降，但是也有85.8%的成功率。然而好景不常，2010年底的國會期中選舉，因為美國經濟復甦不如預期，歐巴馬總統所屬的民主黨慘敗，使得該黨雖然勉強保住參議院多數席次，卻痛失眾議院多數黨席次。共和黨早已磨刀霍霍，準備在未來兩年大砍總統的預算以及掣肘總統法案，因此未來的任期歐巴馬總統的法案成功率是否大受影響，值得我們繼續觀察。

表9-2　影響總統法案成功率的因素（加入分立政府因素）

	Model III		
	B值	標準誤	顯著性
常數	39.188	13.948	.007
總統聲望	.216	.114	.063
總統政黨在眾院席次比例	-.435	.323	.184
總統政黨在參院席次比例	.554	.301	.072
一致政府與否	22.131	4.923	.000
第一年	6.195	3.483	.081
	R square=.655; adjusted R square=.621		

資料來源：筆者自行整理繪製。

從以上的分析，我們可以看出，參眾兩院內的政黨因素仍是所有變數中最重要的。尤其是90年代以來，不少學者皆認為政黨因素在國會的影響力越來越大，也使得國會內部有越來越對立之趨勢（Rohde, 1991; Owens, 1997; Smith, 1993; Taylor, 1996）。此種情況與兩黨內部之意識形態越來越同質化有關。本文發現，政黨因素不只是以政黨在國會席次大小來呈現，如果某位總統的政黨在某一院雖然擁有多數，但在另外一院並沒有多數，法案仍會受到阻撓，因此以一致與分立政府的形態來觀察，其影響力更大。其次，總統的聲望還是有某種程度的影響力。至於，總統的技巧則仍有待尋找更合適的指標，但是總統若能善用其蜜月期，適時推出法案是大有可為的。

陸、美國金融危機與拯救金融法案

在做完實證分析之後，本節將以小布希總統的《緊急經濟穩定法案》（Emergency Economic Stabilization Act）以及歐巴馬總統的《經濟振興法

案》（Economic Stimulus Bill）來進行更進一步的分析，藉以探討總統在法案推動過程中扮演之角色。此兩個法案的共同點是，他們都牽涉到相當龐大的預算，皆非常緊急且受全國民眾矚目。除此之外，此兩個法案應歸為partisan的法案，因其涉及政府在經濟上應扮演何種角色的問題。

自2008年8月起，美國開始爆發一連串的金融危機，為解救瀕臨破產的華爾街，布希總統只好提出緊急紓困方案。在當時距離11月4日的總統大選與國會議員選舉不遠，小布希的民調低迷，已經是典型的跛腳鴨總統。用納稅人的錢來拯救面臨即將倒閉的銀行、保險公司等，與共和黨一貫保守的意識形態完全不符。就意識形態而言，民主黨議員會較共和黨議員願意出手拯救金融危機。

總統首先必須要知道哪些人支持他的法案，以及哪些人不支持。他必須要那些原本支持的人挺他，假如票數仍不夠，他則必須爭取那些搖擺不定的，或甚至說服那些原本反對他的議員。此種說服有些時候很容易達成，有些時候則須花相當多的時間與精力。不過，仍舊有些時候總統雖然耗費了精力與時間來勸說，結果還是無效的（Riselbach, 1996: 93）。

當時110屆國會民主黨有233席，而共和黨有202席，民主黨多出31席。對於國會沒有掌握多數的布希總統，再加上意識形態又不站在總統這邊，因此他勢必要獲得民主黨多數的支持方有可能。當總統的《緊急經濟穩定法案》（Emergency Economic Stabilization Act）被提出時，國會反對聲浪不斷，畢竟要花納稅人7,000億美元的費用是筆相當龐大的天文數目，但是又沒有任何的課責機制。因此民主黨表示，如果沒有任何課責機制，到時候納稅人的錢有去無回，誰來負責？民主黨籍的眾議院議長裴洛西就強調要在與政府合作的過程中，特別加強政府對民眾的責任、成立有力的監督機制、建立國會的權威來進行負責任之管制改革（Ives, 2009）。另外，有一群保守的共和黨國會議員對於政府要接管二房以及拯救AIG頗不以為然，對他們而言，政府此舉將使公共企業與私人企業之間的區分模糊化。為爭取民眾的支持，9月24日總統特別召開記者會發表聲明，並指出要拯救目前的金融危機唯有靠兩黨共同努力，同時也表示要與兩院兩黨國會領袖以及兩位總統候選人共同磋商。第二天，總統把眾議院議長，參眾兩院國會領袖，更破天荒的將兩位總統候選人請來參加協商，因為將來法案通過後，絕大多數需要新總統的執行。

最初共和黨高層還以為，就算黨內有反對政府干預市場的意識形態，但至少還能拉到75票贊成。但開始投票前，大小黨鞭才發現情況不對，然而此時才開始固票，就算要遊說或利益交換也為時已晚，最後9月29日有133位共和黨議員反對，該結果等於是給同黨的布希及總統候選人麥肯一記重拳。

表9-3　小布希總統的《緊急經濟穩定法案》表決結果

日期		政黨席次	表決票數	各政黨投票結果
9月29日	眾議院	民主黨：233 共和黨：202	207票贊成 226票反對	共和黨：65票贊成 133票反對 民主黨：140票贊成 95票反對
10月1日	參議院	民主黨：49 共和黨：49 獨立派：1 獨立民主：1	74票贊成 25票反對 1票棄權	共和黨：34票贊成 15票反對 民主黨：39票贊成 9票反對 1票棄權
10月3日	眾議院	--	263票贊成 171票反對	共和黨：91票贊成 108票反對 民主黨：172票贊成 63票反對

資料來源：美國國會圖書館，http://thomas.loc.gov/。

民主黨有高達六成的140票贊成，有95人反對，但民主黨籍議長裴洛西在投票前一刻，上台發言痛批布希「執政無方，花光柯林頓政府的預算盈餘」，據稱這是讓很多共和黨議員投下「賭爛票」的最大元凶。不過，這也可能只是共和黨的藉口。由於選舉在即，各政黨還是要透過各種機會表達他們的立場。最後，法案以226票反對、207票贊成讓紓困法案在眾院表決時遭到重挫（參看表9-3）。表決結果引發歷史性的股市重挫，道瓊工業指數立即暴跌777點。

兩天之後的10月1日在參議院以74票對25票懸殊差距通過。在參議院版增添1,100億美元退稅等若干受歡迎的條款後，讓反對的眾議員態度軟化。另外，眾院的否決紓困方案引發投資人一連串的恐慌，股市狂洩千萬及信心危機升高，讓有些議員不得不重新思考紓困的必要性。換言之，在民意的壓力以及草案內容的修正之後，參院通過了該草案。

眾議院在10月3日就參議院已通過的金融紓困法案進行表決，最後以263票對171票獲得通過。民主、共和兩黨的贊成票分別為172票（占民主黨議員的73.83%）與91票（占共和黨議員的45.05%），反對票各為63票與108票。翻盤的關鍵是26位共和黨及32位民主黨眾議員改投贊成票。原本因選區壓力而杯葛的議員們，經過一週來股市重挫及信用危機升高，不得不重新思考紓困案的必要性，同時企業領袖連日來的強力遊說也發揮了作用。共和黨參議員諾倫柏格（Rep. Knollenberg, R-Mich）說：「我這輩子還沒跟這麼多銀行總裁談話過。」還有，許多眾院黑人議員表示，民主黨總統候選人歐巴馬親自打電話給他們，促使他們從反對該法案的立場改為支持。兩黨議員也聲稱，由於收到資金短絀的小企業陳情，加上參院在修正版法案上增添1100億美元的減稅及其他利多措施，說服他們不再反對。白宮也在10月3日眾院復議前，呼籲眾院儘速通過紓困法案（羅彥傑，2008）。

歐巴馬上任之後，美國經濟持續惡化，新任總統必須收拾上任政府所留下的爛攤子，因此提出金額高達8,000多億美元的振興經濟法案。此時的國會結構對民主黨的歐巴馬相當有利，眾議院民主黨有255席（58.62%）、共和黨有178席（40.92%），在參議院有民主黨56席，共和黨41席，加上2席獨立派。有學者認為總統剛上任的前幾個月時間是所謂的蜜月期，總統可以趁此機會提出重要法案，更何況剛上任之初，歐巴馬的民調支持率皆維持在六成以上。

歐巴馬的振興經濟法案並未引起共和黨的共鳴，他們希望政府進行更多的減稅，而不是花更多的錢，同時他們也擔心政府赤字將高到無法收拾的地步。為了遊說國會議員，總統也不時使出「going for public」的策略。先是2月9日晚上舉辦記者會，透過全國電視的黃金時段，轉播他的演說內容。並在2月13日白天對Business Council談他的振興方案。除此之外，總統更仿傚羅斯福總統於每星期六透過收音機廣播，向全民談話。

在參議院民主黨也有56席之過半席次，雖然有足夠的票數通過法案，但是面對共和黨參議員採取拖延戰術（filibusters），執政黨需獲得60票的支持，才能阻止拖延戰術，進行投票。最後，民主黨終於說服三位溫和派共和黨參議員Olympia J. Snowe（緬因州）、Susan Collins（緬因州）、Arlen Specter（賓州）支持振興法案，不過條件是金額不得超過8,000億美元（Clarke, Schatz and Krawzak, 2009）。2月9日參、眾兩院終於各自通過其修正版本，送到協調委員會協調。為了讓三位共和黨參議員支持，在兩院協商會議時兩院皆小心翼翼的，讓最後版本並未超過8,000億美元。2月11日兩院協調會通過草案，各自送回表決。美國國會參眾兩院在2月13日晚間分別通過7,870億美元振興經濟法案。媒體稱此法案之通過象徵美國總統歐巴馬上任以來最重大的政治勝利。法案透過減稅與長期政府支出，試圖挽救美國頹敗的經濟。根據美國國會預算局的估算，政府在未來18個月內將動用超過74%的經費，這樣快速的支出將決定振興經濟法案能否成功。

表9-4 歐巴馬總統的《經濟振興法案》表決結果

日期		政黨席次	表決票數	各政黨投票結果
2月13日	眾議院	民主黨：255 共和黨：178	246票贊成 183票反對	共和黨：0票贊成 176票反對 民主黨：246票贊成 7票反對
	參議院	民主黨：56 共和黨：41 獨立派：2 缺額：1	60票贊成 38票反對	共和黨：3票贊成 35票反對 民主黨：56票贊成 0票反對

資料來源：美國國會圖書館，http://thomas.loc.gov/。

儘管法案最後通過，但過程中歐巴馬運用了各種宣傳、喊話，甚自親自與眾議員面對面溝通，仍舊挽回不了共和黨議員的心。投票結果，沒有任何一位共和黨眾議員投贊成票，最後表決是246對183票，有7名民主黨人還投下反對票（參看表9-4）。眾院少數黨共和黨領袖波納的發言人史提爾說，「共和黨眾議員認為該法案只能創造346萬個工作機會，比歐巴馬總統之前承諾的（400萬）還少54萬個」。雖然總統希望這是一個兩黨共同合作的法案，但是他在眾院的努力可以說是失敗的。

參院表決結果則是50對38票，僅三名共和黨溫和派參議員支持，沒有任何民主黨參議員投反對票。為了讓正在家鄉俄亥俄州替母親辦喪事的民主黨參議員布朗兼程返華府投票，參院一度暫停表決。布朗在搭乘軍機抵達後，投了第60張票。

政黨在此法案絕對是扮演舉足輕重的角色。當然政黨因素有時候和政黨所持的意識形態難以區分，無論是布希的紓困方案或是歐巴馬的振興經濟法案都牽涉到兩黨的意識形態，也就是政府在經濟上扮演的角色問題。承襲羅斯福總統的新政，民主黨較傾向政府介入經濟，來保障人民的基本生活與福利；反之，共和黨較傾向政府不宜介入太多，甚至要解除諸多對經濟的管制。政府補貼或拯救即將倒閉的企業，對大多數共和黨員來說，無疑是拿納稅人的錢來補助經營不良的企業，對經營良善的企業反而是一種懲罰。當意識形態與政黨因素重疊而相互加強時，國會議員的選擇較容易，此乃為何民主黨的歐巴馬的振興經濟法案得到絕大多數（97.25%）民主黨眾議員以及所有民主黨參議員的支持，卻難以得到共和黨的支持。至於，布希的紓困方案雖然在當時是迫在眉睫，但是在眾議院第一次表決時，僅有32.78%的共和黨眾議員支持其同黨總統的法案，反倒是民主黨有六成議員支持總統。此32.78%的共和黨眾議員可能是因為布希是共和黨總統才會支持，若布希為民主黨，他們可能就不會投贊成票。有鑒於第一次的挫敗，白宮開始更積極的拉票，總統也親自打電話拉票，當時的總統候選人歐巴馬也幫忙拉民主黨參議員的票，並在草案內容做了一些修正與妥協，終於改變部分議員的心意，而使法案過關。但是我們可以看到，無論如何說服，都無法撼動一群共和黨保守派成員的心意。更何況此時布希已是聲望低迷的跛腳鴨總統。

在此，我們很難看出訴諸於民眾的效力為何，但是此兩法案是美國歷史上由政府介入經濟的法案中支出最龐大的，自然吸引媒體與民眾的關注。雖然布希總統在2008年9月底與10月初的個人聲望都只有在25%至27%左右，但是在政府的努力對外說明下，民眾對紓困方案基本上還是支持的，有50%之民眾表示贊成國會所通過的法案。[2] 而歐巴馬總統在2009年2月間的平均聲望是63%，表示民主黨議員基本上還是站在總統同一邊的。我們也可以看到總統對法案的推動還是一個“give and take”的過程，議員通常不會照單全收，因為他們有他們的信念、他們的需求。兩個法案雖獲得通過，但是其內容在國會議員的要求下都做了不少修正，甚至包括訂立了嚴格限制那些獲政府紓困的公司高層領取巨額紅利的肥貓條款。

---

2 Gallup poll的問法如下：" As you may know, this past week the U.S. Senate and House of Representatives passed a bill to address the problems being faced by U.S. financial institutions. All in all, do you think it is a good thing or a bad thing that Congress passed this bill?? "

歐巴馬總統在其任期的第一年達成了幾個不可能的任務，包括法案通過率高達96.7%，即使是被認為國會溝通高手的前總統詹森仍然望塵莫及（Gonyea, 2010）。歐巴馬成功的因素除了民主黨掌握國會兩院的優勢之外，還包括其曾經擔任過參議員，並且知道如何從前人的經驗學到教訓，避免重蹈其覆轍（Calmes, 2009）。另外，歐巴馬留給國會較大的空間來討價還價。他也會讓同黨議員充分了解他們是站在同一條船的，法案的失敗也是民主黨的失敗，對他們的選舉將會有相當的影響。

柒、結論

美國為三權分立的總統制國家，與西歐大部分國家採取的議會內閣制有很大的差異。在議會制國家中行政與立法一體，由國會多數黨組閣，黨紀較嚴明，因此執政黨理所當然可以仰賴政黨的支持。美國總統與國會議員雖然都由人民選出，但是代表不同的選區：總統以全國為選區，掌管全國事務，較能了解整體國家之需要；國會議員由地方選出，自然較考慮地方的利益。全國利益與地方利益可能是衝突的，也可能是相輔相成的。總統雖為名義上之政黨領袖，但是與總統同黨之國會政黨成員對於總統人選之選擇，以及總統的政策立場並沒有發言之機會。同樣的，總統對於誰代表其政黨來參選國會議員與他們的政策立場，也是毫無置喙之餘地。但是要被提名與當選，國會議員必須滿足地方的偏好，為支持總統與國家政策而違背地方利益的代價很高。在制度的設計上，國會議員是獨立於總統的。雖然美國總統的權力很大，但是在推動法案時，還是有相當多制度上的限制，因此美國總統不能像內閣制國家的總理或首相仰賴政黨的支持。而歷屆美國總統法案成功率的差異相當大，範圍從最低三成到最高的九成六都有，這似乎也顯示出美國國會的獨立性。

美國學者對於總統在立法過程中扮演何種角色有相當分歧的看法。以Neusdadt（1960）為主的學者強調，總統的權力是說服的權力，也就是討價還價的權力。而Edwards（2009）強調總統需充分利用其戰略位置與機會來做重大的政策變革，此乃靠說服是無法達成的。在國會是否具有多數的支持提供總統絕佳的戰略位置，但是總統必須懂得利用各種機會。

本文發現，在國會越來越政黨化的傾向之下，有很多議員是難以說服的。而且總統面臨的法案如此眾多，亦不可能每一個法案都要溝通與說服，因此如何充分利用機會、因勢利導是很重要的。國會基本結構變動非常緩慢。同屬於相同政黨者本來在很多問題上就有一致的看法，因此總統在不違背選區重大利益下，同黨議員會願意支持總統的法案，畢竟總統做得好，整個政治環境會對該黨的同志較有利。總統若充分利用一致政府的機會，推動相關法案，成功的機率是較高的。

在兩年之內，總統很難改變政黨生態，總統的受歡迎程度與總統的溝通技巧對少數總統就更形重要了。本文發現，總統的聲望與總統法案的成功率亦有顯著關係，而總統也常常採取going public的策略（Kernell, 2007）。至於總統的技巧則難以測量，且總統的精力與時間有限，他的溝通技巧也只能用於重大法案的推動。總統的說服是必須的，但是僅能用在幾個關鍵性投票，且在大環境不利的情況下，其難度會相當高。

參考書目

中文部分

王國璋。1989a。〈當代美國總統如與國會談判（上）〉。《美國月刊》4，2：26-39。

王國璋。1989b。〈當代美國總統如與國會談判（下）〉。《美國月刊》4，3：35-47。

黃秀端。1989。〈總統與國會的權力消長〉。《美國月刊》3，11：14-25。

劉青雷。1989。〈美國總統與國會的權力消長領導政府的幻覺〉。《美國月刊》，4，2：40-49。

羅彥傑。2008。〈美紓困案 263：171眾院過關 布希立即簽署〉。《自由時報》，2008/10/4。

英文部分

Abramowitz, Alan I. 1994. "Issue Evolution Reconsidered: Racial Attitudes and Partisanship in the U.S. Electorate." *American Journal of Political Science 38-1: 1-24.*

Arnold, R. Douglas. 1990. *The Logic of Congressional Action.* New Haven, CT: Yale University Press.

Barrett, Andrew, Matthew Eshbaugh-Soha. 2007. "Presidential Success on the Substance of Legislation." *Political Research Quarterly* 60-1 (March): 100-112.

Bond, Jon R. and Richard Fleisher. 1990. *The President in the Legislative Arena.* Chicago: University of Chicago Press.

Bond, Jon R., Richard Fleisher and Michael Northrup. 1988. "Public Opinion and Presidential Support." *Annals* 499 (September): 47-63.

Brace, Paul and Barbara Hinckley. 1992. *Follow the Leader: Opinion Polls and the Modern Presidents.* New York: Basic Books.

Calmes, Jackie. 2009. "Clinton's Health Defeat Sways Obama's Tactics. *New York Times* 5 September 2009.

Cameron, Charles M. 2000. *Veto Bargaining: Presidents and the Politics of Negative Power.* Cambridge, UK: Cambridge University Press.

Canes-Wrone, Brandice and Scott de Marchi. 2002. "Presidential Approval and Legislative Success." *The Journal of Politics* 64-2 (May): 491-509.

Christenson, Reo M. 1982. "Presidential Leadership of Congress." In Thomas E. Cronin. eds. *Rethinking the President:* 255-70. Boston: Little Brown.

Clarke, David, Joseph J. Schatz, and Paul M. Krawzak. 2009. "Finish in Sight for Stimulus Effort." *Congressional Quarterly Online* February 12, 2009.

Cohen, Jeffrey E., Jon Bond, Richard Fleisher, and John Hamman. 2000. "State Level Presidential Approval and Senatorial Support." *Legislative Studies Quarterly* 15, 4: 577-590.

Coleman, John J. 1999 "Unified Government, Divided Government, and Party Responsiveness." *American Political Science Review* 93-4: 821-835.

Collier, Kenneth, and Terry Sullivan. 1995. "New Evidence Undercutting the Linkage of Approval with Presidential Support and Influence." Journal of Politics 57, 1: 197-209.

Edwards, George C. III. 1980. *Presidential Influence in Congress.* San Francisco: Freeman.

Edwards, George C. III. 1984. "Presidential Party Leadership in Congress." In Robert Harmel. eds. *Presidents and Their Parties: Leadership or Neglect?:* 179-214. New York: Praeger.

Edwards, George C. III. 1989. *At the Margins: Presidential Leadership of Congress.* New Haven: Yale University Press.

Edwards, George C. III. 2009. *The Strategic President: Persuasion & Opportunity in Presidential Leadership.* Princeton: Princeton University Press.

Elving, Ronald D. 1995. *Conflict and Compromise: How Congress Makes the Law.* New York: Simon & Schuster.

Fenno, Richard F. 1978. *Home Style.* Boston: Little-Brown.

Fiorina, Morris P. 1989. 2nd. *Congress, Keystone of the Washington Establishment.* New Haven: Yale University Press.

Fiorina, Morris, 1996. 2nd Edition. *Divided Government.* Boston: Allen and Bacon.

Gonyea, Don. 2010. "CQ: Obama's Winning Streak on Hill Unprecedented." http://npr.org/templates/story/storpy.php?storyId=122436116, 11 January

2010.

Harlow, Ralph Volney. 1917. *The History of Legislative Methods in the Period before 1825.* New Haven: Yale University Press.

Howell, William, Scott Adler, Charles Cameron and Charles Riemann. 2000 "Divided Government and the Legislative Productivity of Congress, 1945-94." *Legislative Studies Quarterly* XXV-2(May): 285-312.

Huntington, Samuel. 1965. "Congressional Responses to the Twentieth Century." In David B. Truman. eds. *The Congress and America's Future.* Englewood Cliffs, NJ: Prentice-Hall.

Ives, Benton. 2008. "Treasury Unveils $700 Billion Financial Rescue." Congressional Quarterly Online News-Banking & Financial Services. 21 September 2008.

Jaenicke, Douglas W. 1998."Congressional Partisanship and Presidential Success: The Case of the Clinton and Bush Presidencies." *Politics* 18-3: 141-149.

Johannes, John R. 1972. *Policy Innovation in Congress.* Morristown, NJ: General Learning Press.

Jones, Charles. 1994. *The Presidency in a Separated System.* Washington, D.C.: Brookings Institution.

Kelly, Sean Q. 1994. "Punctuated Change and the Era of Divided Government." In Lawrence C. Dodd, and Jillson Calvin ed. *New Perspective on American Politics.* Washington D.C.: CQ Press.

Kernell, Samuel. 2007. *Going Public: New Strategies of Presidential Leadership.* Washington D.C.: Congressional Quarterly.

Kiewiet, D Roderick, and Mathew D. McCubbins. 1988. "Presidential Influence on Congressional Appropriations Decisions." *American Journal of Political Science* 32: 713-736.

Light, Paul C. 1983. *The President's Agenda: Domestic Policy Choice from Kennedy to Carter.* Baltimore: Johns Hopkins University Press.

Mayhew, David R. 2005. *Divided We Govern: Party Control, Lawmaking, and Investigations, 1946-2002.* New Haven: Yale University Press.

Moe, Ronald C. and Steven C. Teel. 1970. "Congress as Policy Maker: A Necessary Reappraisal." *Political Science Quarterly* 85-3(Fall): 443-70.

Neustadt, Richard E. 1960. *Presidential Power.* New York: Wiley.

Ostrom, Charles W. Jr., and Dennis M. Simon. 1985. "Promise and Performance: A Dynamics Model of Presidential Popularity." *American Political Science Review* 79: 334-358.

Owens, John. 1997. "The Return of Party Government in the US House of Representatives: Central Leadership-Committee Relations in the 104th Congress." *British Journal of Political Science 27* (April): 353-78.

Peterson, Mark. 1990. *Legislating Together: The White House and Capitol Hill from Eisenhower to Reagan.* Cambridge, Ma: Harvard University Press.

Pfiffner, James P. 1994. *The Modern Presidency*. New York: St. Martin's Press.

Pfiffner, James P. 2008. *Power Play: the Bush Presidency and the Constitution.* Washington D. C.: Brookings Institution Press.

Ranney, Austin. 1993. *Governing: An Introduction to Political Science.* Sixth Edition. Englewood Cliffs, New Jersey: Prentice Hall.

Riselbach, Leroy N. 1996. "One Vote at a Time: Building Presidential Coalitions in Congress." In James A. Thurber. eds. *Rivals for Power: Presidential-Congressional Relations*: 86-102. Washington D.C.: Congressional Quarterly Press.

Rivers, Douglas, and Nancy Rose. 1985. "Passing the President's Program: Public Opinion and Presidential Influence in Congress." *American Journal of Political Science* 29, 2: 183-196.

Rohde, David. 1991. *Parties and Leaders in the Postreform House.* Chicago: University of Chicago Press.

Saad, Lydia. 2009. "Americans Endorse Obama's Approach, but Wary of Debt." Gallup, http://www.gallup.com/poll/116086/Americans-Endorse-Obama-

Approach-Wary-Debt.aspx#1 latest up 27April 2009。

Schroedel, Jean Reith. 1994. *Congress, the President, and Policymaking: A Historical Analysis.* Armonk, New York: M.E. Sharpe.

Seligman, Lester G. and Cary R. Covington. 1996. "Presidential Leadership with Congress: Change, Coalition, and Crisis." in James A. Thurber ed. *Rivals for Power: Presidential- Congressional Relations*: 64-85. Washington D.C.: Congressional Quarterly Press.

Smith, Steven S. 1993. "Forces of Change in Senate Party Leadership and Organization." In L Dodd and B. Oppenheimer. Eds. *Congress Reconsidered:* 237-58. 5th edition. Washington, D.C.: Congressional Quarterly Press.

Smith, Steven S. 2007. *Party Influence in Congress.* Cambridge: Cambridge University Press.

Taylor, Andrew. 1996. "The Ideological Development of Parties in Washington, 1947-1994." *Polity* 29: 257-92.

Watson, Richard A. and Norman C. Thomas. 1988. *The Politics of the Presidency.* Washington D.C.: Congressional Quarterly.

Wilson, Woodrow. 1956. *Congressional Government: A Study in American Politics.* New York: Meridian Books.

第十章 梅克爾大聯合政府：立法決策體系中的黨政關係

劉書彬

壹、前言

德意志聯邦共和國（Die Bundesrepublik Deutschland；BRD，以下簡稱德國）自1949年建國至2011年1月以來，在聯邦政治層面，迄今只出現過兩次由聯盟黨（Unionspartei）[1] 與德國社會民主黨（Sozialdemokratische Partei Deutschlands；SPD，以下簡稱社民黨）合組大聯合政府（grand coalition）[2] 的執政型態，其存續的時間最多為一個完整的四年任期，並不像德國最常見的「最小獲勝聯合政府」（minimal winning coalition）型態，能至少維持完整一屆以上的任期。[3] 兩大黨分別為政黨體系中，傳統

---

1 「聯盟黨」（Unionsparteien）是兩個傳統結盟之姊妹政黨：基督民主聯盟（Christliche Demokratische Union Deutschlands；CDU，簡稱基民盟），與巴伐利亞邦基督社會聯盟（Christliche Soziale Union in Bayern；CSU，簡稱基社盟）的合稱。基民盟雖為全德性政黨，但在南部巴伐利亞邦則尊重基督社會聯盟，所以並無其政黨組織；基社盟之勢力範圍則僅限於巴伐利亞邦，為一具有全國性地位之地方性政黨，於二次大戰後迄今，一直是該邦之執政黨，但該邦在2008年11月邦議會選舉後，和自民黨（Freie Demokratische Partei；FDP）首次組成聯合政府。就法律地位而言，兩政黨是分別獨立的法人，偶爾會有衝突，但聯邦政治層次上，通常合稱兩政黨為「聯盟黨」。惟本文在行文中，若對基民盟和基社盟的個別差異做說明時，也會使用「基民/基社盟」的名稱。

2 大聯合政府意指在一多黨體系中，由兩個最大黨合組的聯合政府。

3 於1949－2010年之間，德國除了第一至三屆之聯合政府：1949－1953年為聯盟黨＋自民黨＋德意志黨（DP），與1953－1957年為聯盟黨+自民黨+德意志黨+全德同左、右意識形態的代表性政黨，加上過去均有長期執政，以及主導政策與政治體系發展的經驗與實力，因此其形成的研究議題，以執政聯盟的內部關係為例，探究執政前後的談判過程與政黨間如何互動，就比常見的「最小獲勝聯合政府」型態所涉及的研究議題，如：聯合政府組成的時機、條件；如何運作與維持；與如何結束等，更增添因政黨規模變化，而出現的變異特質。

本論文的研究期程，將只限於2005年9月18日德國聯邦議會（Bundestag）選舉後，聯盟黨與社民黨就合組大聯合政府展開談判開始，而止於第十六屆會期結束（2009年10月27日）。研究對象則為兩大黨在聯邦政府、國會兩院因立法決策需要，所涉及的政黨互動。本文將探究兩大黨為維持執政地位，或爭取各自政黨利益，於正式執政前與執政期間，推動各項立法草案，在政黨合作決策機制、人事組成，乃至於政黨策略等方面，面對衝突與合作時，黨政關係如何因應的實況。由於兩大黨本身就有左右意識形態的基本差異，卻因為共同執政，必須在許多基本政策上因應施政，被迫做出政治妥協，而推出整合性政策。這運作原則落實到兩黨的決策體系與權力結構，就產生相當的摩擦，甚至是權力衝突和政黨定位搖擺的問題；連帶的，也會影響到黨員與選民的支持度。研究梅克爾大聯合政府時期德國聯邦政治核心的權力運作，將使得前述的真實互動，得以清楚呈現，進而分析該時期德國政治體系的穩定程度與成因；並提供該大聯合政府立法決策的模式，作為具有類似黨政發展背景（如溫和多黨體系內閣制）、且意識形態差異較大的兩大政黨，進行政黨或執政合作的參考。

大聯合政府的組成結構，因為執政黨在國會的席次，遠遠超過一般法案通過需要的二分之一門檻，因此一般人常理推論：該執政期間的施政應

盟／被驅逐故鄉者與權利被剝奪者聯盟（GB/BHE: Gesamtdeutscher Block/Bund der Heimatvertriebenen und Entrechteten），與1957－1961年由聯盟黨＋德意志黨合組聯合政府之外，其他的最小聯合政府任期都是跨越兩屆超過五年之任期。見Ismayr（2003: 457）

該順利無虞，政府會推動大規模的政治改革，施政成效也會因整合兩個最大黨的勢力，將最能符合民意需求。本文研究對象的梅克爾黑紅[4]聯合政府在聯邦議會的席次率高達73%，[5]所以執政之初，外界推估德國政治體系運作將格外順當，大黨將因而獲益；相對而言，在執政聯盟擁有超過70%以上國會席次的結構因素制約下，在野黨對聯邦政府的監督與多元勢力的表達，將大大受到限制，這將限縮小黨的發展。不過，以下幾個現象卻顯示兩大黨並未因此得利，小黨反而蓬勃發展。一為執政聯盟內部對聯合政府推出之政策屢有不滿雜音；[6]其次為2007年7月至2009年9月中旬聯邦議會大選前的民調結果顯示，社民黨和聯盟黨的民調支持度差距平均達到8-13%的情況，持續了二年二個多月之久（Institutes TNS EMNID, 2010）。三為同一時段內，多元的政黨勢力陸續在漢堡（Hamburg）、黑森（Hessen）、巴伐利亞（Bayern）、薩爾（Saarland）、薩克森（Sachsen）與杜林根（Thuringen）、布蘭登堡（Brandenburg）、什列斯威－霍爾斯坦（Schleswig-Holstein）邦舉行的邦議會選舉中崛起；呈現出小黨表現出色，原執政大黨優勢不再的現象。跨越原有左右政黨分歧路線的非傳統型聯合政府組成，也開始在邦政府層面出現。檢視梅克爾大聯合政府決策體系的實際運作，將了解前述大聯合政府運作的一般推論與「實情」之間，政黨關係發展大不相同的肇因。同時，這也將反應梅克爾大聯

4　區分德國政黨時，會以其傳統代表顏色分別之：基民／基社盟以代表教會出身的黑色來顯示；社民黨則為傳統左派政黨，成立之初主張以廣大無產階級所犧牲的血，來對抗資產階級，因此以紅色為代表。自由民主黨則於1972年起以黃字藍底為代表，以黃色為主要代表色僅是因為色彩顯眼，易於宣傳。綠黨主張生態保護，和平非暴力等，顧名思義以綠色為代表。另一個具有共產黨背景的左派政黨——左黨，同樣以傳統的紅色來代表。因此在聯盟黨社民黨執政時期的政府，常簡稱為黑紅政府；同理，2009年起執政的聯盟黨與自民黨政府，則簡稱黑黃政府。其他執政組合之聯合政府則可依前述政黨代表色連結說明之。

5　在德國第十六屆國會會期中，在總數614位議員中，聯盟黨226席與社民黨的222席，共448席，執政聯盟的政黨比例達72.96%。

6　參見第三部分否決者內部融合程度之例證說明。

合政府時期德國執政黨間內部關係、政策改變程度、聯邦政治體系的穩定狀況，以及對聯邦政治體系的影響。

前述提及大聯合政府中的「權力制衡」觀察，與「決策者」、「政策改革」和「政治體系變化」的相關性，均是決定採用何種理論分析時，需考量的變數。不同於傳統研究方向，習於以執政者施政功能與角色的正面切入，來分析施政的成敗；「否決者理論」（Veto Player Theory）探討否決者的制衡與反對性，因為會導致政策改變，進而對政治體制造成影響，這在聯邦議會結構缺乏有力的反對黨監督時，更可以透過此途徑，觀察執政聯盟內的決策權力運作、行政與立法關係、執政聯盟內部和諧、政策的變動狀況，與其對政治穩定的影響。如此，才能探究大聯合政府在德國政治體系運作中的特質與影響，反而較能完整地描繪政府運作的實況。

本文先就研究理論作敘述，再探究梅克爾大聯合政府的立法決策體系運作，分析兩大黨如何透過非正式與正式決策機制匯集共識、決定提案，以及審議通過法案之歷程，期待了解完整的黨政關係網絡。第三部分以具代表性的政策立法實例，來探究兩大黨如何在前述建構出來的決策體系中協商運作，人數眾多的聯邦議會黨團議員，如何主張投票自由與黨團投票義務等。第四部分則透過否決者理論來檢視梅克爾政府決策過程中，否決者的數量、相互之間的關係與內部的凝聚力等，進而解釋大聯合政府中的政策與政治穩定關係。最後總結全文，並歸納梅克爾大聯合政府時期的黨政關係特色，期待掌握大聯合政府的執政實相，並展望德國未來政局發展。本文僅討論梅克爾大聯合政府決策體系內的黨政關係，其他涉及與反對黨關係之探討，如制衡、競爭與合作等將為未來的研究主題。

貳、「否決者理論」之介紹

查別里斯（Georege Tsebelis）於1995年首先於British Journal of Political Science提出「否決者」（Veto Player）的概念，並運用於總統

制、國會內閣制、多元議會制與多黨體制等政治體制上，討論其改變決策的能力（Tsebelis, 1995: 289-325）。2002年他出版《否決者：政治體制如何運作》（*Veto Players: How Political Institutions Work*）一書。該書中，他提出為了改變政策或改變（立法）現狀，一定數量的個人或集體的行為者，必定同意了「提議的改變」（proposed change）。他定義這些行為者為「否決者」。否決者的來源載明於一個國家的憲法（如美國為：總統、眾議院和參議院），或是存在於政治體制中（如：西歐聯合政府成員中，不同數量的政黨們）（Tsebelis, 2002: 2）。他將其區分為兩大類，一為制度性（institutional），另一為政黨性（partisan）的否決者。每個政治體系有其否決者的形廓生態（configuration），查別里斯區分出三種判別的規則：（1）否決者的數量；（2）否決者之間的意識形態距離，意即是「一致性的缺乏程度」（lack of congruence）；（3）各否決者內部的融合程度（cohesion）（Tsebelis, 2002: 2）。

他認為前述所有否決者特質所形成的效果，將會是改變現狀的勝算。勝算的大小將對決策的改變有特別的影響：當勝算小時，要改變現狀幾乎是不可能的事，亦即當否決者眾多，而他們之間有明顯的意識形態差距，個別內部的凝聚性又強時，要明顯改變政策穩定的現狀幾乎是不可能之事（Tsebelis, 2002: 2-3）。

另外，有的政治機構會排定以特別的途徑決定否決者的排序，而影響決策；意即有權決定草案的去留，如此的否決者具有掌握取代現狀政策的決定權，而被查別里斯定義為「議題設定者」（agenda setters）。[7] 查別里斯認為：若知道否決者的喜好、所處現狀的位置和議題設定者的特質（identity），就可以相當程度地預測決策過程的結果。

否決者影響的結果（outcomes）為政策（或現狀）是否改變。政策的改變指的是當前現狀的改變，會以立法或政府行動呈現。查別里斯強調政

7　議題設定者在不同憲政制度中，可能分別由不同的角色擔任，最常為政府或總統制中的國會，或小至國會中的程序委員會，但也可能為最高的黨政領袖。

策推動因為可以直接表現政績，或是單純基於累積下次競選的實力，甚至是基於意識形態的倡議，因此政治行為者都重視立法決策（Tsebelis, 2002: 6）。而排除內部融合的因素後，決定立法行為的關鍵因素為否決者於政策領域中設定的理想立場，否決者都力圖將現狀與理想立場拉近差距。另外，否決者僅重視政策的獲益；而同時作為議題設定者的否決者，將思考決策成本而決定是否讓步；基於此點，一黨型態的少數政府在決策時，因為被其他政治行為者認為處於無法改變現狀的情況，因此該體系無否決者的存在。亦有否決者主觀上絕不接受政策失敗，亦即不會讓政策現狀遠離他理想的規畫情形，因為這在超大聯合政府（oversized coalition）型態的執政中特別明顯，查別里斯就將超大聯合政府成員中的所有政黨，視為否決者（Ganghof & Brauninger, 2006: 254）。

否決者雖然分為制度性與政黨兩類的行為者，但制度性否決者在運作中，仍舊是政黨在主導，因此對政黨角色的分析，更為重要。政黨的角色可分為執政黨、中立性與反對黨三類。由於執政黨承擔正式的政治責任，因此他們期待從政策立場獲得更大利益的態度，遠高於中立性與反對黨；換言之，比起其他兩類政黨，執政黨有更大的熱情要改變政策。另外，既然反對黨對政策改變的訴求，有執政與否實現政策的問題，此時反對黨唯有展示更多訊息，才能向選民展示他的決策參與將不同於在野時期，這些狀況也意味著反對黨對政策犧牲的敏感度，是遠大於中立政黨與執政黨。考慮到政策達成的熱衷程度和犧牲的敏感度，就政黨與其改變現狀的整套政策連動關係分析時，推論出執政黨改變現狀的動力將是最大的；反之，在野黨的動力則是小的（Ganghof & Brauninger, 2006: 252）。

相較於其他比較政治學者，查別里斯還提出政府致力於扮演推動法案立法的角色，尤其是執政黨還具備議題設定者的身分時。此時，政府形塑法案的結果並非依靠國會中的政黨數目，而在於議題設定中的制度性規定，以及執政黨相對其他政黨勢力（Tsebelis, 2002: 106）的大小。所以以此理論來討論議會內的政黨互動，更顯適宜。

透過政策穩定與否來探討與政治體系的關係，主要是因改變現狀政策的形成，將直接影響政府內的合作，以及與其他政黨的關係。根據查別里斯的實證研究觀察，政策穩定反映出政治體系的一連串結構特質：當一個政府於企圖改變現狀，遭遇重大困難時，將會導致它以辭職，或是要替換阻撓它決策施行的反對勢力方式來進行。這意味著前述政府無法透過立法政策改變解決問題時，將致使政府的存續不穩定；反映到政治體系時，政府總辭或國會解散，甚至總統制下冒出軍事政權，都是可能出現的狀況。另外，立法現狀改變的無可能性（impossibility），也可能導致官僚體系和司法機關的角色變得更為積極，而更具備政治獨立性。[8]

查別里斯「否決者理論」建構的「否決者」（制度性與政黨否決者）—「政策改變」—「政治體系變化」三者之間的關係，正是筆者在本研究論文「梅克爾大聯合政府立法決策體系中黨政關係」的研究重點。前一組「否決者」—「政策改變」關係的探討，正好檢視執政聯盟內的兩大黨內部和之間的互動，與權力關係；而後一組的「政策改變」—「政治體系變化」的關係，則可以突顯該時期德國的政治情勢變化，尤其是政黨關係的新情勢，和其對政治穩定的影響，因此其適合運用為分析的理論架構。

本文適用「否決者理論」，雖然對政黨間的互動與政治體系穩定，有相當的助益，但也有其應用上的弱點，而受到批判。主要的批判可分為兩點：對於具有否決者身分的政黨而言，政黨在組織特性與國家憲政制度的影響下，根據政黨競爭理論：政黨追求的不僅是政策（policy）實現還有選票（votes）極大化，與執政地位（offices）的維持，三者為政黨發展追求的目標，但各黨對目標追求的權重不同，而發展出政黨的競爭性行為，以及和其他政黨的互動（Strφm, 1990: 565-568）。但查別里斯以決策分析

8　查別里斯根據學者Linz（1994）, Horowitz（1996）, Duverger（1954）, Saroti（1976）, Almond & Verba（1963）和Lijphart（1999）的研究結果，分析得出—否決者互動後所導致的政策穩定對政治體系中五個機關的影響，分別將引發如下的結果：1. 降低議題設定者的重要性；2. 議會內閣制政府的不穩定；3. 總統制下政體的不穩定；4.官僚行為的獨立性；5. 司法機關的獨立性。參見Tsebelis（2002: 3-4）.

出發，認為其是政治體系的主要產出，人們參與政治體系，即在於促進有利於自己政策的實現；為此政策決定對於政治行為者（政黨或個人代表）是極其重要的（Tsebelis, 2002: 6）。然而當討論政黨性的否決者時，僅以政黨政策追求作為該理論建構的關鍵點，來探討政黨的合作與競爭；之後再繼續討論這互動對政策改變之影響時，可以想見在忽略政黨對選票極大化與執政地位追求的因素後，將無法對「德國社民黨在民調聲勢直落，內部衝突不斷，立法之政策與其基本價值嚴重背離時，還不和聯盟黨決裂，依舊推動偏離公平正義主軸的新自由主義社福經濟政策」之現象，提供合理說明。因為在查別里斯以執政規模越大，將因為政策改變越大，獲益將越多的立論中，社民黨並不會因為政策大變動而受到傷害；然而事實發展並非如此時，如何合理化社民黨繼續堅持執政地位的行為？此時若運用前述政黨競爭理論，納入執政地位與選票極大化之考量，就可充分說明或合理化社民黨的行為。因為對當時的社民黨而言，和繼續維持執政地位，實質獲取行政資源相比，政策改變的追尋反而是其次的。

另外，對僅從國家學（Staatslehre）角度一政黨與制度性否決者，討論政策與政治體系的關係的批評，對此查別里斯有一段說明：其認為雖然他只討論政治行為者（政黨與政治人物）與政策實踐的關係，指出其將影響執政地位與否，的確是簡化的說明，但政治體系產出政策的優先順位，並確保執政優先項目的實踐，這整個過程，卻是實際政治運作的結果。查別里斯指陳他並無意暗示其他如：文化、意識型的規則（norms）或是制度（institutions）等，是不具合理影響性之因素；但他從政策出發，連結否決者與政治體系的立論，能清楚反映政策優先性的選擇和結果，這才是他理論研究的重點（Tsebelis, 2002: 6）。同樣地，利益團體固然在多元民主，甚至在審議民主形式的決策過程中，扮演重要角色，惟正式決策程序中，依舊需要透過政黨運作與決策機制的轉化，才能形成政策並執行，因此其他因素，如：壓力團體、媒體等的影響，就以間接透過政黨因素探討進行分析。

參、梅克爾大聯合政府的立法決策體系之運作

德國基本法76-78條載明了聯邦的立法程序與運作：[9] 政策草案是由聯邦政府、聯邦參議院（Bundesrat）或聯邦議會議員提出，經過聯邦議會審議三讀通過，送交參議院審議表決後，經聯邦政府再呈送聯邦總統簽署公布後生效。然而基本法第65條也載明了「聯邦總理決定政策方針，以及聯邦政府共同分擔政策責任」。[10] 這顯示聯邦政府成員所組成的內閣會議，是國家正式決策提案的主要機關。然而聯邦總理與各部長組成的內閣會議成員數，達到16人以上，是人數眾多的決策團體。而決策若要順利完成，尚須經過國會兩院立法程序，獲得多數同意，才能經總統簽署公布後生效；這意味著在提案階段，內閣即需要反映民意與黨意的需求，匯集並協調多方意見，才能說服並動員執政黨團議員，支持聯邦政府的提案。前述的聯邦立法與決策機制指明：聯邦施政若要順利，聯邦政府、聯邦議會與整個執政黨三者之間，必須先行充分合作，匯集共識，才能建構堅強的執政聯盟，主導施政。為此，2005年10月，當聯盟黨與社民黨開始進行聯合政府磋商時，除了研議未來的施政原則外，也針對聯合內閣的運作程序，進行架構性安排。

2005年11月11日簽訂的聯合執政協議（Koalitionsvertrag）中，明列基民盟、基社盟與社民黨三政黨為執政夥伴，共同承擔整個聯邦施政的責

9　基本法77-78條的聯邦立法程序規範為：政策草案提出後，經聯邦議會三讀通過，送交參議院審議表決。若聯邦參議院同意聯邦議會的法案、或是聯邦參議院對於需參議院同意的法案，未依照基本法第77條第2項行事、或參議院對於不需參議院同意之法案，未於基本法第77條第3項期限內提出異議或撤銷其異議，或其異議為聯邦議會所拒絕，法律案即通過，送交聯邦政府，再呈送聯邦總統簽署後公布生效；反之則法案立法失敗。所以在聯邦立法過程中，共經過的制度性機關為：聯邦政府、聯邦議會、聯邦參議院與聯邦總統。

10　基本法65條：「聯邦總理應決定政策方針，並負責任。在政策方針範圍內，聯邦部長應領導各自職務之部會，並負責任。聯邦部長若發生歧異，由聯邦政府自行解決。聯邦總理根據聯邦政府所通過和聯邦總統所核可之規程，處理政務」。

任。有關聯合內閣工作方式的規畫，分為三部分，分別是「政黨合作」、「黨團合作」與「聯合政府」運作。三者的關係，就運作機制的特性、頻率和決策意義而言，大不相同。今將三合作機制的組織結構與運作特色，以表10-1說明之。

表10-1　2005-2009年梅克爾政府「聯合執政協議」中三合作機制之結構與運作特色

<table>
<tr><td colspan="4">適用期間：第十六屆聯邦議會任期</td></tr>
<tr><td colspan="4">夥伴政黨：基民盟、基社盟、社民黨</td></tr>
<tr><td colspan="4">組織、人事、決策問題之共同處理原則：依聯合執政協議規定</td></tr>
<tr><td>合作範圍</td><td>政黨合作</td><td>聯邦政府合作</td><td>聯邦議會黨團合作</td></tr>
<tr><td>合作形式</td><td>聯合執政委員會</td><td>聯合內閣</td><td>聯合執政黨團</td></tr>
<tr><td>組織目的／組織原則</td><td>針對處理過程、專業領域、人事問題進行政黨間相互協調。</td><td>1. 主要聯邦立法提案、政務發動與執行者
2. 所有內閣和內閣所屬的委員會中，均應有三政黨代表，由聯邦代表決定其數目。內閣下之委員會與諮詢會議均應相互協調。
3. 總理負責內閣組織運作。若有內閣部會裁減，須在任期內由政黨夥伴協議一致後變更之。</td><td>1. 議會中有關各項處理程序與工作，應由聯合執政黨團協調，各提案、質詢應共同提出。
2. 例外狀況應相互協調，為此聯合執政黨團應配合聯合執政協議內容／應在聯邦議會與其所屬之委員會上表決一致。</td></tr>
<tr><td>討論事項</td><td>1. 對三黨有根本重要性之事務，其變更須經執政夥伴協調者。
2. 針對衝突情況，要形成共識之事務。</td><td>1. 所有聯邦立法與施政提案。
2. 內閣部會裁減事項。</td><td>1.討論還未達成一致之政策議案，提出解決之道。</td></tr>
</table>

表10-1　2005-2009年梅克爾政府「聯合執政協議」中三合作機制之結構與運作特色（續）

成員	1. 聯邦總理、副總理； 2. 聯邦議會的聯合執黨團主席a； 3. 政黨主席b （若與會人士身分未重複，將達8人）	內閣16人+其他列席參與人員。 1. 總理為基民／基社盟籍。 2. 副總理為社民黨籍。 3. 基民／基社盟另有七部長，社民黨含副總理掌八部會c。	基民盟：180 基社盟：46 社民黨：222 共448人
舉行時機／頻率	每月至少定期舉行一次，或應執政夥伴提議舉行。	每週一次。	每會議週一次。
合作機制性質	非國家機關之協商／集合黨政會三方人士	國家機關—聯合政府內閣會議之協商／政府代表	國家機關下的法定機制—聯邦議會內黨團會議協商／國會代表

a. 聯盟黨黨團除了黨團主席外，黨團第一副主席也是成員。

b. 前兩項代表中，若三黨之黨主席仍未在列，則還需加上黨主席之參與。

c. 部長人選由負責之政黨自行定之。

資料來源："Gemeinsam fur Deutschland"（2005）與作者自行整理。

表10-1顯示，為因應聯合政府立法與施政協調之需求，各黨在聯合政府組成前，透過聯合執政協議來規範未來三黨合作在施政方針、組織運作程序與人事位置的安排。然而2005年11月梅克爾大聯合政府成立以來，立法施政所面對的國內外情勢與政黨內部權力變遷，絕非2005年10月至11月聯合執政協議簽訂當時，準備執政的三黨所能完全掌握，三黨談判代表僅能就其能力所及，針對現階段和可預見未來的發展，就施政方針和人事分配原則作規範。梅克爾聯合執政協議全文達到226頁，正文167頁中，有5頁內容的前言說明：面對失業、國家債務、人口變遷、全球化改變形成的

壓力，三執政黨共同肩負起施政責任，將要透過國會的多數，致力國家結構之改革，並爭取國民信任，強化各邦因應未來的能力。第二部分的分項政策方針高達144頁，包含就業、工作、分享的創新與機會、財務等九大領域。第三部分的工作方式（Arbeitsweise der Koalition），雖僅有3頁，卻是整個執政團隊含括執政黨、聯合政府與聯邦議會，如何實際運作的關鍵。

實際解析作為梅克爾政府施政藍圖的聯合執政協議，可以探究整個聯合政府內規劃的黨政關係。梅克爾政府的施政規劃是要在組織與決策上，透過共同參與決議的原則，達到聯合政府之立法提案，能順利獲得國會的通過，且其施政要能除弊興利，並得到多數國民支持的目標。三項合作形式所建構出來的施政工作架構，各司其職，並有其功能意義。

根據宣訶芬（Klaus Schoenhoven）、歇爾德布蘭德（Klaus Hildebrand）、柯諾爾（Heribert Knorr）多位德國學者之研究，1966至1969年期間季辛格（Kurt Georg Kiesinger）大聯合政府的統治特色，迴異於傳統最小獲勝聯合政府型態所形成的「總理民主」（Kanzelerdemokratie）統治類型，[11] 而呈現「合作協商民主」

---

11 「總理民主」常被視為德國政治運作特色之一。對「總理民主」有研究專著之德國學者尼可勞斯（Karlheinz Niclauß）認為：總理民主強調的是執政者一種特殊的政治領導風格。在德國，「總理民主」原則起源於二次戰後兩德分裂與冷戰開始的歷史背景。成為西德首任總理的艾德諾（Konrad Adenauer），其最重要的政治目標，即是處理西德特殊的國際政治處境，和急待重建的各項問題，並建立國內社經結構和秩序。對此，艾德諾展現其個人色彩鮮明且具有父權式領導的執政風格，引領戰後的西德逐漸走向穩定的發展；換言之，總理民主代表艾德諾十四年（1949-1963）的執政模式。對德國政治而言，總理民主說明著政府行政權的權力超越國會的現象，艾德諾體制（Regime Adenauer）乃因而得名。「總理民主」模式雖不是基本法明文規範的內容，但卻是德國政治實務中一項重要且特別的非正式原則。尼可勞斯並對「總理民主的執政模式」，做出五項特色定義：1.可由憲法所賦予之權限與政治的角度，具體展現「總理原則」的特色；2.聯邦總理於執政黨之領導地位；3.此原則存在於朝野雙方明顯的對立間；4.總理個人在外交領域的領導地位；5.透過強烈的個人化與行政首長之媒體形象交互影響形塑而成Niclauß（2004）

（Kooperative Verhandlungsdemokratie）[12] 的型式（Niclauß, 2008: 3）。聯合內閣的成員雖是政府之決策發動者，但除非都具備議員身分，不然將僅代表行政部門意見；聯盟黨與社民黨組成的大聯合內閣，兩大黨實力相當，但意識形態和政策立場的差距，遠比同屬左派或右派的一大一小兩黨組合要大，因此需要花費更多時間精力，挹注於政策協商，或爭議性問題的解決。而這工作並不適合於人數多且於檯面上正式的內閣會議中進行，因此倚賴非正式決策機制，透過廣泛徵詢意見，再擬定符合民意需求的政策草案需求，就顯得大且迫切，聯合執政委員會乃因應而生。

一、聯合執政委員會

非正式決策機制的出現其實在歷屆聯合執政協議，或政府宣言中都有規劃或宣示，多以「聯合執政委員會」（Koalitionsausschuss）或「聯合執政會談」（Koalitionsgespräch）的形式做安排（見表10-2），但是否會成為實際的決策中心，取代聯合內閣的角色，這往往取決於聯合政府的組合選項，和執政聯盟各黨是否具備影響執政方向的勒索潛力而定。因為其決定了聯合政府的組成結構（Koalitionskonstellation），所以幾乎同時決定了非正式決策機制的地位。根據「德國政府與政治研究」專家陸德奇歐（Wolfgang Rudzio）的實際觀察，聯合執政委員會在其研究的2005年至2007年期間，的確成為當時聯邦政治的決策中心（Rudzio, 2008: 12）。

12　「合作協商民主」（Kooperative Verhandlungsdemokratie）是指一種民主政治體系的特色，對於政策衝突，是以協商的方式，由政治菁英進行大規模的合作和妥協達成；而非靠政競爭、政府更替或層級式的多數表決。這種體系特色雖然可以形成政策協議，但卻經常有政策參與、透明度不足與難以課責的問題。參見Grimm（2003: 191-209）。

表10-2 德國聯邦政治之非正式執政安排

時期	聯合執政協議（承諾數量或字數）	聯合執政委員會／聯合執政會談		黨派間會談	黨團間合作
		領導	決策中心		
1949-1957	書信往訪	有職權的內閣成員＋黨團菁英	部分	無	有，加上擴大內閣
1957-1961	未公布之約定	內閣菁英＋基民黨／基社盟的黨團菁英	有	無	
1961-1962	聯合政府委員會協議（2500）	只有黨團菁英	協議的、非實際的	無	有
1962-1966	補充（600）；1965未公布之約定	內閣菁英＋黨團菁英	有，效率有限	無	有
1966-1967	政府聲明	內閣	沒效率	無	有
1967-1969	前項繼續適用	內閣菁英＋黨團菁英（加政黨主席）	有	無	有
1969-	詳細內容之約定	內閣（加上政黨主席）			有
約1974-1982	協議／1980協議（1200）	內閣精英＋黨團精英＋政黨菁英	有	有	有
1982-1988	協議（3900, 2700）；個別約定（7500）	內閣精英＋黨團精英（1983年起）＋政黨主席（偶爾出席）	有（有例外）	有（聯合政府峰會）	
1988-1998	協議（16800, 13900）	內閣精英＋黨團精英＋政黨菁英	大部分有		
1998-2005	協議（13200, 26700）	內閣精英＋黨團精英＋政黨菁英	協議的、非實際的	無	有
2005-2007	協議加附件（52800）	內閣精英＋黨團精英＋政黨菁英	有	有	有

說明：底色資料分別為1966-1969、2005-2007兩次大聯合政府時期的非正式執政安排。惟第一次大聯合政府時期，因為聯邦總理季辛格於1967年4月開始兼任基民盟主席，因此聯合執政委員會之組成與運作也隨之調整，就形成不同於1966-1967年的執政安排。

資料來源：Rudzio (2005: 238)；Rudzio (2008: 12)；Stüwe (2006: 544-546)；Saalfeld (2000: 32-34)；Schindler (2000: 1167-1169)。

（一）組織結構

根據2005年梅克爾政府的聯合執政協議內容，聯合執政委員會集合了黨政要員，每月定期至少進行一次聯合執政會談。聯合執政委員會的組成人員包括：聯邦總理、副總理；聯邦議會的執政的聯盟黨團主席（其中聯盟黨黨團除了黨團主席外，由基社盟邦團主席兼任的黨團第一副主席（Vorsitzender der CSU-Landesgruppe/ Erster Stellv. Vorsitzender der CDU/CSU Fraktion）也是成員；前項代表中，若三黨之黨主席仍未在列，則還需加上黨主席之參與（*Koalitionsvertrag von CDU, CSU und SPD*, 2005）。為此可說：該委員會的組成包括了聯邦政府、聯邦議會與執政黨三方的領導人物。就人數而言，當三黨之黨主席兼任總理、副總理，或是黨團主席時，將形成最少僅有五人的決策委員會，若三黨主席均無前兩類的兼職身分，則該委員會最多將達到八人。

聯合執政委員會這非正式的決策機制於成立之初，對應到三黨實際的參與者，是由總理兼基民盟主席的梅克爾（第1人）、副總理的社民黨藉明特菲凌（Franz Munterfering）（第2人）、與社民黨和聯盟黨的黨團主席（第3、4第人）、基社盟邦團主席（第5人）、和社民黨主席帕拉切克（Mattias Platzeck）（第6人）與基社盟之黨主席史托伯（Edmund Stoiber）（第7人）等人所形成之七人團（Siebener- Runde）（見表10-3）。其中黨團主席之社民黨史圖克（Peter Struck）、基民盟之考德（Volker Kauder）與基社盟之然姆薩爾（Peter Ramsauer）具備聯邦議會議員身分，應該可以充分反映黨團內部多數意見。社民黨主席帕拉切克與基社盟黨主席史托伯，由於還兼任布蘭登堡（Brandenburg）與巴伐利亞（Bayern）兩邦邦總理之職務，為使其在主持黨務和地方政務之外，還能順利參與聯邦政務決策，三黨祕書長也視情況加入聯合執政委員會的決策。[13] 又因為政策的推動，多涉及財務來源的分配，聯邦財政部長

13　三黨的祕書長分別為：Ronald Pofalla, Hubertus Heil和Markus Söder。

史坦布呂克（Peer Steinbruck）主動提議自己加入此決策圈的必要性，[14] 也獲其他人同意。加上後來總理府部長（Kanzleramtsminister）戴麥哲爾（Thomas de Maiziere），因進行會議紀錄擬定工作之必要，也成為常態的參與者。如此一來，這一決策中心曾經在2006年中，達到近13人的規模（Rudzio, 2008: 14）。

表10-3　梅克爾大聯合政府非正式之聯合執政委員會之組成與結構

成員身分	組成成員	具聯邦議員身分	具地方首長身分
聯邦政府	1. Merkel	V	
	2. Müntefering（2005.11.22-2007.11.13）	V	
	2.1 Steinmeier（2007. 11-2009.9）		
黨主席	1. Merkel	V	
	2. Platzeck（2005.11.15-2006.4.10）		V
	2.1 Beck（2006.4.10-2008.9.7）		V
	2.2 Steinmeier（2008.9.7-2008.10.18）		
	2.3 Müntefering（2008.10.18-2009.9）	V	V
	3. Stoiber（1999.1.16-2007.9.29）		V
	3.1 Huber（2007.9.29-2008.10.25）		V
	3.2 Seehofer（2008.10.25-2009.9）		
財政部長	2. Steinbrück（2005- 2009.9）		
黨團主席	1. Kauder	V	
	2. Struck	V	
	3. Ramsauer	V	

14 因為2005年12月8日聯合執政委員會通過之失業救濟金II方案，開放的領取人數高達29.1%，形成重大的財政負擔。事後於聯邦內閣討論時才得知必須概括承受聯合執政委員會協調結果的財政部長史坦布呂克，相當不滿，乃強烈要求自己必須與會Rudzio（2008: 14）。

表10-3　梅克爾大聯合政府非正式之聯合執政委員會之組成與結構（續）

成員身分	組成成員	具聯邦議員身分	具地方首長身分
黨祕	1. Pofalla（CDU）	V	
	2. Heil（SPD）	V	
書長	3. Söder（CSU；2003.11-2007.10）		
	3.1 Karl-Theodor zu Guttenberg（CSU；2008.11-2009.2）	V	
	3.2 Alexander Dobrindt（CSU；2009.2.9-2009.9）	V	

說明：各該數字代表其所屬政黨：1. 基民盟，2. 社民黨，3. 基社盟。

資料來源：Rudzio（2008: 14）；作者自行整理。

對應於聯合執政委員會擴大規模後，產生的決策效率不彰，三黨核心人物的梅克爾、史托伯，以及2006年4月10日起擔任社民黨主席的貝克，與聯邦副總理的明特菲凌還從2006年7月開始，召開額外的四人會議來進行核心的黨政合作。此舉引起三黨黨團主席的強烈不滿，基社盟邦團主席然姆薩爾將其解釋為排除黨團人員於決策核心的不友善行為，所以呼籲另兩黨團主席史圖克與考德，自行組成三人緊密小組密切合作。在這行動表態後，黨政四人會議隨即又將三黨團主席納入，增補為七人的決策圈（Gast & Kranenpohl, 2008: 22）。

（二）運作程序

了解聯合執政委員會的組成後，其如何運作決策，為本段之重點。聯合執政委員會每月至少定期舉行一次會議，或應執政夥伴提議集會。委員會舉行的理由為：當政策或法案涉及了三黨具根本重要性，且其改變須經執政夥伴協調之事務；或是已發生衝突時，須集會處理以取得共識解決者。為此，三黨協調後「獲取共識」是決策的基本原則（*Koalitionsvertrag von CDU, CSU und SPD*, 2005: 164）。在聯合執政委員會實際的決策程序規範中，後來也接受了基社盟所提出的：為了保障小黨—基社盟之意見，特准其具有否決權。聯合執政委員會將這議決原則，也轉化為決策須以三黨與會人員均有共識，才能成立（Gast & Kranenpohl, 2008: 22）之規範。

許多爭議性的問題，並非聯合執政委員會達成共識就可解決，因為真正能解決問題的方案，往往在實務上涉及許多具體且複雜的內容，並非政治人物僅憑協商，經過立法程序，再由相關單位執行就可化解，而順利施政。為此，爭議性問題就先交由專業的「聯合執政工作小組」（Koalitionsarbeitsgruppe）討論，擬定解決草案再交由聯合執政委員會討論。從2005年起，已有15個特別聯合執政小組參與了聯合執政委員會的協商。2005－2007年之間，其提出研議方案的政策包括：聯邦制度改革、企業稅改革（Unternehmenssteuerreform）、健保制度改革（Gesundheitsreform）、就業市場改革（Arbeitsmarktreform），以及居留法（Bleiberecht）和反恐等相關法案。聯合執政工作小組的成員多來自於聯邦政府、國會與邦層級的事務性官員。該工作小組若能在此階段形成方案，聯合執政委員會多會採納之；若該階段爭議未決，則維持終局開放的狀態送交聯合執政委員會討論，此時聯合執政委員會就必須自行議決。根據學者陸德奇歐的研究，梅克爾大聯合政府時期專業性聯合執政小組扮演的角色，遠比其他屆期的小組表現重要的多（Rudzio, 2008: 15）。

二、聯合政府內的合作

聯合內閣除了是施政的發動者，同時也是正式且重要的政府決策機關，就聯合政府的「政策方針」而論，基本法第64、69條規定：內閣成員的去留最主要由內閣總理決定。第65條第1項規定：聯邦總理決定政策方針並負其責。同條第2、3、4項又規定：在前述的政策方針內，聯邦閣員應各自指揮所屬部會而負其責；聯邦閣員發生意見爭執由聯邦政府解決之；聯邦總理根據聯邦政府所訂，且經聯邦總統核可的任務規範領導處理政務。上述憲法規範體現的是以總理原則（Kanzlerprinzip）為主，由其決定政策方針，此為總理決定施政方針的專有權限

（Richtlinienkompetenz）；之後方為「內閣原則」（Kabinettsprinzip），以及尊重內閣主管閣員的「權限管轄原則」（Ressortsprinzip）之適用。雖然理論上根據基本法有以上三條組織與權限運作原則，來規範聯邦政府運作，但實際上三者之間常會出現緊張狀態（Rudzio, 2003: 241）。因此還必須根據歷屆聯合政府的政黨組成結構，與其簽訂的聯合執政協議合作原則來討論。

總理原則雖然是內閣決策的主要原則，但並非每任聯邦總理在內閣統御上都有相同的權威，並發揮指揮國政的影響力。總理原則的顯現，基本上與聯合內閣中政黨所形成的結構有絕對關係，其中總理個人在黨內與政府內的威信、統治技巧的善用、總理府幕僚與協調功能的發揮，都是影響因素。以梅克爾為例，她1990年擔任前東德政府最後一任政府副發言人；後於1991年初，被柯爾（Helmut Kohl）總理引進聯邦政府擔任家庭暨婦女青年部部長、環保部長，累積行政首長的歷練，幾乎同一年年底，她也擔任基民盟副主席；1998年基民盟淪為在野黨後，梅克爾即接任黨祕書長一職，並於2000年初於當時的黨主席蕭伯樂（Wolfgang Schäuble）繼柯爾之後，也陷入政治獻金醜聞被迫下台時，臨危授命接下黨主席的職位。2002年聯邦議會選舉之後，梅克爾被選為聯盟黨聯邦議會黨團主席。該年的聯邦議會選舉，由當時的基社盟主席史托伯代表聯盟黨和社民黨施略德（Gerhard Schröder）競選聯邦總理，但並未成功。2005年5月當施略德藉故提出總理信任案，未獲聯邦議會通過，導致其提案提早解散聯邦議會時，梅克爾此時在聯盟黨內已經無其他競爭者，她順勢主導投下反對票，並主張迎接新的選舉。當時的聯盟黨黨團僅出現三張反對票，如此可見，梅克爾已經站穩了黨內領導位置。聯盟黨內另一個具有舉足輕重地位的基社盟主席史托伯，則因為未協調好其原有的巴伐利亞邦總理職務接棒人選，而沒有接受原定由他出任聯邦政府經濟部長的職務，失去了投身聯邦政治的機會，影響力下降。加上聯盟黨內其他具備邦總理地位的柯訶

（Roland Koch）、沃爾夫（Christian Wulff）和穆勒（Peter Müller）[15] 只願關注地方政務，所以梅克爾在執政期間於聯盟黨內的領導地位，無人能及。

同時梅克爾也任命受她信任、相識達十五年之久的戴麥哲爾為總理府部長，而能夠精準地傳達她的意見，進行部會協調，其幕僚也能充分提供廣泛且專業的資訊供決策參考。此外，總理府與聯邦新聞局（Bundespresseamt）也運用新媒體，透過電視形塑梅克爾的個人形象，並且經由個人官網的設立、電子郵件的收發，與每週即時影音訊息和民眾互動來爭取民心（Niclauß, 2008: 8）。梅克爾也就是在這些幕僚與傳媒單位的高度支援及配合下，形成堅固的黨政支援體系；並以其為權力穩定的基石，全力對外與社民黨交涉協商，推展政務。相較於前一任大聯合政府的季辛格總理，處於數位科技時代的梅克爾較幸運，有較好的條件，可以較為順暢地推動政務。

「內閣原則」的適用上，梅克爾政府內的內閣首長分配為：基民盟六席（包含總理一人）、基社盟二席、社民黨八席（包含副總理一人）。然而開會的人士，還包括聯邦總統府的祕書長、聯邦新聞局長，以及受聯邦總理之邀列席與會的必要成員，如：聯合執政黨團的人員。內閣會議經常在週三上午舉行。由於各項討論案（如：法案、行政命令、報告、回覆的詢答）眾多，包含了近年來有必要討論且最重要的法律草案、相關人事議題、國際地位與聯邦參議院的變化狀況等，因此開會時間頗長。開會的決議通常以共識決進行，也就是當沒有反對意見時，議決就算確定（Rudzio, 2003: 247）。

由於內閣會議採共識決，所以會前各方的協商就很重要，這包括前述匯集黨政會三方領袖的聯合執政委員會，以及為前者提供各項重要議案諮

---

15 2005年10月間，柯訶為黑森邦總理（1999.4.7－）；沃爾夫為下薩克森邦總理（2003.3.4－2010.6.30），2010年7月2日起為聯邦總統；和穆勒（1999.9.5－）為薩爾邦總理。

詢意見的專家工作小組。而聯合內閣的各部會首長，則需要靠其部會內的專業幕僚研議該管轄權限下各項議題的相關細節（Rudzio, 2003: 248），如此才能因應眾多討論案的決議需求。

至於部長的「權限管轄原則」在前兩原則運作下，能夠展現的空間不一而定。因為聯合政府的組成，是在聯合執政協議討論時，由各黨協商代表同意配置之部長數量與那幾個部會後，再由各黨去分派由何人出任部長位置。在政策議案上能整合各部長意見的是聯合執政協議，其規範著政策的大方向原則，但具體實現時，或許有相當的支配空間，但卻受許多因素影響。總體的結構因素包括聯合執政聯盟中的政黨實力分配、聯邦內閣是否為真正的決策單位，各自政黨內部的權力鬥爭等；個體因素則可能涉及聯邦總理的統御能力和方式，部長本身能力以及與總理施政理念的投契程度等。在梅克爾大聯合政府內，就出現社民黨籍的財政部長史坦布呂克深受梅克爾器重，而能在各項改革中提出財稅來源的專業意見，甚至因此讓基社盟之前經濟部長葛羅斯（Michael Glos）無法發揮，引發經濟政策主導權旁落的失落感，因而於2009年2月7日主動辭職求去（參見企業稅改革法之內容）。

三、國會黨團的合作

國會黨團在民主國家中具備了人民代表、利益表達與匯聚、凝聚共識、政策協商、主導議程，推動立法、甄拔與培養國會領袖、選派黨籍議員參與委員會、協助推動國會紀律、組織／監督政府、聯繫國會與行政部門等重要功能。由於政府施政的重要法律與政策都要經國會通過，加上國會黨團具備民意與黨意代表的身分，因而國會黨團在立法決策過程中扮演吃重角色；另外國會黨團在政黨的地位與運作情況，也是判定該黨「黨內民主」程度的重要指標。

（一）國會黨團之組成

在德國，聯邦議會黨團由獲得5%以上的政黨議員組成，以基民盟／基社盟的黨團工作規程（Arbeitsordnung der CDU/CSU-Bundestagsfraktion）為例，其組織中包括黨團大會（Fraktionsversammlung），和由其選出「幹事主席團」（Geschäfts-führender Vorstand）與主席（Vorsitzender）、工作小組（Arbeitsgruppen）與資深委員會（Ehrenrat）等其他組織。今將目前基民／基社盟與社民黨黨團內的重要組織與人事以表10-4顯示，可藉此了解大聯合政府的議會黨團組織，進而就其在整個大聯合政府正式與非正式決策過程扮演的角色，與運作歷程做初步的認識。

黨團議員在聯邦議會的投票規範，以基民／基社盟的黨團工作規程為例說明之。

表10-4 基民／基社盟、社民黨之黨團結構與重要成員

<table>
<tr><th>政黨</th><th>選舉結果%</th><th>席次</th><th>黨團主席</th><th>幹事主席團</th><th>黨團會議</th></tr>
<tr><td>基民盟</td><td>27.8</td><td>180</td><td>Volker Kauder</td><td rowspan="3">Norbert Röttgen（幹事長）
Martina Krogmann
Manfred Grund
Bernhard Kaster（副幹事長）</td><td rowspan="3">每個會議週的週二，或應1/3黨團成員要求開會。</td></tr>
<tr><td>基社盟</td><td>7.4</td><td>46</td><td>Peter Ramsauer</td></tr>
<tr><td>聯盟黨</td><td>35.2</td><td>226</td><td>Volker Kauder</td></tr>
<tr><td>社民黨</td><td>34.2</td><td>222</td><td>Peter Struck</td><td>Thomas Oppermann（幹事長）
Petra Ernstberger
Iris Gleicke
Ute Kumpf
Christian Lange（副幹事長）</td><td>每個會議週的週二開會。[a]</td></tr>
</table>

a: 一年只有22週是會議週，次一週則是無會議週（sitzungsfreie Woche）。

資料來源：CDU/CSU Fraktion（2009）；SPD Fraktion（2009）.

根據第17條第1項規定：黨團對於成員的投票沒有強制力，投票是自由的。但黨員若在黨團多數決議的重要問題上，有偏離的投票意圖時，有義務應該最遲於投票當日下午五點前，向黨團主席、幹事長或黨團會議告知。

第17條第2項規定：當黨團會議決定要在聯邦議會中進行記名表決時，黨團成員應該即刻被告知。黨團主席或是其代理者、任一黨團幹事有權在任何時間要求記名表決。

其第3項則是：當成員沒有參加某記名投票表決時，其應於下次的黨團會議上提出無法參加的道歉聲明。這項聲明將透過黨團領袖或基社盟的邦團告知邦或縣的分部。

另外，第18條則規定黨團成員有義務要參加聯邦議院的會議與工作、委員會和其他黨團的小組。若無法參加都應該及時通知黨團主席，或負責主管事項的黨團幹事。若有諮詢性的黨團工作小組，或黨團會議要進行，黨團成員也都應該出席。黨團主席、其代理者和黨團幹事對整個議會的開會過程，負有責任。倘若有黨團成員於記名投票會議中要離開議會，其需要徵求當值幹事主席團成員的同意，而且應該註明於請假的黨團成員名單中。

聯邦議會社民黨黨團的章程（Geschäftsordnung）也有類似的規定，除了生病之外，出席各項聯邦議會與黨團活動均是義務。[16]

前述黨團規章中有關參與和表決運作的規定，目的在於使議員將參與議事與黨團活動視為義務，雖然容許異於黨團多數決議的議員表決結果出現，但透過制度上的安排，讓議員可以感受到來自於地方選區或黨紀律的潛在壓力，而對議員形成一種軟性的拘束力，這即是德國主流政黨兼顧基本法保障個別聯邦議員自由言論、實踐政黨民主，以及維持黨內紀律和團結運作的重要制度性設計。

16　見Geschäftsordnung der Fraktion der SPD im Deutschen Bundestag.（1997）。第2條黨團成員的義務。

（二）國會黨團在執政前對聯合執政協議的影響

2005年9月18日聯邦議會選舉揭曉後，在有可能組閣的政黨選項（見表10-5）中，由於當時的民社黨－左黨（PDS-die Linke）早已公開表明不成為聯合政府一員，如此一來，可完全排除左派政黨（紅紅綠：社民+左派黨+綠黨）執政的可能。其他的執政選項：紅黃綠（社民+自民+綠黨）、與黑黃綠（基民／基社+自民+綠黨），在選後兩星期各主要政黨經過內部討論，10月初排除三黨合組政府的可能性。基民／基社盟與社民黨則在雙方釋出善意後，初步達成共組聯合政府的共識，經過三次兩黨高層協商，確定黑紅合組大聯合政府為唯一的執政選擇。因應執政的需求，聯盟黨和社民黨各派15名成員，組成「大聯合協商委員會」（Große Verhandlung skommission）。[17] 在此委員會中，聯邦議會兩大黨團發揮深厚的影響力。30人的成員中，當時具備國會議員身分者達到19人（Gast & Kranenpohl, 2008: 21-22），這樣的組成無非想讓該份兩大黨未來執政的規劃藍圖，除了具備政黨色彩外，更需要藉由具備民意代表身分的黨籍國會議員，來反映民意的需求。11月中旬，三黨分別召開黨代表大會同意聯合執政協議後，梅克爾黑紅政府的這項聯合執政協議無論在內容或程序上，都具備了高度的民意與黨意基礎。

表10-5　2005年聯邦議會選舉德國各主要政黨的聯合執政的組合可能

	左			右	
	左黨（紅）*	綠黨	社民黨（紅）	自民黨（黃）	基民／基社（黑）
黑紅	8.7%	8.1%	34.2%	9.8%	35.2%
黑黃綠	8.7%	8.1%	34.2%	9.8%	35.2%
紅黃綠	8.7%	8.1%	34.2%	9.8%	35.2%

*該執政選項可能已經排除民社黨－左黨。

資料來源：根據德國2005年聯邦議會選舉結果改編，參見劉書彬（2008: 49）。

---

17 該委員會中，並無聯盟黨和社民黨黨主席的參與。

國會黨團代表在聯合執政協議的商討過程中，也對大聯合政府的人事做了規劃。16名內閣成員中，僅有5名聯邦部長未具備聯邦議員身分，分別為基民盟之總理府部長戴麥哲爾、家庭與婦女青年部長蕾恩（Ursula von der Leyen）、社民黨籍之外交部長史坦麥爾（Frank-Walter Steinmeier）、財政部長史坦布呂克，和交通、建設與城市規劃部長提芬舍（Wolfgang Tiefensee）。除了前述5名部長外，其他11名部長都曾經且當時兼具國會議員身分，這意味著大聯合政府的部會首長多經歷了於「聯邦議會社會化」（Sozialisierung im Bundestag）[18] 的過程（Gast & Kranenpohl, 2008: 22）。這樣的人事規劃，亦突顯梅克爾政府欲透過人事安排，要在未來的決策過程中，藉由每週內閣會議的運作，充分反應民意的意圖。

（三）執政階段的黨團協商

大聯合政府的協商決策機制，是以聯合執政協議規範的內容為基礎，前段文字亦說明了三黨團在該協議形成時的高度參與情形；也就是三黨在必要時，是透過聯合執政委員會來協商爭執事項；一般狀況下，則是經內閣會議討論、協商決議來完成。而無論在原始規劃的7人小組，或是規模達13人的聯合執政委員會，三黨議會黨團代表至少都有3人，若再加上也具備議員身分的兩大黨主席及三黨祕書長，則具議員身分的代表最多將在13人中達到6-8人，因此能充分反應民意與國會同儕之意見，而影響決策。這其中，黨團主席由黨團議員選出，負責上下疏通意見，並領導黨團行動，所以地位重要。但這並不意味：一般個別議員的意見能充分被反映到決策中心並獲得整合。因為聯合執政協議的內容是將左右主流意見納

---

18 「社會化」（Socialization, Sozialisierung）意指：學習同時扮演社會上不同的角色的過程。「聯邦議會社會化」則指個人透過聯邦議會這媒介，學習到如何發揮國會議員等匯聚民意，協商化解分歧，取得多數支持的功能。聯邦部長若曾經擔任過聯邦議員，則將因熟悉議事運作與議員角色而能更體察民意，而與議員和政府官員關係融洽，相處良好，將有利於政策擬定與推動。

入，以此為基礎協調成法律或政策草案，在此過程中達成妥協已經很不容易；若還要面面俱到，將各方意見都融入整合再調整，根本是難上加難之事，這也是為何梅克爾的聯合執政協議內容加上兩項附件，總字數高達52,800個字的原因（參見表10-2）（Rudzio, 2008: 12）。所以在梅克爾大聯合政府的決策結構侷限下，個別黨員對大聯合政府的影響力下降。換言之，反映在聯邦議會的表決結果上，執政聯盟中個別議員投票失誤（或未支持內閣或黨團議案）公開化的情形，就時而可見，並有較大的表現度。

下一節的立法決策實例中，以「聯邦制度改革」、「健康保險改革」與「企業稅改革」三個法案來分析，將可以清楚發現在較具爭議性的後兩者法案上，執政黨團的聯邦議員如何在黨團提案和個人自由意見表達之間表態，以及此投票行為對聯合政府與所屬政黨的影響。基本法第38條第1項規定：聯邦議員代表全體人民，不受命令與訓令拘束，只服從其良心。因此，三黨議員沒有統一投票的義務，自由表決。基本法第48條第2項也規定：任何人不得妨礙其（聯邦議員）就任或執行議員之職務，並不得因此預告解職或免職。有了基本法對議員獨立行使自由意願，亦不受威脅行使職權的憲法保障，各政黨與黨團的章程或工作規程也有相應於議員投票自由的規範。但事實上，內閣制中，執政黨團與議員的投票表現在在影響了執政黨政府的施政表現與穩定度，為此執政黨團的幹部在執政期間，必須盡量作好匯集、協調黨籍議員與行政部門的工作。為了避免出現議員失誤投票形成的府會緊張狀態，黨團主席相對於聯邦政府在聯合執政委員會，或相關的協商機制上，有較重要的發言地位。這樣被放大意義，且很難取代的黨團主席決策角色，在2006年時，讓曾出現不納入黨團成員參與決策，以增加聯合執政委員會決策效能的嘗試，遭遇挫敗。後來則出現聯合執政委員會成員增加，以及減少到只有三黨黨主席與副總理組成決策四人組的情形，這都是為兼顧民意和提升決策效能，所做的階段性結構改變（Gast & Kranenpohl, 2008: 23）。

黨團主席所形成三人組從2005年梅克爾政府執政以來，至2008年中，一直維持和諧的運作，尤其史圖克和考德在各自黨團內部有著很高的接納度，也經常公開讚許對方的貢獻，許多存在於執政聯盟之間的問題，經常由黨團主席出面化解。黨團主席三人組的決策模式，通常透過與梅克爾關係良好的基民盟考德發動，他於接受到梅克爾的詢問或請託後，每天經由與其他兩人的電話聯繫，以及與然姆薩爾每週二規律性的晨間會談方式來溝通意見，化解歧異，大大地減輕聯邦政府整體的協調工作負擔（Gast & Kranenpohl, 2008: 22）。

以「平等待遇法」（Gleichbehandlungsgesetz）在黨團協商的過程可以看出，黨團幹部如何努力協商達成共識的企圖。2006年6月27日，當時的聯盟黨與社民黨的黨團幹事長（Parlamentarischer Geschäftsfuhrer）瑞特根（Nobert Röttgen）和休爾茲（Olaf Scholz）[19] 兩人於傍晚，共同召集黨團的「妥協餐會」（Kompromißmahl），準備在所有議員飽餐一頓暢快發言後，尋求達成共識。而餐會的號召名目則是：要對餐會前幾天兩位黨團主席還信誓旦旦強調要維持草案原狀的「平等待遇法」內容，作進一步修訂（Leithäuser, 2006）。這是執政黨團針對各方意見不一，協商困難度較高的法案，所採取的妥協手段，目的都是要儘可能達成共識。

至於聯合執政黨團的幹部在德國這樣的議會內閣制國家中，要扮演重要角色，就必須有自主意識，不應以只具備說服議員的能力為滿足。黨團領導者應發展出體系預警的功能，如此才能在黨團之間和聯合政府的決策過程裡發揮警示的效果。但若發生聯合執政協議與議員的意見矛盾時，黨團主席則應該運用策略，盡量說服雙方達成共識。

基民盟黨團主席考德的一席話：「對我而言，聯合執政協議就如同對時錶的意義一般；也適用於全德國」（Gast & Kranenpohl, 2008: 22-23）。前句話讓我們一窺聯合執政協議在梅克爾執政時期的決策規範性，也意味

19　休爾茲於2005年10月至2007年11月之間，擔任社民黨聯邦議會黨團幹事主席團中幹事長（Erster Parlamentarischer Geschäftsführer）之職，之後他被任命為聯邦社會與勞工部長，接替剛辭下該職的明特菲凌；而後接任黨團幹事長之人，才為表4之歐彭曼（Thomas Oppermann）。

著兩者有衝突時，身為黨團主席的考德會盡全力說服基民盟籍的議員支持聯邦政府或黨團提案，或加以疏通，盡量減少議員投票行為對聯邦政府或基民盟的傷害。這樣的決策過程可以看出，考德承梅克爾之命根據聯合執政協議或是聯合內閣決議，遊說其他黨團主席的決策模式，如此將有兩種行政與立法的關係呈現：（1）若聯邦黨團成員多數意見與內閣決議意見相近，執政黨員當然會以高比例的投票結果通過；（2）若兩者意見分歧多，則聯邦議會三執政黨團的投票結果就顯得多樣，雖不至於使法案未過，但出現同意票數不高的現象，將突顯執政黨內部的矛盾程度。

肆、代表性法案立法過程之分析

本節將透過幾項重要改革政策的立法過程，實際探究梅克爾大聯合政府決策機制之運作，而來分析其所形成的決策網絡，和行為者的互動，以及對聯合政府和德國政治體系的可能影響。

基民／基社盟與社民黨於2005年11月11日簽訂聯合執政協議中，九大領域是其施政重點，分別為：（1）創新與就業、富裕與分享；（2）國家財務持續穩定與稅制改革；（3）德東建設；（4）社會安全及公平的形塑；（5）國家行為能力的強化；（6）友善家庭的社會；（7）具備生活價值的德國；（8）國民安全；（9）外交領域：在歐洲與世界中成為負責任的德國等項。最迫切的重大結構問題則是：聯邦制度改革、健康保險制度以及財務的整頓（Dittberner, 2007: 12）。本文將此三項所涉及的法案立法過程作概略性整理，並根據聯邦議會與參議院的投票結果，發現聯邦制度改革、健康保險改革，以及企業稅改革（Unternehmenssteuerreform）的投票結果，即使在兩院都獲得高於法定程序所需的同意票數，但對照執政聯盟三黨在聯邦議會與聯邦參議院的議席結構，除了聯邦制度改革以修憲方式獲得三分之二比例通過外，其他兩案的投票結果顯然相當不成比例，而且聯盟黨與社民黨中所顯示的投票選項分歧，也顯示立法過程中的協調整合，並不平順。為此以該三案的決策立法過程為代表，來探討梅克爾大聯合政府運作的部分黨政關係實相。

一、聯邦制度改革

2005年11月11日，聯盟黨與社民黨在聯合政府組成的會商中，均體認到各項重大改革的推動與政府的行為能力與決策效能有關，因此涉及聯邦立法程序修訂的聯邦制度改革為大聯合政府優先推動的議案。為此在聯合執政協議中，兩大黨同意在施略德政府時期「聯邦議會與聯邦參議院聯邦國秩序現代化專責委員會」[20]（簡稱「聯邦國現代化委員會」），已經形成共識的聯邦制度改革基礎上，繼續推動改革。因此在聯合執政協議的第二附件中，逐項加入了聯邦制度改革的內容。[21] 前次的「聯邦國現代化委員會」從2003年11月開始集會運作，至2004年12月13日該委員會兩主席明特菲凌與史托伯共同提出了「初步草案建議」供成員議決，然聯邦與各邦在教育政策權限上的爭執不休（葉陽明，2005：54-55），[22] 成為導火線，引發出整個聯邦制度改革方向衝突和各邦利益的分歧，無法形成共同立場，而使聯邦制度第一階段改革觸礁。

前述第二附件中的提議，以修改基本法中有關聯邦與各邦立法權限的法條規定為重點，而提議的內容幾乎完全符合過去由「聯邦國現代化委員

---

[20] 該組織由社民黨籍的明特菲凌與基社盟主席史托伯共同主持會務，57名成員中，分別來自：國會兩院議員各16人、邦議會議員6人、地方自治體人員3人、學術界12人，4名邦政府官員則為諮詢代表。參見Das Parlament（2003: 9）。

[21] Gemeinsam für Deutschland, mit Mut und Menschenlichkeit, Koalitionsvertrag von CDU, CSU und SPD（2005: 109 & Anlage 2）.

[22] 教育政策乃邦的傳統權限，然聯邦想全面地提升教育水準，各邦則欲以自由競爭彰顯各邦之特色，並提升教育成效。顯然兩方目標都要透過教育政策提升整體競爭力，是有協調空間的政策。但因為施略德急於達成目標，派出聯邦教育暨研究部長布爾曼（Edelgard Buhlman）參與會議，他極力主張：由聯邦訂定一致性的教育方案及標準，藉以提升全國教育績效，如此引起基民盟代表的反彈，因此集體拒絕簽署史托伯協調出的草案，導致該委員會未出現共同建議方案，就終止運作。

會」兩位主席，在所有委員共識下所訂出的改革方案。並建議以包裹修憲的方式，修改基本法相關的25個條文，和21項聯邦法律的形式進行改革。

經過聯邦內閣會議、聯合執政黨團，以及2006年3月6日各邦的邦總理會議（Ministerpräsidentkonferenz）諮詢，3月7日聯盟黨與社民黨議會黨團提出「基本法修改的法律草案」（Entwurf eines Gesetzes zur Anderung des Grundgesetzes (16/813)）及「聯邦制改革相應的法律草案」提案（Entwurf eines Foderalismusreform- Begleitgesetzes (16/814)）（Entwurf eines Gesetzes zur Anderung des Grundgesetzes, 2006），而於四日之後展開議會兩院內的立法程序。進入聯邦議會的委員會與讀會程序後，五月時，所有基民／基社盟執政的邦政府代表，曾針對此兩案在聯邦參議院開會，但會中並沒有出現導致概括性偏離原有法律草案的結果，也開放讓議員們對某些法條發言批評。6月30日聯邦議會最後表決前，聯邦參議院新出爐的決議，成為6月最後一個周日舉行的聯合執政委員會討論的最新議題。聯盟黨多數議員在開會前針對該決議表示：若不作修訂，他們在稍後的投票不可能一致通過該改革草案；然而原訂要討論的草案是前一回合聯合執政委員會採納社民黨意見所形成的修正版，後來提案作了修訂；為此，社民黨黨團主席史圖克只能在後來聯邦議會開會時表示能理解聯盟黨的狀況，並盡力安撫社民黨議員認為被聯盟黨擺了一道的不滿（Leithäuser, 2006: 3）。

聯邦制度改革的修憲與修法程序終於在2006年6月30日由聯邦議會通過，記名結果如下：592人投票中，428票贊成，不同意票有161，3票棄權，未投票者有22人（參見表10-6）。同意票超過410票，達三分之二總數，因此通過。

表10-6　三大法案的表決結果

法案名稱		聯邦議會投票結果	社民黨	聯盟黨
	同意比例	執政黨團團成員448	222	226
聯邦制度改革 30/06.2006 總數　592	72.3%	同意428（95.5%）	205	223
		不同意161	15	1
		棄權3	0	0
		沒投票22	2	1
健保改革 02.02.2007 總數　592	63.9%	同意378（84.4%）	187	191
		不同意206	20	23
		棄權8	4	4
		沒投票22	11	7
企業稅改革法 25.05.2007 總數　557	70.2%	同意391（87.3%）	189	202
		不同意149	2	0
		棄權17	15	2
		沒投票57	16	21

資料來源：1. Deutscher Bundestag Plenarprotokoll 16/44（2006）.

2. Namentliche Abstimmung Nr.: 1 zum Thema: Gesetzentwurf der Fraktionen der CDU/CSU und SPD über den Entwurf eines Gesetzes zur Stärkung des Wettbewerbs in der gesetzlichen Krankenversicherung（GKV-Wettbewerbsstärkungsgesetz-GKV-WSG）（2007）.

3. Namentliche Abstimmung Nr.: 1 zum Thema: Gesetzenentwurfe der Fraktionen der CDU/CSU und SPD sowie der Bundesregierung über den Entwurf eines Unternehmenssteuerreformgesetzes（2007）.

此次聯邦制度改革有三大目標（Föderalismusreform tritt in Kraft, 2006）：

（一）政府行為與決策能力的提升。最主要是減少需聯邦參議院同意的法案（Zustimmungspflichtige Gesetze）比例。改革後，其比例將從2006年當時的60%降至30-35%。換言之，未來近70%的法案將由聯邦議會單獨決定。

（二）政治責任歸屬的釐清。人民對政策的信賴度以政策的透明度為先決條件，為此聯邦議會與聯邦參議院交錯的管轄權和兩院協商委員會的處理方式，將大幅度避免。

（三）任務執行效率與目標達成率的改善。最主要是讓德國在歐盟事務上的表現與立場行動能夠協調一致，方式是將新修訂的基本法第23條「歐洲條款」落實；[23] 而且透過聯邦與邦立法權的調整，[24] 各邦未來在教育、廣電和文化事務上有專屬權限，並且可以為聯邦處理相關事務。本次改革也首次規範國家穩定法案（Nationale Stabilitätspakt）：亦即當聯邦與邦面對歐盟制裁時，均有義務共同負擔此財政懲罰。聯邦與邦的混合財政制度，也將因限縮財政補助條件，和強化地區稅收的自主權等方式，而被取消。

對於此一階段聯邦制度改革的完成，聯邦政府與三執政聯盟主席、聯邦議會議長都給予高度評價，認為是建國以來最大的國家制度改革。惟聯邦議會反對票中，仍有執政聯盟的議員如：聯盟黨的柯博（Manfred Kolbe）以及社民黨15人反對，另有一人未投票（Deutscher Bundestag Plenarprotokoll 16/44, 2006: 4295-4298）。社民黨中反對者普遍來自於黨內三大次級團體「社海梅圈」（Seeheimer Kreis）[25]「社民黨國會左

23 基本法第23條變更為：（1）為求實現一個統合的歐洲，德國致力推動歐洲聯盟的發展。為此目的，聯邦得透過經聯邦參議院同意的法律，移轉治權。（2）聯邦議會與各邦透過聯邦參議院，參與歐盟事務。聯邦政府必須儘早知會聯邦議會與聯邦參議院所有訊息。（3）聯邦政府於參與歐盟立法前，賦予聯邦議會表明立場的機會。聯邦政府於談判中顧及聯邦議會的立場。（4）聯邦參議院參與聯邦意志的形成。（5）只要聯邦專屬立法權範圍內觸及各邦利益，或只要聯邦享有立法權，則聯邦政府顧及聯邦參議院的立場。若重點上涉及各邦立法權、其行政機關的設置或其行政程序。則聯邦意志形成中得儘量顧及聯邦參議院的見解。（6）若重點上涉及各邦專屬立法權，則德國以歐盟成員國地位所享權利的行使，應從聯邦移轉到一位由聯邦參議院任命的各邦代表之手。在聯邦政府參與、並與聯邦政府協調下，各邦代表始得行使權利。

24 透過基本法第72-74條的修訂，重新界定聯邦專屬權限、邦專屬權限，並釐清競合立法的內容：將原先競合立法事項中如環保、消費者保護、結社法、勞動法、戶籍登記、國土規劃等事項交由聯邦立法；邦公務人員法、邦公職法、新聞法、集會法等則交由各邦立法。因此競合立法的範圍縮小，高等教育機構的入學與結業、自然保護與景觀維護包含在內；邦也有偏移立法權：各邦可在六項聯邦競合立法範圍內依規定自為制訂法律。同時廢除75條聯邦的通則立法權限（Rahmengesetzgebung）。

25 社海梅圈為德國社民黨聯邦議會黨團內主要派系之一，政治取向長期偏右或為黨內

翼」（Parlamentarische Linke）與「網絡者」（Netzwerker）（Gast & Kranenpohl, 2008: 23）。

2006年7月7日，該修憲案與聯邦制改革相關法律草案於聯邦參議院中議決，在總數69的票數[26] 中，獲得62票，有三張反對票和四張棄權票，同意票超過三分之二總票數，因此也獲通過。16個邦中，僅有梅克倫堡－弗波門（Mecklenburg-Vorpommern）投反對票，什列斯威－霍爾斯坦邦則棄權。梅邦的邦總理林思投夫（Harald Rinstorff）批評，聯邦制度改革將增加聯邦和邦在教育政策上合作的困難。基民盟籍的什列斯威邦總理卡思騰斯（Peter Harry Carstens）認為這將造成該邦更多的劣勢，尤其當邦的公務員生活照顧、薪資支付權限轉到邦政府時，將使貧窮小邦的財政益加困難，導致施政停滯不前（Bundesrat billigt Staatsreform, 2006）。

二、健保改革

德國的健保制度曾是各國學習的對象，但卻也是世界上醫療成本最高的國家之一，僅次於美國與瑞士，且主要由政府承擔，因此是梅克爾政府在財稅與社會福利制度上的改革重點。2006年5月29日，聯合執政委員會召開所謂的「健保高峰會」，參與者以七人小組為核心，只是社民黨黨主席帕拉切克因病未到，由社民黨祕書長海爾代替出席，不過主管健保事務的社民黨籍衛生部長史密特（Ulla Schmidt）並未受邀出席。7月3日，根

保守勢力與務實主義者的集合，該次級團體正式成立於1974年12月，因為長期在黑森邦南部的社海梅（Seeheimer）集會因此得名。1978至1982年，因為前總理施密特（Helmut Schmidt）徵召多名社海梅圈的議員入閣，該次級團體因此聲名大噪，大聯合政府中的聯邦環境部長Sigmar Gabriel和衛生部長Ulla Schmidt也為成員（Die Tradition der Seeheimer, 2009）。另政治傾向偏右的前聯邦總理施略德（Gerhard Schröder）、黨主席明特菲凌與外交部長兼總理候選人史坦邁爾，都因為立場偏右，而與社海梅圈親善。

26 聯邦參議院共有69席，16個邦依各邦人口比例由各邦政府指派3-6名邦政府成員組成。同一個邦的政府代表投票時，無論該邦有多少票，都須一致性投票。

據跨邦與聯邦層級的16人「聯合執政工作小組」提議，聯合執政委員會做出幾項改革決議：此次健保制度改革，將以健保制度的財政改革為主，其中涉及健康基金的部分，將會連帶進行組織改革（Grimmeisen & Wendt, 2010: 164）。健保費率占薪水比重將增加0.5%，分別由僱員和僱主負擔一半。國家對健保的補助也將從2008年開始，從27億歐元減少到15億歐元。原本聯邦政府希望能於9月就通過法律草案，並從2007年1月開始實施，但由於兩大黨在如何貫徹「醫療改革要點」的具體措施上，仍有分歧，因此直至2006年10月5日，聯合執政委員會才達成共識。

健保改革之所以爭執協商不斷，主因為聯盟黨主張健保改革應採「團結的健康保險費」（Solidarische Gesundheitspramie），讓保費與薪水脫鉤，並將保險分成公私兩軌，在法定保險中也加入競爭機制，如此才能藉由競爭提供更具品質的醫療水準，降低不必要的醫療成本。但這和社民黨一貫秉持的「全民保險」（Bürgerversicherung, Volkssicherung）（*"Koalitionsvertrag von CDU, CSU und SPD," 2005: 101-104*），維持國民享有水準以上的公平醫療照顧有相當差異。其他爭執還包括私人健康保險的規範、附加費用的繳納、對某些邦財務可能造成重大負擔等（Grosse Reform oder Markus, 2006）。

於兩大黨高層形成共識後，衛生部開始起草「增強法定醫療保險競爭力法」（GKV-Wettbewerbsstarkungsgesetz）法案（Grosse Reform oder Markus, 2006）。同年11月起，聯邦議會與聯邦參議院分別對此展開討論；於12月間，聯邦參議院曾針對草案原版提出104個修改與20個關注意見而繼續修訂（Bundesrat stimmt Gesundheitsreform zu, 2007）。2007年1月4日聯邦衛生部長向聯邦政府提交修改後的方案（「德國政府就醫療改革最後細節達成一致」，2007）。最後於2007年2月2日聯邦議會通過的健保改革法案，有以下重點：[27]

---

[27] 請參見*Die Gesundheitsreform im Überblick* (2008)；*Gesundheitsreform tritt am 1. April in Kraft*（2006）。

（一）所有人都納入醫療保險

透過法定健保制度的實施，過去約20萬未曾保險之國民將納入該制度，成為義務被保險人。私人保險對現今尚未被保險者，以及各種自由投保者開放。新的健保制度規範了法定保險公團（Krankenkasse）和私人保險公司，原先加入私人保險公司者，自2007年7月1日起得以法定費率支付私人保險公司所提供之基本健保，最遲2009年1月1日起參與健保制度為國民之義務。

（二）醫療與藥物制度的現代化

一是透過醫療照護維持高的水準，提供各種需求的醫療服務，包括在醫院的緊急救護、尊嚴在家的逝世、疫苗接種、家事護理等都可由醫療保險支出。二則是推動「藥物資源有效使用」，引進醫藥之成本效益分析，並針對新出或高風險藥物提供兩位醫生的評估建議。透過與藥劑公司之折扣合約競爭，分擔醫藥價格，降低保險公團之支出。

（三）更多的競爭

被保險人在不同效能的保險公團間，費率及處方模式間可選擇，因此會使整個醫療制度更有競爭性。

在促進私人保險公司的內部競爭上，允許被保險人從法定保險公團轉換至私人保險公司，私人保險公司可依據風險、性別與年齡為類別收取保費。藉由它來刺激私人保險公司的競爭。基本費率以2009年元旦起所提供的基礎費率為準，也可連結附加費用。基礎費率不得超過目前保險公團最高費率計算的平均值。

（四）健康基金財源之設置

保費與稅收支應從2009年元旦起開始調整或進行，未來法定保險之被保險人的費用將由「健保基金」統籌管理，健保基金的收入來源為受雇者、雇主繳納保費及稅賦。保險公團收的保費未來是聯邦一體適用，保險公司僅獲得固定金額補償，其也會從超過平均年齡太多或病況多者，再收到附加費用。新的財政制度將讓保險公團的效能與成本經營狀況透明化。一旦個別保險公團無法平衡費用：每個月可以至多加收保戶所得的1%，若該金額未超過8歐元則不須審核；如果保險公團須增加超過8歐元的金額則要經過審核。未來慢性病將從2008年元旦起，在規律性的治療檢查認定前，其附加費用之收取將以提高1%為限。未來稅收將做為增進保險公團績效的財政工具，例如母親津貼，當懷孕或小孩需要照顧時照護，稅收的支援是基於此為社會共同的責任。

2007年2月2日聯邦議會以378票同意通過該項法案，不同意票有206，棄權則有8，取票但未投票者有22。執政聯盟中聯盟黨共有23人不同意，4人棄權，並有7票未投票。社民黨的不同意有20張，棄權票4張，未投入票有11。該項投票結果中的同意票數比例僅有63.9%（見表10-7），由於反對黨並未有人投下同意票，所以同意票數反應的結構和執政聯盟所擁有的議席比例73%相比，少了近10%約69席的議員支持。這個法案之所以爭議性高，關鍵在於健康基金的財政來源中，政府補助部分是以稅收提供補助。法案規劃從2009年起，聯邦政府會支付40億歐元；自2010年起，每年將提高15億歐元，直至總金額達到140億歐元。

聯盟黨中基民盟共有19人投下反對票，占黨團人數的10.61%，比例頗高，其中大多為基民盟「青年聯盟」（Junge Union）的成員，包括該聯盟之主席密斯菲德（Philipp Misfelder），以及梅茲（Friedrich Merz）（曾擔任聯盟黨國會黨團主席）與汪德維茲（Marco Wanderwitz）、克雷克納兒（Julia Klockner）等人，「拒絕由年輕世代以稅賦支付健保支出」是其反對的主要理由（Widerstand in der Koalition, 2007）。社民黨的反對者占所有社民黨議員的9%，棄權票約2%，未投票者約5%。從議員的身分背景得知，其中大多是社民黨左翼人士（見表10-7）。代表性的反對者為社民黨「民主左派21論壇」（Forums Demokratische Linke 21）的次級團體

表10-7　健保改革案中社民黨籍聯邦議員投反對票者

反對票	棄權票	未投票者
Niels Annen	Christian Kleiminger	Marco Bülow
Klaus Barthel	Hermann Scheer	**Ulla Burchardt**
Willi Brase	**Marlies Volkmer**	Hans Eichel
Renate Gradistanac	Gert Weisskirchen	Gernot Erler
Angelika Graf		Sigmar Gabriel
Bettina Hagedorn		Stephan Hilsberg
Eike Hovermann		**Ulrich Kasparick**
Hans-Ulrich Klose		Helga Lopez
Bärbel Kofler		Ulrike Merten
Karl Lauterbach		Johannes Pflug
Lothar Mark		Rheinhard Schultz
Hilde Mattheis		
Andrea Nahles		
Rene Röspel		
Ottmar Schreiner		
Ewald Schwabe		
Andreas Steppuhn		
Jella Teuchner		
Rüdiger Veit		
Wolfgang Wodarg		
20	4	11

說明：粗體姓名者屬於社民黨左翼人士。

資料來源：Namentliche Abstimmung Nr.: 1 zum Thema: Gesetzentwurf der Fraktionen der CDU/CSU und SPD über den Entwurf eines Gesetzes zur Stärkung des Wettbewerbs in der gesetzlichen Krankenversicherung（GKV- Wettbewerbsstärkungsgesetz-GKV-WSG）（2007）

副主席安涅（Niels Annen），[28] 另有現為社民黨副主席的納勒斯（Andrea

28 安涅自2003年起擔任「民主左派21論壇」副主席；2006年8月起為spw期刊的共同出版者。此團體的前身「Frankfurter Kreis」為社民黨左翼的源頭，2000年起改名為「民主左派21論壇」。團體成員同時為國會議員的有：安涅（亦為該團體之執委會副主席）、Iris Gleicke、Christian Kleiminger、Christine Lambrecht、Hilde Mattheis、Andrea

Nahles），[29] 以及勞特爾巴哈（Karl Lauterbach）。[30] 勞氏從2005年開始是德國聯邦議會衛生委員會的成員，是衛生部長史密特的諮詢者。他對健保政策的主張一向是堅持「國民保險制」（Burgervrsischerung），反對法定與私人保險雙軌並行，並且強調健保制度應該提供明確的供需導向、考慮重分配的公平性。而身為社民黨財政專家的施瓦本（Ewald Schwabe），則指出健康保險不能透過舉債的方式補貼。[31]

參議院於2月16日以43票（總數69票）超過半數，通過該項健保改革法，該法於2007年4月1日生效。基民盟與自民黨共同執政的巴登一符騰堡邦（Baden-Würtenburg）（6票）、下薩克森邦（Niedersachsen）（6票）和北萊茵一威斯特法倫邦（Nordrhein-Westfalen）（6票）、還有社民黨與左黨共同執政的柏林市（4票），以及基民盟與社民黨聯合執政的薩克森邦（4票）並未支持（Bundesrat stimmt Gesundheitsreform zu, 2007）。換言之，在所有單純由聯盟黨、社民黨，或由兩大黨合組大聯合政府型態的12個邦之中，僅有薩克森邦政府代表未被聯邦大聯合政府的提案的立場說服，其他11個邦則在投票時都支持這項頗有爭議的法案，算來也是大聯合政府的一大勝利。北萊茵一威斯特法倫邦的副總理平克瓦特（Andreas

---

Nahles（擔任目前社民黨副主席亦為社民黨執委會一員）、Florian Pronold、Ernst Dieter Rossmann（國會左翼發言人）、Christoph Strässer。

29 納勒斯同時為「民主左派21論壇」、「spw」與「社民黨國會左翼」（Parlamentarische Linke in der SPD-Bundestagsfraktion；PL）成員。「社民黨國會左翼」與「民主左派21論壇」關係密切，「社民黨國會左翼」的其他成員有：Elke Ferner、Gabriele Hiller-Ohm、Michael Müller、Ortwin Runde、Klaus Brandner、Ulrich Kasparick、Astrid Klug、Karin Kortmann、Karin Roth、Ulla Burchardt、Ottmar Schreiner、Christel Humme、Ulrich Kelber、Angelica Schwall-Düren、Ludwig Stiegle、Heidemarie Wieczorek-Zeul。

30 勞特爾巴哈的個人資料見Der Herr Professor aus Köln. Süddeutsche Zeitung（2005）。勞特爾巴哈稱此新的健保改革制度是瘋狂的（“Das System ist verrückt！”）。此文章摘錄自安涅的個人網頁，為安涅邀請勞特爾巴哈到其選區Eimsbüttel發表演說時之發言，該題目是「法定健康保險的未來」。

31 他是社民黨內財政的專家，他指出健康保險不能透過舉債的方式補（Fried, Schneider, & Hoffmann, 2007）。

Pinkwart, FDP）批評這項改革只會讓被保險人、病人與醫療健康經濟變得更糟；「不會更好只有更貴」，是他對建保改革實施的意見。薩克森邦的衛生部長歐洛茲（Helma Orosz）認為統一的債務減除規定，將會懲罰財政體質好的保險公團，改革的最後結果將會使薩克森的AOK成為公團系統內的主要債務支付者（Bundesrat stimmt Gesundheitsreform zu, 2007）。

三、企業稅改革

2007年3月14日聯邦政府內閣會議通過政策提案，2007年5月25日聯邦議會也順利以391票通過該法案（參見表10-6），不同意票有149，棄權者有17，領票但未投票者57。聯邦參議院則在2007年7月6日也通過該案。

這個法案最初是由社民黨籍的財政部長史坦布呂克提出，根據聯合執政協議第二部分的內容，稅制改革要能達到長期國家財務穩定，並能因應未來發展的目標。環顧德國的企業稅在未改革之前，其企業利潤上繳的稅負雖然低於美、日兩國，但在歐洲卻是最高的。[32] 三黨在聯合執政協議中也都同意，德國未來的企業稅改革，一定要讓德國企業具備國際競爭力，並符合歐洲與國際間的稅制改革潮流。在這樣前瞻目標引導下，德國的企業稅稅率的確具備很大的下修空間。史坦布呂克忠實地反應聯合執政協議中的三黨共識，然在2007年3月14日決議前，與企業與經濟發展息息相關的主管部會首長——基社盟的經濟部長葛羅斯則認為：這方案對一部分中小企業是不利的，因此他準備將他個人的意見備案審查，但他又矛盾地表示：將會支持這項法案。社民黨籍的聯邦交通部長提芬舍和基民盟之教育暨研究部長莎汎（Annette Schavan），也打算提意見備案，但後來三人均

32　按照奧地利商會2006年1月的統計，以企業利潤要上繳的最高稅率如下：德國的利潤最高稅率為38.65%，最低則是塞浦路斯（10%）與愛爾蘭（12.5%），低於20%的都是東中歐國家。當時西歐國家的企業上繳最高稅率分別為：義大利（37.3%）、西班牙（35%）、馬爾他（35%）、比利時（34%）、法國（33.3%）、與英國（30%）荷蘭與盧森堡分別為29.6%（「內閣通過企業稅改方案」，2007）。

打消原有的反對念頭，支持了協議的主要內容。3月14日德國四大經濟工商協會領導人與梅克爾總理會晤後，五人都表示可以進一步修改，以完善該法案。但社民黨左翼和德國工會聯合會則都反對這法案。

德國企業稅的內容包括：[33] 營業稅（Gewerbesteuer）、[34] 公司所得稅（Körperschaftssteuer）／人合企業的個人所得稅（Einkommensteuer）、[35] 團結稅（Solidaritätszuschlag）[36] 三部分。2007年3月14日聯邦政府所通過企業稅改革法的主要內容重點，分為兩部分：一為減稅：（1）從2008年開始，拜整體企業所得稅從25%降低至15%的效應，德國資合企業（有限公司（GmbH）、股份公司（AG）等）之企業稅將從原來的38.65%，降低至29.83%。（2）至於人合企業（無限公司、中餐館、亞洲超市等）只需繳納的所得稅最高稅率從42%降為28.25%。如此一來，德國的企業稅降至歐洲的中等水準。二為擴大稅基：（1）原長期債務的利息支出之50%可扣減利潤，新制改為將所有利息支出都可計入，但按25%計算。另外自2009年元旦起，對利息、紅利與拋售證券的利潤，統一徵收25%的稅率。（2）若將企業績效轉移到國外，就要上報未來營利的潛力。藉由新規定來改變企業把在德國進行的研發工作當做成本申報，但這些工作績效所帶來的利潤卻與德國無關，出現無法課稅的扭曲狀況。（3）企業不在稅前扣除利息、租金和租賃支出。（4）私人用於擴大再投資的利潤，也將徵

33 請參見張潤（2009）。

34 任何在德國從事經營活動的企業（所有以盈利為長期目標的獨立活動，其法律形式不限）都需要繳納與其應稅收入相對應的營業稅（Gewerbesteuer）。但自由職業者，如醫生、建築師、律師或藝術家等從事的工作不屬於經營性商業活動，因此不需繳納營業稅。

35 在德國，依公司形式（資合公司和人合公司）不同，公司所得的稅賦名目及徵收方式就有所區別：資合企業，如股份公司（AG）和有限責任公司（GmbH），繳納的是公司所得稅（Körperschaftssteuer），即企業一年產生的利潤在分配給各股東之前，依一定的稅率計徵一定所得稅。而人合企業和個人獨資企業交納的是個人所得稅（Einkommensteuer）。

36 1990年兩德合併之後，為了援助東德經濟建設而徵收的，德國於1995年引入了團結稅，所繳之值為公司所得稅和個人所得稅查定金額的5.5%。

稅。如此雙管齊下，將實現兩大目標：降低總體稅負，提高德國對全球企業選址的吸引力；二為替德國的稅基提供長期保證，實現政府預算收支平衡（「內閣通過企業稅改革法」，2007）。

企業稅改革法經內閣會議通過後，2007年5月25日聯邦議會也以391票通過該法案，不同意票有149票，棄權者17，領票但未投票者57。根據聯邦議會具名投票的結果，執政的聯盟黨和社民黨中，各有23席與33席未投票支持這個由內閣和聯盟黨與社民黨兩黨團共同提出的稅制改革案。根據表6，社民黨投票選項的分歧達到三種（不同意、棄權和未投下票），聯盟黨則只有不同意和未投下票兩種。值得注意的是聯盟黨中具議員身分的內政部長蕭伯樂與之前提出異議的教育暨研究部長莎汎並未投票。社民黨的施耐爾（Ottmar Schreiner）[37]和范特（Rüdiger Veit）則投下反對票。

擔任社民黨「民主左派21論壇」副主席的安涅於2007年5月25日聯邦議會通過該議案後，發表個人之公開聲明（Annen: 2007）說明其棄權投票的理由：

「德國雖然需要改革企業稅，這次改革也大大減輕大公司的負稅壓力，但代價卻是以增加中低收入者的負擔為代價，包括：取消通勤族「往返交通費」（Pendlerpauschale）的優惠，[38] 並增加3%的加值營業稅（Mehrwertsteuer）。如此一來，企業稅改最終方案降了10%稅率的結果，等於是將前項對大企業減稅的250億元，轉嫁到為數眾多的中等收入通勤族與一般大眾身上，有圖利大企業之嫌疑，也違背2005年聯盟黨與社民黨競選時提出降稅3-6%，[39] 以及聯合執政協議中落實各自競選黨綱的承諾，

---

37 施耐爾是社民黨左派的重要人物，擔任社民黨勞工問題工作小組的聯邦主席。參見Schreiner（2009）。

38 雖減少中程路途交通費的補助，但對於路程超過20公里者之長程交通費，則還維持每公里0.3歐元之補助。

39 社民黨於2005年8月31日的競選政見中提出，資合公司（Kapitalgesellschaften）的公司稅率（Körperschaftsteuersatz）要從25%降到19%；聯盟黨2005年的競選黨綱則是提出要降到22%，兩大黨皆主張要透過企業的其他領域稅收來平衡收支。

嚴重違反公平正義原則，因此該法案對我而言，沒有合法性，也無社會平衡功能。很多黨內成員或工會夥伴都和我觀點一致」。

這項由財政部長史坦布呂克提出的企業稅改革草案，因為前述理由，遭到社民黨左翼的嚴厲批判，社民黨青年組織（Jusos）主席貝尼（Björn Böhning）斥責此法案對社民黨的社會主義基礎是一大打擊。如此一來，社會正義（Gerechtigkeitslücke）的缺口又更擴大了，工會內部更是砲聲隆隆。但聯盟黨卻大表讚賞，因為其主張的降稅幅度比基民盟選舉黨綱所列的還大（Dausend & Lutz, 2007；"Unternehmenssteuerreform: Kritik," 2007）。

史坦布呂克歷次的決策作為，因為較為偏向基民盟，頗受梅克爾的賞識，但漠視了社民黨內的基本原則與訴求，導致政黨內部的團結力巨幅下降。長期以來，梅克爾與財政部長史坦布呂克，就一直主導經濟政策，主要目的在平衡財政預算，而不是減稅，因此經濟部長格羅斯一直難以影響德國對金融危機的反應或是政府的經濟政策。針對2008年中開始的全球金融危機，梅克爾和史坦布呂克起草了一份財政刺激計畫，主要用於投資基礎建設，這導致格羅斯的不滿，而於2009年2月9日以年事已高，身體不佳為由主動辭職，但其隨後也發表聲明：強烈指責梅克爾一直聽從財長史坦布呂克的意見（Glos giftet gegen Merkel und Steinbruck, 2009），政策利益之緊密甚於有姐妹黨關係的他，這不僅造成執政聯盟內基民盟與基社盟關係緊張（Neukirch, 2009），恐怕也是財政部長無法捍衛所屬政黨利益，引起支持選民質疑社民黨已無法堅持公平正義的基本價值，進而引發社民黨左翼嚴重不滿，且成為不支持聯合政府議案的主因。

伍、否決者理論之適用

分析完梅克爾大聯合政府於決策體系中的黨政關係，並以三個法案實例檢證後，這節將以查別里斯的「否決者理論」來探究德國梅克爾大聯合

政府否決者的形廓生態，及其對政策改變和對應於政治體系穩定的影響。

一、否決者之數量

查別里斯將否決者分為兩種：一為制度性，另一為政黨性的否決者。從德國基本法的聯邦立法程序與前述實際的立法實例中可知：能影響聯邦政策法案通過與否的制度性憲政機關為：聯邦政府、聯邦議會、聯邦參議院與聯邦總統。

四者之中，聯邦政府因為為主要的提案者，無疑地是主要的議題設定者，影響政策法案成敗的權力主戰場為聯邦議會與聯邦參議院，聯邦總統通常僅具形式上影響法案生效之權力；[40] 國會兩院在理論上均為制度性的否決者。至於實際運作中，政黨部分鑒於梅克爾大聯合政府中，聯盟黨226與社民黨222席共448席，占第十六屆聯邦議會614席總席次的72.96%比例。兩黨若在內閣會議，或是在非正式的聯合執政委員會中達成決策共識，則各該法案在該屆聯邦議會審議中，多會以高比例同意通過；從另一個角度觀之：基民／基社盟和社民黨因為同是聯合政府的政黨成員，對於議題設定與內閣會議共識的形成，在兩黨實力相當下，有絕對否決對方提案與議決的權力，因此均是以政黨否決者的身分，透過聯邦政府和聯邦議會來扮演否決者的角色。聯邦議會中其他三個反對黨：自民黨、左黨與綠黨，因為就算三黨齊心合力，也無影響法案通過、或有杯葛法案之實力和

---

[40] 例外情形為：梅克爾大聯合政府期間的聯邦總統科勒（Horst Köhler），曾不簽署三項國會兩院已完成立法程序，但在實質內容可能有違憲之虞的法案，而發揮部分否決或擱置法案的效果。但科勒此作為，為個人特質使然，與本文所牽涉之執政黨互動無關，因此忽略不談。三項法案分別為：2006年的10月「德國航空保險公司私有化法」（Privatisierung der Deutschen Flugsicherung：DFS），因和基本法有諸多未盡符合處，乃未予簽署；二為2006年12月的「消費資訊法」（Verbraucherinformationsgesetz），其所涉及的權限應為各邦政府，非為聯邦政府，而今聯邦立法制定之，有違憲之虞。第三項則為2008年4～5月間，在國會兩院批准歐盟里斯本條約後，因其認為有違憲之虞，而聲明將待聯邦憲法法院做出正面判決後才簽署之案。2009年6月30日聯邦憲法法院判決該案不違憲後，科勒才於2009年9月23日簽署該案公布生效。

事實，因此並非否決者。

再觀察梅克爾政府執政後，政策立法在兩院通過的情形，也可以探查出決策過程中，聯邦議會和聯邦參議院在梅克爾執政期間是否扮演了否決者的角色。根據聯邦基本法之規定，聯邦政府、聯邦議會與聯邦參議院都具備立法提案權，惟立法案件因應專業需求，各國政府在立法提案的重要性與比例不斷上升，德國也不例外，以第十六屆聯邦議會會期（2005年10月18日至2009年10月27日）的立法提案情形為例（見表10-8），可發現聯邦議會審議的提案總數為905件，其中來自聯邦政府、聯邦議會與聯邦參議院的提案數分別為537、264與104件。[41] 換算成提案比例，前三個提案機關分別為59.3%、29.2% 與11.5%；由此可知：聯邦政府與聯邦議會能主導88.5%比例之提案。再從聯邦議會三讀通過的616項法案中，探求提案來源時，聯邦政府提案通過的比例升高到79.2%，而聯邦議會的提案，雖降至14.4% 左右，但其中由兩大政黨參與提案的案子比例高達13.9%，而單由兩大黨提案者則有11.4%。合計兩大黨直接透過聯邦政府與聯邦議會提案而為聯邦議會三讀通過之法律案就達90.6%（79.2+11.4%）；若擴大至與兩大黨有關係之提案，則將僅會去除無黨籍議員0.5%與聯邦參議院之提案時，其比例將高達93.5%。執政聯盟提案影響力之大，可以想見。不同於施略德總理任期間，經常出現由聯邦議會的反對黨—基民／基社盟在聯邦參議院杯葛議案而延宕立法，影響施政結果；梅克爾大聯合政府於同時段中，並未出現聯邦參議院成功否決任一項聯邦議會已通過法案的情形，亦即是基民／基社盟和社民黨透過黨政合作，努力達成共識，進一步促成法案全面通過。因此可確知梅克爾大聯合政府時期的三個執政黨，是經由主導法案在各立法階段的決策程序，達成政策變化，因此扮演了否決者角色。

---

[41] Statistik der Gesetzgebung—Überblick 16. Wahlperiode, Stand: 21.4.2010（2010）.

表10-8　第16屆會期聯邦議會通過法案之提案來源（2005.10.18-2009.10.27）

聯邦議會通過之法案	總數616	
	提案數	比例
政府提案	488	79.2%
聯邦參議院提案	19	3.1%
聯邦議會提案	89	14.4%
聯盟黨、社民黨、自民黨、左黨、綠黨	2	0.3%
聯盟黨、社民黨、自民黨、綠黨	8	1.3%
聯盟黨、社民黨、自民黨	4	0.6%
聯盟黨、社民黨、綠黨	2	0.3%
聯盟黨、社民黨	70	11.4%
自民黨	0	0.0%
左黨	0	0.0%
綠黨	0	0.0%
非黨團提案	3	0.5%
其他*	20	3.2%

*其他：來源有二，一為草案與聯邦議會委員會之建議不同者，二為提案在併案過程中，並不確定提案者之案件。

資料來源：Statistik der Gesetzgebung-Überblick 16. Wahlperiode, Stand: 21.4.2010（2010）。

和1966－1969年季辛格大聯合政府與施略德政府2002－2005年執政時期的立法狀況（參見表10-9）比較，可以發現：進入聯邦參議院議決程序後，召開兩院協商委員會的法案數以施略德時期最多。同樣是大聯合政府執政，梅克爾四年執政時期召開兩院協商會的法案數僅有18項少於季辛格時期的39項。更重要的是：聯邦參議院否決成功的法案數三個時期依次為10：21：0，意即梅克爾大聯合政府執政期間，並未出現法案被聯邦參議院成功否決的狀況。而註記為「異議法律」（Einspruchsgesetz）[42] 的法律

[42] 異議法律指的是對參議院對聯邦議會所通過的法案提出異議（Einspruch），但參議院的同意與否不構成法律通過的必要條件，此時聯邦議會可視參議院表決的情況，以絕

則以施略德時期最多，梅克爾時期有三件，季辛格時期則無。

表10-9 三聯合政府時期的立法狀況比較

	立法過程	5屆 季辛格大聯合政府時期 （1966-1969）	15屆 施略德執政時期 （2002-2005）	16屆 梅克爾大聯合政府 （2005-2009）
1	立法的參與情形			
1.1	聯邦議會決議後，轉交諮詢聯邦參議院的法律	461	401	616
1.2	聯邦總統公布的法律	453	386	613
1.3	需聯邦參議院同意之法律	224	196	256
	比例（%）	49.4%	50.8%	41.8%
1.4	不需參議院通過之法律	229	190	357
	比例（%）	50.6%	49.2%	58.2%
2	召集兩院協調委員會			
2.1	在立法程序中召開兩院協調委員會的次數	39	100	18
2.2	召開之後通過的法案	30	88	18
3	聯邦參議院之否決			
3.1	聯邦參議院否決聯邦議會已通過之的法律次數	10	21	0
4	聯邦參議院的異議法律			
4.1	異議法律案總數	0	22	3
4.2	聯邦議會否決聯邦參議院的異議	0	22	3

資料來源：1. "Die Arbeit des Bunesrates im Spiegel der Zahlen,"（2010）.

2. Schindler（2000）.

3. Statistik der Gesetzgebung-Überblick 16. Wahlperiode, Stand: 21.4.2010（2010）.

對多數或三分之二多數否決參議院的異議，此種情況下該法律在送交總統公布時，會特別標明為異議法律。

表10-9說明了梅克爾大聯合政府時期立法過程的順暢，以及聯邦政府、聯邦議會和聯邦參議院關係的和諧，呈現行政立法關係的緊密合作性。這得力於從梅克爾大聯合政府成立起，至2009年1月中黑森邦選舉結果出爐之間，聯盟黨與社民黨不只在聯邦議會占有絕對多數，在聯邦參議院也持續握有多數席次。因此只要兩大黨於兩院立法過程中協商出共識，立法成功的果實就豐碩。這對於掌握聯邦議會約73%議席比例的執政聯盟而言，應該是輕而易舉之事。換言之，在2005年11月後，聯邦政局並未出現其他政黨聯合的執政組合選項，在基民／基社盟與社民黨共組大聯合政府是唯一的選項時，執政聯盟於掌握國會近四分之三多數的情況下，立法過程在聯邦議會議決階段，就只有兩大政黨為否決者，因此只要兩大黨盡力協商，提出議案改變政策現狀的可能性就很高。

至於聯邦參議院在此一時期是否為否決者，可從其組成和實際的立法表現來分析。首先，就聯邦參議院之政黨組成而言，雖然會隨著邦政府改選而有變化，但即使經過2006年萊茵－普法爾茲（社民黨），薩克森－安哈特（基民盟＋社民黨），巴登－符騰堡（基民盟＋自民黨）、柏林（社民黨＋左黨）、梅克倫堡－弗波門（社民黨＋基民盟），以及2007年布萊梅（社民黨＋綠黨），以及2008年的黑森（2008年左派各黨試圖組閣，但失敗；2009年初重選：基民盟＋自由黨）、下薩克森（基民盟＋自民黨）、漢堡（基民盟＋綠黨）與巴伐利亞（基社盟＋自民黨）等10個邦議會選舉，至2009年1月黑森邦選舉前，若以單純聯盟黨與社民黨各自單獨執政，或共組大聯合政府所能掌握的邦政府代表數計算，該數字為35，剛剛超過69票之半數，但在2009年1月黑森邦由基民盟與自民黨合組聯合政府後，則該數降到30，不到一半，[43] 因此梅克爾的大聯合政府後來在聯邦參議院的立法協商，就需投入更多努力，說服各邦政府代表，才能順利執政。表10-9實際的立法統計數據顯示出：整個十六屆會期中聯邦參議院並無成功否決聯邦議會法案的事實，可以說明聯邦參議院於梅克爾大聯合政

---

[43] 作者根據聯邦參議院站與Bundeswahlleiter各邦選舉結果之網路資料自行整理之。

府時期，並非立法上之否決者。同理也推論出：即使理論上，在野黨參與了聯邦參議院之立法過程，但此期間，這些小黨實際上並非聯邦立法否決者。理由為：在2009年1月後，純粹由兩大政黨掌握的票數不到聯邦參議院多數時，無論是小黨們串連實力不足，無法藉機杯葛法案；或是受制於聯邦制度改革後，基本法大幅降低聯邦參議院影響立法通過之修訂，使聯邦議會可單獨決定議案通過之法案比例大增之影響，反應到聯邦參議院的立法結果，就是「零」法案遭否決的情況。

二、否決者意識形態差距之比較

根據前述，聯合政府的立法提案主導了政策立法，執政的三黨為了順利匯集政策意見，組成聯合執政委員會作為協商府會黨三方勢力的決策中樞。各項決策的方針，是以聯合執政協議為主，但實際決策中許多的具體措施，則有待決策參與者協商後決定。從決策機制的人事來看，聯合執政委員會在解決三黨面臨根本意義重要性改變，或衝突議題時，可發揮重要功能的決策機制。梅克爾以聯邦總理之地位、加上其在聯盟黨內的權威與幕僚資源的投入，因而在與經濟發展有關的政策議題上，會主張自由競爭、減少補貼、減少干預來增加創新，並重視家庭價值。在財稅政策上，則藉由使用者付費來實現公平正義，減少聯邦支出，以達到聯邦政府收支平衡。因此與社民黨的協商合作中，在較多社民黨右派人士（見表10-10）進入聯合執政委員會時，整個政策融合了兩黨的共同點。還藉著兩大黨勢力，順利通過並推動大幅度改革的法案。但由於過去德國在勞工社福制度保障所形成的生產成本過高，因此一下子大幅改革，對習於過去勞動社福型態的勞工來說，並不適應，且其多為社民黨傳統之支持者，當這些法案在社民黨背書配合之下完成時，支持者反彈的結果，對社民黨的傷害就很大。

表10-10　聯合執政委員會參與人員的結構

		聯邦議員身分	地方首長身分	備註
聯邦政府	1. Merkel（2005.11-2009.9）	○		
	2.1 Müntefering（2005.11.22-2007.11.13）	○		社民黨右派
	2.2 Steinmeier（2007.11-2009.9）			社民黨右派
黨主席	1. Merkel（2005.11-2009.9）	○		
	2.1 Platzeck（2005.11.15-2006.4.10）		○	民黨中間偏左
	2.2. Beck（2006.4.10-2008.9.7）		○	社民黨左派
	2.3. Steinmeier（2008.9.7-2008.10.18）			社民黨右派
	2.4 Müntefering（2008.10.18-2009.9）	○		社民黨右派
	3.1. Stoiber（1999.1.16-2007.9.29）		○	聯盟黨右派
	3.2. Huber（2007.9.29-2008.10.25）		○	聯盟黨右派
	3.3. Seehofer（2008.10.25-2009.9）		○	聯盟黨右派
財政部長	2. Steinbrück（2005.11-2009.9）			社民黨右派
黨團主席	1. Kauder（2005.11-2009.9）	○		聯盟黨
	2. Struck（2005.11-2009.9）	○		社民黨
	3. Ramsauer（2005.11-2009.9）	○		聯盟黨右派
黨祕書長	1. Pofalla（2005.11-2009.9）	○		
	2. Heil（2005.11-2009.9）	○		
	3.1. Söder（2003.11-2007.10）			
	3.2. Karl-Theodor zu Guttenberg（2008.11-2009.2）	○		
	3.3. Alexander Dobrindt（2009.2.9-2009.5）	○		

說明：1. 基民盟；2. 社民黨；3. 基社盟。

資料來源：作者整理自Gast & Kranenpohl（2008: 23）；Rudzio（2008: 12）；Niclauß（2008: 12）；"Gemeinsam für Deutschland"（2005: 164）。

以健保制度改革為例，是以「增強法定醫療保險競爭力」為名來進行，社民黨放棄自己堅持的「全民保險」，採取了基民盟的「團結健康保險費」途徑，讓健保制度商業化，引進法定與私人保險雙軌制，雖然法定保險費率全國一致適用，也成立了健康基金，以政府稅收補助法定保險的財務，但對某些財務狀況較弱的邦，就是重擔；而對於老年與長期病患卻可收取附加費用，保險公團只能領一定額補償，這會讓保險公團的服務品質降低；其收支若無法平衡時，雖可收取附加費，但無法與私人保險公司競爭，這將反而使大部分的一般民眾無法接受好的醫療保障。

另一個問題在意識形態距離較大的基社盟與社民黨之間，基社盟之葛羅斯和社民黨之史坦布呂克分別掌理經濟部與財政部，前此已經談過，由於梅克爾較重用史坦布呂克，因此在財經政策上多和史氏討論；而葛羅斯並未參加聯合執政委員會，此減少了與梅克爾在財經重要事務決定上的接觸機會，使得在財政赤字削減和減稅以刺激經濟景氣的政策爭辯上，葛羅斯有大權旁落之感，憤而辭職。這也導致基民盟與基社盟姐妹黨之間嫌隙，2009年2月中旬兩黨主席梅克爾與社赫弗（Horst Seehofer）率同黨政要員於聯邦總理府會面，共商2009年聯邦大選的聯合選舉策略，基社盟攻擊梅克爾的聲音才漸止住，持續一週的兩黨低沉氣氛方得以慢慢消除。

同樣地，基民盟與社民黨之間，也發生究竟是由總理梅克爾，還是由外交部長史坦邁爾來主導對外政策的問題。德國在施略德執政期間，曾因為是否派兵參與伊拉克戰爭的問題而與美國交惡，梅克爾上任後則極力修補。2006年初，大聯合政府結束百日執政的蜜月期，民調就因為兩大黨政策協商不協調而直直落，直至6月至7月間，德國主辦世界杯足球賽，民調才稍微止跌。算是外交生手的梅克爾，藉著2007上半年德國擔任歐盟輪值主席國的機會，集合二十五國發表柏林宣言，慶祝羅馬條約簽訂五十年，並成功說服其他國家對歐盟憲法條約的替代方案「改革條約」達成共識（The Council Presidency, 2007）；其次又在該年6月7日至8日於德國主辦的八大工業國家高峰會（G8）中，促成能源消耗減量與減緩氣候變遷的共識。兩項會議的成功，讓她登上民調的高峰（見圖10-1），這種高峰會外交（Gipfeldiplomatie），意外替梅克爾製造政治利多之餘（Niclauß, 2008: 6），也搶了外交部長史坦邁爾不少光采。梅克爾以人權外交的道德價值出發，於2007年9月23日以「私人會晤」名義接待西藏精神領袖達賴喇嘛；而史坦邁爾以施略德為師，崇尚現實利益，與中國交好，兩人在對待達賴喇嘛上的態度迥異，導致對中政策出現歧異。中國則片面取消兩國既定的部長級會談，德中關係暫時陷入低潮，過了大半年，經由史坦邁爾的修補，於2008年6月12日至中國進行閃電訪問，開啟梅克爾於10月23日至25日的北京訪問，德中關係才逐漸恢復正常。

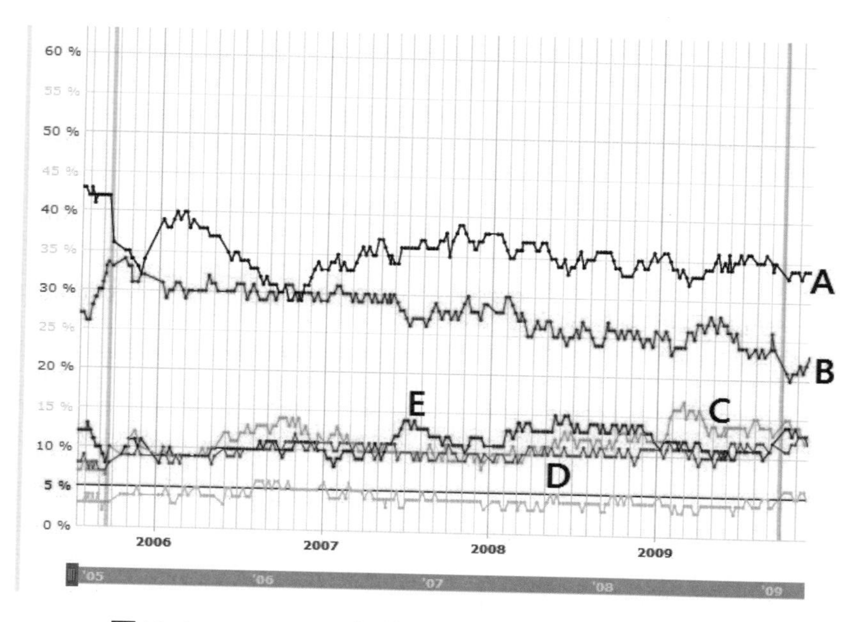

圖10-1　2005-2009年德國五主要政黨的民調結果

說明：A：聯盟黨；B：社民黨；C：自民黨；D：綠黨；E：左黨。

資料來源：Institutes TNS EMNID（2010）.

前述幾項政策意識形態上的衝突曾經激烈，但三黨依舊持續執政，政策改革的幅度，也因為是集兩大黨之力共同推動的，因此改革幅度相當大，像聯邦制度改革，健保制度改革與企業稅改革都被稱為是歷年以來最大的改革，所以對民眾的衝擊也相當大。至於聯合執政伙伴中，因決策過程中的妥協多對爭執敗落的一黨，造成內部衝擊，所以三黨在這屆任期的最後一年中，口頭齟齬不斷，影響執政合作氣氛（Niclauß, 2008: 10）。

三、否決者內部的融合程度

梅克爾在大聯合政府執政期間，於基民盟內的地位平穩。經歷多年政黨主席、黨團主席的歷練，在政黨內部與議會黨團內，相較於基社盟與社民黨的黨主席們，較有堅實的支持，可以穩坐聯邦總理之職，並兼任基民盟黨主席。但在執政前期因為重視提升個人與德國的外交地位，疏於關注國內議題，加上國內議題成因複雜，因此其在決策體系中扮演的角色，多只是在不同的政策意見中發揮使其具備新樣貌的功能而已，至於採用的各項措施之間能否連結？相互為用？答案可能讓人質疑。以健康保險制度改革為例：梅氏建議引進健康基金，但因為連結著保費的提高，因此許多國民與聯邦議員不敢確信這樣的法案會被民眾高度接受。有關退休年齡延長至六十七歲，以及父母津貼（Elterngeld）則分別由勞工社會部長明特菲凌與家庭部長蕾恩負責。梅克爾在其他相關內政議題政策上沒有清楚立場的態度，讓媒體批評她「與現實有距離」（realitatsfern）。另外在2007年11、12月間的郵差最低工資問題處理上，因為未取得妥協，大聯合政府的民意滿意度曾由11月的43%，跌至12月的37%（參見圖10-2）。反應在梅克爾個人的聲望則由該年10月的77%，跌至12月的66%（Niclauß, 2008: 6-7）。

2006年7月18日，社民黨籍聯邦議會議員謝爾（Hermann Scheer）曾在大聯合政府剛通過聯邦制度改革與健保制度草案時，表示該兩草案和目前大聯合政府提出的法案都是內閣經過大幅妥協後推出的法案，政策品質不佳，卻又要求黨籍聯邦議員最好照案通過。另外，基民盟的聯邦議員密斯菲德（Philipp Misfelder）也認為許多草案在選區中的反應不好，民調滿意度一直低於50%的情況，亦可以反應這趨勢（圖10-2），影響了聯合政府的支持度，但身為議員的他們卻莫可奈何（Judzikowski, Reichart, & Lang, 2006），這反映出一部分同黨議員真實聲音。事實上從梅克爾大聯合政府上台，基民盟／基社盟在邦議會選舉中，已經從2008年起陸續在漢堡、巴伐利亞、黑森失去單獨執政地位，必須和他黨共同執政；另外，2009年8、9月幾個邦議會選舉後，基民盟也失去在薩爾、杜林根的絕對執政地位；至於在布蘭登堡則是大敗，得票比例遠不如左黨。四年之間，唯一贏得執政地位者，只有在梅克倫堡－弗波門邦與社民黨合組大聯合政府（參見表10-11）。

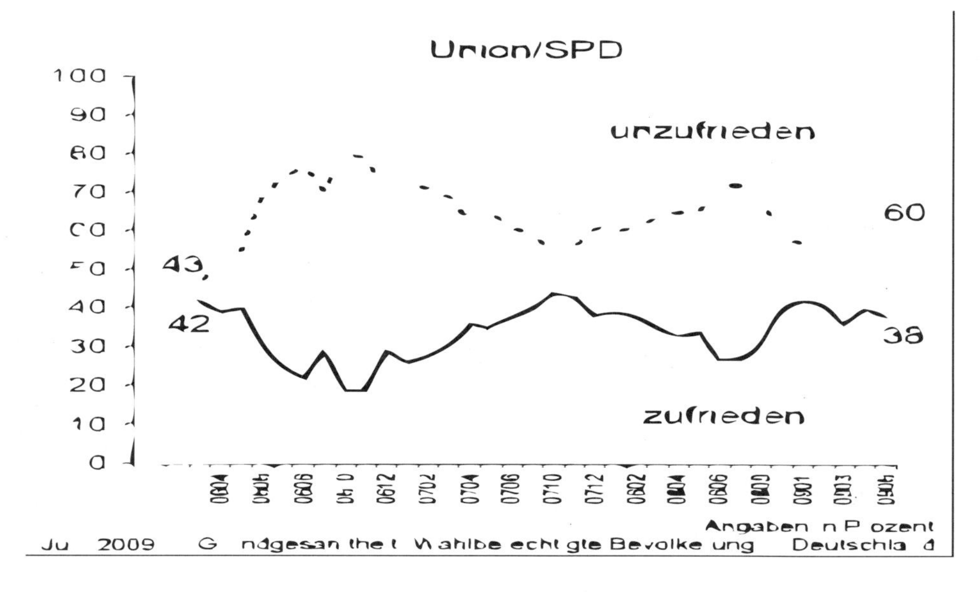

圖10-2　德國民眾對黑紅政府施政的滿意程度

資料來源：ARD Deutschland Trend（2009: 16）.

表10-11　2005-2009年德國主要政黨各邦議會之選舉結果（席次）

選舉日		邦名	聯盟黨	社民黨	自民黨	綠黨	民社黨/左黨b	其他	缺席次	現任執政黨	前一屆執政
年	日										
2005	02	什列斯威-霍爾斯坦	30	29	4	4	0	2	69	基民盟+自民黨	2000社民黨+綠黨
	05	北萊茵-威斯特法倫	89	74	12	12	0	0	187	基民盟+自民黨	2000社民黨+綠黨
2006	03	巴登-符騰堡	69	38	15	17	WASG 0	0	139	基民盟+自民黨	2001基民盟+自民黨
		萊茵-普法蘭茲	38	53	10	0	WASG 0	0	101	社民黨	2001社民黨+自民黨
		薩克森-安哈特	40	24	7	0	26	0	97	基民盟+社民黨	2002基民盟+自民黨
	09	梅克倫堡-弗波門	22	23	7	0	13	NPD 6	71	社民黨+基民盟	2002社民黨+民社黨
		柏林	37	53	13	23	23	0	149	社民黨+左黨	2001社民黨+民社黨
2007	05	布萊梅	23	32	5	14	7	2	83	社民黨+綠黨	2003社民黨+基民黨
2008	01	下薩克森	68	48	13	12	11	0	152	基民盟+自民黨	2003基民盟+自民黨
		黑森	42	42	11	9	6	0	110	基民盟	2003基民盟
	02	漢堡	56	45	0	0	8	GAL 12	121	基民盟+CAL	2004基民盟
	09	巴伐利亞	92	39	16	19	0	FW 21	187	基社盟+自民黨	2003基社盟
2009	01	黑森a	46	29	20	17	6	0	118	基民盟+自民黨	2003基民盟
	08	薩爾	19	13	5	3	11	0	51	基民盟+自民黨+綠黨	2004基民盟
		薩克森	58	14	14	9	29	NPD 8	132	基民盟+自民黨	2004基民盟+社民黨
		杜林根	30	18	7	6	27	0	88	基民盟+社民黨	2004基民盟
	09	什列斯威-霍爾斯坦	34	25	14	12	6	4	95	基民盟+自民黨	2005基民盟+社民黨
		布蘭登堡	19	31	7	5	26	0	88	社民黨+左黨	2005基民盟+自民黨
2010	05	北萊茵-威斯特法倫	67	67	13	23	11	0	181	社民黨+綠黨	2004基民盟+自民黨

說明：各邦中政黨有灰底的部分，意指該邦議會選舉後組成聯合政府的執政黨。

a. 由於2008年選後執政聯盟談不攏，組閣宣告破局，邦議會解散後於2009年1月27日重選。

b. 民社黨／左黨，2005年7月17日前，僅在德東出現之資料稱為民社黨（民社黨），之後至2007年6月16日稱為「左黨－民社黨」（Die Linke.PDS），2007年6月16日左黨（Die Linke）正式成立。

FW: Freie Wähler（自由選民黨）。

GAL: Grun-Alternativen Liste（綠色替代名單）。

NPD: Nationaldemokratische Partei Deutschlands（德意志國家民主黨）。

WASG: Die Wahlalternative Arbeit & Soziale Gerechtigkeit（選舉替代—就業與社會正義；簡稱就業與社會正義黨）。

資料來源："Wahlberechtigte, Wähler, Stimmabgabe und Sitzverteilung"（2010）.

社民黨內，面對曾經擔任黨主席的拉芳田（Oskar Lafontaine）出走，並在2005年大選中和民社黨合作，和社民黨爭奪左派選民票源；加上黨內從施略德執政開始一直由右派主導政黨走向，因此涉及黨內定位的左右路線爭執，一直存在。短暫擔任黨主席七個月的帕拉切克為中間傾左路線者，因身體不佳辭去職務。擔任黨主席最久的貝克，為左派人物，兩人同時擔任邦主席職務，因此工作繁忙。面對左右兩大黨的合作，在聯合執政委員會內社民黨右派占多數時，其實貝克並未獲得社民黨中央與黨團的支持。在講求民意的時代，對有意更上一層樓，代表社民黨競選聯邦總理的貝克，在一對一與梅克爾對決的民意調查中，貝克一直大幅落後於梅克爾，於2007年10月，竟然有19: 67的大差距（Niclauß, 2008: 10）；及至2008年4月9日，梅克爾60%對貝克12%的支持度差距，達到五倍之多（Umfrage: Merkel fünf Mal beliebter als Beck, 2008）。社民黨黨內左派勢力受排擠，加上2007年6月16日左黨成立，將勢力擴及德西地區，使得社民黨的危機更大。

2005年11月起，社民黨和基民／基社盟在聯邦合組大聯合政府，兩者的民意支持度從2006年初開始就持續拉大。根據圖10-1明鏡周刊轉載Institutes TNS EMNID的政黨支持度民調顯示：2005年10月初，剛經歷第十六屆聯邦議會選舉的聯盟黨與社民黨，其民調支持度分為35%與34%。然而至2006年1月初，兩黨的差距開始擴大，截至同年4月差距已達12%（39%：27%）；11月兩者的差距縮小為29%：28%。後又擴大，至2007年7月差距達到13%（37%：24%）。之後截至2009年4月一直維持8～14%的差距。社民黨最低民調出現在2008年6月，僅有20%的支持度。2006年11月之後，社民黨的支持度持續從29%開始向下滑落，主要肇因為貝克和黨團主席明特菲凌的意見經常不一致，政治鬥爭嚴重，[44] 延遲或影響了聯

[44] 2007年10月中旬，在「2010議程」（Agenda 2010）改革中，貝克與明特菲凌對於中高齡失業者的失業金給付議題大不相同，使得於11月13日明特菲凌辭掉副總理之職，該職則由社民黨籍的外交部長史坦邁爾接任。社民黨右派的勢力暫時在黨內受挫。但即

邦黨務推動，因此民調支持度持續下降。針對政黨定位問題，社民黨在2007年9月改弦易轍，重拾原本「社會公平正義」的主軸，提出「漢堡黨綱」（Hamburger Programm）確定新的政策目標，並重新確立為「中間偏左」的政黨路線，要運用於政策協商上。但到了2008年，社民黨在各邦之選舉結果、黨員人數上仍然不見起色，群眾性政黨起家之社民黨，其黨員人數竟然於2008年6月低於基民盟的黨員人數，至2009年9月底黨員人數僅有513,381人。[45]

2008年初於黑森邦邦議會選舉後，出現紅紅綠三黨合組左派聯合政府的可能性，但社民黨竟然在無法有效說服黨內兩位議員的情況下，使得議會中的邦總理選舉時未獲半數以上支持，導致邦議會解散重新選舉，以至於讓基民盟之柯訶於2009年1月改選中鹹魚翻身，與自民黨合組右派聯合政府，繼續擔任邦總理。2008年秋天，為因應隔年秋天的聯邦議會大選，當時的黨主席貝克意欲爭取成為社民黨聯邦總理候選人，遭遇挫敗後於2008年9月7日辭職，由史坦邁爾短暫接任代主席，而後於10月選出明特菲凌為黨主席，史坦邁爾則被選為聯邦總理候選人。三年時間內，社民黨經歷內部如此重大變革，黨的凝聚力自然下滑，反應這情勢於聯邦議會黨團的投票上，就顯得歧異很多。但由於兩大黨在聯邦議會的總額有448席，約占七成三，因此兩大黨基本上還可以各自容許平均約30%的跑票率，而不會影響法案過半數通過之結果；但內部的權力路線之爭，卻足以讓社民黨從大黨變成中型政黨。

基社盟也出現黨主席更替的狀況（參見表10-10），在聯邦層面與社民黨的合作，政策妥協是無可避免的，在施政績效不好時，必然出現須共同承擔聯邦施政不佳的責任。2008年9月，基社盟竟然失掉二戰結束起一

使如此，位居執政要位的仍是社民黨右派人士如：外長史坦邁爾、財政部長史坦布呂克等。SPD-Parteitag billigt längeres Arbeitslosengeld（2007）。

45 社民黨黨員人數在減少中，自1990年東西德統一後黨員人數一度高達943.402人，人數一直多於基民黨，然而2008年6月基民黨的黨員人數首次超過社民黨。參見Mitgliederbestand der SPD（2009）.

直由其單獨執政的巴伐利亞邦議會選舉，而和自民黨合組聯合政府。這打擊迫使基社盟也做了結構改革，在社赫弗新任的邦政府內閣中，全都挑選六十歲以下的青壯年擔任邦部會首長，以充足的幹勁來面對挑戰。

陸、結論

本文嘗試在複雜的德國梅克爾大聯合政府運作中，透過否決者理論之分析，來發掘執政聯盟內黨政關係的實相；並適用否決者理論來探討該時期重要政策改變與政治體系穩定之間的關係，以及對聯邦政治體系的影響。但因為本文以期刊論文形式呈現，篇幅有限，僅以三項代表性政策立法過程為實例，分析執政三黨於決策體系內的互動妥協，或有不足，但仍可勾繪出梅克爾大聯合政府黨政關係的特色雛形。

首先是該時期的聯邦立法決策體系運作，具備以下三點特色：

一、執政之前三黨簽訂的聯合執政協議所建構的聯合執政委員會—聯邦議會黨團合作—聯合政府合作等三個層面的合作，的確發揮功能；尤其在根本性與爭議性問題的解決上，具備多樣代表性的「聯合執政委員會」與專家工作小組的諮詢，有利於凝聚黨政大員共識，形成初步的立法或政策草案。

二、大聯合政府中的決策體系裡，雖然總理原則為一般德國聯合政府的執政特色，但在大聯合政府中，聯邦總理因為兩大黨的意識形態差距普遍大於最小獲勝聯合政府類型，因此協調中有很大的挑戰性，為此聯邦總理多只能擔任協調的角色。然而梅克爾在大聯合政府內的表現，受益於聯邦總理府與新聞局的幕僚協調、溝通協助，因此所處的決策條件比前一次季辛格大聯合政府時局要好地多，也幸運的多。

三、聯邦議會黨團其實是落實決議在聯邦議會通過的重點，黨團主席在此扮演重要角色。其身兼決策參與者、民意反映者、協調說服議員者等角色，因此法案通過的投票內容，可為測試法案是否通過民意淬鍊的試金石，並反應民意對政策的支持度。

以上分析可知：非正式的聯合執政委員會設置，是梅克爾大聯合政府擬議政策草案的核心，其運作是以聯合執政協議為基礎，發揮匯聚兩大黨府會黨意見功能，再作為進入政府決策機制討論議決的根本。從聯邦黨團主席、黨主席身兼邦總理、或是聯邦黨職人員和聯邦政府部長身分者的加入，可說明其決策核心深具民意基礎，人數規模也以七人團為主，最多限制在13人之內，務求決策效率與品質的提升。如此一來，再經過正式的立法決策提案、討論議決過程，政策之推動始具合法正當性。這樣的政黨與執政合作經驗，對於有類似黨政發展背景（如溫和多黨體系內閣制）、且意識形態差異較大的兩大政黨，或許已經提供執政上決策與權力分配制度設計，在共識決的決策原則下，似乎可以運行無阻，然而兩大黨意識形態的大差異，和反應至各黨內部的路線立場與權力爭奪，卻絕不是依據制度運作就能輕易擺平的。因此即使兩大黨因為現實的執政利益高於政策實現或選票獲取之利益，因而勉強維持執政伙伴關係，但大聯合政府型態無論在黨內或是政黨間權力結構上所呈現的內部劇烈衝突，將不利於兩大黨主觀上於下屆繼續維持此種執政型態，加上其他小黨勢力崛起，於是在2009年9月聯邦大選後，德國梅克爾大聯合政府任期結束，只維持一屆。

梅克爾大聯合政府決策過程中，根據第十六屆聯邦議會的立法統計結果顯示：聯邦政府與聯邦議會為制度性的否決者，聯邦政府還因為組成的兩大黨主導政策的提案，因而還為議題設定者。而在梅克爾大聯合政府執政前，長期扮演聯邦立法否決者的聯邦參議院，在此一時期，卻從未成功否決聯邦議會已通過之法案，因此並非制度性的否決者。主因有二，一是針對需參議院通過之法律案，執政聯盟都能協商，推出妥協方案，說服非執政聯盟組合的邦政府代表，而獲得參議院通過法案所需的多數票；二是基本法立法程序設計使然，即使參議院反對某法案，但只要其為「非參議院通過為必要條件之法案」，聯邦議會即能單獨決定該法案之通過，不受聯邦參議院政黨結構與表決結果之影響。

雖然制度性否決者為聯邦政府與聯邦議會，但兩者都是經由兩大黨的互動來呈現。在其他政黨的執政組合選項無具體實現的可能性時（如：黑黃綠與紅黃綠），兩大黨在聯邦議會席次高達約73%，於民意高度期待下，被迫形成命運共同體，要能夠通過法案，解決陳疴已久的結構性問題。如此一來，在只有兩大黨能聯合執政的情況下，只要兩大黨要繼續維持執政狀態，政策立法必能達成妥協；如：2007年3月9日三讀表決聯邦政府提議的「德國武力參與國際維和部隊進駐阿富汗」案，聯邦議會以66%的比例通過，其中聯盟黨的支持度為91.44%，但社民黨的支持率卻僅有60.18%，低於自民黨的70.49%。[46] 換言之，對於兩大黨黨團或是聯邦政府所提之草案，僅要商議後能各自集結匯聚總數達聯邦議會半數以上的票數，政策改變對其就是輕而易舉之事。這可以說明多項在歷屆最小執政聯合政府時期就延宕許久，卻具結構重要性改革之法案，如：聯邦制度改革、健保改革法與企業稅改革法等，終於能在梅克爾第一任的執政任期中，以大聯合政府型態的執政方式，於極快的效率下完成立法。

否決者的意識形態差距上，基民／基社盟屬於保守之右翼政黨，社民黨則是左派政黨，兩者本來有很大差距。但在其他執政組合選項，如黑黃綠與紅黃綠的組合，均是跨左右意識形態的狀況，三黨的政策協商難度顯然遠高於兩黨，加上過去並無這樣的組合型態執政，實際操作情勢困難，因此黑紅兩大黨的組合，相對前述的組合，其實是意識形態比較接近的執政組合。兩大黨過去都曾長期執政，但也曾為聯邦政治的在野黨，深知執政與在野黨所獲資源與政治地位之差異，所以在政黨追求的三大目標：政

---

[46] Namentliche Abstimmung Nr.: 2. zum Thema: Beschlussempfehlung zu dem Antrag der Bundesregierung über die Beteiligung bewaffneter deutscher Streitkräfte an dem Einsatz einer Internationalen Sicherheitsunterstützungstruppe in Afghanistan unter Führung der NATO（2007）.自民黨會支持阿富汗出兵案，除了其傳統外交政策上支持德國在必要時得於符合國際與國內法狀況下出兵的原則外；更重要的是其外交政策長期與聯盟黨結盟，因此在類似的出兵案願意放棄反對黨的立場，而以親善聯盟黨的投票態度支持，也累積下屆選舉與組閣的資源。

策（policy）實現、還有選票（votes）極大化，與執政地位（offices）的維持上，兩大黨在已經為執政黨的情況下，政黨高層主觀上莫不以持續維持執政地位為最重要的政黨目標，政策實現與選票的獲取則為次要。面對客觀情勢顯示的：2007年7月起，聯盟黨的支持度穩定維持於40-43%之間，但社民黨民調支持率則始終徘徊於23-30%的低檔，其他三黨則平均具備10-14%的實力時，居於執政聯盟民調劣勢的社民黨，在這種艱難的處境，實有進退不得的為難。在黨內左右兩派之權力鬥爭不斷，無法安內的情況下，難以全力對團結的聯盟黨開砲站穩原有政策立場；對外也無力抗拒左黨挖牆角的動作，捍衛原本的黨員基礎，因此並不能以脫離執政聯盟，來要脅聯盟黨政策上的妥協；否則一旦倒閣，不論是經建設性不信任投票（Konstruktive Misstrauensvotum），[47] 推選出新的聯邦總理，或是聯邦議會重新改選，社民黨將因為僅有約20%幾的民調度，無法主導新的執政組合；同時，其失去執政黨地位的可能性甚至遠大於聯盟黨，這對於社民黨將是政策、選票、官位全失的三輸狀況。事實亦顯示：社民黨採取了繼續留在執政聯盟的策略，要延遲前述最差狀況的出現，因此在聯邦議會第十六屆會期的後半段，兩大黨常處於齟齬不斷，但必須推出共識性政策法案的執政黨地位上。對於陳年難解的政策立場問題，如何協商，取得共識，就是大考驗。

在雙方都同意以共識決確認法律、政策提案時，權力折衝實力相較下，妥協且讓步較多的政黨，必然是權力基礎較不鞏固者。黨內分歧較多者，因其無法堅持政黨基本原則，也將會在政策推出或執行後，接收到民意的負面作用，如民調低落，黨員流失，選舉失利等。其流失的政治實力，就會被其他政黨競逐接收，或以新成立的政黨形式存在，來反應被大

47 基本法第67條「建設性不信任投票」的規定：（1）聯邦議會僅得以議會過半數選舉一聯邦總理繼任人並要求聯邦總統免除現任聯邦總理職務，而對聯邦總理表示其不信任。聯邦總統應接受其要求並任命當選之人。（2）動議提出與選舉須間隔四十八小時。

黨壓抑的民意。

相較於社民黨與基社盟，基民盟的領導人並無更替，梅克爾持續穩坐黨主席與聯邦總理的寶座。社民黨的處境則較為艱難，2005年11月執政之前，才剛受到前主席拉芳田出走，籌組「就業與社會正義黨」，並與民社黨合組選舉聯盟的打擊。選後黨內依舊存在著領導人的路線鬥爭，加上大聯合政府執政型態，經常要和執政夥伴協商，尋求共識，因此在基本路線與務實合作路線中搖擺的情況十分明顯，內部的政治意見紛歧，最具體地就顯示在聯邦議會議員表決結果的歧異。同一時期，社民黨換了四位黨主席，基社盟換了二位黨主席，也突顯其政黨權力核心的不穩定。

針對本文第二個研究重點，探究聯邦重要政策改變與政治體系穩定之間的關係，除了上述已知梅克爾大聯合執政期間，以執政聯盟在聯邦議會占有約七成三席次的實力，通過了許多重要具結構性改革的法案外；和年代較近、政策背景相近的施略德政府（2002至2005年）相比（見表10-9），梅克爾大聯合政府執政期間，法案被聯邦參議院否決之數目為零；施略德政府執政三年，但否決數達到21，這可顯示出梅克爾大聯合政府期間透過立法改變政策之容易。四年執政時間，兩大黨除了執政百日的蜜月期外，聯邦政府的政策推動，始終是在一種齟齬不斷的協商中達成共識的，因此執政聯盟內的黨政關係是在吵鬧中維持最低和諧程度的執政伙伴狀態。這一時期，也正是德國聯邦層級的政黨體系由四黨轉為五黨的階段。自民黨、綠黨與於2007年6月甫成立的左黨於該時期內蓬勃發展，民意支持度均成長並持續維持約10%的狀況，也在一些邦參與聯合執政，都是大聯合政府治理時期下，部分民意對聯邦政府不滿，反應到在野小黨時，才展現的多元政黨發展狀態。

另一方面，在邦政治上，基民／基社盟與社民黨的合作中，三黨或多或少因為政策協商必須妥協，修訂了部分原有的政策立場，而受到不同程度的負面影響，因此在邦議會選舉的表現也多衰退。此時，各邦政治的多元性慢慢因應新的五政黨體系，而有新型的不同執政組合，有些甚至可能成為未來聯邦執政組合的新選項。如：2009年1月基民盟於漢堡市和綠黨合組德國政治史上首次出現的黑綠聯合邦政府，2009年11月薩爾邦出現的黑黃綠（基民盟+自民黨+綠黨）三黨聯合政府。由此看來，梅克爾大聯合政府時期，並非如一般人所理解的：政治體系會是由兩大黨所主導的穩定政局狀態：因為社民黨是被迫選擇在不和諧的環境下繼續執政，這連同小黨透過每年都有的邦議會選舉，對施政滿意度不佳的執政聯盟構成挑戰，因而使得聯邦政治體系顯得不穩。這種大黨勢力萎縮，小黨積極成長的狀況，反應在具有聯邦執政組合選項指標意義的邦政治上，是多元色彩的執政組合情勢，說明了德國政黨體系已經發生大變化。影響所及，大黨單獨執政機會急速下降，許多地區也失去常見的最小聯合政府出現的條件。這意味著若要組織穩定的政府，就必須以兩個大黨，或是三個政黨的組合來進行。以德國五個主要政黨的意識形態分類：聯盟黨與自民黨屬於右派政黨，社民黨、綠黨、左黨屬於左派政黨，未來除非是由左派政黨們合組紅紅綠政府、不然只要是兩個政黨的大聯合或如黑綠政府，或是三黨政府，均會是跨左右分歧的政黨合作，顯示出目前或未來德國無論是邦或聯邦層面，組閣的複雜度與難度都會增加。當然在所有政黨都具備執政能力，意即當執政機會對所有主要政黨開放時，政黨的競爭勢必更加激烈，表現在政治與政黨關係的穩定度也會降低。

2009年9月27日德國聯邦議會選舉，原執政的三個執政黨得票率均下降，基民盟為27.3%，基社盟為6.5%（兩者合計33.8%；社民黨的選舉結果更為二次戰後最差的一次，和2005年相較，流失11.2%的選票，僅獲得23.0%的選票支持，成為一個中型政黨；原先在野的自民黨、左黨與綠黨得票結果大躍進，均突破10%，分別獲得14.9%、11.9%、10.7%的選票。這次選舉結果也呼應前文所述的執政聯盟和在野勢力的消長，選後獲勝的右派：聯盟黨和自民黨開始進行聯合執政協商，基民盟之梅克爾續任聯邦總理，並終結黑紅大聯合政府。這一方面反映多數選民較為信賴中間偏右政府解決經濟問題的期待；另一方面，也顯示兩大黨引以為傲大刀闊斧的政策改革政績，仍需要再評估，惟選民顯然並不喜歡內部衝突齟齬不斷的大聯合政府，並反向地支持聯邦層面在野小黨的發聲。本文分析了梅克爾大聯合政府任內決策體系的黨政關係，並藉由否決者理論檢視政黨—政策轉變—政治穩定的關連性，並說明了德國聯邦政府組合的發展趨勢，以及剖析梅克爾大聯合政府組織型態的決策模式與困境，對大聯合執政的某些迷思提供合理之解答。展望未來，對於以追求執政地位的政黨而言，如何以特有的意識形態來區別他黨，並吸引選民將會是德國各主要政黨的重要挑戰。

參考書目

中文部分

2007。〈內閣通過企業稅改方案—兼談德國稅負的國際地位〉。http://www.dw-world.de/ dw/article/0,2144,2384672,00.html。2007/03/14。

2007."Cabinet approved the draft of corporation's tax's reform-a review on the international position of German taxation."in http://www.dw-world.de/dw/article/0,2144,2384672,00.html. Latest update 14 March 2007.

2007。〈德國政府就醫療改革最後細節達成一致〉。http://www.chinapharm.com.cn/html/hyyw/ 1169006186156.html。2007/01/17。

2007."German government agrees the final details of health care reform. "in http://www.chinapharm.com.cn/html/hyyw/ 1169006186156.html. Latest update 17 January 2007.

張潤。2009。〈德國企業稅收〉。http://www.for-germany.net/about.aspx？id=6&tid=3。2009/1/19。

Chang, J. 2009."German corporation's taxation." in http://www.for-germany.net/about.aspx？id=6&tid=3. Latest update 19 January 2009.

葉陽明。2005。〈德意志聯邦共和國聯邦制改革之研究〉。台北：國科會結案報告。

Yeh, Y. M. 2005."The study of reform of federal system in the FRG."Taipei：NSC Project Report.

劉書彬。2008。〈從「分歧理論」探討德國統一後的政黨體系發展〉。《問題與研究》47，2: 25-56。

英文部分

Annen, *N. 2007. Personliche Erklarung zum Abstimmungsverhalten gemas §31 GO des Deutschen Bundestags zum Entwurf eines Unternehmenssteuerreformgesetzes 2008.* Retrieved 15 April 2009,*fromhttp://www.nielsannen.de/cms/upload/pdf/erklaeung_unternehmenssteuerreform_25.05.2007.pdf.*

Arbeitsordnung der CDU/CSU Fraktion im Deutschen Bundestag 16. Wahlperiode. 2005. Retrieved 2 April 2009, from http://www.cducsu.de/upload/arbeitsordnung.pdf.

ARD Deutschland Trend. 2009. Retrieved 10 August 2010, from http://www.infratest-dimap.de/umfragen-analysen/bundesweit/ard-deutschlandtrend/2009/juni/.

Bundesrat stimmt *Gesundheitsreform zu*. 2007. in http://www.tagesschau.de/inland/ meldung58498.html. Retrieved 20 April 2009.

CDU/CSU Fraktion. 2009. Retrieved 23 July 2009. in http:// www.cducsu.de/Titel__fraktion/TabID__19/SubTabID__20/Vorstand.aspx Das Parlament.

Dausend, P., and Lutz, M. 2007. *Unternehmenreform: Wie Steinbruck die SPD-Linken schockiert.* in http://www.welt.de/politik/article761539/Wie_Steinbrueck_die_SPD_Linken_schockiert.html. Retrieved 27 April 2009,

Der Herr Professor aus Koln". 2005. in http://www.sueddeutsche.de/politik/828/402609/text/. Retrieved 20 April 2009.

Deutscher Bundestag Plenarprotokoll 16/44 .2006. Retrieved 17 April 2009, from http://dipbt.bundestag.de/dip21/btp/16/ 16044.pdf4295-4298.

Die Arbeit des Bunesrates im Spiegel der Zahlen: Statistische Angaben fur

die Zeit vom 7. September 1949 bis zum 27 Oktober 2009. Retrieved 10 Agust 2010, from http://www.bundesrat. de/cln_099/nn_38758/SharedDocs/ Downloads/DE/statistik/gesamtstatistik,templateId=raw,property=publication File.pdf/gesamtstatistik.pdf

Die Gesundheitsreform im überblick .2008. Retrieved October 12, 2009, from http://www.bmg.bund.de/nn_1168682/SharedDocs/Standardartikel/DE/AZ/G/ Glossarbegriff-Gesundheitsreform.html.

Die Tradition der Seeheimer. 2009. Retrieved October 23, 2009, from http:// www.seeheimer-kreis.de/index.php ? id=166.

Dittberner, J. 2007. Grosse Koalition: 1966 und 2005. *Aus Politik und Zeitgeschichte (APuZ)*, 35-36: 11-18.

Entwurf eines Gesetzes zur Änderung des Grundgesetzes. 2006. Drucksache 16/813. Retrieved 20 April 2009. from http://dip21.bundestag.de/dip21/ btd/16/008/1600813.pdf.

Fried, N., Schneider, J., and Hoffmann, A. 2007. Widerstand in der Koalition. Süddeutsche Zeitung. Retrieved April 19, 2009, from http://www. sueddeutsche.de/politik/641/ 397427/text/

Föderalismusreform tritt in Kraft. 2006. Retrieved 21 April 2009, from http:// www.bundesregierung.de/nn_774/ Content/DE/Archiv16/Artikel/2006/09/20 06-09-01- F_C3_B6deralismusreform_20tritt_20in_20Kraft.html.

Ganghof, S., and Brauninger, T. 2006. Government Status and Legislative Behaviour Partisan Veto Players in Australia, Denmark, Finland and Germany. Party Politics, 12, 4: 521-539

Gast, H., and Kranenpohl, U. 2008. Grosse Koalition-schwacher Bundestag ? Aus *Politik und Zeitgeschichte (APuZ)*16: 18-31.

SPD Fraktion .1997. *Geschaftsordnung der Fraktion der SPD im Deutschen Bundestag*. In Hesse, J. J., and Ellwein, T. 2004. Das Regierungssystem der Bundesrepublik Deutschland, Bd. 2: Materialen: 458-466. Berlin, Deutschland: Gruyter.

Gesundheitsreform tritt am 1. April in Kraft. 2006. Retrieve 12 October 2009, from http://www. bundesregierung.de/nn_914534/Content/DE/Archiv16/Artike/2007/02/2007-02-16-bundesrat-billigt-gesundheitsreform.html.

Glos giftet gegen Merkel und Steinbruck. 2009. *Der Spiegel. Retrieved 20 April 2009,* from http://www.spiegel.de/ politik/deutschland/0,1518,606765,00. html.

Grimm, D. .2003. Lasst sich die Verhandlungsdemokratie konstitutionalisieren？ In C. Offe (Hrsg.), *Demokratisierung der Demokratie. Diagnosen und Reformvorschlage*: 193-210. Frankfurt, Deutschland: Campus.

Grimmeisen, S., and Wendt, C. 2010. Die Gesundheitspolitik der Großen Koalition. In S. Bukow & W. Seemann (Hrsg.), Die Grose *Koalition: Regierung-Politik-Prteien 2005-2009:* 159-172. Wiesbaden, Deutschland: VS Verlag.

Grosse Reform oder Markus. 2006. Retrieved 20 April 2009, from http://www. heute.de/ZDFheute/inhalt/18/0,3672, 3984978,00.html.

Institutes TNS EMNID. 2010. *Die Sontagsfrage zu Bundestagswahl*. Retrieved 16 August. 2010, from http://www.spiegel.de/politik/ deutschland/0,1518,623633,00.html

Ismayr W. 2003. Das politische System Deutschlands. In Ismayr W. (Hrsg.), Die politischen Systeme Westeuropas: 445-486. Opladen, Deutschland: Leske+Budrich.

Judzikowski, S., Reichart, T., and Lang, A. 2006. Vogel friss oder stirb. Retrieved 21 April 2009, from http://frontal21. zdf.de/ZDFde/inhalt/24/0,1872,3958360,00.html？dr=1.

Koalitionsvertrag von CDU, CSU und SPD: Gemeinsam fur Deutschland, mit Mut und Menschenlichkeit. 2005. Retrieved 20 February 2009, from http://www.cducsu. de/upload/koavertrag0509.pdf.

Leithäuser, J. 2006. *Kompromisse happchenweise.* Retrieved 30 April 2009, from http://www.faz.net/s/Rub594835B672714A1DB1A121534F010EE1/

Doc~EA9FBA6EB615E4B79BEBC14ED8F338540~ATpl~Ecommon~Scontent.html.

Mitgliederbestand der SPD. 2009. Retrieved 17 October 2009, from http://www.spd.de/de/pdf/mitglieder/090930_Mitgliederbestand.pdf .

Namentliche Abstimmung Nr.: 1 zum Thema: Gesetzenentwurfe der Fraktionen der CDU/CSU und SPD sowie der Bundesregierung uber den Entwurf eines Unternehmenssteuerreformgesetzes. (2007, Mai 25). Drs. 16/4841, 16/5377 und 16/5452. 101. Sitzung des Deutschen Bundestages.

Namentliche Abstimmung Nr.: 1 zum Thema: Gesetzentwurf der Fraktionen der CDU/CSU und SPD uber den Entwurf eines Gesetzes zur Starkung des Wettbewerbs in der gesetzlichen Krankenversicherung. (GKV-Wettbewerbsstarkungsgesetz-GKV-WSG). (2007, Februar 2.). Drs. 16/3100 und 16/4200.

Namentliche Abstimmung Nr.: 2. zum Thema: Beschlussempfehlung zu dem Antrag der Bundesregierung uber die Beteiligung bewaffneter deutscher Streitkrafte an dem Einsatz einer Internationalen Sicherheitsunterstutzungstruppe in Afghanistan unter Fuhrung der NATO. (2007, Marz 9). Drs. 16/4298 und 16/4571.

Neukirch, R. Allianz der Schwachen. 2009. Der Spiegel. 8/2009. Retrieved 20 April, 2009, from http://wissen.spiegel. de/wissen/dokument/dokument-druck.html ? id=64197206&top=SPIEGEL

Niclauß, K. 2004. *Kanzlerdemokratie: Regierungsfuehrung von Konrad Adenauer bis Gerhard Schroeder.* Paderborn, Deutschland: Schoningh.

Niclauß, K. 2008. Kiesinger und Merkel in der Grossen Koalition. *Aus Politik und Zeitgeschichte (APuZ),* 16: 3-10.

Ottmar Schreiner. 2009. Retrieved 27 April 2009, from http:// www.ottmarschreiner.de

Rudzio, W. 2003. *Das politische System der Bundesrepublik Deutschland. Opladen,* Deutschland: Leske + Budrich.

Rudzio, W. 2005. Koalitionen in Deutschland: Flexibilität informellen Regierens. In W. Rudzio Ed., Informelles Regieren, *Zum Koalitionsmanagementin deutschen und österreichischen Regierungen:* 222-247. Wiesbaden, Deutschland: VS Verlag fur Sozialwissenschaften.

Rudzio, W. 2008. Das Koalitionsmanagement der Regierung Merkel. *Aus Politik und Zeitgeschichte* (APuZ), 16: 11-17.

Saalfeld, T. 2000. Coalitions in Germany: Stable Parties, Chancellor Democracy, and the Art of Informal Settlement. In W. C. Muller & K. Strom Ed., Coalition *Governments in Western Europe:* 32-85. Oxford, UK: Oxford University Press.

Schindler, P. 2000. Datenhandbuch zur Geschichte des Deutschen Bundestags 1949-1999 (Bd. I.). Baden-Baden, Deutschland: Nomos.

SPD-Parteitag billigt langeres Arbeitslosengeld. 2007. Retrived April 23, 2010 from http://www.focus.de/politik/ deutschland/hamburg_aid_137266.html.

Statistik der Gesetzgebung-überblick 16. Wahlperiode, Stand: 21. 4. 2010. 2010. Retrieved from http://www.bundestag.de/dokumente/parlamentsdokumentation/initiativen_wp16.pdf .

Strφm, K. 1990. A Behavioral *Theory of Competitive Political Parties. American journal of Political Science* 34, 2: 565-598.

Stüwe, K. 2006. Informales Regiern: die Kanzlerschaften Kohl und Schroder im *Vergleich. Zeitschrift fur Parlamentsfragen* (Zparl) 37: 544-559.

The Council Presidency. 2007. Retrieved August 14, 2010, from http://www.eu2007.de/en/

Die Tradition der Seeheimer. 2009. Retrieved 23 October 2009, from http://www.seeheimer-kreis.de/index.php ? id=166.

Tsebelis, G. 1995. Decision making in Political Systems: Veto players in Presidentialism, Parliamentalism, Multicameralism and Multipartyism. British *Journal of Political Science* 25: 289-325.

Tsebelis, G. 2002. *Veto Players: How Political Institutions Work.* Princeton, NJ:

Princeton University Press.
Umfrage: Merkel füenf mal beliebter als Beck. 2008. Retrieved April 28., 2009, from http://www.spiegel.de/politik/ deutschland/0,1518,546265,00.html
Unternehmenreform: Wie Steinbruck die SPD-Linken schockiert. 2007. Retrieved 27 April 2009, from http://www.welt.de/ politik/article761539/Wie_Steinbrueck_die_SPD_Linken_schockiert.html.
Unternehmenssteuerreform: Kritik von allen Seiten. 2007. Retrived 22 April 2009, from http://www.fazfinance.net/Aktuell/Steuern-und-Recht/Kritik-von-allen-Seiten-3232.faz.
Wahlberechtigte, Wähler, Stimmabgabe und Sitzverteilung bei der letzten Landtagswahl in dem jeweiligen Land. 2010. Retrieved 27 January 2011, from http://www.bundes wahlleiter. de/de/landtagswahlen/ergebnisse/downloads/ltw_letzte_ergebnisse.pdf.

國家圖書館出版品預行編目資料

黨政關係與國會運作／黃秀端等著. 一 初版. 一 臺北市：五南，2011.12
面； 公分.--

ISBN 978-957-11-6490-8（平裝）

1.黨政關係 2.國會 3.比較研究

576.88 100023405

1PZ9

黨政關係與國會運作

作 者 — 黃秀端 盛杏湲 蔡韻竹 陳宏銘 徐永明
林瓊珠 吳文程 李鳳玉 吳志中 劉書彬

發 行 人 — 楊榮川

總 編 輯 — 龐君豪

主 編 — 劉靜芬 林振煌

責任編輯 — 李奇蓁 黃麗玟

封面設計 — P.Design視覺企劃

出 版 者 — 五南圖書出版股份有限公司

地 址：106台北市大安區和平東路二段339號4樓

電 話：(02)2705-5066 傳 真：(02)2706-6100

網 址：http://www.wunan.com.tw

電子郵件：wunan@wunan.com.tw

劃撥帳號：01068953

戶 名：五南圖書出版股份有限公司

台中市駐區辦公室/台中市中區中山路6號

電 話：(04)2223-0891 傳 真：(04)2223-3549

高雄市駐區辦公室/高雄市新興區中山一路290號

電 話：(07)2358-702 傳 真：(07)2350-236

法律顧問 元貞聯合法律事務所 張澤平律師

出版日期 2011年12月初版一刷

定 價 新臺幣480元

凝煉知識品味閱讀